Betriebspflicht des Netzbetreibers versus Stilllegung von Netzabschnitten - dargestellt am Problem der Verpflichtung zum Anschluss von EE-Anlagen (§ 8 Abs. 1 S. 1 EEG)

Veröffentlichungen des Instituts für Energie- und Regulierungsrecht Berlin
Herausgegeben von Franz Jürgen Säcker und Jochen Mohr

Band 73

PETER LANG

Lina König, LL.M. (Stellenbosch)

Betriebspflicht des Netzbetreibers versus Stilllegung von Netzabschnitten - dargestellt am Problem der Verpflichtung zum Anschluss von EE-Anlagen (§ 8 Abs. 1 S. 1 EEG)

PETER LANG

Bibliografische Information der Deutschen Nationalbibliothek
Die Deutsche Nationalbibliothek verzeichnet diese Publikation in der Deutschen Nationalbibliografie; detaillierte bibliografische Daten sind im Internet über http://dnb.d-nb.de abrufbar.

Zugl.: Hannover, Univ., Diss., 2020.

D 89
ISSN 2363-684X
ISBN 978-3-631-83504-3 (Print)
E-ISBN 978-3-631-84089-4 (E-PDF)
E-ISBN 978-3-631-84090-0 (EPUB)
E-ISBN 978-3-631-84091-7 (MOBI)
DOI 10.3726/b17802

Peter Lang – Berlin · Bern · Bruxelles · New York · Oxford · Warszawa · Wien

Diese Publikation wurde begutachtet.

www.peterlang.com

Meinen Eltern

Vorwort

Die vorliegende Arbeit wurde im Januar 2019 von der Juristischen Fakultät der Gottfried Wilhelm Leibniz Universität Hannover als Dissertation angenommen. Später veröffentlichte Quellen konnten vereinzelt bis Juni 2020 berücksichtigt werden.

Besonders möchte ich meinem Doktorvater Herrn *Prof. Dr. Claas Friedrich Germelmann* für die Betreuung meiner Dissertation und die Erstellung des Erstgutachtens danken. Für die Erstellung des Zweitgutachtens danke ich Herrn *Hon.-Prof. Dr. Henning Recknagel.* Weiterhin gilt mein Dank den Herausgebern Herrn *Prof. Dr. Dr. Dres. h.c. Franz Jürgen Säcker* und Herrn *Prof. Dr. Jochen Mohr* für die Aufnahme meiner Arbeit in ihre Schriftenreihe „Veröffentlichungen des Instituts für Energie- und Regulierungsrecht Berlin".Von ganzem Herzen möchte ich meinem Ehemann *Dr. Michael König* danken. Er hat mir den nötigen Zuspruch gegeben, um diese Arbeit abzuschließen. Seine liebevolle Rückendeckung ist eine unbeschreibliche Bereicherung.

Mein größter Dank gebührt meinen lieben Eltern *Sabine und Hans-Ulrich König.* Sie haben mich während meines ganzen Lebenswegs stets uneingeschränkt unterstützt und mir den notwendig familiären Rückhalt gegeben. Ihnen ist diese Arbeit gewidmet.

Berlin, im August 2020

Lina König, LL.M. (Stellenbosch)

Inhaltsverzeichnis

Abkürzungsverzeichnis

a.A.	andere Ansicht
a.E.	am Ende
a.F.	alte Fassung
Abs.	Absatz
AEG	Allgemeines Eisenbahngesetz
AktG	Aktiengesetz
ARegV	Anreizregulierungsverordnung
Art.	Artikel
AtG	Gesetz über die friedliche Verwendung der Kernenergie und den Schutz gegen ihre Gefahren (Atomgesetz)
AVBEltV	Verordnung über Allgemeine Bedingungen für die Elektrizitätsversorgung von Tarifkunden (in Kraft bis 2006)
AWZ	ausschließliche Wirtschaftszone
BauGB	Baugesetzbuch
BBPlG	Bundesbedarfsplangesetz
Bd.	Band
BDEW	Bundesverband der Energie- und Wasserwirtschaft e.V.
BeckOK	Beck'scher Online-Kommentar
BeckRS	Elektronische Entscheidungsdatenbank in beck-online
BerlKommEnR	Berliner Kommentar zum Energierecht
Beschl. v.	Beschluss vom
BGB	Bürgerliches Gesetzbuch
BGBl.	Bundesgesetzblatt
BGH	Bundesgerichtshof
BImSchG	Bundesimmissionsschutzgesetz
BK	Beschlusskammer
BKartA	Bundeskartellamt
BMU	Bundesministeriums für Umwelt, Naturschutz und nukleare Sicherheit
BMUB	Bundesministerium für Umwelt, Naturschutz, Bau und Reaktorsicherheit
BMWi	Bundesministerium für Wirtschaft und Energie
BNatSchG	Bundesnaturschutzgesetz
BNetzA	Bundesnetzagentur
BSH	Bundesamt für Seeschifffahrt und Hydrographie
BT-Drs.	Bundestagsdrucksache
BVerfG	Bundesverfassungsgericht
BVerwG	Bundesverwaltungsgericht
BWE	Bundesverband WindEnergie
ct.	Cent

bzgl.	bezüglich
bzw.	beziehungsweise
dena	Deutsche Energie-Agentur
e.V.	eingetragener Verein
EE-Anlagen	Anlagen zur Erzeugung von Strom aus erneuerbaren Energien
EE-Anlagenbetreiber	Betreiber einer Anlage zur Erzeugung von Strom aus erneuerbaren Energien
EEG	Erneuerbare-Energien-Gesetz
EE-Strom	Strom aus erneuerbaren Energien
EG	Europäische Gemeinschaft
Einl.	Einleitung
EnBW	Energie Baden-Württemberg AG
EnLAG	Gesetz zum Ausbau von Energieleitungen
EnLAG-Artikelgesetz	Artikelgesetz zur Einführung des EnLAG
Elektrizitätsrichtlinie 2003/54/EG	Richtlinie 2003/54/EG des Europäischen Parlaments und des Rates vom 26. Juni 2003 über gemeinsame Vorschriften für den Elektrizitätsbinnenmarkt und zur Aufhebung der Richtlinie 96/92/EG
Elektrizitätsrichtlinie 2009/72/EG	Richtlinie 2009/72/EG des Europäischen Parlaments und des Rates vom 13. Juli 2009 über gemeinsame Vorschriften für den Elektrizitätsbinnenmarkt und zur Aufhebung der Richtlinie 2003/54/EG
EnR	Energierecht
EnSiG	Energiesicherungsgesetz
EnWG	Energiewirtschaftsgesetz
EnWR	Recht der Energiewirtschaft
EnWZ	Zeitschrift für das gesamte Recht der Energiewirtschaft
ET	Energiewirtschaftliche Tagesfragen
EuGH	Europäischer Gerichtshof
EVU	Energieversorgungsunternehmen
f, ff	folgende
Fn.	Fußnote
Frankfurt a.M.	Frankfurt am Main
FS	Festschrift
GBBerG	Grundbuchbereinigungsgesetz
gem.	gemäß
GG	Grundgesetz
GmbH	Gesellschaft mit beschränkter Haftung
grds.	grundsätzlich
GW	Gigawatt

GWh	Gigawattstunde
GWB	Gesetz gegen Wettbewerbsbeschränkungen
ha	Hektar
Hk	Handkommentar
Hrsg.	Herausgeber
Hs.	Halbsatz
Hz.	Hertz
i.S.d.	im Sinne der/s
i.S.v.	im Sinne von
i.V.m.	in Verbindung mit
IR	InfrastrukturRecht
Kap.	Kapitel
km^2	Quadratkilometer
KraftNAV	Kraftwerks-Netzanschlussverordnung
kV	Kilovolt
kW	Kilowatt
kWh	Kilowattstunde
KWK	Kraft-Wärme-Kopplung
KWK-Anlage	Kraft-Wärme-Kopplung-Anlage
KWKG	Kraft-Wärme-Kopplungsgesetz
LG	Landgericht
lit.	litera
LKV	Landes- und Kommunalverwaltung
m.V.a.	mit Verweis auf
m.w.N.	mit weiteren/m Nachweis/en
Mrd.	Milliarden
MüKO	Münchener Kommentar
MW	Megawatt
NuR	Natur und Recht
N&R	Netzwirtschaften & Recht
NABEG	Netzausbaubeschleunigungsgesetz Übertragungsnetz
NAV	Niederspannungsanschlussverordnung
NEP	Netzentwicklungsplan Strom 2017–2030
NEMoG	Netzentgeltmodernisierungsgesetz
NJW	Neue Juristische Wochenschrift
NJW-RR	NJW-Rechtsprechungs-Report
Nr.	Nummer
NuR	Natur und Recht
NVwZ	Neue Zeitschrift für Verwaltungsrecht
NVwZ-RR	Neue Zeitschrift für Verwaltungsrecht-Rechtsprechungs- Report
OLG	Oberlandesgericht
OVG	Oberverwaltungsgericht
RdE	Recht der Energiewirtschaft

REE	Recht der Erneuerbaren Energien
Rn.	Randnummer
ROG	Raumordnungsgesetz
S.	Satz
Slg.	Sammlung
sog.	sogenannte/n
SRÜ	Seerechtsübereinkommen der Vereinten Nationen
StromhandelsVO 2003	Verordnung (EG) Nr. 1228/2003 des Europäischen Parlaments und des Rates vom 26. Juni 2003 über die Netzzugangsbedingungen für den grenzüberschreitenden Stromhandel
StromhandelsVO 2009	Verordnung (EG) Nr. 714/2009 des Europäischen Parlaments und des Rates vom 13. Juli 2009 über die Netzzugangsbedingungen für den grenzüberschreitenden Stromhandel und zur Aufhebung der Verordnung (EG) Nr. 1228/2003
StromNEV	Stromnetzentgeltverordnung
u.	und
u.a.	unter anderem
UPR	Umwelt- und Planungsrecht
Urt. v.	Urteil vom
Var.	Variante
VDE	Verband der Elektrotechnik, Elektronik und Informationstechnik e.V.
vgl.	vergleiche
VNB	Verteilernetzbetreiber
VO	Verordnung
Vorb.	Vorbemerkung/en
VwVfG	Verwaltungsverfahrensgesetz
WindSeeG	Windenergie-auf-See-Gesetz
WuW	Wirtschaft und Wettbewerb
z.B.	zum Beispiel
ZNER	Zeitschrift für Neues Energierecht
ZPO	Zivilprozessordnung
ZUR	Zeitschrift für Umweltrecht

A. Einleitung

Der Anteil der erneuerbaren Energien am Bruttostromverbrauch stieg im Jahr 2017 auf 36,2 Prozent, was einer Stromerzeugung von 217,9 Mrd. Kilowattstunden (kWh) entsprach.[1] Der Anstieg der Stromerzeugung aus erneuerbaren Energien setzte sich auch in den Jahren 2018 und 2019 fort. Im Jahr 2018 lag der Anteil der erneuerbaren Energien bei 37, 8 Prozent und im Jahr 2019 bereits bei 42,1 Prozent[2], was einer Stromerzeugung von 244,3 Mrd. kWh entsprach.[3] Den maßgeblichen Wegweiser für den Ausbau der erneuerbaren Energien stellt § 1 EEG dar. Nach § 1 Abs. 1 EEG ist es Zweck des Gesetzes, insbesondere im Interesse des Klima- und Umweltschutzes eine nachhaltige Entwicklung der Energieversorgung zu ermöglichen, die volkswirtschaftlichen Kosten der Energieversorgung auch durch die Einbeziehung langfristiger externer Effekte zu verringern, fossile Energieressourcen zu schonen und die Weiterentwicklung von Technologien zur Erzeugung von Strom aus erneuerbaren Energien zu fördern. Um diesen Zweck zu erreichen, verfolgt das Gesetz das Ziel, den Anteil des aus erneuerbaren Energien erzeugten Stroms am Bruttostromverbrauch stetig, kosteneffizient und netzverträglich auf mindestens 80 Prozent bis zum Jahr 2050 zu steigern, vgl. § 1 Abs. 2 S. 1 Nr. 3, S. 2 EEG. Hierzu soll dieser Anteil 40 bis 45 Prozent bis zum Jahr 2025 und 55 bis 60 Prozent bis zum Jahr 2035 betragen, vgl. § 1 Abs. 2 S. 1 Nr. 1 und Nr. 2 EEG. Nach dem Koalitionsvertrag der 19. Legislaturperiode zwischen der CDU, CSU und SPD soll der Anteil der erneuerbaren Energien bis 2030 sogar auf 65 Prozent gesteigert werden.[4] Der

---

1 *Umweltbundesamt*, Erneuerbare Energien in Deutschland (Stand: März 2018), S. 6, unter: https://www.umweltbundesamt.de/sites/default/files/medien/376/publikationen/180315_uba_hg_eeinzahlen_2018_bf.pdf (abgerufen am: 14.06.2020).

2 Davon lag der Anteil von Windenergie an Land bei 41,5 Prozent, von Windenergie auf See bei 10,1 Prozent, von Fotovoltaik bei 19,5 Prozent, von Biogas bei 12,0 Prozent, von Wasserkraft bei 8,3 Prozent, von biogenen Festbrennstoffen bei 4,3 Prozent, von biogenem Anteil des Abfalls bei 2,4 Prozent, von Deponie- und Klärgas bei 0,7 Prozent, von biogenen flüssigen Brennstoffen bei 0,2 Prozent und von Geothermie bei 0,1 Prozent, siehe dazu die Daten des *Umweltbundesamtes* unter: https://www.umweltbundesamt.de/themen/klima-energie/erneuerbare-energien/erneuerbare-energien-in-zahlen#statusquo (abgerufen am: 14.06.2020).

3 Daten des *Umweltbundesamtes* unter: https://www.umweltbundesamt.de/themen/klima-energie/erneuerbare-energien/erneuerbare-energien-in-zahlen#statusquo (abgerufen am: 14.06.2020).

4 Laut S. 14 des *Koalitionsvertrages* der 19. Legislaturperiode zwischen der CDU, CSU und SPD soll der Anteil der erneuerbaren Energien bis 2030 sogar auf 65 Prozent gesteigert werden, vgl. dazu https://www.bundesregierung.de/resource/blob/975226/847984/5b8bc23590d4cb2892b31c987ad672b7/2018-03-14-koalitionsvertrag-data.pdf?download=1 (abgerufen am: 16.06.2020).

Ausbaupfad des § 4 EEG gibt dabei vor, wie die Ziele des § 1 Abs. 2 EEG durch den Ausbau der verschiedenen erneuerbaren Energien erreicht werden sollen.[5] Die ambitionierten Zielsetzungen des EEG sind Folge des Reaktorunglücks in Fukushima im Jahr 2011[6] und der daraufhin eingeleiteten Energiewende, die als wesentliches Merkmal den Ausstieg aus der Kernenergie[7] bis zum Ende des Jahres 2022[8] und den Wechsel von fossilen Energieträgern zu regenerativen Energieträgern zum Gegenstand hat.[9]

Der gesetzlich vorgegebene, stetig steigende Anteil an erneuerbaren Energien ist einerseits wünschenswert und notwendig, stellt aber andererseits erhebliche Anforderungen an das deutsche Stromnetz. Dies liegt zum einen daran, dass das Angebot an erneuerbaren Energien im Vergleich zu konventionellen Energieträgern aufgrund der Witterungsabhängigkeit nicht gesteuert werden kann und zum anderen daran, dass die Produktion von erneuerbaren Energien überwiegend nicht in den Lastzentren erfolgen kann, sondern vielmehr in verbrauchsschwachen Gegenden erfolgen muss.[10] Um den Eigenschaften von erneuerbaren Energien gerecht zu werden und die ehrgeizigen Vorgaben des § 1 Abs. 2 EEG erreichen zu können, werden derzeit hohe Anforderungen an die Infrastruktur des Stromnetzes gestellt. Dies gilt sowohl für bereits bestehende Netze, als auch für solche, die noch gebaut/ausgebaut werden müssen. Es steht in diesem Zusammenhang fest, dass das Stromnetz auch weiterhin erheblich ausgebaut werden muss, um den erhöhten Anteil an Strom aus erneuerbaren Energien transportieren und nutzen zu können.[11] Mit dem Ausbau des deutschen Stromnetzes gehen insofern erhebliche Herausforderungen einher, insbesondere besteht hierfür ein hoher Investitionsbedarf.[12] Dies gilt sowohl für den Bereich der deutschen Übertragungsnetze

---

5 Um den Anteil der erneuerbaren Energien am Bruttostromverbrauch bis 2030 auf 65 Prozent zu steigern, ist eine Anpassung der Ausbaupfade des § 4 EEG zwingend notwendig, siehe dazu die Genehmigung des Szenariorahmens 2019–2030 der *BNetzA* (Stand: 15.06.2018), S. 87, unter: https://www.netzausbau.de/SharedDocs/Downloads/DE/2030_V19/SR/Szenariorahmen_2019-2030_Geneh migung.pdf?__blob = publicationFile (abgerufen am: 14.06.2020).

6 Das Reaktorunglück in dem Kernkraftwerk Fukushima I am 11.03.2011 wurde durch ein Erdbeben der Momenten-Magnitude 9 und einem nachfolgenden Tsunami ausgelöst. Das Unglück hat schwere Auswirkungen für die Menschen und die Umwelt vor Ort. Siehe hierzu die ausführlichen Informationen bei *Sellner/Fellenberg*, NVwZ 2011, 1025, 1026.

7 Infolge der Energiewende 2011 wurden u.a. acht Kernkraftwerke durch ein sofortiges Verbot des Leistungsbetriebs stillgelegt, vgl. de Witt/Scheuten/*Straßburg*, NABEG, Einl. Rn. 1.

8 Siehe dazu § 7 Abs. 1a Nr. 6 AtG.

9 Vgl. *Schlacke*, NVwZ 2015, 626; *Kment*, RdE 2011, 341; *Wahlhäuser*, ZNER 2014, 534, 536.

10 Vgl. dazu *Kment*, RdE 2011, 341; *Böttcher*, S. 32.

11 *Böttcher*, S. 1f.

12 Vgl. hierzu auch *Vogt*, RdE 2014, 483; *Ringel*, S. 17f.

als auch für den Bereich der deutschen Verteilernetze, da sich letztere mit dem Anstieg der erneuerbaren Energien und der damit ebenfalls verbundenen Dezentralisierung[13] der Stromerzeugung immer mehr zu „Energiesammelnetzen" umwandeln.[14] Die wirtschaftlichen Investitionen der Netzbetreiber in die Stromnetze sind bereits jetzt enorm. Allein im Jahr 2018 haben sie insgesamt 6,88 Mrd. Euro in die Stromnetze investiert, wobei die Investitionen[15] in das deutsche Übertragungsnetz bei knapp 2,95 Mrd. Euro und in das deutsche Verteilernetz bei ungefähr 3,93 Mrd. Euro lagen.[16]

I. Einführung

Um an den Untersuchungsgegenstand der Arbeit heranzuführen, wird zunächst der Umfang des Netzausbaus und die damit einhergehenden Verzögerungen beleuchtet (1). Im Anschluss daran werden Konstellationen erörtert, mit denen eine potenzielle Stilllegung / ein potenzielles Freiwerden von Leitungen von Netzabschnitten einhergehen könnte (2).

1. Netzausbaubedarf

Bevor die eigentliche Thematik der Arbeit umfangreich erörtert wird, sollen die folgenden Daten zunächst die Dimension und den derzeit lediglich schleichenden Fortschritt des Netzausbaus und die damit verbundenen Kosten verdeutlichen. Bereits vor der Energiewende im Jahr 2011 bestand aufgrund des Ausbaus der erneuerbaren Energien, der Förderung des europäischen Stromhandels[17] und der notwendigen Integration von geplanten konventionellen Kraftwerken das Erfordernis zum Netzausbau.[18] Um den Netzausbau voranzutreiben, wurde deshalb

---

13 Eine dezentrale Erzeugungsanlage ist nach der Legaldefinition des § 3 Nr. 11 EnWG eine an das Verteilernetz angeschlossene verbrauchs- und lastnahe Erzeugungsanlage. Sie dient der lokalen Stromversorgung, Britz/Hellermann/Hermes/*Hellermann*, EnWG, § 3 Rn. 24.

14 *Böttcher*, S. 2; Schneider/Theobald/*Hermes*, EnWR, § 7 Rn. 2.

15 Als Investitionen werden hier die „aktivierten Bruttozugänge an Sachanlagen sowie der Wert der [...] neu gemieteten und gepachteten neuen Sachanlagen" eines Jahres verstanden, siehe dazu den Monitoringbericht 2019 der *BNetzA* und des *BKartA* (Stand: 13.01.2020), S. 128 unter: https://www.bundesnetzagentur.de/SharedDocs/Mediathek/Berichte/2019/Monitoringbericht_Energie2019.pdf;jsessionid=15FF8E74D47D7EA812B975E776132870?__blob=publicationFile&v=6 (abgerufen am: 14.06.2020).

16 Monitoringbericht 2019 der *BNetzA* und des *BKartA* (Stand: 13.01.2020), S. 128ff.

17 Vgl. dazu die Verordnung (EG) Nr. 1228/2003 des Europäischen Parlaments und des Rates vom 26. Juni 2003 über die Netzzugangsbedingungen für den grenzüberschreitenden Stromhandel.

18 BerlKommEnR/*Ohms/Weiss*, Band 1, Vorb. EnLAG Rn. 1.

bereits im Jahr 2009 das Energieleitungsausbaugesetz (EnLAG) verabschiedet.[19] Mit dem Gesetz sollte eine Beschleunigung wichtiger Leitungsvorhaben auf Höchstspannungsebene erreicht werden.[20] Von den davon insgesamt abgedeckten 1.826 Leitungskilometern waren im vierten Quartal des Jahres 2019 allerdings erst 906 km realisiert und weitere 495 km genehmigt,[21] da es immer wieder zu Verzögerungen kam und der Ausbau lediglich schleppend voranschreitet. So wurden beispielsweise im vierten Quartal 2019 lediglich 25 km fertiggestellt.[22] Als Hauptgründe für die genannten Verzögerungen sind die Existenz von Doppelstrukturen, damit einhergehende unzureichend aufeinander abgestimmte Planungen und erhebliche Widerstände der örtlichen Bevölkerung gegen die Leitungsvorhaben zu nennen.[23] Mit der im Jahr 2011 eingeleiteten Energiewende erhöhte sich die Dringlichkeit des weiteren Ausbaus des deutschen Stromnetzes erheblich.[24] Neben dem EnLAG wurde im Jahr 2013 sodann das Bundesbedarfsplangesetz[25] (BBPlG) verabschiedet. In der Anlage zum BBPlG befindet sich der Bundesbedarfsplan,[26] der die vom Bundestag beschlossenen Leitungsvorhaben auf Höchstspannungsebene enthält. Darüber hinaus hat das ebenfalls nach der Energiewende beschlossene Netzausbaubeschleunigungsgesetz Übertragungsnetz[27] (NABEG) den Zweck, den Ausbau der länder- und grenzüberschreitenden Leitungsvorhaben[28] des bereits erwähnten Bundesbedarfsplans (durch die Einführung eines neuen Planungsinstruments) zu beschleunigen.[29] Aus diesem Grund liegt die Zuständigkeit der Vorhaben, die dem NABEG unterliegen, bei der Bundesnetzagentur (BNetzA).[30] Die insgesamt von dem BBPlG umfasste Gesamtlänge der Leitungen liegt bei derzeit

19 *Böttcher*, S. 2; *Wahlhäuser*, ZNER 2014, 534, 535.

20 *Klees*, Kap. 2 Rn. 96.

21 Daten der *BNetzA* nach dem Stand des vierten Quartals 2019. Siehe dazu unter: https://www.netzausbau.de/leitungsvorhaben/de.html#AnkerEnLAG (abgerufen am 15.06.2020).

22 Die Daten werden von der BNetzA laufend aktualisiert und Veränderungen können quartalsweise nachvollzogen werden unter: https://www.netzausbau.de/leitungsvorhaben/de.html#AnkerEnLAG (abgerufen am 15.06.2020).

23 Schink/Versteyl/Dippel/*Schink/Versteyl*, NABEG, Einl. Rn. 5 u. 7; *Wahlhäuser*, ZNER 2014, 534, 535; *Böttcher*, S. 2.

24 *Schlacke*, NVwZ 2015, 626; BerlKommEnR/*Ohms/Weiss*, Band 1, Vorb. ENLAG Rn. 1.

25 Art. 1 des Zweiten Gesetzes über Maßnahmen zur Beschleunigung des Netzausbaus Elektrizität vom 23.07.2013, BGBl. I S. 2543.

26 *Schaller/Henrich*, UPR 2014, 361.

27 Art. 1 des Gesetzes über Maßnahmen zur Beschleunigung des Netzausbaus Elektrizitätsnetze vom 28.07.2011, BGBl. I S. 1690.

28 Von dem Anwendungsbereich des NABEG sind darüber hinaus auch solche Leitungsvorhaben erfasst, die im Bundesbedarfsplan als Offshore-Anbindungsleitung gekennzeichnet sind., *Schaller/Henrich*, UPR 2014, 361.

29 *Schaller/Henrich*, UPR 2014, 361.

30 BT-Drs.: 17/6073, S. 5 u. S. 32.

etwa 5.830 km. Mit Ende des vierten Quartals 2019 sind hiervon rund 372 km realisiert und weitere 331 km genehmigt. Dabei wurden lediglich 11 km im vierten Quartal 2019 realisiert. Weitere ca. 2.100 km befinden sich derzeit im Planfeststellungs- oder Anzeigeverfahren und rund 2.200 km durchlaufen derzeit das Bundesfachplanungs- oder Raumordnungsverfahren.[31]

Immer wieder geschieht es im Rahmen des Netzausbaus, dass sich die Fertigstellung von Leitungsvorhaben auf Ebene des Übertragungsnetzes verschiebt, sodass bereits vereinzelt damit gerechnet wird, dass die Stromtrassen vor dem Jahr 2030 nicht fertig gestellt werden.[32] Dies scheint angesichts der schleppenden Fortschritte nicht abwegig, wenn pro Quartal weiterhin lediglich wenige Trassenkilometer realisiert werden. Neben der erheblichen zeitlichen Komponente des Netzausbaus sind auch die wirtschaftlichen Investitionen der Netzbetreiber in den Netzausbau enorm. Allein im Jahr 2018 haben die Übertragungsnetzbetreiber rund 2,95 Mrd. Euro in das deutsche Übertragungsnetz investiert, wobei in den letzten Jahren eine leichte, kontinuierliche Steigung der jährlichen Investitionskosten beobachtet werden kann.[33] Die genannten Daten erfassen dabei nur den Netzausbau auf Übertragungsnetzebene. Im Rahmen des Netzausbaus muss zusätzlich aber immer auch die Ebene der Verteilernetze berücksichtigt werden, da an diese 97 Prozent der Anlagen zur Erzeugung von Strom aus erneuerbaren Energien[34] (EE-Anlagen) angeschlossenen sind.[35] Die Verteilernetzbetreiber haben im Jahr 2018 rund 3,93 Mrd. Euro in den Ausbau ihrer Netze investiert.[36] Aufgrund fehlender Beschleunigungsgesetzgebung lassen sich diesbezüglich allerdings keine vergleichbaren Aussagen hinsichtlich der Umsetzung und des Fortschritts treffen.[37]

2. Stilllegungspotenzial von Stromnetzinfrastruktur

Die oben genannten Daten zeigen zum einen, dass die Integration von EE-Anlagen in das deutsche Stromnetz zur Erreichung der genannten Ziele des § 1 Abs. 2 EEG

---

31 Daten der *BNetzA* nach dem Stand des vierten Quartals 2019. Siehe dazu unter: https://www.netzausbau.de/leitungsvorhaben/de.html#AnkerBBPlG (abgerufen am 16.06.2020).

32 Siehe *Reiche*, EnWZ 2018, 145.

33 Im Jahr 2017 lagen die Investitionskosten bei 2,71 Mrd. Euro, im Jahr 2018 bei 2,95 Mrd. Euro und die geplanten Investitionskosten für das Jahr 2019 bei 3,39 Mrd. Euro, siehe dazu den Monitoringbericht 2019 der *BNetzA* und des *BKartA* (Stand: 13.01.2020), S. 129. Die Investitionen der Verteilernetzbetreiber lagen im Jahr 2017 bei ca. 3,5 Mrd. Euro, im Jahr 2018 bei ca. 3,93 Mrd. Euro und die geplanten Investitionskosten für das Jahr 2019 bei 4,36 Mrd. Euro, vgl. Monitoringbericht 2019 der *BNetzA* und des *BKartA* (Stand: 13.01.2020), S. 130.

34 Siehe dazu die Legaldefinition des Anlagenbetreibers in § 3 Nr. 2 EEG.

35 *Reiche*, EnWZ 2018, 145.

36 Monitoringbericht 2019 der *BNetzA* und des *BKartA* (Stand: 13.01.2020), S. 130.

37 Vgl. dazu auch *Vogt*, RdE 2014, 483, 490.

zukünftig noch erheblich gesteigert werden muss und zum anderen, dass die Planung und Errichtung neuer Stromtrassen sehr aufwendig ist[38] und insbesondere mit großem zeitlichen Aufwand und hohem Investitionsbedarf einhergeht. Trotz des immensen Netzausbaubedarfs kommt es im Bereich der Stromnetze andererseits auch dazu, dass Teile der vorhandenen Infrastruktur aufgrund verschiedener Vorkommnisse nicht mehr benötigt werden und der zuständige Netzbetreiber infolgedessen die Stilllegung und den Rückbau des Netzabschnitts plant.[39] An diesem Punkt knüpft der Untersuchungsgegenstand der Arbeit an, denn es soll im Rahmen der Arbeit insbesondere geprüft werden, ob der Netzbetreiber dazu verpflichtet ist, den betroffenen Netzabschnitt weiter zu betreiben, wenn an diesen ein Anschlussanspruch einer EE-Anlage nach § 8 Abs. 1 S. 1 EEG begehrt wird. Im Folgenden sollen zunächst mehrere Konstellationen dargestellt werden, mit denen eine mögliche Stilllegung eines Netzabschnitts einhergehen könnte, wobei es sich allerdings nur um eine beispielhafte Aufzählung handeln soll.

Eine geplante Stilllegung einer Stromleitung oder eines Netzabschnitts kann sich aus verschiedenen Gründen und Umständen ergeben. So ist es beispielsweise denkbar, dass es sich bei dem Netzabschnitt um eine nicht mehr benötigte Stromleitung im Außenbereich handelt.[40] Auch ist es denkbar, dass die betroffene Stromleitung in der Vergangenheit lediglich als Notleitung für die Stromversorgung eines gewissen Gebietes oder eines Umspannwerkes genutzt wurde und durch die (geplante) Errichtung einer neueren Stromleitung aus Sicht des Netzbetreibers nicht mehr für die Stromversorgung des Gebietes oder des Umspannwerkes benötigt wird.[41] Auch gibt es aufgrund des hohen Kostendrucks des Netzausbaus Überlegungen zur Ablösung von Spannungsebenen, die derzeit noch das Vorliegen mehrfach redundanter Sicherheit im Form des n-2 oder n-3 Prinzips aufweisen.[42] Ein weiterer Grund für eine Stilllegung eines Netzabschnitts kann eine zeitlich vorangegangene Stilllegung eines Produktionsstandortes[43] sein, sodass automatisch auch die davon betroffene Versorgungsleitung nicht mehr gebraucht wird.[44] Darüber hinaus

38 So auch *Klees*, Kap. 2 Rn. 96.

39 So beispielsweise *LG Dortmund*, Urt. v. 17.04.2002 – 6 O 53/02, RdE 2002, 293ff; *OLG Hamm*, Beschl. v. 11.10.2002 – 29 U 28/02, ZNER 2003, 49f.

40 Als Beispiel in Bezug auf die Stilllegung einer Gasversorgungsleitung genannt, vgl. *Rauch*, RdE 2011, 287, 290.

41 So beispielsweise in dem zugrundeliegenden Sachverhalt, in dem der Anschluss zwei kleinerer Windparks an eine 30 kV-Freileitung begehrt wurde, die wiederum von dem zuständigen Netzbetreiber nur noch für einen befristeten Zeitraum zu Zwecken der Noteinspeisung einer Umspannanlage betrieben wurde, *LG Dortmund*, Urt. v. 17.04.2002 – 6 O 53/02, RdE 2002, 293ff; *OLG Hamm*, Beschl. v. 11.10.2002 – 29 U 28/02, ZNER 2003, 49f.

42 Hierbei handelt es sich um Leitungssysteme, die die weitere Versorgung beim Auftreten einer Störung gewährleisten, vgl. *Schwab*, S. 818.

43 Hierbei wird es sich um einen Industrie- oder Gewerbekunden handeln.

44 Ob der betroffene Netzabschnitt bzw. die betroffene Stromleitung, sei es zur Stromversorgung oder zur Einspeisung von Strom, für eine Stilllegung geeignet ist, hängt

kann als Grund für eine potenzielle Stilllegung eines Netzabschnitts eine zeitlich vorangegangene Stilllegung einer Energieerzeugungsanlage genannt werden. So werden beispielsweise in den kommenden Jahren vermehrt konventionelle Kraftwerke vom Stromnetz gehen und infolgedessen stillgelegt werden. Bereits vor Jahren war davon auszugehen, dass bis zum Jahr 2020 aufgrund des technischen Alters von konventionellen Kraftwerken und aufgrund von politischen Entscheidungen 50 Prozent der existierenden Kraftwerksleitungen ausgetauscht werden müssen.[45] Aufgrund der Energiewende im Jahr 2011 ist von einer steigenden Tendenz auszugehen. Für den Bereich der Kernenergie gibt § 7 Abs. 1a Atomgesetz (AtG) explizit den Weg vor. In Bezug auf die verbliebenden Kernkraftwerke kann dies damit sogar zeitlich konkret dargestellt werden. Demnach werden bis zum Ende des Jahres 2021 die Kernkraftwerke Grohnde, Gundremmingen C und Brokdorf und bis zum Ende 2022 die Kernkraftwerke Isar 2, Emsland und Neckarwestheim 2 vom Netz gehen, da die Berechtigung zum Leistungsbetrieb der Anlagen zur Spaltung von Kernbrennstoffen zur gewerblichen Erzeugung von Elektrizität mit dem genannten Datum erlischt, vgl. § 7 Abs. 1a Nr. 4, Nr. 5 und Nr. 6 AtG.

In Hinblick auf Kohlekraftwerke ergibt sich ein ähnliches Bild. Im Juni 2018 hat die Bundesregierung die Kommission „Wachstum, Strukturwandel und Beschäftigung" einberufen, um über die schrittweise Reduzierung und Beendigung der Kohleverstromung in Deutschland zu beraten.[46] Diese hat im Januar 2019 ihre Arbeit beendet und ihren Abschlussbericht an die Bundesregierung übergeben. In diesem empfiehlt sie das Ende der Kohleverstromung bis spätestens 2038, wobei das Abschlussdatum bei Vorliegen der energiepolitischen, beschäftigungspolitischen und betriebswirtschaftlichen Voraussetzungen auf 2035 vorgezogen werden kann.[47] Hieran anknüpfend hat die Bundesregierung im Januar 2020 das Gesetz zur Reduzierung und zur Beendigung der Kohleverstromung und zur Änderung weiterer Gesetze (Kohleausstiegsgesetz)[48] beschlossen, welches sich derzeit noch

---

davon ab, ob dadurch mehrere oder lediglich der erwähnte Produktionsstandort oder die erwähnte Energieerzeugungsanlage versorgt werden. In der Arbeit wird davon ausgegangen, das Letzteres der Fall ist.

45 *Peters*, ZNER 2007, 272, 274.

46 Abschlussbericht der *Kommission „Wachstum, Strukturwandel und Beschäftigung"* (Stand: Januar 2019), S. 2 unter https://www.bmwi.de/Redaktion/DE/Downloads/A/abschlussbericht-kommission-wachstum-strukturwandel-und-beschaeftigung.pdf?__blob=publicationFile&v=4 (abgerufen am: 14.06.2020).

47 Abschlussbericht der *Kommission „Wachstum, Strukturwandel und Beschäftigung"*, S. 64.

48 Entwurf eines Gesetzes zur Reduzierung und zur Beendigung der Kohleverstromung und zur Änderung weiterer Gesetze (Kohleausstiegsgesetz), abrufbar unter: https://www.bmwi.de/Redaktion/DE/Downloads/ G/gesetzentwurf-kohleausstiegsgesetz.pdf?__blob = publicationFile&v = 8 (abgerufen am: 14.06.2020).

im Gesetzgebungsverfahren befindet.[49] Auch lässt sich ein zukünftiger Rückgang der Kohlekraftwerke aus den Klimaschutzzielen der Bundesrepublik Deutschland entnehmen, wonach die Treibhausgasemissionen bis 2020 gegenüber 1990 um 40 Prozent gemindert werden sollen[50] und bis 2030 eine Reduzierung der Treibhausgasemissionen gegenüber 1990 um mindestens 55 Prozent erzielt werden soll.[51] Die genannten Klimaschutzziele können nur erreicht werden, wenn ein schrittweiser Ausstieg aus der Kohleverstromung stattfindet.[52] In einem Eckpunktepapier der Regierungskoalition aus dem Jahr 2015 für eine erfolgreiche Umsetzung der Energiewende heißt es dazu u.a., dass zur Minderung von Kohlenstoffdioxid eine „schrittweise Stilllegung von Braunkohlekraftwerksblöcken" vorgesehen ist.[53] Infolgedessen wurde im Juli 2016 das Strommarktgesetz beschlossen,[54] welches u.a. eine Änderung des EnWG durch die Einfügung von § 13g EnWG beinhaltete. Die Regelung sieht die schrittweise Stilllegung von einigen Braunkohlekraftwerken vor. So wurden am 1. Oktober 2016 das Kraftwerk Buschhaus und am 1. Oktober 2017 Block P und Block Q des Kraftwerks Frimmersdorf gem. § 13g Abs. 1 S. 1 Nr. 1 und Nr. 2 a) und b) EnWG vorläufig stillgelegt. Des Weiteren wurden zum 1. Oktober 2018 Block E und Block F des Kraftwerks Niederaußem und Block F des Kraftwerks Jänschwalde gem. § 13g Abs. 1 S. 1 Nr. 3 a), b) und c) EnWG und zum 1. Oktober 2019 Block C des Kraftwerks Neurath und Block E des Kraftwerks Jänschwalde gem. § 13g Abs. 1 S. 1 Nr. 4 a) und b) EnWG vorläufig

49 Siehe dazu die *Ausführungen des Bundesministeriums für Wirtschaft und Energie* (BMWi) unter: https://www.bmwi.de/Redaktion/DE/Artikel/Wirtschaft/kohleausstieg-und-strukturwandel.html (abgerufen am: 14.06.2020).

50 Der Klimaschutzbericht 2017 des *Bundesministeriums für Umwelt, Naturschutz und nukleare Sicherheit* (BMU) hat zwar offenbart, dass eine Minderung der Treibhausgasemissionen bis zum Jahr 2020 gegenüber 1990 allenfalls 32 Prozent mit den derzeit umgesetzten Maßnahmen betragen wird, allerdings wird darin weiterhin betont, dass die Handlungslücke zur Erreichung des 40-Prozent-Ziels schnellstmöglich geschlossen werden soll, insbesondere in der Energiewirtschaft durch die „schrittweise Reduzierung der Braunkohlekapazitäten" (Stand: Juni 2018), S. 7, 8 und 46f. unter: https://www.bmu.de/fileadmin/Daten_BMU/Pools/Broschueren/klimaschutzbericht_2017_aktionsprogramm.pdf (abgerufen am: 25.06.2028).

51 Siehe dazu die Daten „Klimaschutz in Zahlen" des *BMU* unter: http://www.bmu.de/fileadmin/Daten_BMU/Download_PDF/Klimaschutz/klimaschutz_in_zahlen_klimaziele_bf.pdf (abgerufen am: 24.06.2018).

52 Klimaschutzplan 2050 *Bundesministerium für Umwelt, Naturschutz, Bau und Reaktorsicherheit* (BMUB) (Stand: November 2016), S. 35 unter: http://www.bmu.de/fileadmin/Daten_BMU/Download_PDF/Klima schutz/klimaschutzplan_2050_bf.pdf (abgerufen am: 25.06.2018).

53 Eckpunktepapier der *Bundesregierung* für eine erfolgreiche Umsetzung der Energiewende (Stand: 01.07.2015), S. 6 unter: https://www.bundesregierung.de/Content/DE/_Anlagen/2015/07/2015-07-02-eckpunkte-energiewende-koalition.pdf?__blob=publicationFile&v=1 (abgerufen am: 25.06.2018).

54 Gesetz v. 26.07.2016, BGBl. I S. 1786.

und jeweils nach Ablauf von vier Jahren endgültig stillgelegt.[55] Insgesamt betrifft die Regelung des § 13g EnWG aber lediglich einen Umfang von 2,7 GW und damit nur 13 Prozent der gesamten in der Bundesrepublik Deutschland installierten Braunkohlekraftwerkskapazität. Sie ist lediglich als erster Schritt in diese Richtung zu verstehen.[56] Die zukünftige Stilllegung weiterer Kohlekraftwerke, insbesondere Braunkohlekraftwerke, ist somit ein zwingender Schritt zur Erreichung der Energiewende und der Klimaschutzziele der Bundesrepublik Deutschland. Der Klimaschutzplan 2050 der Bundesregierung geht davon aus, dass bis spätestens 2050 die Energieversorgung nahezu vollständig dekarbonisiert erfolgen muss.[57] Neben der zukünftigen endgültigen Stilllegung von Kern- und Braunkohlekraftwerken werden darüber hinaus jährlich auch andere konventionelle Kraftwerke stillgelegt. So war beispielsweise Anfang des Jahres 2017 ein Rückgang von nicht erneuerbaren Energieträgern in Höhe von 2,8 GW zu verzeichnen, was auf die Stilllegungen der Steinkohlekraftwerke in Voerde, Herne und Marl sowie des Mineralölkraftwerks in Brunsbüttel zurückzuführen ist.[58] Insgesamt lässt sich allein bis zum Jahr 2022 feststellen, dass die bundesweit geplanten Stilllegungen der Kraftwerke den Zubau von Kraftwerksblöcken um 11.478 MW übersteigen.[59]

Neben den Stilllegungen im Bereich der konventionellen Stromerzeugungsanlagen werden auch jährlich solche aus dem Bereich der erneuerbaren Energien stillgelegt, was wiederum Potenzial für eine damit einhergehende Stilllegung von Teilbereichen des Stromnetzes mit sich bringt. Im Jahr 2017 wurden beispielsweise 387 Windenergieanlagen an Land und 205 im Jahr 2018 stillgelegt und abgebaut.[60]

---

55 Die stillzulegenden Anlagen dürfen für vier Jahre nicht stillgelegt werden. Nach Ablauf dieses Zeitraums muss sodann die endgültige Stilllegung erfolgen, vgl. § 13g S. 2, 3 EnWG.

56 Klimaschutzbericht 2017 des *BMU*, S. 47.

57 Klimaschutzplan 2050 des *BMUB*, S. 34.

58 Monitoringbericht 2017 der *BNetzA* und des *BKartA* (Stand: 13.12.2017), S. 53 unter: https://www.bundesnetzagentur.de/SharedDocs/Mediathek/Monitoringberichte/Monitoringbericht2017.pdf?__blob=publicationFile&v=4 (abgerufen am: 15.06.2020).

59 In diese Berechnung wurden zum einen diejenigen Kraftwerke einbezogen, die bei der BNetzA als geplante endgültige Stilllegung angezeigt wurden und zum anderen die gesetzlich stillzulegenden Kernkraftwerke bis zum Jahr 2022 sowie endgültig stillzulegende Braunkohlekraftwerke nach § 13g EnWG und weitere geplante Stilllegungen, die der BNetzA im Rahmen des Monitorings als formelle Anzeige mitgeteilt wurden vgl. dazu den Monitoringbericht 2019 der *BNetzA* und des *BKartA* (Stand: 13.01.2020), S. 73.

60 *Deutsche Windguard*, Status des Windenergieausbaus an Land in Deutschland 2017, S. 1 unter: https://www.windguard.de/windenergie-statistik-jahr-2017.html?file=files/cto_layout/img/unternehmen/ windenergiestatistik/2017/Status%20des%20 Windenergieausbaus%20an%20Land%20in%20Deutschland%2C%20Gesamtjahr%20 2017.pdf (abgerufen am: 15.06.2020); Deutsche Windguard, Status des Windenergieausbaus an Land in Deutschland 2018, S. 3 unter: https://www.windguard.de/

Eine Stilllegung solcher Anlagen kann verschiedene Gründe haben. Oftmals hängt sie mit der technischen Lebensdauer zusammen.[61] Der staatliche Förderungsrahmen des EEG und die damit einhergehenden Zahlungen über einen Zeitraum von 20 Jahren[62] spiegelt diese häufig wieder.[63] Neben der technischen Lebensdauer kann aber auch fehlende wirtschaftliche Rentabilität die Ursache für eine Stilllegung sein.[64] Die genannten Gründe lassen sich auf alle Anlagen zur Erzeugung von Strom aus erneuerbaren Energien übertragen.

II. Untersuchungsgegenstand der Arbeit

Nachdem der zukünftige Ausbaupfad der erneuerbaren Energien, der notwendige Netzausbau und der damit einhergehende zeitliche und finanzielle Aufwand einerseits und das Stilllegungspotenzial bestimmter Netzabschnitte andererseits erörtert wurde, soll im Rahmen der Arbeit untersucht werden, inwiefern Netzbetreiber verpflichtet werden können, bereits vorhandene Netzabschnitte bestehen zu lassen, wenn ein Betreiber einer Anlage zur Erzeugung von Strom aus erneuerbaren Energien (EE-Anlagenbetreiber) ein Anschlussverlangen an diesen Netzabschnitt geltend macht. Die Arbeit soll damit einen Beitrag zu der Frage leisten, wann ein Netzbetreiber trotz bestehender Stilllegungsabsicht eine vorhandene Netzinfrastruktur erhalten muss, wenn an diese ein Anschlussverlangen eines EE-Anlagenbetreibers nach § 8 Abs. 1 S. 1 EEG besteht. In diesem Zusammenhang ist zu hinterfragen, wie sich die Betriebspflicht des Netzbetreibers gem. § 11 Abs. 1 S. 1 EnWG, die unternehmerische Freiheit des Netzbetreibers auf Stilllegung und Rückbau seines Netzes und der Anspruch des Anlagenbetreibers auf Anschluss nach § 8 Abs. 1 S. 1 EEG zueinander verhalten.

Die Idee, dass zunächst bereits vorhandene Netzinfrastruktur für einen Anschluss von EE-Anlagen genutzt werden soll, ist zum einen dem Umstand zu entnehmen, dass eine potenzielle Neuerrichtung von Stromleitungen mit einem hohen Kosten- und Zeitaufwand verbunden ist und zudem lange Vorlaufzeiten benötigt.[65] Zum anderen besteht in Bezug auf bereits bestehende Netzinfrastrukturen im Gegensatz zu der Errichtung neuer Netzinfrastrukturen der entscheidende

veroeffentlichungen.html?file=files/cto_layout/img/unternehmen/veroeffentlichungen/2019/Status%20des%20Windenergieausbaus%20an%20Land%20-%20Jahr%20 2018.pdf (abgerufen am: 15.06.2020).

61 *Deutsche Windguard*, Status des Windenergieausbaus an Land in Deutschland 2017, S. 2.

62 Monitoringbericht 2019 der *BNetzA* und des *BKartA* (Stand: 13.01.2020), S. 96.

63 Vgl. *Salje*, EEG 2017, § 12 Rn. 12.

64 *Deutsche Windguard*, Status des Windenergieausbaus an Land in Deutschland 2017, S. 2.

65 Schneider/Theobald/*Albrecht*, EnWR, § 9 Rn. 44; Britz/Hellermann/Hermes/*Hellermann*, EnWG, § 46 Rn. 13.

Vorteil, dass sowohl von Interessenverbänden als auch von der lokalen Bevölkerung kein Widerstand gegen die bestehende Netzinfrastruktur zu erwarten ist und damit langwierige Gerichtsverfahren vermieden werden können.[66] Der Gedanke, bereits vorhandene Infrastruktur zu nutzen und auf dieser aufzubauen, anstatt diese stillzulegen, ist im Übrigen nicht neu. Er lässt sich insbesondere auch von dem sog. NOVA-Prinzip[67] (Netz-Optimierung vor Verstärkung vor Ausbau) ableiten, welches dem Netzausbau vor allem auf Übertragungsnetzebene zugrunde liegt, aber auch auf Verteilernetzebene Berücksichtigung finden muss.[68] Nach dem NOVA-Prinzip müssen die Netzbetreiber zunächst versuchen, den Netzbetrieb zu optimieren, bevor das Netz verstärkt oder als letzte Maßnahme gar ausgebaut wird.[69] Demzufolge muss der Netzbetreiber zunächst Optimierungsmaßnahmen an dem bestehenden Netz durchführen, worunter beispielsweise das Ersetzen von älteren Leiterseilen durch neue, leistungsstärkere zu verstehen ist. Nach Ausschöpfung des Optimierungspotenzials erfolgt der Einsatz von netzverstärkenden Maßnahmen, wie beispielsweise der Austausch einer 220 kV-Beseilung durch eine 380 kV-Beseilung.[70] Erst wenn Verstärkungen oder Ausbau nicht zu vermeiden sind, um den langfristigen Bedarf der Stromversorgung decken zu können, ist der Netzausbau im engeren Sinne zulässig, sodass neue Trassen geplant und im Netzentwicklungsplan[71] angegeben werden können.[72] Diesem Grundsatz folgen die Netzbetreiber, um die notwendigen Maßnahmen für den Netzausbau zu bestimmen. Aber auch die BNetzA[73] und die Politik betonen das NOVA-Prinzip als zukünftigen Planungsgrundsatz.[74]

Die Arbeit beschränkt sich aufgrund der besonderen Stellung der erneuerbaren Energien in der deutschen Stromversorgung, des ambitionierten Ausbaukorridors des § 1 Abs. 2 EEG und des besonderen Anschlussanspruchs gem. § 8 Abs. 1 S. 1 EEG auf die Prüfung eines möglichen Anschlussanspruchs von EE-Anlagenbetreibern an den betroffenen Netzabschnitt. Der Anschluss konventioneller Energieerzeugungsanlagen wird im Rahmen der Arbeit insofern

---

66 Ähnlich auch *Pleiner*, S. 1.

67 Vgl. dazu die Ausführungen der *BNetzA* unter: http://www.netzausbau.de/5schritte/nep-ub/de.html (abgerufen am: 15.06.2020); Britz/Hellermann/Hermes/*Sötebier*, EnWG, § 11 Rn. 2; *Pleiner*, S. 2.

68 Vgl. dazu auch *Pleiner*, S. 2.

69 Siehe die Ausführungen der *BNetzA* unter: http://www.netzausbau.de/5schritte/nep-ub/de.html (abgerufen am: 15.06.2020).

70 Baur/Salje/Schmidt-Preuß/*Heimann*, Kap. 101 Rn. 37.

71 Siehe dazu auch die Ausführungen unter E. IV. 2. c. cc. (2.)

72 Vgl. dazu die Ausführungen der *BNetzA* unter: http://www.netzausbau.de/5schritte/nep-ub/de.html (abgerufen am: 15.06.2020); Baur/Salje/Schmidt-Preuß/*Heimann*, Kap. 101 Rn. 37; Kment/*Züngler*, EnWG, § 11 Rn. 47.

73 Vgl. dazu die Ausführungen der *BNetzA* unter: https://www.netzausbau.de/5schritte/nep-ub/de.html (abgerufen am: 15.06.2020).

74 *Pleiner*, S. 2 m.w.N.

nicht thematisiert. Da den Regelungen des EEG und insbesondere der vorrangigen Anschlussverpflichtung von EE-Anlagen gem. § 8 Abs. 1 S. 1 EEG eine besondere Bedeutung im Rahmen der Arbeit zukommt und diese Norm wiederum den Anschluss von „Anlagen zur Erzeugung von Strom aus erneuerbaren Energien und Grubengas[75]" betrifft, soll an dieser Stelle darauf hingewiesen werden, dass sich der Untersuchungsgegenstand der Arbeit auf das Elektrizitätsversorgungsnetz (Stromnetz) bzw. auf Teilabschnitte davon beschränkt. Nicht vom Untersuchungsgegenstand ist hingegen das Gasversorgungsnetz[76] erfasst und wird insofern in der Arbeit nicht weiter thematisiert. Ebenfalls von dem Untersuchungsgegenstand der Arbeit nicht erfasst sind Windenergieanlagen auf See gem. § 3 Nr. 21, 49 EEG i.V.m. § 3 Nr. 7 Windenergie-auf-See-Gesetz (WindSeeG), da sich die Anschlussvoraussetzungen von Windenergieanlagen auf See vorrangig nach den besonderen Voraussetzungen des WindSeeG richten.[77] Des Weiteren beschränkt sich der Untersuchungsgegenstand der Arbeit auf mögliche Stilllegungen von einzelnen Netzabschnitten/Stromleitungen und somit lediglich auf Teile des Netzes und nicht auf ein vollständiges Stromnetz eines Netzbetreibers.[78] Eine Stilllegung eines kompletten Elektrizitätsversorgungsnetzes kommt überhaupt nur dann in Betracht, wenn die Versorgungssicherheit auch weiterhin ausreichend gewährleistet ist.[79] Es ist insofern höchst unwahrscheinlich, dass in der Praxis eine komplette Stilllegung eines Netzes in Betracht kommt, da ein vollständiges Stromnetz regelmäßig erforderlich für die Energieversorgung ist.[80] Dies liegt bereits daran, dass es sich bei Energieversorgungsnetzen um natürliche Monopole handelt und eine parallele Versorgungsstruktur aufgrund wirtschaftlicher Gesichtspunkte nicht existiert.[81]

---

75 Grubengas wurde durch das EEG 2000 in die Förderung aufgenommen, um die Methan- und Kohlenstoffdioxidbilanz zu verbessern, siehe dazu Schneider/Theobald/*Schneider*, EnWR, § 21 Rn. 46.

76 Vgl. dazu die Legaldefinition in § 3 Nr. 20 EnWG.

77 Siehe dazu ausführlicher unter A. III. 1. a.

78 Vgl. dazu auch Kment/Tüngler, EnWG, §11 Rn. 32.

79 Britz/Hellermann/Hermes/*Sötebier*, EnWG, § 11 Rn. 50.

80 Vgl. dazu Britz/Hellermann/Hermes/*Sötebier*, EnWG, § 11 Rn. 50. Wahrscheinlicher ist es, dass sich ein Netzbetreiber aus dem Markt zurückziehen möchte. In solchen Fällen spielt allerdings eine Stilllegung des Netzes keine Rolle, vielmehr muss der Netzbetreiber die Übernahme des Netzes bzw. des Netzbetriebs durch einen dritten Netzbetreiber sicherstellen, damit die Stromversorgung weiterhin gewährleistet ist, vgl. Britz/Hellermann/Hermes/*Sötebier*, EnWG, § 11 Rn. 50; Kment/*Tüngler*, EnWG, § 11 Rn. 32.

81 Siehe BerlKommEnR/*Säcker*, Band 1, Einl. A. Rn. 59; *Böttcher*, S. 34; Fehling/Ruffert/*Britz*, Regulierungsrecht, § 9 Rn. 15.

III. Rechtlicher Rahmen

Unter diesem Abschnitt soll ein kurzer Überblick über den rechtlichen Rahmen der Arbeit gegeben werden. Dabei wird zunächst die Regelung des § 8 Abs. 1 S. 1 EEG dargestellt (1.) und im Anschluss die Regelung des § 11 Abs. 1 S. 1 EnWG (2.).

1. § 8 Abs. 1 S. 1 EEG

Nach der Grundkonstellation gem. § 8 Abs. 1 S. 1 EEG müssen Netzbetreiber[82] Anlagen zur Erzeugung von Strom aus erneuerbaren Energien (und aus Grubengas) unverzüglich vorrangig an der Stelle an ihr Netz anschließen, die im Hinblick auf die Spannungsebene geeignet ist und die in der Luftlinie kürzeste Entfernung zum Standort der Anlage aufweist, wenn nicht dieses oder ein anderes Netz einen technisch und wirtschaftlich günstigeren Verknüpfungspunkt aufweist.[83] Damit enthält die Regelung des § 8 Abs. 1 S. 1 EEG zum einen gegenüber den örtlichen Netzbetreibern die Verpflichtung, EE-Anlagen unverzüglich und vorrangig an ihr Netz anzuschließen[84] und zum anderen enthält die Norm spiegelbildlich einen unverzüglichen und vorrangigen Anspruch des EE-Anlagenbetreibers auf Anschluss seiner EE-Anlage an den dort genannten Netzverknüpfungspunkt.[85] Da es sich bei der Norm um eine solche des EEG handelt, soll im Folgenden zunächst ein kurzer Überblick über den Geltungsbereich des EEG gegeben (a.) und sodann der Regelungszweck des § 8 Abs. 1 S. 1 EEG erörtert werden (b.).

a. Geltungsbereich des EEG

Nach § 5 Abs. 1 EEG ist das EEG auf Anlagen anzuwenden, wenn und soweit die Erzeugung des Stroms im Staatsgebiet der Bundesrepublik Deutschland einschließlich der deutschen ausschließlichen Wirtschaftszone (Bundesgebiet) erfolgt. Als Anlagen sind solche i.S.d. § 3 Nr. 1 EEG zu verstehen.[86] Demnach ist eine Anlage i.S.d. EEG jede Einrichtung zur Erzeugung von Strom aus erneuerbaren Energien oder aus Grubengas. Welche Arten von erneuerbaren Energien von dem Geltungsbereich des EEG umfasst sind, findet sich wiederum in der Legaldefinition des § 3 Nr. 21 EEG, in welcher die erneuerbaren Energien abschließend aufgezählt sind und diese damit den sachlichen Geltungsbereich des EEG bilden.[87] Nach § 3 Nr. 21 EEG sind erneuerbare Energien Wasserkraft einschließlich der Wellen-, Gezeiten-, Salzgradienten- und Strömungsenergie, Windenergie, solare Strahlungsenergie, Geothermie, Energie aus Biomasse einschließlich Biogas, Biomethan,

---

82 Der Begriff des Netzbetreibers ist in § 3 Nr. 36 EEG legaldefiniert.
83 *Salje*, EEG 2017, § 8 Rn. 3.
84 *Salje*, EEG 2017, § 8 Rn. 2.
85 Greb/Boewe/*Woltering*, EEG, § 8 Rn. 2.
86 *Salje*, EEG 2017, § 5 Rn. 3.
87 *Salje*, EEG 2014, § 4 Rn. 3; BerlKommEnR/*Mohr*, Band 6, § 5 EEG Rn. 2.

Deponiegas und Klärgas sowie aus dem biologisch abbaubaren Anteil von Abfällen aus Haushalten und Industrie. Der räumliche Geltungsbereich des EEG ist auf das Bundesgebiet und die ausschließliche Wirtschaftszone (AWZ) beschränkt.[88] Dabei ist für die Anwendung des räumlichen Geltungsbereichs grundsätzlich der Standort der Stromerzeugungseinrichtung der Anlage und somit meist der Standort des Generators maßgeblich.[89] Das Bundesgebiet umfasst das Staatsgebiet der Bundesrepublik Deutschland, welches aus dem Festland der 16 Bundesländer, dem darüberliegenden Luftraum sowie den Binnen- und Küstengewässern besteht.[90] Die AWZ ist ein nach Art. 55 Seerechtsübereinkommen der Vereinten Nationen (SRÜ) jenseits des Küstenmeers gelegenes und an dieses angrenzendes Gebiet, das der in diesem Teil festgelegten besonderen Rechtsordnung unterliegt, nach der die Rechte und Hoheitsbefugnisse des Küstenstaats und die Rechte und Freiheiten anderer Staaten durch die diesbezüglichen Bestimmungen dieses Übereinkommens geregelt werden. Die AWZ erstreckt sich dabei bis 200 Seemeilen seewärts der 12-Seemeilen-Zone (sog. Küstenmeer) des deutschen Hoheitsgebiets.[91]

In der AWZ ist als EE-Anlage die „Windenergieanlage auf See“[92] angesiedelt,[93] welche in § 3 Nr. 49 EEG i.V.m. § 3 WindSeeG legaldefiniert ist.[94] Der Ausbau von Windenergieanlagen auf See erfolgt ganz überwiegend in der AWZ, da das Küstenmeer weitgehend aus Schutzgebieten besteht.[95] Bei der Ansiedlung von EE-Anlagen in der AWZ handelt es sich somit hauptsächlich um Windenergieanlagen auf See in Offshore-Windparks.[96] Da der Gesetzgeber zur Förderung und zur verbesserten Netzintegration von Windenergie auf See Sonderregelungen im EnWG[97] und

---

88 BT-Drs.: 18/8860, S. 189 (Einzelbegründung zu § 5 EEG 2017); BerlKommEnR/*Mohr*, Band 6, § 5 EEG Rn. 3, Danner/Theobald/*Oschmann*, EEG 2014, § 4 Rn. 12f; *Salje*, EEG 2017, § 5 Rn. 4.

89 BerlKommEnR/*Mohr*, EEG 2014, Sonderband, § 4 Rn. 7; Danner/Theobald/*Oschmann*, EEG 2014, § 4 Rn. 10.

90 Danner/Theobald/*Oschmann*, EEG 2014, § 4 Rn. 13.

91 BerlKommEnR/*Mohr*, Band 6, § 5 EEG Rn. 3; Danner/Theobald/*Oschmann*, EEG 2014, § 4 Rn. 14.

92 Der Begriff der Windenergieanlage auf See ersetzte den Begriff der Offshore-Anlage gem. § 3 Nr. 9 EEG 2012 bereits im Rahmen der EEG-Novelle 2014 gem. § 5 Nr. 36 EEG 2014, siehe *Salje*, EEG 2014, § 5 Rn. 174.

93 Vgl. dazu BerlKommEnR/*Mohr*, Band 6, § 5 EEG Rn. 3.

94 Nach § 3 Nr. 7 WindSeeG ist eine „Windenergieanlage auf See“ jede Anlage zur Erzeugung von Strom aus Windenergie, die auf See in einer Entfernung von mindestens drei Seemeilen gemessen von der Küstenlinie aus seewärts errichtet worden ist.

95 BerlKommEnR/*Mohr*, Band 6, § 5 EEG Rn. 3; *Wetzer*, S. 15.

96 In Zukunft erscheint es darüber hinaus möglich, dass Wellenkraftwerke in der AWZ an Bedeutung gewinnen, vgl. Danner/Theobald/*Oschmann*, EEG 2014, § 4 Rn. 14.

97 Darunter fallen insbesondere die §§ 17a ff EnWG, vgl. dazu ausführlich *Wetzer*, S. 15ff.

seit dem Jahr 2017 insbesondere im WindSeeG[98] geschaffen hat, die die Netzanbindung von Windenergieanlagen auf See betreffen,[99] fallen diese nicht unter den Untersuchungsgegenstand der Arbeit. Denn für den Anschluss von Windenergieanlagen auf See gilt vorrangig die Regelung des § 24 Abs. 1 Nr. 3 a) WindSeeG[100], sodass § 8 Abs. 1 S. 1 EEG von der vorgenannten Regelung zum Teil überlagert wird.[101] Gem. § 24 Abs. 1 Nr. 3 a) WindSeeG steht dem bezuschlagten Bieter ein Anspruch auf Anschluss seiner Windenergieanlage auf See an diejenige Offshore-Anbindungsleitung zu, die in dem Flächennutzungsplan für die Fläche festgelegt wird.[102] Im Gegensatz zu der Regelung des § 8 Abs. 1 S. 1 EEG wird der Windenergieanlage auf See damit bereits im Vorfeld eine konkrete Offshore-Anbindungsleitung zugewiesen, an die der Anschluss der Anlage ab dem verbindlichen Fertigstellungstermin durch den zuständigen Übertragungsnetzbetreiber zu erfolgen hat.[103] Die Rahmenbedingungen der Errichtung und des Betriebs des Anschlusses werden darüber hinaus insbesondere durch die Vorschrift des § 17d EnWG[104]

98 Am 01.01.2017 ist das Gesetz zur Einführung von Ausschreibungen für Strom aus erneuerbaren Energien und zu weiteren Änderungen der erneuerbaren Energien in Kraft getreten (BGBl. I 2016, S. 2258). Neben dem EEG 2017 war auch das WindSeeG Teil des Gesetzespakets. Durch das WindSeeG werden alle maßgeblichen Abschnitte betreffend Bau- und Betrieb einer Windenergieanlage auf See in einem Gesetz zusammengefasst, vgl. *Uibeleisen*, NVwZ 2017, 7; *Plicht*, EnWZ 2016, 550.

99 BerlKommEnR/*Scholz*, Band 6, § 8 EEG Rn. 72; *Plicht*, EnWZ 2016, 550, 552.

100 § 24 Abs: 1 Nr. 3 a) WindSeeG lautet: „Mit der Entscheidung des Zuschlags nach § 23 hat der bezuschlagte Bieter im Umfang der bezuschlagten Gebotsmenge Anspruch auf Anschluss der Windenergieanlagen auf See auf der jeweiligen Fläche an die im Flächenentwicklungsplan festgelegte Offshore-Anbindungsleitung ab dem verbindlichen Fertigstellungstermin nach § 17d Absatz 2 Satz 9 des Energiewirtschaftsgesetzes."

101 *Salje*, EEG 2017, § 8 Rn. 1; BerlKommEnR/*Scholz*, Band 6, § 8 EEG Rn. 72f in Hinblick auf § 24 Abs. 1 Nr. 3 a) WindSeeG; BT-Drs.: 17/10754, S. 25 (Einzelbegründung zu § 17d EnWG 2013) noch in Hinblick auf § 17d Abs. 3 S. 1 EnWG; Frenz/Müggenborg/Cosack/Henning/Schomerus/*Cosack*, EEG, § 8 Rn. 10.

102 Für eine Übergangsphase vom 01.01.2021 bis zum 31.12.2025 (vgl. § 16 u. § 26 WindSeeG) ist § 37 Abs. 1 Nr. 2 a) WindSeeG einschlägig. Diese Regelung ist aber weitestgehend parallel zu § 24 Abs. 1 Nr. 3 a) WindSeeG ausgestaltet, siehe dazu ausführlich HK-Offshore-WindenergieR/*Lutz-Bachmann*, § 24 Rn. 3 u. § 37 Rn. 1 WindSeeG; HK-Offshore-WindenergieR/*Lutz-Bachmann/Huebler*, Vorb. §§ 26 Rn. 2.; *Uibeleisen*, NVwZ 2017, 7, 12; BT-Drs.: 18/8860, S. 303 (Einzelbegründung zu § 37 WindSeeG).

103 So auch *Wetzer*, S. 48, in Hinblick auf § 17d Abs. 6 S. 1 EnWG 2013 a.F.

104 Nach § 17 d Abs. 1 S. 1 EnWG haben Betreiber von Übertragungsnetzen, in deren Regelzone die Netzanbindung von Windenergieanlagen auf See erfolgen soll, die Offshore-Anbindungsleitungen entsprechend den Vorgaben des Offshore-Netzentwicklungsplans i.S.d. § 17b EnWG und ab dem 1. Januar 2019 entsprechend den Vorgaben des Netzentwicklungsplans und des Flächenentwicklungsplans gemäß § 5 WindSeeG zu errichten und zu betreiben.

modifiziert.[105] Im Gegensatz zu der Regelung des § 8 Abs. 1 S. 1 EEG fällt die Errichtung der Netzanschlussleitung von Windenergieanlagen auf See im Übrigen in den Verantwortungsbereich des Netzbetreibers und nicht in den des EE-Anlagenbetreibers,[106] sodass sich das Anschlussregime von Windenergieanlagen auf See insgesamt erheblich von dem Anschlussregime des § 8 Abs. 1 S. 1 EEG für die übrigen erneuerbaren Energien i.S.d. § 3 Nr. 21 EnWG unterscheidet.

b. Regelungszweck des § 8 Abs. 1 S. 1 EEG

Die Regelung des § 8 Abs. 1 S. 1 EEG stellt die Rechtsgrundlage für den vorrangigen Anschluss von EE-Anlagen i.S.d. § 3 Nr. 1, Nr. 21 EEG an das Netz dar.[107] Durch die Normierung der vorrangigen Anschlusspflicht von EE-Anlagen hat der Gesetzgeber eines der Hauptinstrumente zur Markteinführung der erneuerbaren Energien geschaffen.[108] Die Norm leistet damit einen wesentlichen Beitrag zur Integration des Stroms aus erneuerbaren Energien in das Netz und legt den Grundbaustein für das Fördersystem der erneuerbaren Energien, da die technische Anbindung der EE-Anlage an das Netz die Voraussetzung für eine vorrangige Einspeisung des EE-Stroms ist.[109] Die Rede ist in diesem Zusammenhang auch von einer „Umweltdienstleistung", die die Netzbetreiber erbringen müssen.[110] Rechtfertigen lässt sich die Inanspruchnahme des Netzbetreibers aufgrund seiner vorherrschenden Monopolstellung als Betreiber von Stromnetzen und der damit einhergehenden Infrastrukturverantwortung.[111] Der Gesetzgeber hat mit § 8 Abs. 1 S. 1 EEG und dessen Vorgängernormen[112] Art. 16 Abs. 2 lit. b der erneuerbaren Energien-Richtlinie 2009/28/EG[113] umgesetzt. Dieser Artikel verpflichtet die Mitgliedstaaten zur Umsetzung eines vorrangigen (oder garantierten) Netzzugangs für Elektrizität

---

105 *Plicht*, EnWZ 2016, 550, 555; BerlKommEnR/*Scholz*, Band 6, § 8 EEG Rn. 73f; Frenz/Müggenborg/ Cosack/Henning/Schomerus/*Cosack*, EEG, § 8 Rn. 10.

106 Damit geht auch einher, dass der Netzbetreiber die Kosten der Anbindungsleitung zu tragen hat. Darüber hinaus bestimmt § 17d Abs. S. 3 EnWG, dass die Offshore-Anbindungsleitung ab dem Zeitpunkt der Fertigstellung ein Teil des Energieversorgungsnetzes ist, BerlKommEnR/*Scholz*, Band 6, § 8 EEG Rn. 74.

107 BerlKommEnR/*Scholz*, Band 6, § 8 EEG Rn. 1.

108 Altrock/Oschmann/Theobald/*Altrock*, EEG, § 5 Rn. 6.

109 BerlKommEnR/*Scholz*, Band 6, § 8 EEG Rn. 6.

110 Altrock/Oschmann/Theobald/*Altrock*, EEG, § 5 Rn. 1; *Möstl*, RdE 2003, 90, 94.

111 Altrock/Oschmann/Theobald/*Altrock*, EEG, § 5 Rn. 16.

112 Vorgängernormen des § 8 EEG 2017 sind § 8 EEG 2014, § 5 EEG 2012, § 5 EEG 2009 und § 4 EEG 2004, vgl. Greb/Boewe/*Woltering*, EEG, § 8 Rn. 4ff.

113 Art. 16 Abs. 2 lit. b der erneuerbaren Energien-Richtlinie 2009/28/EG lautet: „Vorbehaltlich der zur Wahrung der Zuverlässigkeit und der Sicherheit des Netzes zu erfüllenden Anforderungen, auf der Grundlage transparenter und nichtdiskriminierender Kriterien, die von den zuständigen nationalen Behörden festgelegt werden, sehen die Mitgliedstaaten außerdem entweder einen vorrangigen Netzzugang oder einen garantierten Netzzugang für Elektrizität aus erneuerbaren Energiequellen vor.

aus erneuerbaren Energiequellen.[114] Die Regelung des § 8 Abs. 1 S. 1 EEG geht den allgemeinen Vorschriften über den Anschluss von Energieerzeugungsanlagen nach den §§ 17ff. EnWG als spezielleres Recht vor.[115] Dies folgt auch aus § 2 Abs. 2 EnWG[116], in dem der grundsätzliche Vorrang des EEG im Vergleich zum EnWG nochmals klargestellt wird.[117] Unter Anschluss ist im Allgemeinen die technisch-physikalische Anbindung einer Anlage an das Netz zu verstehen, die die Grundlage für die spätere Einspeisung des erzeugten Stroms und damit die Teilnahme an der Energieversorgung bildet.[118] Im Ergebnis lassen sich all diejenigen Maßnahmen unter dem Begriff des Netzanschlusses zusammenfassen, die zwischen dem Versorgungsnetz und dem Standort der EE-Anlage stattfinden.[119] Kein Anschluss i.S.v. § 8 Abs. 1 S. 1 EEG ist hingegen der sog. „mittelbare Anschluss", unter dem die Verbindung einer EE-Anlage mit einem Netz über ein weiteres Netz bzw. weitere Leitungen zu verstehen ist, sodass die Anlage im Ergebnis unmittelbar mit dem Netz verbunden werden muss.[120]

Die Anschlussverpflichtung des § 8 Abs. 1 S. 1 EEG dient wesentlich den Zweck- und Zielvorgaben des § 1 Abs. 1 EEG, wonach insbesondere im Interesse des Klima- und Umweltschutzes eine nachhaltige Entwicklung der Energieversorgung ermöglicht, die volkswirtschaftlichen Kosten der Energieversorgung auch durch die Einbeziehung langfristiger externer Effekte verringert, fossile Energieressourcen geschont und die Weiterentwicklung von Technologien zur Erzeugung von Strom aus erneuerbaren Energien gefördert werden sollen.[121] Die in § 8 Abs. 1 S. 1 EEG normierte Inpflichtnahme des Netzbetreibers des nächstgelegenen, technisch und wirtschaftlich geeigneten Netzes ist weiterhin gerechtfertigt, da dadurch die Errichtung von parallelen Netzen bzw. Netzabschnitten vermieden werden soll. Dies wiederum ist notwendig um volkswirtschaftlich unsinnige Kosten einzusparen und die gesamtwirtschaftlichen Kosten der Förderung von erneuerbaren Energien gering zu halten.[122] Ein weiteres Ziel des § 8 Abs. 1 S. 1 EEG ist es, die Kosten des Netzanschlusses und die Marktzutrittsschranken für Anlagenbetreiber möglichst niedrig zu halten. Weiterhin sollen die Kalkulation einfach und transparent gehalten und die Transaktionskosten bei Anlagenbetreibern und Netzbetreibern

---

114 BerlKommEnR/*Scholz,* Band 6, § 8 EEG Rn. 3.

115 Baur/Salje/Schmidt-Preuß/*Salje*, Kap. 70 Rn. 59.

116 Die Regelung des § 2 Abs. 2 EEG lautet: „Die Verpflichtungen nach dem Erneuerbare-Energien-Gesetz und nach dem Kraft-Wärme-Kopplungsgesetz bleiben vorbehaltlich des § 13, auch in Verbindung mit § 14, unberührt."

117 Baur/Salje/Schmidt-Preuß/*Salje*, Kap. 70 Rn. 59.

118 BerlKommEnR/*Scholz*, Band 6, § 8 EEG Rn. 16; Baur/Salje/Schmidt-Preuß/*Salje*, Kap. 70 Rn. 1; *Wetzer*, S. 47.

119 Hk-EEG/*Schäfermeier*, § 5 Rn. 14.

120 Frenz/Müggenborg/Cosack/Henning/Schomerus/*Cosack*, EEG, § 8 Rn. 27.

121 Altrock/Oschmann/Theobald/*Altrock*, EEG, § 5 Rn. 12.

122 *Held/Wiesner*, Energierecht und Energiewirklichkeit, Rn. 208; Altrock/Theobald/Oschmann/*Altrock*, § 5 Rn. 16; Greb/Boewe/ *Woltering*, EEG, § 8 Rn. 3.

verringert werden.[123] Um den Inhalt des § 8 Abs. 1 S. 1 EEG zu gewährleisten, hat der Gesetzgeber von dem Institut des Kontrahierungszwangs Gebrauch gemacht. So bestimmt § 7 Abs. 1 EEG, dass Netzbetreiber die Erfüllung ihrer Pflichten nicht vom Abschluss eines Vertrages abhängig machen dürfen, sodass der Netzbetreiber der Anschlussverpflichtung aus § 8 Abs. 1 S. 1 EEG auch ohne Vertragsschluss nachkommen muss.[124] Durch die Regelung des § 7 Abs. 1 EEG hat der Gesetzgeber den gesetzlichen Charakter der Anschlussverpflichtung des § 8 Abs. 1 S. 1 EEG betont und dadurch das Recht des EE-Anlagenbetreibers auf Anschluss seiner EE-Anlage zusätzlich gestärkt.[125]

2. § 11 Abs. 1 S. 1 EnWG

Im Rahmen der Arbeit ist neben der Anschlussverpflichtung des § 8 Abs. 1 S. 1 EEG der Norm des § 11 Abs. 1 S. 1 EnWG entscheidende Bedeutung beizumessen, da in ihr die generelle Betriebspflicht des Netzbetreibers[126] geregelt ist. Nach § 11 Abs. 1 S. 1 EnWG sind Betreiber von Energieversorgungsnetzen[127] verpflichtet, ein sicheres, zuverlässiges und leistungsfähiges Energieversorgungsnetz diskriminierungsfrei zu betreiben, zu warten und bedarfsgerecht zu optimieren, zu verstärken und auszubauen, soweit es wirtschaftlich zumutbar ist.[128] Im Folgenden soll ein kurzer Überblick über den Inhalt (a) und den Regelungszweck (b) des § 11 Abs. 1 S. 1 EnWG gegeben werden.

---

123 Hk-EEG/*Schäfermeier*, § 5 Rn. 2.

124 Vgl. *Salje*, EEG 2017, § 8 Rn. 2 und § 7 Rn. 4.

125 *Salje*, EEG 2017, § 7 Rn. 13.

126 Der Begriff des Netzbetreibers ist in § 3 Nr. 27 EnWG legaldefiniert. Demnach fallen unter den Begriff zunächst Netz- und Anlagenbetreiber i.S.d. Nummer 2 bis 7 und 10 des § 3 EnWG. In § 3 Nr. 2 EnWG ist wiederum der Betreiber von Elektrizitätsversorgungsnetzen geregelt. Hierunter fallen gem. der Legaldefinition natürliche oder juristische Personen oder rechtlich unselbständige Organisationseinheiten eines Energieversorgungsunternehmens, die Betreiber von Übertragungs- oder Elektrizitätsverteilernetzen sind.

127 Unter Energieversorgungsnetzen sind nach § 3 Nr. 16 EnWG Elektrizitätsversorgungsnetze und Gasversorgungsnetze über eine oder mehrere Spannungsebenen oder Druckstufen zu verstehen.

128 Die Norm des § 11 Abs. 1 EnWG wurde im Rahmen der EnWG-Novelle 2005 in seiner heutigen Fassung eingeführt (BGBl. I 2005 S. 1970). Die Vorgängerregelung war wiederum § 4 Abs. 1 EnWG 1998. Diese sah bereits eine Netzbetriebspflicht vor, die eine Energieversorgung im Sinne der energiewirtschaftlichen Ziele des § 1 Abs. 1 EnWG gewährleisten sollte (Britz/Hellermann/Hermes/*Sötebier*, EnWG, § 11 Rn. 10). Im weiteren Verlauf wurde die Pflicht der Netzbetreiber zum bedarfsgerechten Ausbau der Netze in § 11 Abs. 1 S. 1 EnWG um die Pflicht zur „Optimierung und Verstärkung" der Netze durch das EnLAG-Artikelgesetz im Jahr 2008 erweitert (Britz/Hellermann/Hermes/*Sötebier*, EnWG, § 11 Rn. 11).

a. Inhalt der Norm

Die Norm des § 11 Abs. 1 S. 1 EnWG regelt die Grundpflichten der Betreiber von Energieversorgungsnetzen i.S.d. § 3 Nr. 16 EnWG im Rahmen des Netzbetriebs.[129] Adressaten der Norm sind somit Betreiber von Energieversorgungsnetzen i.S.d. § 3 Nr. 2 EnWG, worunter sowohl Betreiber von Übertragungsnetzen als auch Betreiber von Elektrizitätsverteilernetzen zu fassen sind,[130] welche allgemein als Netzbetreiber i.S.d. § 3 Nr. 27 EnWG bezeichnet werden. Gegenstand der in § 11 Abs. 1 S. 1 EnWG normierten Grundpflichten sind der Betrieb, die Wartung und die bedarfsgerechte Optimierung, Verstärkung und der Ausbau des Energieversorgungsnetzes,[131] die der Netzbetreiber im Rahmen der Grenze der wirtschaftlichen Zumutbarkeit erfüllen muss.[132] Dabei wird insbesondere der Betriebspflicht im Rahmen der Arbeit eine besondere Bedeutung zukommen, da sie sich zum einen auf bestehende Netze und Netzabschnitte bezieht[133] und zum anderen einer ungehinderten Stilllegung eines Netzes bzw. Netzabschnitts entgegensteht.[134]

Durch die genannten Grundpflichten soll vorrangig ein sicherer, zuverlässiger und leistungsfähiger Betrieb des Energieversorgungsnetzes abgesichert werden,[135] den die Netzbetreiber zu gewährleisten haben.[136] Zentraler Maßstab ist insofern die Versorgungssicherheit, deren Gewährleistung vorrangiges Ziel des § 11 Abs. 1 S. 1 EnWG ist.[137] Die in der Norm aufgezählten qualitativen Anforderungen setzen insofern den Maßstab für die Betriebs-, Wartungs- und Entwicklungspflichten des Netzes.[138] Nach der Gesetzesbegründung soll die Ausübung der normierten Verpflichtungen darüber hinaus im Rahmen wirtschaftlicher Bedingungen und unter Beachtung des Umweltschutzes erfolgen.[139] Durch die Regelung des § 11 Abs. 1 S. 1 EnWG wird die allgemeine Verpflichtung der Netzbetreiber

---

129 Kment/*Tüngler*, EnWG, Vorb. zu § 11 Rn. 3; BerlKommEnR/*König*, Band 1, § 11 EnWG Rn. 2; Danner/Theobald/*Theobald*, EnWG, § 11 Rn. 1.

130 Danner/Theobald/*Theobald*, EnWG, § 11 Rn. 5.

131 Die Pflichten zur Optimierung, Verstärkung und zum Ausbau des Netzes werden auch als Entwicklungspflichten des Netzes bezeichnet, vgl. Britz/Hellermann/Hermes/*Sötebier*, EnWG, § 11 Rn. 2.

132 Britz/Hellermann/Hermes/*Sötebier*, EnWG, § 11 Rn. 47.

133 Neben der Betriebspflicht bezieht sich die Wartungs- und die Optimierungspflicht auf bereits bestehende Netze. Die Pflicht zur Verstärkung und zum Ausbau gehen über das bestehende Netz hinaus, Britz/Hellermann/Hermes/*Sötebier*, EnWG, § 11 Rn. 37.

134 Siehe dazu ausführlich unter E. III. 1. a.

135 Kment/*Tüngler*, EnWG, Vorb. zu §§ 11 bis 16a Rn. 2.

136 Vgl. dazu BT-Drs.: 15/3917, S. 56 (Einzelbegründung zu § 11 Abs. 1 EnWG 2005).

137 Britz/Hellermann/Hermes/*Sötebier*, EnWG, § 11 Rn. 34.

138 Britz/Hellermann/Hermes/*Sötebier*, EnWG, § 11 Rn. 37.

139 BT-Drs.: 15/3917, S. 56 (Einzelbegründung zu § 11 Abs. 1 EnWG 2005).

nach § 2 Abs. 1 EnWG i.V.m. § 1 Abs. 1 EnWG ergänzt,[140] wonach die Netzbetreiber zu einer möglichst sicheren, preisgünstigen, verbraucherfreundlichen, effizienten und umweltverträglichen leitungsgebundenen Versorgung der Allgemeinheit mit Elektrizität (und Gas) verpflichtet sind, die zunehmend auf erneuerbaren Energien beruht,[141] sodass auch diese Ziele bei der Anwendung des § 11 Abs. 1 S. 1 EnWG zu berücksichtigen sind.[142]

b. Regelungszweck

Mit § 11 Abs. 1 S. 1 EnWG hat der deutsche Gesetzgeber zwingende europarechtliche Vorgaben aus dem zweiten Energiebinnenmarkt-Richtlinienpaket umgesetzt. Nach der Gesetzesbegründung sind dies Art. 9 lit. a-d und Art. 14 Abs. 1, Abs. 3, Abs. 7 der Elektrizitätsrichtlinie 2003/54/EG.[143] Die europarechtlichen Vorschriften verpflichten die Netzbetreiber zur Unterhaltung eines sicheren, zuverlässigen und effizienten Netzes, welches darüber hinaus unter Beachtung des Umweltschutzes zu erfolgen hat.[144] Die „Grundnorm" für diese Inpflichtnahme stellt § 11 Abs. 1 S. 1 EnWG dar.[145] Sinn und Zweck des § 11 Abs. 1 S. 1 EnWG ist insbesondere darin zu sehen, im Interesse der Allgemeinheit eine möglichst sichere leitungsgebundene Versorgung mit Strom (und Gas) sicherzustellen, die kosteneffizient erreichbar ist.[146] Dies hat gleichzeitig zur Folge, dass Netzbetreiber den Betrieb ihrer Netze nicht nach eigenem Belieben einstellen beziehungsweise stilllegen können, denn dies wäre mit dem Sinn und Zweck des § 11 Abs. 1 S. 1 EnWG unvereinbar.[147] Um eine sichere Energieversorgung i.S.d. § 1 Abs. 1 EnWG zu gewährleisten, ist ein stabiler Netzbetrieb notwendig.[148] Die Regelung des § 11 Abs. 1 S. 1 EnWG trägt damit weiterhin dem Umstand Rechnung, dass eine ausreichende Menge hochwertiger Netzkapazität für eine sichere Energieversorgung erforderlich ist.[149] Die in § 11 Abs. 1 S. 1 EnWG beschriebenen Anforderungen

---

140 Siehe dazu BT-Drs.: 15/3917, S. 56 (Einzelbegründung zu § 11 Abs. 1 EnWG 2005); BerlKommEnR/*König*, Band 1, § 11 EnWG Rn. 3; Britz/Hellermann/Hermes/*Sötebier*, EnWG, § 11 Rn. 1.

141 BerlKommEnR/*König*, Band 1, § 11 EnWG Rn. 3.

142 Britz/Hellermann/Hermes/*Sötebier*, EnWG, § 11 Rn. 34.

143 Sowie Art. 8 Abs. 1 lit. a und c, Abs. 3 und Art. 12 Abs. 1 und Abs. 3 Gasrichtlinie 2003/55/EG, siehe BT-Drs.: 15/3917, S. 56 (Einzelbegründung zu § 11 EnWG 2005).

144 *Salje*, EnWG, § 11 Rn. 2.

145 *Klees*, Kap. 2 Rn. 83. In den §§ 12 bis 16a EnWG werden die Aufgaben der Netzbetreiber sodann präzisiert, siehe Britz/Hellermann/Hermes/*Sötebier*, EnWG, § 11 Rn. 1.

146 BerlKommEnR/König, Band 1, § 11 EnWG Rn. 18; Britz/Hellermann/Hermes/*Sötebier*, EnWG, § 11 Rn. 5.

147 Britz/Hellermann/Hermes/*Bourwieg*, EnWG, 2. Auflage, § 11 Rn. 27; Britz/Hellermann/Hermes/*Sötebier*, EnWG, § 11 Rn. 45; BerlKommEnR/*König*, Band 1, § 11 EnWG Rn. 18.

148 *Klees*, Kap. 2 Rn. 82.

149 Britz/Hellermann/Hermes/*Sötebier*, EnWG, § 11 Rn. 5.

an den Betrieb und die Entwicklung des Netzes sollen somit auch gewährleisten, dass ein Auftreten von Gefahren und Störungen nicht zu einem Zusammenbruch der Netze führen kann.[150] Ein weiterer Zweck der Vorschrift ist darin zu sehen, die für einen effektiven Netzzugang technisch-wirtschaftlichen Grundlagen herzustellen, was wiederum zur Folge hat, dass dadurch der Wettbewerb zwischen den Energieversorgern gefördert wird.[151]

Durch die Regelung des § 11 Abs. 1 S. 1 EnWG treffen die Netzbetreiber besondere Sorgfaltspflichten, die zum einen auf das bedeutende Gut der Versorgungssicherheit zurückzuführen sind, aber zum anderen auch auf den Charakter der Daseinsvorsorge.[152] Dies liegt daran, dass den Staat die Verpflichtung trifft, die Versorgung mit Strom (und Gas) im Rahmen der Daseinsvorsorge sicherzustellen.[153] Es handelt sich bei der Sicherstellung der Energieversorgung um eine „öffentliche Aufgabe von größter Bedeutung".[154] Der Staat hat somit ein besonderes Interesse daran, diese Versorgung zu gewährleisten.[155] Da es sich bei den Energieversorgungsnetzen zudem um natürliche Monopole[156] handelt, die für die Allgemeinheit von herausragender Bedeutung sind, muss der Staat sicherstellen, dass der Betrieb der Netze unter maßgeblicher Beachtung von Gemeinwohlinteressen erfolgt.[157]

Des Weiteren befindet sich die Regelung des § 11 Abs. 1 S. 1 EnWG in Teil 3 des EnWG, welcher die Regulierung des Netzbetriebs betrifft.[158] Unter der Regulierung des Netzbetriebs ist der Bereich zu verstehen, in dem die wettbewerblichen Kräfte fehlen oder nicht ausreichen, um die unterschiedlichen Interessen der jeweiligen Marktteilnehmer aufeinander abzustimmen. Grund für die fehlenden wettbewerblichen Kräfte sind die bestehenden natürlichen Monopole, namentlich die Strom- und Gasnetze.[159] Die allgemeinen energiewirtschaftlichen Ziele der Regulierung sind dabei in § 1 Abs. 2 EnWG geregelt.[160] Demnach dient die Regulierung der Elektrizitätsnetze den Zielen der Sicherstellung eines wirksamen und unverfälschten Wettbewerbs bei der Versorgung mit Elektrizität und der Sicherung eines langfristig angelegten leistungsfähigen und zuverlässigen Betriebs von

---

150 Britz/Hellermann/Hermes/*Sötebier*, EnWG, § 11 Rn. 5.

151 Schneider/Theobald/*Theobald/Zenke/Dessau*, EnWR, § 15 Rn. 114.

152 *Peters*, ZNER 2007, 272. 274.

153 Britz/Hellermann/Hermes/*Sötebier*, EnWG, § 11 Rn. 8.

154 Britz/Hellermann/Hermes/*Sötebier*, EnWG, § 11 Rn. 8.

155 *Peters*, ZNER 2007, 272. 274.

156 Charakteristisches Merkmal eines natürlichen Monopols ist nach allgemeiner Auffassung, dass die bestehende Nachfrage durch einen einzigen Anbieter zu geringeren Kosten befriedigt werden kann als durch mehrere Anbieter, vgl. dazu Kment/*Tüngler*, EnWG, Vorb. zu §§ 11 bis 16a Fn. 1. m.w.N.

157 BerlKommEnR/*König*, Band 1, § 11 EnWG Rn. 3.

158 Kment/*Tüngler*, EnWG, Vorb. zu §§ 11 bis 16a Rn. 1.

159 Kment/*Tüngler*, EnWG, Vorb. zu §§ 11 bis 16a Rn. 1; Baur/Salje/Schmidt-Preuß/*Bettzüge/Kesting*, Kap. 4 Rn. 3.

160 Vgl. *Held/Wiesner*, Energierecht und Energiewirklichkeit, Rn. 210.

Energieversorgungsnetzen. Durch die Norm wird damit eine doppelte Zielsetzung formuliert. Zum einen geht es um die Sicherung des Wettbewerbs und zum anderen um die Infrastruktursicherung.[161]

IV. Vorgehensweise

Nachdem die Einführung und der damit zusammenhängende Untersuchungsgegenstand der Arbeit erläutert und der rechtliche Rahmen der Arbeit umrissen wurde, soll im Folgenden ein Überblick über die Vorgehensweise der Arbeit gegeben werden. An die Einleitung (A.) schließt sich zunächst eine allgemeine Auseinandersetzung mit der Struktur des deutschen Stromnetzes an (B.), um so ein grundlegendes Verständnis des Elektrizitätsversorgungsnetzes zu gewinnen. Als nächster Untersuchungsschritt wird der Netzbegriff des EEG i.S.d. § 3 Nr. 35 EEG[162] erläutert (C.), da dieser die Grundlage für die Anschlussverpflichtung des § 8 Abs. 1 S. 1 EEG bildet. So erfolgt zunächst eine Auseinandersetzung mit dem Netz für die allgemeine Versorgung und sodann werden verschiedene Konstellationen betrachtet und unter den Begriff des Netzes i.S.d. § 3 Nr. 35 EEG subsumiert, sodass hierdurch eine Eingrenzung des Anwendungsbereichs des § 8 Abs. 1 S 1 EEG erfolgt. Es wird untersucht, ob eine Stromleitung, die lediglich zu Zwecken der Notversorgung eingesetzt wird, ein bereits stillgelegter Netzabschnitt und ein im Rückbau befindlicher Netzabschnitt unter den Netzbegriff des Netzes i.S.d. § 3 Nr. 35 EEG gefasst werden kann. Darüber hinaus werden sowohl geschlossene Verteilernetze gem. § 110 EnWG, Kundenanlagen gem. § 3 Nr. 24a und Nr. 24b EnWG als auch Direktleitungen gem. § 3 Nr. 12 EnWG untersucht und auf deren Vereinbarkeit mit dem Netzbegriff des EEG überprüft.

Nach der ausführlichen Auseinandersetzung mit dem Netzbegriff des EEG werden die Regelungsgegenstände der relevanten Normen der Arbeit herausgearbeitet und dessen Voraussetzungen erörtert. Dabei erfolgt zunächst eine ausführliche Betrachtung der Anschlussverpflichtung nach § 8 EEG (D.). Es soll insbesondere erörtert werden, wann die Voraussetzungen der Anschlussverpflichtung gegeben sind und der Netzbetreiber damit seiner Verpflichtung zum Anschluss einer EE-Anlage an sein Netz nachkommen muss. Dabei wird auch die Netzerweiterungspflicht des § 8 Abs. 4 EEG thematisiert. Zudem wird herausgearbeitet, wie der EE-Anlagenbetreiber seinen Anspruch gerichtlich durchsetzen kann. Daran anschließend erfolgt eine ausführliche Auseinandersetzung mit den Netzbetreiberpflichten des § 11 Abs. 1 S. 1 EnWG, wobei die dort normierte Betriebspflicht des Netzbetreibers den Kern der Untersuchung ausmacht (E.). Dabei soll insbesondere herausgearbeitet werden, warum das EnWG eine solche Betriebspflicht enthält, wie weit diese

161 Fehling/Ruffert/*Britz*, Regulierungsrecht, § 9 Rn. 7.

162 Unter Netz i.S.d. § 3 Nr. 35 EEG wird die Gesamtheit der miteinander verbundenen technischen Einrichtungen zur Abnahme, Übertragung und Verteilung von Elektrizität für die allgemeine Versorgung verstanden.

reicht, welche besondere Rolle dem Netzbetreiber dabei zukommt und welchen weiteren Pflichten der Netzbetreiber im Rahmen des § 11 Abs. 1 S. 1 EnWG nachkommen muss. Da sich aus der Vorschrift auch die grundsätzliche Stilllegungsberechtigung des Netzbetreibers ableiten lässt, schließt sich an die Untersuchung der Netzbetreiberpflichten eine Auseinandersetzung mit den Voraussetzungen einer Stilllegung eines Netzabschnitts an. Liegen die positiven Voraussetzungen einer Stilllegung nicht vor, besteht zudem für den Netzbetreiber die Möglichkeit sich auf die Überschreitung der Grenze der wirtschaftlichen Zumutbarkeit zu berufen. Diesem Merkmal wird im weiteren Verlauf der Arbeit eine entscheidende Bedeutung zukommen. Fraglich ist insbesondere, wann der Betrieb des Netzes für den Netzbetreiber nicht mehr im Rahmen der wirtschaftlichen Zumutbarkeit liegt. In diesem Zusammenhang erfolgt eine intensive Auseinandersetzung mit den Kosten des Netzbetreibers und der Frage, inwiefern er diese über die Netzentgelte refinanzieren kann. Auch wird in diesem Zusammenhang ausführlich erörtert, wie die gegenläufigen Interessen des Netzbetreibers und des EE-Anlagenbetreibers im Rahmen einer Interessenabwägung gegeneinander abzuwägen sind. Im Anschluss wird sodann darauf eingegangen, wie die Betriebspflicht des Netzbetreibers gerichtlich durchgesetzt werden kann. Die Arbeit schließt mit einer Zusammenfassung der Ergebnisse in Thesen (F.) und einer sich anschließenden Schlussbetrachtung(G.)

B. Struktur des deutschen Stromnetzes

Um sich der Thematik der Arbeit weiterhin zu nähern, soll zunächst die Struktur des deutschen Stromnetzes erläutert werden, da dieses an mehreren Stellen der Arbeit von entscheidender Bedeutung ist. Die Struktur des deutschen Stromnetzes entspricht einem Verbundsystem[163], welches in den europäischen Netzverbund integriert ist.[164] Entscheidendes Merkmal eines Verbundsystems ist der Zusammenschluss mehrerer Kraftwerke über ein auf unterschiedlichen Spannungsstufen betriebenes Stromnetz. Vorteil des Verbundnetzes ist zum einen die erhöhte Versorgungssicherheit und zum anderen die Reduzierung der Gesamtkosten der Stromversorgung.[165] Darüber hinaus wird das deutsche Stromnetz sowohl hinsichtlich der Spannungsebene als auch der Transportaufgabe untergliedert.[166] Es besteht aus vier Spannungsebenen, der Höchstspannung, Hochspannung, Mittelspannung und Niederspannung. Diese sind wiederum durch Umspannwerke miteinander verbunden, sodass neben den aufgezählten vier Spannungsebenen auch die Umspannungen als jeweils eine Netzebene zählen.[167] Nach § 2 Nr. 12 Stromnetzentgeltverordnung (StromNEV) versteht man unter einer Umspannebene die Bereiche von Elektrizitätsversorgungsnetzen, in welchen die Spannung elektrischer Energie von Höchst- zu Hochspannung, Hoch- zu Mittelspannung oder Mittel- zu Niederspannung geändert wird. Im Ergebnis verfügt das deutsche Stromnetz somit über sieben Netzebenen.[168] Dabei kommt jeder Spannungsebene in Bezug auf die Übertragungsleistung[169] und die Übertragungsentfernung eine unterschiedliche Funktion zu.[170] Nach § 3 Nr. 2 EnWG werden unter Elektrizitätsversorgungsnetzen Übertragungs- und Elektrizitätsverteilernetze zusammengefasst.[171]

Der Begriff der Übertragung ist gem. § 3 Nr. 32 EnWG als Transport von Elektrizität über ein Höchstspannungs- und Hochspannungsverbundnetz einschließlich grenzüberschreitender Verbindungsleitungen zum Zwecke der Belieferung

---

163 Gem. § 3 Nr. 35 EnWG ist unter einem Verbundnetz eine Anzahl von Übertragungs- und Elektrizitätsverteilernetzen zu verstehen, die durch eine oder mehrere Verbindungsleitungen miteinander verbunden sind.

164 Baur/Salje/Schmidt-Preuß/*Bettzüge/Kesting*, Kap. 5 Rn. 3.

165 Baur/Salje/Schmidt-Preuß/*Bettzüge/Kesting*, Kap. 5 Rn. 3.

166 Baur/Salje/Schmidt-Preuß/*Bettzüge/Kesting*, Kap. 5 Rn. 4.

167 Schneider/Theobald/*Theobald*, EnWR, § 1 Rn. 8.

168 Siehe dazu Schneider/Theobald/*Theobald*, EnWR, § 1 Rn. 8.

169 Die Übertragungsleistung lässt sich aus der pro Zeiteinheit übertragenen elektrischen Energie herleiten und wird in kWh wiedergegeben, siehe dazu Schneider/Theobald/*Theobald*, EnWR, § 1 Rn. 7.

170 Schneider/Theobald/*Theobald*, EnWR, § 1 Rn. 7.

171 Danner/Theobald/*Theobald*, EnWG, § 3 Rn. 14.

von Letztverbrauchern[172] oder Verteilern definiert.[173] Die Höchstspannungsnetze[174] weisen eine Spannung von 380-kV bzw. 220-kV auf.[175] Durch sie erfolgt der großräumige, europaweite Energietransport und die nationale weiträumige Verteilung des Stroms. An das Höchstspannungsnetz werden große Kraftwerkseinheiten mit Leistungen von über 300 MW angeschlossen.[176] Dabei handelt es sich überwiegend um große konventionelle Kraftwerke[177], große Wasser- und Pumpspeicherkraftwerke und große Offshore- und Onshore-Windparks.[178] Das Hochspannungsnetz weist eine Spannung von 110 kV auf.[179] Es lässt sich weiterhin unterteilen in 110-kV-Überlandnetze, 110-kV-Stadtnetze und 110-kV-Industrienetze.[180] An das Hochspannungsnetz werden Abnehmer großer Leistung zwischen 10 MW und 100 MW, wie die stromintensive Industrie, mittlere konventionelle Kraftwerke, mittlere Wasser- und Pumpspeicherkraftwerke sowie größere Windparks und Fotovoltaik-Großanlagen angeschlossen.[181] Es dient sowohl dem regionalen Transport des Stroms in ländlichen Gebieten mit geringerer Verbrauchsdichte als auch der Verteilung innerhalb urbaner Ballungsgebiete.[182] In ländlichen Gebieten betragen die gängigen Entfernungen von Hochspannungsnetzen 50 bis 100 km. Dagegen beträgt die Entfernung in Ballungsgebieten oftmals nur 10 bis 20 km.[183]

Der Begriff der Verteilung ist in § 3 Nr. 37 EnWG definiert. Demnach ist darunter der Transport von Elektrizität mit hoher, mittlerer oder niederer Spannung über Elektrizitätsverteilernetze zu verstehen, um die Versorgung von Kunden zu ermöglichen. Das Hochspannungsnetz dient damit sowohl der Übertragung als auch der Verteilung von Strom.[184] In Bezug auf die örtlichen Verteilernetze bilden die Mittelspannungsnetze deren obere Stufe. Die gängigen Entfernungen der

---

172 Nach § 3 Nr. 25 EnWG sind Letztverbraucher natürliche oder juristische Personen, die Energie für den eigenen Verbrauch kaufen.

173 Allerdings lässt sich der ganz überwiegende Teil der Hochspannungsnetze im Bereich der Verteilernetzebenen auffinden, vgl. dazu den Monitoringbericht 2019 der *BNetzA* und des *BKartA* (Stand: 13.01.2020), S. 39.

174 Diese werden auch als Transportnetze bezeichnet, vgl. *Schwab*, S. 465.

175 *Böttcher*, S. 32; Danner/Theobald/*Theobald*, EnWG, § 3 Rn. 4.

176 Schneider/Theobald/*Theobald*, EnWR, § 1 Rn. 7 u. 9.

177 Darunter fallen Kernenergiekraftwerke, Kohlekraftwerke und Gaskraftwerke.

178 Infografik des *BMWi* über das deutsche Stromnetz unter: https://www.bmwi.de/Redaktion/DE/Downloads/S-T/abbildung-das-deutsche-stromnetz.pdf?__blob=publicationFile&v=1 (abgerufen am: 12.09.2018).

179 Bartsch/Röhling/Salje/Scholz/*Riechmann*, Stromwirtschaft, Kap. 1 Rn. 11; Danner/Theobald/*Theobald*, EnWG, § 3 Rn. 45.

180 *Schwab*, S. 550.

181 Infografik des *BMWi* über das deutsche Stromnetz; *Schwab*, S. 545; *Salje*, EEG 2017, § 8 Rn. 5; Baur/Salje/Schmidt-Preuß/*Bettzüge/Kesting*, Kap. 5 Fn. 5.

182 Schneider/Theobald/*Theobald*, EnWR, § 1 Rn. 9.

183 Schneider/Theobald/*Theobald*, EnWR, § 1 Rn. 9.

184 Siehe auch Danner/Theobald/*Theobald*, EnWG, § 3 Rn. 21.

Mittelspannungsnetze betragen einige Kilometer. Ein unmittelbarer Anschluss von Abnehmern und Einspeisern an das Mittelspannungsnetz erfolgt dann, wenn diese eine Leistung zwischen 50 kW und einigen MW aufweisen.[185] Hierbei handelt es sich üblicherweise um Großverbraucher wie Industriebetriebe, Handelsunternehmen, kleinere konventionelle Kraftwerke sowie kleinere Windenergieanlagen, Biomasse-Anlagen und Fotovoltaik-Freiflächen.[186] Die vorherrschenden Spannungen im Bereich der Mittelspannungsnetze betragen 30 kV, 20 kV und 10 kV.[187] An das lokale Verteilernetz auf der Niederspannungsebene sind Haushalte, kleinere Gewerbebetriebe und kleinere Sonderkunden angeschlossen.[188] Die maximale Leistung liegt dabei unter 50 bis 200 kW.[189] Die Spannung der Niederspannungsebene liegt bei 230 oder 400 Volt.[190] Im Bereich der erneuerbaren Energien findet üblicherweise der Anschluss von Fotovoltaikanlagen oder aber auch von Kleinwindanlagen[191] an das Niederspannungsnetz statt.[192] Allgemein lässt sich feststellen, dass die Netzebenen unterhalb des Höchstspannungsnetzes in unterschiedlich große Teilnetze aufgeteilt sind, sodass sich bundesweit jeder Spannungsebene eine Vielzahl von Teilnetzen zuordnen lässt.[193]

Im Bereich der Verteilernetze wird weiterhin zwischen den unterschiedlichen Netzformen der Strahlennetze, Ringnetze und Maschennetze unterschieden.[194] Das Aussehen dieser Netzformen ist von der Spannungsebene, den landschaftlichen Gegebenheiten, den Lageplänen und der Versorgungssicherheit abhängig und kann insofern stark variieren.[195] So sind Strahlennetze grundsätzlich dadurch gekennzeichnet, dass die Versorgungsleitungen strahlenförmig von der jeweiligen Einspeisung am Umspannwerk wegverlaufen.[196] Die strahlenförmigen

---

185 Schneider/Theobald/*Theobald*, EnWR, § 1 Rn. 9.

186 *Schwab*, S. 545; *Salje*, EEG 2017, § 8 Rn. 5; Infografik des *BMWi* über das deutsche Stromnetz.

187 Schneider/Theobald/*Theobald*, EnWR, § 1 Rn. 9; *Schwab*, S. 553.

188 Baur/Salje/Schmidt-Preuß/*Bettzüge/Kesting*, Kap. 5 Rn. 6; Schneider/Theobald/*Theobald*, EnWR, § 1 Rn. 10.

189 Schneider/Theobald/*Theobald*, EnWR, § 1 Rn. 10.

190 Bartsch/Röhling/Salje/Scholz/*Riechmann*, Stromwirtschaft, Kap. 1 Rn. 11; *Klees*, Kap. 1 Rn. 112.

191 Siehe dazu ausführlich *Thorbecke*, S. 36ff.

192 Greb/Boewe/*Woltering*, EEG, § 8 Rn. 25; Salje, EEG 2017, § 8 Rn. 5; *Thorbecke*, S. 36 u. 40f; Infografik des *BMWi* über das deutsche Stromnetz.

193 Als Veranschaulichung des Transport- und Verteilernetzes kann die Einteilung des deutschen Straßennetzes in Bundesautobahn, Bundes-, Landes-, und Gemeindestraßen herangezogen werden, siehe Schneider/Theobald/*Theobald*, EnWR, § 1 Rn. 6 u. 10.

194 Die Rede ist in diesem Zusammenhang auch von Netztopologien. Für ausführliche Informationen in Bezug auf die unterschiedlichen Netzformen/Netztopologien, siehe *Schwab*, S. 546ff.

195 *Schwab*, S. 546ff.

196 Siehe dazu ausführlich mit Abbildung eines Strahlennetzes *Schwab*, S. 547.

Versorgungsleitungen versorgen beispielsweise Häuser einer Straße in Niederspannungsnetzen. Im Bereich der Industrie sind die Versorgungsleitungen wiederum als hierarchisch gestaffelte Niederspannungsnetze angeordnet, sodass die jeweils dazwischenliegenden Sammelschienen sowohl die nachgelagerten Verteilernetzebenen als auch unmittelbar stromintensivere Verbraucher speisen.[197] Als Vorteile der Strahlennetze lassen sich der geringe Planungsaufwand, die Übersichtlichkeit der Fehlersuche und die geringen Anforderungen an den Netzschutz aufführen. Als Nachteil des Strahlennetzes ist es hingegen anzusehen, dass im Falle eines Kurzschlusses einer strahlenförmigen Versorgungsleitung jegliche angeschlossene Verbraucher ausfallen.[198] Ringnetze lassen sich dadurch qualifizieren, dass eine betriebsmäßige Verbindung der Enden zweier strahlenförmiger Verbindungsleitungen vorliegt (sog. „Halbringe").[199] Vorteilhaft ist die damit einhergehende höhere Versorgungssicherheit. Weiterhin können eine verbesserte Spannungshaltung sowie geringere Verluste erzielt werden. Die komplexere Struktur des Ringnetzes geht allerdings mit höheren Anforderungen an die Qualifikationen des Wartungspersonals einher.[200] Das Maschennetz weist zunächst eine dem Ringnetz vergleichbare Struktur auf. Allerdings verfügt es darüber hinaus über eine Absicherung der Stromversorgung durch Mehrfachversorgung von Knoten und Zweigen in der Netzstruktur, was zu einer großen Versorgungszuverlässigkeit führt.[201] Maschennetze, die über mehrere Transformatoren verfügen, weisen insofern eine optimale Versorgungszuverlässigkeit auf. Andererseits gehen mit der komplexen Struktur sowohl hohe Investitionskosten als auch ein hoher Wartungsaufwand einher. Zudem erfordert es hohe Ausbildungsqualifikationen des jeweiligen Bedienungspersonals.[202] Im Allgemeinen lässt sich festhalten, dass mit steigender Lastdichte zunächst die Netzform der Strahlennetze, dann die der Ringnetze und daran anschließend die der Maschennetze eingesetzt werden.[203] Denkbar ist es allerdings auch, dass die einzelnen Netzformen auch teilweise Eigenschaften einer anderen Netzform aufweisen. So ist beispielsweise nicht ausgeschlossen, dass eine einzelne strahlenförmige Leitung von einem ansonsten vermaschten Netz abzweigt.[204]

Im Bereich der Übertragungsnetze kann zwischen Transportnetzen und Hochspannungsnetzen unterschieden werden. Transportnetze werden größtenteils auf Höchstspannungsebene betrieben und bestehen überwiegend aus 220-kV- und 380-kV-Drehstrom-Höchstspannungsfreileitungen.[205] Sie sind meist vermascht,

---

197 *Schwab*, S. 547.
198 *Schwab*, S. 547.
199 Siehe dazu ausführlich mit Abbildung eines Ringnetzes *Schwab*, S. 548.
200 *Schwab*, S. 548.
201 Siehe dazu ausführlich mit Abbildung eines Maschennetzes *Schwab*, S. 549.
202 *Schwab*, S. 550.
203 *Schwab*, S. 550.
204 Vgl. dazu BerlKommEnR/*Säcker*, Band 3, § 6 KraftNAV Rn. 11.
205 In Ballungsgebieten, wie Berlin, werden hingegen auch 220-kV und 380-kV Höchstspannungskabel eingesetzt, *Schwab*, S. 465 u. 468.

sodass jeder Netzknoten von mindestens zwei Seiten versorgt wird. Dies hat den entscheidenden Vorteil, dass im Falle eines Leitungsausfalls, die zweite Leitung die volle Leistung übernehmen kann.[206] Hochspannungsnetze erfüllen die weitläufige Grobverteilung des Stroms von den Entnahmeknoten der Transportnetze an die großen Sondervertragskunden und an kleinere Verteilernetzbetreiber der jeweiligen Region. Sie treten in vermaschter Form oder als Strahlennetze auf. Im erstgenannten Fall übernehmen sie Transportfunktion und im letztgenannten Fall Verteilfunktion. Des Weiteren übernehmen Hochspannungsnetze mit zahlreichen dezentralen Erzeugungseinheiten, wie beispielsweise Windenergieanlagen auf Land, die Aufgabe des Einsammelns der Stromerzeugung.[207] Das deutsche Übertragungsnetz verfügt über insgesamt 450 Netzknoten, an denen die Aufnahme von Strom in das Höchstspannungsnetz oder an denen die Ausspeisung von Strom in das Verteilernetz erfolgt.[208]

Insgesamt umfasste das deutsche Stromnetz laut dem Monitoringbericht 2019[209] der BNetzA und des Bundeskartellamts (BKartA) im Jahr 2018 eine Stromkreislänge von rund 1.851.000 km Leitungen[210] und über 550.000 Transformatoren.[211] Die Länge der Niederspannungsleitungen nahm dabei den größten Anteil ein und lag bei 1.200.500 km. Die Länge der Mittelspannungsleitungen lag bei rund 519.200 km, die Länge der Hochspannungsleitungen bei ungefähr 94.600 km und die Länge der Höchstspannungsleitungen betrug rund 36.700 km.[212] Davon nahm das deutsche Verteilernetz den ganz überwiegenden Anteil der Stromkreislänge von ca. 1.814.200 km ein.[213] Weiterhin bestehen rund 51,4 Mio. Anschlüsse an die Verteilernetzebene, sodass dadurch eine Versorgung nahezu aller Privathaushalte, Gewerbe und Industrieunternehmen sichergestellt wird.[214] Im Vergleich dazu gibt es auf der Übertragungsnetzebene lediglich ca. 500 Anschlüsse.[215] Darüber hinaus sind auf der Verteilernetzebene rund 97 Prozent der EE-Anlagen angeschlossen,[216] wovon wiederum fast 90 Prozent an das Niederspannungsnetz angeschlossen

---

206 *Schwab*, S. 467.

207 *Schwab*, S. 469.

208 *BNetzA*, Bedarfsermittlung 2017–2030, Bestätigung Netzentwicklungsplan Strom (Stand: Dezember 2017), S. 24 unter: https://data.netzausbau.de/2030/NEP/NEP_2017-2030_Bestaetigung.pdf (abgerufen am: 02.07.2018).

209 Monitoringbericht gem. § 63 Abs. 3 i.V.m. § 35 EnWG und § 48 Abs. 3 i.V.m. § 53 Abs. 3 GWB.

210 Monitoringbericht 2019 der *BNetzA* und des *BKartA* (Stand: 13.01.2020), S. 39.

211 Baur/Salje/Schmidt-Preuß/*Bettzüge/Kesting*, Kap. 5 Rn. 4.

212 Monitoringbericht 2019 der *BNetzA* und des *BKartA* (Stand: 13.01.2020), S. 39.

213 Monitoringbericht 2019 der *BNetzA* und des *BKartA* (Stand: 13.01.2020), S. 39.

214 *Reiche*, EnWZ 2018, 145; Monitoringbericht 2019 der *BNetzA* und des *BKartA* (Stand: 13.01.2020), S. 39.

215 *Reiche*, EnWZ 2018, 145. Monitoringbericht 2019 der *BNetzA* und des *BKartA* (Stand: 13.01.2020), S. 39.

216 *Reiche*, EnWZ 2018, 145.

sind.[217] Insgesamt werden mittlerweile fast 40 Prozent der deutschen Stromproduktion über die verschiedenen Netzebenen der Verteilernetze in das Stromnetz eingespeist.[218] Betrieben werden die Netze von unterschiedlichen Stromnetzbetreibern. Nach dem Monitoringbericht 2019 der BNetzA und des BKartA gibt es in Deutschland derzeit insgesamt 887 Stromnetzbetreiber, welche sich wiederum in 883 Verteilernetzbetreiber und vier Übertragungsnetzbetreiber aufteilen lassen.[219] Bei den vier Übertragungsnetzbetreibern handelt es sich um die 50Hertz Transmission GmbH, die Amprion GmbH, die TenneT TSO GmbH und die TransnetBW.[220] Die Übertragungsnetzbetreiber sind dabei sowohl Eigentümer als auch operative Betreiber der Höchstspannungsnetze.[221] Im Gegensatz dazu unterliegt die Struktur der Verteilernetzbetreiber einem stetigen Wandel, da der Betrieb eines Verteilernetzes im Gegensatz zum Betrieb eines Übertragungsnetzes einer Konzession nach § 46 Abs. 2 S. 1 EnWG bedarf.[222] Nach § 46 Abs. 2 S. 1 EnWG wird der Konzessionsvertrag dabei regelmäßig für eine Laufzeit von 20 Jahren abgeschlossen.[223] Zwischen den Jahren 2012 bis 2016 liefen mehrere tausend Konzessionen ab,[224] sodass mit einer Neuvergabe in genannter Höhe erst wieder ab dem Jahr 2032 zu rechnen ist. Aufgrund der Energiewende und des damit einhergehenden Ausbaus der erneuerbaren Energien wird auch in den kommenden Jahren sowohl für die deutschen Übertragungsnetze als auch für die deutschen Verteilernetze ein erheblicher Investitionsbedarf erwartet.[225] Dies betrifft zu einem erheblichen Teil die erforderlichen Neu- und Ausbauten des Übertragungsnetzes, um den Strom zu transportieren und zum anderen die Optimierung, die Verstärkung und auch den Ausbau der Verteilernetze, um die dezentrale Einspeisung von EE-Strom gewährleisten zu können.[226] Allein im Jahr 2018 haben die Netzbetreiber insgesamt 6,88 Mrd. Euro in die Stromnetze investiert, wobei die Investitionen[227] in das deutsche Übertragungsnetz bei knapp 2,95 Mrd. Euro und in das deutsche Verteilernetz bei ungefähr 3,93 Mrd. Euro lagen.[228]

---

217 *Schwab*, S. 572.
218 So *Reiche*, EnWZ 2018, 145.
219 Monitoringbericht 2019 der *BNetzA* und des *BKartA* (Stand: 13.01.2020), S. 38.
220 Vgl. Kment/*Tüngler*, EnWG, § 11 Rn. 18.
221 *Böttcher*, S. 37; Danner/Theobald/*Theobald*, EnWG, § 3 Rn. 44.
222 *Böttcher*, S. 37.
223 *Böttcher*, S. 37.
224 *Böttcher*, S. 37.
225 *Klees*, Kap. 1 Rn. 114; Baur/Salje/Schmidt-Preuß/*Bettzüge/Kesting*, Kap. 5 Rn. 39.
226 Baur/Salje/Schmidt-Preuß/*Bettzüge/Kesting*, Kap. 5 Rn. 39.
227 Als Investitionen werden hier die „aktivierten Bruttozugänge an Sachanlagen sowie der Wert der […] neu gemieteten und gepachteten neuen Sachanlagen" eines Jahres verstanden, siehe dazu den Monitoringbericht 2019 der *BNetzA* und des *BKartA* (Stand: 13.01.2020), S. 128.
228 Monitoringbericht 2019 der *BNetzA* und des *BKartA* (Stand: 13.01.2020), S. 129.

Ein weiteres entscheidendes Merkmal des deutschen Stromnetzes ist dessen Charakter als natürliches Monopol.[229] Charakteristisches Merkmal eines natürlichen Monopols ist nach allgemeiner Auffassung, dass die bestehende Nachfrage durch einen einzigen Anbieter zu geringeren Kosten befriedigt werden kann als durch mehrere Anbieter.[230] Aufgrund der Leitungsgebundenheit im Energiesektor ist ein Wettbewerb über konkurrierende Versorgungsleitungen nicht denkbar, da diese mit zu hohen Investitionskosten verbunden wären. Dies gilt insbesondere mit Blick auf den Ausbau und den Unterhalt von Stromnetzen und den damit einhergehenden langen Amortisationszeiten,[231] sodass die Errichtung eines konkurrierenden Netzes insofern volkswirtschaftlich unvertretbare Kosten verursachen würde.[232] Aus diesem Grund unterliegt der Netzbetrieb der Regulierung.[233]

229 BerlKommEnR/*Schmidt-Preuß*, Band 1, Einl. B. Rn. 2.

230 Kment/*Tüngler*, EnWG, Vorb. zu §§ 11 bis 16a, Fn. 1. m.w.N; BerlKommEnR/*Säcker*, Band 1, Einl. A. Rn. 59.

231 De Witt/Scheuten/*Straßburg*, NABEG, Einl. Rn. 2.

232 Fehling/Ruffert/*Britz*, Regulierungsrecht, § 9 Rn. 15; BerlKommEnR/*Säcker*, Band 1, Einl. A. Rn. 59; ähnlich auch *Koenig/Kühling/Winkler*, WuW 2003, 228, 229.

233 Kment/*Tüngler*, EnWG, Vorb. zu § 11 bis 16a Rn. 1; Baur/Salje/Schmidt-Preuß/*Bettzüge/Kesting*, Kap. 4 Rn. 3; *Klees*, Kap. 1 Rn. 141.

C. Netzbegriff i.S.d. EEG

Nachdem die Struktur des deutschen Stromnetzes erörtert wurde, soll nunmehr der spezielle Netzbegriff des EEG und dessen Reichweite untersucht werden (I.). Dieser spielt eine herausragende Rolle im Rahmen der Arbeit, da das EEG lediglich diesen einen Netzbegriff zugrunde legt und damit auch die Anschlussverpflichtung des § 8 Abs. 1 S. 1 EEG nur an ein Netz i.S.d. EEG bestehen kann.[234] Im Anschluss daran werden verschiedene Fallkonstellationen auf deren Vereinbarkeit mit den Voraussetzungen des Netzbegriffs i.S.d. EEG erörtert (II.). Die Ergebnisse des Abschnitts werden sodann unter (III.) zusammengefasst.

I. Netz für die allgemeine Versorgung

Der Netzbegriff des EEG ist in § 3 Nr. 35 EEG[235] legaldefiniert. Demnach ist unter „Netz" die Gesamtheit der miteinander verbundenen technischen Einrichtungen zur Abnahme, Übertragung und Verteilung von Elektrizität für die allgemeine Versorgung zu verstehen. Nach allgemeinen Verständnis besteht das Netz aus der Gesamtheit der miteinander verbundenen Anlagenteile und Leitungen zur Abnahme, Übertragung und Verteilung von Energie.[236] Das Merkmal der technischen Einrichtungen zur Abnahme, Übertragung und Verteilung muss darüber hinaus gegeben sein. Hierunter sind beispielsweise Abnahme- und Übergabeeinrichtungen, netzseitige Transformatoren, Freileitungen, Erdkabel, Umspannwerke, Schaltfelder, Schaltanlagen mit ihren Sicherungs- und Überwachungseinrichtungen, Schaltern und Ähnliches zu fassen, die zur Abnahme, Übertragung und Verteilung erforderlich sind.[237] Weiterhin müssen die technischen Einrichtungen in ihrer Gesamtheit miteinander verbunden sein. Demnach ist es nicht ausreichend, wenn eine einzelne Leitung eine Stromerzeugungsanlage mit einem Kunden verbindet, ohne dass diese mit anderen Netzbestandteilen verbunden ist.[238] In der

234 Hk-EEG/*Reshöft*, § 3 Rn. 87; *Salje*, EEG 2017, § 3 Rn. 166, BerlKommEnR/*Schumacher*, Band 6, § 3 EEG Rn. 168; Frenz/Müggenborg/Cosack/Henning/Schomerus/*Henning/von Bredow/Valentin*, EEG, § 3 Rn. 245.

235 Der Begriff des Netzes wurde bereits im EEG 2004 als solches definiert und hat sich seitdem nicht geändert, BerlKommEnR/*Schumacher*, Band 6, § 3 EEG Rn. 163.

236 *OLG Stuttgart*, Beschl. v. 27.05.2010 – 202 EnWG 1/10, RdE 2011, 62, 65; *BGH*, Urt. v. 10.11.2004 – VIII ZR 391/03, RdE 2005, 79, 80; BerlKommEnR/*König*, Band. 1, § 11 EnWG Rn. 14.

237 So Altrock/Oschmann/Theobald/*Oschmann*, EEG, § 3 Rn. 137f.

238 BerlKommEnR/*Schumacher*, Band 6, § 3 EEG Rn. 165; Altrock/Oschmann/Theobald/*Oschmann*, EEG, § 3 Rn. 138.

Gesetzesbegründung zu § 3 Nr. 7 EEG 2009[239] lassen sich weiterhin Ausführungen zu dem Netzbegriff i.S.d. EEG finden. Dort heißt es:

> „Zum Netz zählen unabhängig von der Spannungsebene alle Leitungen einschließlich der Anschlussleitungen, mittels der Kunden mit Strom versorgt werden, ohne die folglich eine allgemeine Stromversorgung nicht möglich wäre."

Damit kann zunächst festgehalten werden, dass es nicht auf die Spannungsebene des Netzes ankommt, sodass sowohl Nieder-, Mittel-, Hoch- und Höchstspannungsnetze, folglich sowohl Verteilernetze als auch Übertragungsnetze, unter den Netzbegriff fallen können.[240] Der Gesetzesbegründung ist darüber hinaus zu entnehmen, dass unabhängig von der Spannungsebene ebenfalls alle Leitungen einschließlich der Anschlussleitungen zum Netz zählen, die der Stromversorgung von Kunden dienen und demzufolge für eine allgemeine Stromversorgung unentbehrlich sind.[241]

Die Definition des Netzbegriffs i.S.d. § 3 Nr. 35 EEG stellt weiterhin klar, dass es sich bei Netzen i.S.d. EEG und somit folglich auch i.S.d. § 8 Abs. 1 S. 1 EEG immer um ein Netz für die allgemeine Versorgung handeln muss.[242] Was unter einem Netz für die allgemeine Versorgung zu verstehen ist, wird in § 3 Nr. 35 EEG nicht weiter erläutert,[243] vielmehr handelt es sich dabei um eine wertende Hinzufügung der Definition des Netzes i.S.d. EEG.[244] Nach der Rechtsprechung des BGH sind Netze für die allgemeine Versorgung „nicht nur Stromnetze, die unmittelbar der Versorgung von Letztverbrauchern dienen, sondern auch solche Netze, die dazu bestimmt sind, andere Elektrizitätsversorgungsunternehmen mit Strom zu beliefern, die ihrerseits Netze für die allgemeine Versorgung von Letztverbrauchern betreiben."[245] Eine Orientierungs- und Auslegungshilfe für die Bestimmung des Netzes i.S.d. § 3 Nr. 35 EEG kann weiterhin die Begriffsbestimmung des Energieversorgungsnetzes der allgemeinen Versorgung gem. § 3 Nr. 17 EnWG liefern.[246] Demnach sind unter Energieversorgungsnetzen der allgemeinen Versorgung

---

239 Vgl. BT-Drs.: 16/8148, S. 40 (Einzelbegründung zu § 3 Nr. 7 EEG 2009). Der Begriff des Netzes ist nunmehr in § 3 Nr. 35 EEG 2017 definiert.

240 Maslaton/*Klauß*, Kap. 4 Rn. 10; Greb/Boewe/*Scharlau*, EEG, § 3 Rn. 8; BerlKommEnR/*Schumacher*, Band 6, § 3 EEG Rn. 166.

241 BT-Drs. 16/8148, S. 40 (Einzelbegründung zu § 3 Nr. 7 EEG 2009).

242 Vgl. *Salje*, EEG 2017, § 3 Rn. 166.

243 Altrock/Oschmann/Theobald/*Oschmann*, EEG, § 3 Rn. 140.

244 Die Rede ist auch von einem „juristischen Netzbegriff", siehe *Salje*, EEG 2014, § 5 Rn. 125, *Salje*, EEG 2017, § 3 Rn. 166.

245 *BGH*, Urt. v. 08. 10. 2003 – VIII ZR 165/01, NVwZ 2004, 251, 252.

246 So BT-Drs.: 16/8148, S. 40 (Einzelbegründung zu § 3 Nr. 7 EEG 2009); BT-Drs.: 15/2864, S. 31 (Einzelbegründung zu § 3 Abs. 6 EEG 2004); *Salje*, EEG 2014, § 5 Rn. 126. Der Netzbegriff des EEG ist zwar als ein vom EnWG unabhängiger Begriff definiert, allerdings knüpft die Begriffsbestimmung des Netzes des EEG an die des Netzes des EnWG an.

Energieversorgungsnetze zu verstehen, die der Verteilung von Energie an Dritte dienen und von ihrer Dimensionierung nicht von vornherein nur auf die Versorgung bestimmter, schon bei der Netzerrichtung feststehender oder bestimmbarer Letztverbraucher ausgelegt sind, sondern grundsätzlich für die Versorgung jedes Letztverbrauchers offen stehen. Eine Bezugnahme auf die Definition des EnWG lässt sich in der Gesetzesbegründung zu § 3 Nr. 7 EEG 2009[247] ebenfalls finden. Zum Begriff des Netzes i.S.d. EEG heißt es dort:

> „In Übereinstimmung mit [...] der Regelung des EnWG zählen solche Netze zu den Netzen für die allgemeine Versorgung, die unmittelbar der Verteilung von Energie an Dritte dienen und von ihrer Dimensionierung nicht von vornherein nur auf die Versorgung bestimmter, schon bei der Netzerrichtung feststehender oder bestimmbarer Letztverbraucher ausgelegt sind, sondern grundsätzlich für die Versorgung jedes Letztverbrauchers offen stehen. Der Begriff des Netzes umfasst auch einzelne Netzbereiche."

Entscheidend ist somit, dass die Stromversorgung nicht von Beginn an auf bestimmte Abnehmer begrenzt ist,[248] sondern vielmehr für jeden Letztverbraucher offen ist.[249] Demnach ist ein Netz jedenfalls dann ein solches für die allgemeine Versorgung, wenn die Bereitschaft oder die Verpflichtung eines Netzbetreibers besteht, jeden Letztverbraucher darüber zu versorgen (objektives Kriterium) und er eine entsprechende Bereitschaft dazu zum Ausdruck gebracht hat (subjektives Kriterium).[250] Von entscheidender Bedeutung ist dabei, dass das Netz grundsätzlich für die Versorgung eines jeden Letztverbrauchers im Netzgebiet ausgelegt ist. Nicht ausreichend ist es hingegen, wenn das Netz von Beginn an lediglich für einen feststehenden oder bestimmbaren Kreis von Letztverbrauchern ausgelegt ist.[251] Es ist dabei allerdings nicht entscheidend, ob bereits bei Errichtung des Netzes eine Dimensionierung vorlag, die eine ausreichende Kapazität für jede zukünftig denkbare Verbrauchsmenge innerhalb des Netzgebiets vorhält. Vielmehr ist die zum Zeitpunkt der Errichtung erkennbare Zweckbestimmung entscheidend.[252] Netze für die allgemeine Versorgung stellen das Grundgerüst der Stromversorgung für die Bevölkerung dar, die allgemein verfügbar und flächendeckend ist und damit das „Rückgrat der öffentlichen Energieversorgung" bildet.[253] Es ist kennzeichnend

---

247 Vgl. BT-Drs.: 16/8148, S. 40 (Einzelbegründung zu § 3 Nr. 7 EEG 2009). Der Begriff des Netzes ist nunmehr in § 3 Nr. 35 EEG 2017 definiert.

248 BeckOK EEG/*Scharlau*, § 3 Nr. 35 Rn. 5.

249 *BGH*, Urt. v. 10.03.2004 – VIII ZR 213/02, ZNER 2004, 182, 184; *Leidinger/Berger*, RdE 2009, 161, 166; m.V.a. *OLG Düsseldorf*, Beschl. v. 23.01.2007, Az. VI-3 Kart 452/06 (V).

250 *Leidinger/Berger*, RdE 2009, 161, 166.; m.V.a. *OLG Düsseldorf*, Beschl. v. 23.01.2007, Az. VI-3 Kart 452/06 (V); BerlKommEnR/*Schumacher*, Band 6, § 3 EEG Rn. 166.

251 Schneider/Theobald/*Theobald/Zenke/Dessau*, EnWR, § 15 Rn. 1f; BerlKommEnR/*Schumacher*, Band 6, § 3 EEG Rn. 166.

252 Schneider/Theobald/*Theobald/Zenke/Dessau*, EnWR, § 15 Rn. 1f.

253 *Bode*, S. 14.

für Netze für die allgemeine Versorgung, dass deren Betreiber ihr Geschäftsmodell danach ausrichten, ihre Netze generell für jeden interessierten Stromverbraucher gegen Zahlung eines Netzentgelts bereitzustellen. In technischer Hinsicht ist das Netz für die allgemeine Versorgung infolgedessen so konzipiert, dass darüber eine Versorgung von einer Vielzahl von Stromverbrauchern erfolgen kann, die nahezu unbestimmt ist.[254]

Nach der Gesetzesbegründung zum Netzbegriff i.S.d. EEG fallen auch „Anschlussleitungen mittels der Kunden mit Strom versorgt werden" unter den Netzbegriff des EEG.[255] Klärungsbedürftig ist insofern, welche Anschlussleitungen davon umfasst sind. Es lassen sich darunter jedenfalls Haus- und Kundenanschlussleitungen[256] und damit folglich solche Leitungen fassen, die von dem Verteilernetz zu einem Kunden führen.[257] Denn eine Stromversorgung der angeschlossenen Letztverbraucher wäre ohne diese Leitungen nicht möglich.[258] Gestützt wird diese Annahme auch durch § 8 Abs. 1 S. 1 und S. 2 Hs. 1[259] i.V.m. § 5 S. 1[260] der Niederspannungsanschlussverordnung (NAV), wonach die Anschlussleitungen zu den Betriebsanlagen des Netzbetreibers gehören, regelmäßig in dessen Eigentum stehen und somit als Folge ebenfalls als Bestandteil des Netzes angesehen werden.[261] Neben den genannten Anschlussleitungen fallen auch sog. Stichleitungen unter den Netzbegriff i.S.d. § 3 Nr. 35 EEG und stellen somit einen Teil des Netzes für die allgemeine Versorgung dar. Hierbei handelt es sich um solche mit dem Netz verbundene Leitungen, die als „langer Arm" zu weiter entfernten Stromkunden beschrieben werden können.[262] Des Weiteren werden auch Strahlennetze unter den

254 *Bode*, S. 14.

255 Vgl. BT-Drs.: 16/8148, S. 40 (Einzelbegründung zu § 3 Nr. 7 EEG 2009).

256 Solche Leitungen verbinden nach § 5 S. 1 u. S. 2 Hs. 1 NAV das Elektrizitätsversorgungsnetz der allgemeinen Versorgung mit der elektrischen Anlage des Anschlussnehmers. Er beginnt an der Abzweigstelle des Niederspannungsnetzes und endet mit der Hausanschlusssicherung.

257 Frenz/Müggenborg/Cosack/Henning/Schomerus/*Henning/von Bredow/Valentin*, EEG, § 3 Rn. 244; Hk-EEG/*Reshöft*, § 3 Rn. 93.

258 Altrock/Oschmann/Theobald/*Oschmann*, EEG, § 3 Rn. 139; Hk-EEG/*Reshöft*, § 3 Rn. 93.

259 In § 8 Abs. 1 S. 1 u. S. 2 Hs. 1 NAV heißt es: „Netzanschlüsse gehören zu den Betriebsanlagen des Netzbetreibers. Er hat sicherzustellen, dass sie in seinem Eigentum stehen oder ihm zur wirtschaftlichen Nutzung überlassen werden."

260 In § 5 S. 1 NAV heißt es: „Der Netzanschluss verbindet das Elektrizitätsversorgungsnetz der allgemeinen Versorgung mit der elektrischen Anlage des Anschlussnehmers."

261 Siehe dazu auch Hk-EEG/*Reshöft*, § 3 Rn. 94; BerlKommEnR/*Bruhn*, Band 3, § 8 NAV Rn. 3; in Bezug auf die Vorgängerregelung des § 10 AVBEltV auch *OLG Stuttgart*, Urt. v. 26.06.2003 – 2 U 43/03, RdE 2004, 23, 26.

262 *Salje*, EEG 2017, § 3 Rn. 165; Frenz/Müggenborg/Cosack/Henning/Schomerus/*Henning/von Bredow/ Valentin*, EEG, § 3 Rn. 244; *BGH*, Urt. v. 10.11.2004 – VIII ZR 391/03, NJW-RR 2005, 565, 566.

Begriff des Netzes i.S.d. § 3 Nr. 35 EEG gefasst. Die für ein Strahlennetz[263] typischen Versorgungsleitungen verlaufen von einem Einspeisepunkt strahlenförmig auseinander und bilden eine eigenständige Netzform.[264] Des Weiteren werden auch End- und Eckstücke eines Netzes dem Netzbegriff des § 3 Nr. 35 EEG zugerechnet.[265] Es ist insofern weder erforderlich, dass jede einzelne Versorgungsleitung wieder in das Netz für die allgemeine Versorgung zurückführt,[266] noch ist es erforderlich, dass durch eine Stromleitung mehrere Kunden versorgt werden, denn dies würde zugleich bedeuten, dass eine allgemeine Versorgung nur in der Mitte eines Netzes stattfinden würde.[267] Die Gesetzesbegründung zu dem Netzbegriff i.S.d. EEG stellt im Übrigen klar, dass der Begriff des Netzes auch einzelne Netzbereiche erfasst.[268]

Nicht unter den Netzbegriff für die allgemeine Versorgung sind solche Netzanbindungsleitungen/Anschlussleitungen zu fassen, die Anlagen mit dem Netz für die allgemeine Versorgung verbinden.[269] Denn unter die Anschlussleitungen i.S.d. Netzbegriffs des EEG sind vielmehr nur solche Anschlussleitungen zu verstehen, die der Stromversorgung der Kunden dienen.[270] Somit werden auch die Anschlussleitungen von EE-Anlagen nicht dem Netz für die allgemeine Versorgung zugerechnet, da diese lediglich der Einspeisung von Strom in das Netz der allgemeinen Versorgung dienen und nicht vorrangig der Versorgung von Stromverbrauchern.[271] Dies gilt auch noch dann, wenn die Anschlussleitungen die EE-Anlagenbetreiber mit Strom versorgen.[272] Darüber hinaus werden die Anschlusskosten den EE-Anlagenbetreibern nach § 16 Abs. 1 EEG[273] zugewiesen.[274] Zudem stehen die Anschlussleitungen typischerweise im Eigentum der EE-Anlagenbetreiber, sodass sie auch

---

263 Siehe dazu auch die Ausführungen unter B.

264 *BGH*, Urt. v. 10.11.2004 – VIII ZR 391/03, NJW-RR 2005, 565, 566; Altrock/Oschmann/Theobald/ *Oschmann*, EEG, § 3 Rn. 139; Frenz/Müggenborg/Cosack/Henning/Schomerus/*Henning/von Bredow/ Valentin*, EEG, § 3 Rn. 244; Altrock/Oschmann/Theobald/*Oschmann*, EEG, § 3 Rn. 139.

265 Frenz/Müggenborg/Cosack/Henning/Schomerus/*Henning/von Bredow/Valentin*, EEG, § 3 Rn. 244.

266 *BGH*, Urt. v. 10.11.2004 – VIII ZR 391/03, NJW-RR 2005, 565, 566.

267 *OLG Stuttgart*, Urt. v. 26.06.2003 – 2 U 43/03, RdE 2004, 23, 25; Frenz/Müggenborg/Cosack/Henning/ Schomerus/*Henning/von Bredow/Valentin*, EEG, § 3 Rn. 244.

268 Vgl. BT-Drs.: 16/8148, S. 40 (Einzelbegründung zu § 3 Nr. 7 EEG 2009).

269 Vgl. dazu auch *Garbers*, EnWZ 2016, 347, 349.

270 *Salje*, EEG 2017, § 3 Rn. 168; Frenz/Müggenborg/Cosack/Henning/Schomerus/*Henning/von Bredow/ Valentin*, EEG, § 3 Rn. 241.

271 Hk-EEG/*Reshöft*, § 3 Rn. 95.

272 Hk-EEG/*Reshöft*, § 3 Rn. 95.

273 Nach § 16 Abs. 1 EEG trägt der Anlagenbetreiber die notwendigen Kosten des Anschlusses von Anlagen zur Erzeugung von Strom aus erneuerbaren Energien oder aus Grubengas an den Verknüpfungspunkt nach § 8 Absatz 1 oder 2 sowie der notwendigen Messeinrichtungen zur Erfassung des gelieferten und des bezogenen Stroms.

274 Vgl. dazu *Garbers*, EnWZ 2016, 347, 348.

aus diesem Grund nicht als Bestandteil des Netzes für die allgemeine Versorgung anzusehen sind.[275] Darüber hinaus sind auch Kraftwerksanschlussleitungen i.S.d. Kraftwerks-Netzanschlussverordnung (KraftNAV) nicht von dem Netzbegriff des § 3 Nr. 35 EEG erfasst.[276] Kraftwerksleitungen stellen die Verbindung zwischen dem jeweiligen Kraftwerk mit einer Nennleistung ab 100 MW und dem Elektrizitätsversorgungsnetz mit einer Spannung von mindestens 110 kV dar[277] und sind allein dem Kraftwerk zugänglich.[278] Auch die Errichtung und die Kostentragung der Anschlussleitung des Kraftwerks[279] obliegt dem Kraftwerksbetreiber nach § 6 Abs. 4 und § 8 Abs. 1 KraftNAV.[280] Sie werden nicht dem Netz für die allgemeine Versorgung, hier dem Übertragungsnetz, zugerechnet, da primäres Ziel der Leitung die Anbindung des Kraftwerks an das Netz ist und nicht hingegen der Stromtransport zugunsten der Allgemeinheit.[281] Zusammenfassend lässt sich festhalten, dass es im Zweifelsfall stets einer einzelfallabhängigen Abgrenzung bedarf, ob es sich bei dem in Frage stehenden Abschnitt um ein Netz i.S.d. § 3 Nr. 35 EEG oder um eine sonstige Anlage handelt. Als Indizien für das Vorliegen eines Netzes können dabei die Eigentümerstellung des Netzbetreibers und der Anschluss oder die Einspeisung eines weiteren Anschlussnehmers an den fraglichen Leitungsabschnitt herangezogen werden.[282]

II. Fallkonstellationen

Im folgenden Abschnitt sollen verschiedene Fallkonstellationen auf deren Vereinbarkeit mit den Voraussetzungen des Netzes für die allgemeine Versorgung i.S.d. § 3 Nr. 35 EEG überprüft werden. In der ersten Fallkonstellation soll davon ausgegangen werden, dass der betroffene Netzabschnitt bzw. die betroffene Leitung von dem örtlichen Netzbetreiber nur noch zur Notversorgung eines bestimmten Gebiets/Umspannwerks genutzt wird (1.). In der zweiten Konstellation soll ein bereits stillgelegter Netzabschnitt den Untersuchungsgegenstand bilden (2.). In der dritten Konstellation soll sich der betroffene Netzabschnitt bereits im Rückbau

---

275 *Salje*, EEG 2017, § 3 Rn. 165 u. 168; BerlKommEnR/*Scholz*, Band 6, § 8 EEG Rn. 52.

276 Vgl. dazu auch Elspas/Graßmann/Rasbach/*Buchmann*, EnWG, KraftNAV Rn. 49.

277 Vgl. dazu § 1 Abs. 1 KraftNAV.

278 *BNetzA*, Bedarfsermittlung 2017–2030, Bestätigung Netzentwicklungsplan Strom (Stand: Dezember 2017), S. 32.

279 Die zuständigen Landesbehörden entscheiden über die konkrete Ausführung der Leitungen, *BNetzA*, Bedarfsermittlung 2017–2030, Bestätigung Netzentwicklungsplan Strom (Stand: Dezember 2017), S. 32.

280 *BNetzA*, Bedarfsermittlung 2017–2030, Bestätigung Netzentwicklungsplan Strom (Stand: Dezember 2017), S. 32.

281 Elspas/Graßmann/Rasbach/*Buchmann*, EnWG, KraftNAV Rn. 49; *BNetzA*, Bedarfsermittlung 2017–2030, Bestätigung Netzentwicklungsplan Strom (Stand: Dezember 2017), S. 32.

282 BerlKommEnR/*Säcker*, Band 3, § 6 KraftNAV Rn. 11.

befinden (3). Abschließend soll geprüft werden, ob sich geschlossene Verteilernetze, Kundenanlagen und Direktleitungen unter den Begriff des Netzes für die allgemeine Versorgung i.S.d. § 3 Nr. 35 EEG subsumieren lassen (4.).

1. Stromleitung der Notversorgung

In der ersten Konstellation wird davon ausgegangen, dass der betroffene Netzabschnitt von dem Netzbetreiber lediglich zu Zwecken der Notversorgung einer Umspannanlage genutzt wird und in absehbarer Zeit stillgelegt werden soll. In diesem Abschnitt wird der Frage nachgegangen, ob eine solche Leitung von dem Netzbegriff des § 3 Nr. 35 EEG umfasst ist. Der genannten Fallkonstellation liegen Gerichtsentscheidungen im einstweiligen Rechtsschutzverfahren des LG Dortmund[283] und des OLG Hamm[284] zugrunde, die zu unterschiedlichen Ergebnissen hinsichtlich des Vorliegens eines Netzes für die allgemeine Versorgung gelangen.

Streitgegenstand der genannten Gerichtsentscheidungen war eine 30-kV-Freileitung und damit eine Leitung des Mittelspannungsnetzes an die die Verfügungsklägerin zwei Windparks nach § 8 Abs. 1 S. 1 EEG[285] anschließen lassen wollte und die Verfügungsbeklagte – die Netzbetreiberin – das Anschlussbegehren an diese Leitung aufgrund ihrer Stilllegungsabsicht ablehnte. Die streitgegenständliche Versorgungsleitung wurde in der Vergangenheit von der Netzbetreiberin zur Versorgung von zwei umliegenden Gemeinden genutzt, welche aber zwischenzeitlich von den dortigen Stadtwerken versorgt werden. Die streitgegenständliche 30-kV-Freileitung wurde von der Netzbetreiberin nur noch für einen befristeten Zeitraum zum Zwecke der Noteinspeisung für die vorhandene Umspannanlage A betrieben, welche wiederum der Stromversorgung der Letztverbraucher der umliegenden Gemeinden diente. Die regelmäßige Versorgung der genannten Umspannanlage A fand durch ein anderes Umspannwerk B statt. Die Notversorgung der Umspannanlage A sollte nach Planung der Netzbetreiberin durch eine neu zu errichtende Leitung ersetzt werden, die parallel zu der 30-kV-Leitung errichtet werden sollte. Die Stilllegung und der Rückbau der streitgegenständlichen Leitung waren nach Fertigstellung der geplanten Parallelersatzleitung für die Versorgung der Umspannanlage A bereits von der Netzbetreiberin beschlossen. Die Verfügungsklägerin beantragte den Erlass einer einstweiligen Verfügung, durch die sie u.a. Unterlassung der Veränderung der 30-kV-Leitung bis zur Entscheidung über die Netzanschlüsse beider Windparks im Hauptsacheverfahren begehrte.[286]

---

283 *LG Dortmund*, Urt. v. 17.04.2002 – 6 O 53/02, RdE 2002, 293ff.

284 *OLG Hamm*, Urt. v. 11.10.2002 – 29 U 28/02, ZNER 2003, 49.

285 Damals noch § 3 Abs. 1 EEG (EEG 2000). In Bezug auf die Gesetzesentwicklung des § 8 EEG siehe die ausführliche Darstellung der Gesetzeshistorie der Anschlusspflicht von EE-Anlagen bei Greb/Boewe/*Woltering*, EEG, § 8 Rn. 4ff.

286 *LG Dortmund*, Urt. v. 17.04.2002 – 6 O 53/02, RdE 2002, 293f; *OLG Hamm*, Urt. v. 11.10.2002 – 29 U 28/02, ZNER 2003, 49.

Der geschilderte Fall soll der Veranschaulichung dienen. Neben der Notversorgung einer Umspannanlage sind auch andere Netzanlagen und Netzabschnitte denkbar, die mit einer weiteren Stromleitung zu Zwecken der Notversorgung verbunden sind. Auch muss es sich bei der Notleitung nicht zwingend um eine 30-kV-Freileitung handeln. Denkbar sind auch Leitungen mit einer anderen Spannung, die sich sodann unter Umständen einer anderen Netzebene zuordnen lassen. Nach Darstellung des obigen Sachverhalts sollen im Folgenden zunächst die Entscheidungsgründe des LG Dortmund und des OLG Hamm (a.) in Bezug auf das Vorliegen eines Netzes für die allgemeine Versorgung näher betrachtet werden. Unter Beachtung der beiden Entscheidungen erfolgt im Anschluss eine Stellungnahme zu der Frage, ob eine Stromleitung zur Notversorgung ein Netz i.S.d. EEG darstellen kann (b.). Unter (c.) werden die Ergebnisse zusammengefasst.

a. *Entscheidungen des LG Dortmund und des OLG Hamm*

Das LG Dortmund lehnte die Zugehörigkeit der streitgegenständlichen Leitung zum Netz für die allgemeine Versorgung ab, da diese nach Ansicht des Gerichts nicht mehr der allgemeinen Versorgung dient.[287] Zur Begründung führte es aus, dass die Letztverbraucher der umliegenden Gemeinden zum einen durch die oben genannte Umspannanlage A und zum anderen durch die dortigen Stadtwerke versorgt werden, sodass „die 30-kV-Freileitung bereits objektiv nicht mehr der allgemeinen Versorgung dient". Darüber hinaus hätte die Netzbetreiberin auch bereits den Willen in Bezug auf die zukünftige Aufrechterhaltung der 30-kV-Freileitung aufgegeben und dessen Rückbau beschlossen, der nach Fertigstellung der geplanten Parallelersatzleitung für die betroffene Umspannanlage A erfolgen sollte.[288] Im Ergebnis verneinte das LG Dortmund damit den Anspruch auf Anschluss nach § 8 Abs. 1 S. 1 EEG an die 30-kV-Leitung, da es diese nicht als Bestandteil des Netzes für die allgemeine Versorgung angesehen hat.

Die darauffolgende Entscheidung des OLG Hamm[289] hob die vorgenannte Entscheidung des LG Dortmund auf.[290] Nach Ansicht des OLG Hamm handelt es sich bei der streitgegenständlichen 30-kV-Freiltung zur Notversorgung der Umspannanlage A um einen Bestandteil des Netzes für die allgemeine Versorgung und bei der Verfügungsklägerin folglich um die zuständige Netzbetreiberin. Zur Begründung verwies das Gericht lediglich auf die Eigentumsverhältnisse der Netzbetreiberin sowohl an der Umspannanlage A und dem Umspannwerk B, als auch an

287 *LG Dortmund*, Urt. v. 17.04.2002 – 6 O 53/02, RdE 2002, 293, 294; so auch Frenz/Müggenborg/Cosack/ Henning/Schomerus/*Henning/von Bredow/Valentin*, EEG, § 3 Rn. 244.

288 *LG Dortmund*, Urt. v. 17.04.2002 – 6 O 53/02, RdE 2002, 293, 294.

289 *OLG Hamm*, Urt. v. 11.10.2002 – 29 U 28/02, ZNER 2003, 49.

290 *Salje*, EEG 2017, § 8 Fn. 20.

der 30-kV-Freileitung, sodass auch diese als dem Betriebsnetz der Netzbetreiberin zugehörig anzusehen sei.[291]

b. Stellungnahme

Die Freileitung zur Notversorgung ist als Teilbereich eines Netzes für die allgemeine Versorgung i.S.d. § 3 Nr. 35 EEG anzusehen. Im Ergebnis ist damit der Entscheidung des OLG Hamm zuzustimmen. Gegen die Auffassung des LG Dortmunds spricht bereits die weite Auslegung des Netzbegriffs für die allgemeine Versorgung.[292] Demnach zählen zum Netz „unabhängig von der Spannungsebene alle Leitungen, [...] ohne die folglich eine allgemeine Stromversorgung nicht möglich wäre."[293] Auch werden von dem Begriff des Netzes i.S.d. EEG ausdrücklich einzelne Netzbereiche umfasst.[294] Die Umspannanlage A ist zunächst unzweifelhaft unter den Netzbegriff des EEG zu subsumieren, da durch diese (neben der Versorgung durch die dortigen Stadtwerke) eine Versorgung der Letztverbraucher in den umliegenden Gemeinden erfolgt. Somit dient die Umspannanlage A bereits der unmittelbaren Versorgung der genannten Letztverbraucher. Damit diese Stromversorgung auch im Falle eines Ausfalls des anderen Umspannwerks B gewährleistet ist, bedarf es der Verbindung der Umspannanlage A mit der 30-kV-Freileitung, denn andernfalls könnte mit Eintritt eines Notfalls (Ausfall des Umspannwerks B) die Umspannanlage A nicht versorgt werden, sodass wiederum eine Stromversorgung der Letztverbraucher in den Gemeindegebieten im erforderlichen Maße nicht gegeben wäre. Die Umspannanlage A kann somit nicht ohne die 30-kV-Freileitung betrachtet werden und ist als zusammengehöriges Betriebsnetz anzusehen, welches im Eigentum der Netzbetreiberin steht. Darüber hinaus ist es für die Beurteilung des Netzes für die allgemeine Versorgung nicht maßgeblich, dass die Netzbetreiberin bereits zum Zeitpunkt des Anschlussverlangens plante, die 30-kV-Freileitung durch eine andere Leitung zu ersetzen.[295] Diese Absicht ändert nichts daran, dass die 30-kV-Freileitung zum Zeitpunkt des Anschlussverlangens noch objektiv der Stromversorgung der Allgemeinheit diente. Zum anderen ist die Zweckbestimmung des Netzes und der erkennbare Wille des Netzbetreibers

---

291 So wohl *OLG Hamm*, Urt. v. 11.10.2002 – 29 U 28/02, ZNER 2003, 49. Im Ergebnis hat das OLG Hamm somit den Unterlassungsanspruch der Windparkbetreiberin im einstweiligen Rechtsschutz in Bezug auf den Rückbau des Netzes bejaht und die endgültige Klärung der Rechtsfrage nach der Anschlussverpflichtung der Netzbetreiberin an die 30-kV-Notleitung dem Hauptsacheverfahren vorbehalten.

292 Vgl. *Salje*, EEG 2017, § 8 Rn. 3.

293 BT-Drs.: 16/8148, S. 40 (Einzelbegründung zu § 3 Nr. 7 EEG 2009).

294 BT-Drs.: 16/8148, S. 40 (Einzelbegründung zu § 3 Nr. 7 EEG 2009).

295 Vgl. dazu auch HK-EEG/*Schäfermeier*, § 9 Rn. 41 m.w.N. im Zusammenhang mit der Netzerweiterungspflicht nach § 8 Abs. 4 EEG, wo hinsichtlich des Anschlussverlangens des EE-Anlagenbetreiber ebenfalls auf den Zeitpunkt des Anschlussbegehrens abgestellt wird.

zum Zeitpunkt der Errichtung entscheidend.[296] Die 30-kV-Freileitung wurde in der Vergangenheit von der Netzbetreiberin zur Versorgung von den umliegenden Gemeinden genutzt, sodass auch das subjektive Kriterium gegeben war.

c. Ergebnis

Eine Stromleitung, die nur noch der Notversorgung einer Umspannanlage oder auch anderer Netzanlagen dient, ist als Bestandteil des Netzes für die allgemeine Versorgung i.S.d. § 3 Nr. 35 EEG anzusehen. Bei der Beurteilung ist es entscheidend, dass die Umspannanlage oder auch andere Arten von Netzanlagen der weiteren Stromverteilung dient und damit zu einer Stromversorgung der Allgemeinheit beiträgt. Dies gilt unabhängig davon, dass die Leitung nur zum Einsatz gelangt, wenn eine Notversorgung durch die entsprechende Leitung erfolgt. Auch ist es für die Beurteilung nicht von Bedeutung, dass die Notleitung nur noch für einen begrenzten Zeitraum aufrechterhalten werden soll und seitens des Netzbetreibers eine Stilllegungsabsicht besteht.

2. Stillgelegtes Netz

Die zweite Konstellation sieht vor, dass der Netzabschnitt bereits stillgelegt wurde und somit nicht mehr von dem Netzbetreiber betrieben wird. Fraglich ist in diesem Zusammenhang, ob ein Netzabschnitt trotz durchgeführter Stilllegung noch als Netz für die allgemeine Versorgung i.S.d. § 3 Nr. 35 EEG angesehen werden kann, sodass ein Anschluss nach § 8 Abs. 1 S. 1 EEG grundsätzlich in Betracht kommen könnte.

Um diese Frage beantworten zu können, ist zunächst zu erörtern, was genau unter einer Stilllegung eines Netzes bzw. eines Netzabschnitts zu verstehen ist und welche Folgen damit einhergehen. Obwohl das EnWG sowohl Regelungen in Bezug auf die Planung bestimmter Energieleitungen gem. § 43 EnWG, die Errichtung von Energieversorgungsnetzen gem. § 49 Abs. 1 S. 1 EnWG als auch die Genehmigungspflicht für die Aufnahme des Betriebs eines Energieversorgungsnetzes und einzelner Netzteile gem. § 4 Abs. S. 1 EnWG[297] normiert, lassen sich keine Regelungen in Bezug auf die Stilllegung von Netzabschnitten und die damit verbundenen Voraussetzungen im EnWG finden. Hinweise lassen sich allerdings der Regelung des § 11 Abs. 1 S. 1 Allgemeines Eisenbahngesetz (AEG) entnehmen, in der u.a. die dauernde Einstellung des Betriebs bzw. die Stilllegung von Eisenbahninfrastruktur geregelt ist.[298] Da sich der Eisenbahnsektor wie der

---

296 Vgl. dazu Schneider/Theobald/*Theobald/Zenke/Dessau*, EnWR, § 15 Rn. 1.

297 Kment/*Kment*, EnWG, § 4 Rn. 2.

298 Die Regelung des § 11 Abs. 1 S. 1 AEG lautet wie folgt: „Beabsichtigt ein öffentliches Eisenbahninfrastrukturunternehmen die dauernde Einstellung des Betriebes einer Strecke, eines für die Betriebsabwicklung wichtigen Bahnhofs oder die mehr als geringfügige Verringerung der Kapazität einer Strecke, so hat es dies bei der zuständigen Aufsichtsbehörde zu beantragen."

Energiesektor durch eine besondere Infrastruktur auszeichnet, besteht in diesen Bereichen eine gewisse Ähnlichkeit,[299] sodass das AEG zu Vergleichszwecken herangezogen werden kann. So ist beispielsweise auch der Eisenbahnsektor durch seinen Netzcharakter geprägt und dessen Schienennetz unterliegt als natürliches Monopol ebenfalls dem Regulierungsrecht.[300] Im Rahmen des § 11 Abs. 1 S. 1 AEG ist unter der Betriebseinstellung einer Strecke zugleich der Funktionsverlust als öffentliche Eisenbahninfrastruktur zu verstehen.[301] Der Eintritt des Funktionsverlustes findet mit Betriebseinstellung der maßgeblichen Strecke statt, ohne dass dafür Anlässe aus dem Betrieb, wie zum Beispiel technische Störungen, gegeben sind.[302] Der Begriff der Betriebseinstellung wird in diesem Zusammenhang gleichbedeutend mit dem Begriff der Stilllegung verwendet.[303] Diese muss weiterhin einen dauerhaften Charakter aufweisen. Eine bloße vorübergehende Stilllegung ist von der Norm nicht umfasst.[304] Wendet man die Erkenntnisse nunmehr auf die Stilllegung im Bereich des Energiesektors an, bedeutet dies, dass eine Stilllegung eines Netzabschnitts dann gegeben ist, wenn der Betrieb dieses Netzabschnitts nach § 11 Abs. 1 S. 1 EnWG eingestellt wurde[305] und dieser infolgedessen seine Funktion als Energieversorgungsnetz verliert. Darüber hinaus darf es sich bei der Stilllegung des Netzabschnitts nicht um eine vorübergehende Stilllegung handeln, sondern es muss sich vielmehr um eine dauerhafte bzw. endgültige Stilllegung handeln.[306] Dies ist zwingend erforderlich, da andernfalls eine Umgehung der Betriebspflicht nach § 11 Abs. 1 S. 1 EnWG[307] zu befürchten wäre.[308] Dass mit einer Stilllegung eines Netzabschnitts die dauerhafte Einstellung des Netzbetriebs einhergehen soll, stimmt auch im Ergebnis damit überein, dass für eine Wiederinbetriebnahme von Stromleitungen i.S.d. § 43 EnWG ein Planfeststellungsbedürfnis besteht.[309]

Nachdem geklärt ist, was unter dem Begriff der Stilllegung zu verstehen ist und welche Folgen damit einhergehen ist nunmehr auf die ursprüngliche Frage

---

299 Vgl. Fehling/Ruffert/*Britz*, Regulierungsrecht, § 9 Rn. 15.
300 Fehling/Ruffert/*Fehling*, Regulierungsrecht, § 10 Rn. 1.
301 Hermes/Sellner/*Hermes*, AEG, § 11 Rn. 31.
302 Hermes/Sellner/*Hermes*, AEG, § 11 Rn. 31.
303 Hermes/Sellner/*Hermes*, AEG, § 11 Rn. 31f.
304 Hermes/Sellner/*Hermes*, AEG, § 11 Rn. 32f.
305 Vgl. dazu auch Britz/Hellermann/Hermes/Sötebier, EnWG, § 11 Rn. 49.
306 So im Ergebnis auch Britz/Hellermann/Hermes/Sötebier, EnWG, § 11 Rn. 49. Teilweise wird im Rahmen des Betriebsbegriffs des § 11 Abs. 1 S. 1 EnWG auf den Betriebsbegriff des Umweltrechts Bezug genommen (z.B. *Salje*, EnWG, § 11 Rn. 14). Auch dort ist eine Stilllegung auf Dauer angelegt, sodass diese im Ergebnis keiner zeitlichen Einschränkung oder Begrenzung unterliegt, BeckOK UmweltR/*Posser*, § 20 BImSchG Rn. 29.
307 Siehe dazu ausführlich unter E. III. 1.
308 Britz/Hellermann/Hermes/*Sötebier*, EnWG, § 11 Rn. 49.
309 Vgl. dazu Britz/Hellermann/Hermes/*Hermes/Kupfer*, EnWG, § 43 Rn. 15.

zurückzukommen, ob ein bereits stillgelegter Netzabschnitt die Voraussetzungen eines Netzes für die allgemeine Versorgung i.S.d. § 3 Nr. 35 EnWG erfüllen kann. Nach der Gesetzesbegründung zu dem Netzbegriff des EEG „zählen solche Netze zu den Netzen für die allgemeine Versorgung, die unmittelbar der Verteilung von Energie an Dritte dienen und von ihrer Dimensionierung nicht von vornherein nur auf die Versorgung bestimmter, schon bei der Netzerrichtung feststehender oder bestimmbarer Letztverbraucher ausgelegt sind, sondern grundsätzlich für die Versorgung jedes Letztverbrauchers offen stehen".[310] Diese Voraussetzungen erfüllt ein stillgelegter Netzabschnitt allerdings nicht mehr. So kann insbesondere keine Verteilung von Strom durch diesen Netzabschnitt erfolgen, da der Betrieb endgültig eingestellt wurde. Folglich steht dieser Netzabschnitt auch nicht mehr für die grundsätzliche Versorgung eines jeden Letztverbrauchers offen. Im Ergebnis erfüllt ein stillgelegter Netzabschnitt damit nicht die Voraussetzungen, die an ein Netz für die allgemeine Versorgung i.S.d. § 3 Nr. 35 EEG zu stellen sind.

3. Netz im Rückbau

Die dritte Konstellation sieht vor, dass sich der Netzabschnitt bereits im Rückbau befindet und infolgedessen nicht mehr intakt ist. Ein Rückbau eines Netzabschnitts wird zumeist dann der Fall sein, wenn der Netzabschnitt seinen Zweck erfüllt hat (und dieser vor Ort keinem neuen zugeführt werden kann).[311] Er wird sich regelmäßig an die Stilllegung eines Netzabschnitts anschließen. Dies ergibt sich bereits daraus, dass es sich bei Energieversorgungsnetzen um Landschaftsveränderungen durch Bebauung handelt. Diese sind nach Zweckerfüllung durch Renaturierung weitestgehend rückgängig zu machen, um „Industriedenkmäler" zu verhindern.[312] Zu prüfen ist insofern, ob ein Netzabschnitt trotz stattfindendem Rückbaus noch als Netz für die allgemeine Versorgung i.S.d. § 3 Nr. 35 EEG angesehen werden kann.

Ein Netz i.S.d. § 3 Nr. 35 EEG stellt die Gesamtheit der miteinander verbundenen technischen Einrichtungen zur Abnahme, Übertragung und Verteilung von Elektrizität für die allgemeine Versorgung dar. Da der Netzabschnitt aufgrund des Rückbaus in der betrachteten Konstellation bereits nicht mehr intakt ist, kann er auch nicht mehr der Verteilung von Energie an Dritte dienen. Da ein Rückbau eines Netzabschnitts erst nach dessen Stilllegung erfolgen kann, ist die hier betrachtete Konstellation insofern vergleichbar mit dem bereits stillgelegten Netzabschnitt, da auch dort aufgrund der Betriebseinstellung eine Verteilung von Strom nicht mehr möglich ist.[313] Da der Betrieb hier allerdings nicht nur endgültig eingestellt wurde, sondern die Netzinfrastruktur bereits nicht mehr intakt ist, muss sich zwangsläufig aus einem Erst-Recht-Schluss ergeben, dass die Voraussetzungen für das Bestehen

310 Vgl. BT-Drs.: 16/8148, S. 40 (Einzelbegründung zu § 3 Nr. 7 EEG 2009).
311 Allgemein in Bezug auf gewerbliche Anlagen, *Börner*, RdE 2016, 60.
312 Allgemein in Bezug auf gewerbliche Anlagen, *Börner*, RdE 2016, 60.
313 Siehe dazu ausführlich unter C. II. 2.

eines Netzes für die allgemeine Versorgung i.S.d. § 3 Nr. 35 EEG nicht gegeben sein können.

4. Geschlossene Verteilernetze, Kundenanlagen und Direktleitungen

In diesem Abschnitt werden geschlossene Verteilernetze gem. § 110 EnWG (a.), Kundenanlagen nach §§ 24a und b EnWG (b.) und Direktleitungen gem. § 3 Nr. 12 EnWG (c.) auf deren Vereinbarkeit mit dem Netzbegriff i.S.d. § 3 Nr. 35 EEG überprüft. Es soll unter diesem Gliederungspunkt vor allem herausgearbeitet werden, ob diese Arten von Stromleitungen für ein Anschlussverlangen nach § 8 Abs. 1 S. 1 EEG ausreichend sind. Wäre dies nicht anzunehmen, bedürfte es im Rahmen der Arbeit keiner weiteren Untersuchung, da dem EE-Anlagenbetreiber bereits aufgrund der fehlenden Netzeigenschaft kein Anspruch auf Anschluss an diese Arten von Stromleitungen nach der Norm des § 8 Abs. 1 S. 1 EEG zustehen würde.[314]

a. Geschlossene Verteilernetze

In diesem Abschnitt soll untersucht werden, ob ein geschlossenes Verteilernetz gem. § 110 EnWG die Voraussetzungen eines Netzes für die allgemeine Versorgung i.S.d. § 3 Nr. 35 EEG erfüllt. Zunächst ist zu untersuchen, was unter dem Begriff des geschlossenen Verteilernetzes zu verstehen ist (aa.) und in welchem Zusammenhang sie genutzt werden (bb.). Es folgt eine Anwendung der gefundenen Erkenntnisse auf die geschilderte Fallkonstellation (cc.) und abschließend eine Zusammenfassung der Ergebnisse (dd.).

aa. Begriff des geschlossenen Verteilernetzes

Eine Regelung in Bezug auf die geschlossenen Verteilernetze ist in § 110 EnWG normiert. Mit der Regelung des § 110 EnWG hat der deutsche Gesetzgeber Art. 28 der Elektrizitätsrichtlinie 2009/72/EG im Rahmen der EnWG-Novelle 2011 umgesetzt.[315] Geschlossene Verteilernetze werden als eine Untergruppe von Verteilernetzen definiert, auf deren Betrieb bestimmte, u.a. in § 110 Abs. 1 EnWG aufgelistete, Normen keine Anwendung finden.[316] Die Einstufung als geschlossenes Verteilernetz erfolgt

---

314 So auch *Schau*, IR 2007, 98, 99 in Bezug auf ein Netzanschlussverlangen nach § 17 Abs. 1 EnWG.

315 BerlKommEnR/*Wolf*, Band. 1, § 110 EnWG Rn. 5; *Helmes*, EnWZ 2013, 23. Zugleich wurde auch Art. 28 der Gasrichtlinie 2009/73/EG umgesetzt. Die Regelung über geschlossene Verteilernetze gem. § 110 EnWG hat die Privilegierung von Objektnetzen nach § 110 EnWG a.F. abgelöst, vgl. Stuhlmacher/Stappert/Schoon/Jansen/*Stappert/Steger*, Kap. 3 Rn. 304f.

316 BT-Drs.: 17/6072, S. 94 (Einzelbegründung zu § 110 EnWG 2011); Britz/Hellermann/Hermes/ *Bourwieg*, EnWG, § 110 Rn. 4 u. 36.

durch einen behördlichen Einstufungsbescheid auf Antrag des Netzbetreibers, vgl. § 100 Abs. 3 S. 1 EnWG.[317] Es ist somit die Entscheidung des jeweiligen Netzbetreibers, ob er eine regulatorische Einstufung seines Netzes i.S.d. § 110 EnWG anstrebt.[318] Die Entscheidung der Regulierungsbehörde über die Einstufung eines Energieversorgungsnetzes als geschlossenes Verteilernetz hat dabei konstitutive Wirkung.[319] Zudem unterliegt die Aufnahme des Betriebs eines geschlossenen Verteilernetzes der Genehmigungspflicht gem. § 4 Abs. 1 S. 1 EnWG.[320] Geschlossene Verteilernetze dienen einer in § 110 Abs. 2 EnWG aufgezählten Benutzergruppe. Die Vorschrift bildet somit unter engen Voraussetzungen eine Ausnahmeregelung für Industrie- und Gewerbegebiete.[321] Dies hat zur Folge, dass eine Vielzahl von Vorschriften, die die Netzregulierung betreffen, in Bezug auf genehmigte geschlossene Verteilernetze in abgeschwächter Form oder gar nicht zur Anwendung gelangen.[322] Welche Regelungen der Netzregulierung beim Betrieb eines geschlossenen Verteilernetzes nicht zur Anwendung gelangen, ist in § 110 Abs. 1 EnWG in Bezug auf das EnWG aufgelistet.[323] Darüber hinaus finden auch andere Normen außerhalb des EnWG keine Anwendung.[324] Aufgrund der Nichtanwendung bestimmter Normen wird in diesem Zusammenhang auch von einer Vermeidung unnötiger Bürokratie für die Betreiber geschlossener Verteilernetze gesprochen.[325] Der Aufwand, der mit einer vollumfänglichen Regulierung solcher Netze einhergeht, stünde in keinem angemessenen Verhältnis zur potenziellen Gefährdung der Schutzzwecke von § 1 Abs. 2 EnWG, die mit dem Betrieb solcher Netze einhergeht. Denn bei der Versorgung von in einem Industriepark als Produktionsverband zusammengefassten Unternehmen ist das Gefährdungspotenzial für diese Schutzzwecke ein anderes, als bei dem Betrieb eines Netzes der öffentlichen Energieversorgung.[326]

In § 110 Abs. 2 EnWG sind die materiellen Voraussetzungen für die Einstufung als geschlossenes Verteilernetz aufgeführt.[327] Nach § 110 Abs. 2 S. 1 EnWG stuft die

---

317 *Helmes*, EnWZ 2013, 23; *Scholtka/Helmes*, NJW 2011, 3185, 3190.

318 Stuhlmacher/Stappert/Schoon/Jansen/*Stappert/Steger*, Kap. 3 Rn. 313.

319 *Schalle*, ZNER 2011, 406, 407. Eine Einstufung als geschlossenes Verteilernetz ist neben dem Bestehen der materiellen Voraussetzungen nach § 110 Abs. 2 EnWG auch an die Erfüllung von formellen Voraussetzungen gebunden, vgl. § 110 Abs. 3 EnWG.

320 *Jacobshagen/Kachel/Baxmann*, IR 2012, 2, 5.

321 Britz/Hellermann/Hermes/*Bourwieg*, EnWG, § 110 Rn. 4.

322 Britz/Hellermann/Hermes/*Bourwieg*, EnWG, § 110 Rn. 4.

323 Gem. § 110 Abs. 1 EnWG finden § 14 Abs. 1b, die §§ 14a, 18, 19, 21a, 22 Abs. 1, die §§ 23a u. 32 Abs. 2, die §§ 33, 35 u. 52 auf den Betrieb eines geschlossenen Verteilernetzes keine Anwendung. Darüber hinaus wird die Aufzählung in § 110 Abs. 1 EnWG durch die Regelungen in § 5 S. 1 EnWG und § 36 Abs. 4 EnWG ergänzt, vgl. BerlKommEnR/*Wolf*, Band. 1, § 110 EnWG Rn. 19.

324 Kment/*Schex*, EnWG, § 110 Rn. 18.

325 Siehe dazu BT-Drs.: 17/6072, S. 46 (Begründung zum Allgemeinen Teil, EnWG 2011).

326 Britz/Hellermann/Hermes/*Bourwieg*, EnWG, § 110 Rn. 16.

327 BT-Drs.: 17/6072, S. 94 (Einzelbegründung zu § 110 EnWG 2011).

Regulierungsbehörde ein Energieversorgungsnetz, mit dem Energie zum Zwecke der Ermöglichung der Versorgung von Kunden in einem geografisch begrenzten Industrie- oder Gewerbegebiet oder einem Gebiet verteilt wird, in dem Leistungen gemeinsam genutzt werden, als geschlossenes Verteilernetz ein, wenn die Tätigkeiten oder Produktionsverfahren der Anschlussnutzer dieses Netzes aus konkreten technischen oder sicherheitstechnischen Gründen verknüpft sind (vgl. § 110 Abs. 2 S. 1 Nr. 1 EnWG) oder mit dem Netz in erster Linie Energie an den Netzeigentümer oder -betreiber oder an mit diesen verbundene Unternehmen verteilt wird (vgl. § 110 Abs. 2 S. 1 Nr. 2 EnWG).[328] In § 110 Abs. 2 S. 1 Nr. 1 u. Nr. 2 E nWG lassen sich folglich zwei Arten von geschlossenen Verteilernetzen finden.[329] Diese schließen sich allerdings nicht gegenseitig aus. Es ist durchaus möglich, dass ein geschlossenes Verteilernetz unter beide Varianten zu fassen ist.[330]

Zwingende Voraussetzung gem. § 110 Abs. 2 S. 1 EnWG ist zunächst, dass ein geschlossenes Verteilernetz ein Energieversorgungsnetz i.S.d. § 3 Nr. 16 EnWG darstellt.[331] Demnach handelt es sich bei geschlossenen Verteilernetzen um Elektrizitätsversorgungsnetze (oder Gasversorgungsnetze) über eine oder mehrere Spannungsebenen (oder Druckstufen) mit Ausnahme von Kundenanlagen i.S.v. §§ 3 Nr. 24a und Nr. 24b EnWG. Der Begriff des Energieversorgungsnetzes ist weit auszulegen[332] und umfasst Einrichtungen wie etwa Kabel, Freileitungen, Transformatoren, Umspann- und Schaltanlagen, Rohre und Verteileranlagen.[333] Weitere Voraussetzung des § 110 Abs. 2 S. 1 EnWG ist das Vorliegen eines geografisch begrenzten Gebiets.[334] Hierunter sind zum einen Industrie- und Gewerbegebiete

328 Siehe dazu die ausführlichen Erläuterungen zu den einzelnen Voraussetzungen des § 110 Abs. 2 EnWG bei BerlKommEnR/*Wolf*, Band 1, § 110 EnWG Rn. 19ff.

329 Schneider/Theobald/*Theobald/Zenke/Dessau*, EnWR, § 15 Rn. 19. Die Voraussetzungen des § 110 EnWG sind teilweise restriktiver als die des § 110 EnWG a.F., so lässt sich insbesondere die Voraussetzung eines „gemeinsamen übergeordneten Geschäftszwecks, der durch die Anwendung der allgemeinen Regulierung unzumutbar erschwert würde" in der neuen Fassung nicht finden. Gewerbe- und Industrieparks sowie Einkaufszentren verfolgen regelmäßig einen solchen Geschäftszweck und durch die Regulierungsvorschriften geht damit auch ein erhöhter personeller und materieller Mehraufwand einher. Diese Voraussetzung ist für geschlossene Verteilernetze nach § 110 Abs. 2 EnWG jedoch nicht mehr vorgesehen, vgl. *Schalle*, ZNER 2011, 406, 408.

330 BerlKommEnR/*Wolf*, Band 1, § 110 EnWG Rn. 20.

331 Kment/*Schex*, EnWG, § 110 Rn. 20.

332 Schneider/Theobald/*Theobald/Zenke/Dessau*, EnWR, § 15 Rn. 15.

333 Schneider/Theobald/*Theobald/Zenke/Dessau*, EnWR, § 15 Rn. 15; Kment/*Schex*, EnWG, § 110 Rn. 20.

334 Kment/*Schex*, EnWG, § 110 Rn. 30ff. u. Fn. 28. Dass sich die geografische Begrenzung sowohl auf Industrie-oder Gewerbegebiete als auch auf ein Gebiet, in dem Leistungen gemeinsam genutzt werden bezieht, lässt sich deutlich der englischen Fassung des Art. 28 Abs. 1 der Elektrizitätsrichtlinie 2009/72/EG entnehmen. Dort heißt es u.a.: „Member States may provide for national regulatory authorities or

zu verstehen, die eine industrielle oder gewerbliche Prägung des entsprechenden Areals aufweisen und zum anderen Gebiete, in denen die Infrastruktur oder Dienstleistungen gemeinsam genutzt werden und dies die übliche gemeinsame Nutzung von beispielsweise öffentlicher Infrastruktur übersteigt.[335] Von Bedeutung für das Vorliegen der geografischen Begrenzung ist zudem der Umstand, dass die Entnahmestellen innerhalb dieser Begrenzung liegen.[336] Weiterhin heißt es in § 110 Abs. 2 S. 2 EnWG, dass die Einstufung als geschlossenes Verteilernetz nur erfolgt, wenn keine Letztverbraucher, die Energie für den Eigenverbrauch im Haushalt kaufen (also Haushaltskunden i.S.d. § 3 Nr. 22 Var. 1 EnWG)[337], über das Netz versorgt werden oder wenn dies nur bei einer geringen Zahl von solchen Letztverbrauchern der Fall ist und diese in einem Beschäftigungsverhältnis oder in einer vergleichbaren Beziehung zum Eigentümer oder Betreiber des Netzes stehen.[338] Die Regelung des § 110 Abs. 2 S. 2 EnWG schließt damit eine substantielle Versorgung von den oben genannten Haushaltskunden durch geschlossene Verteilernetze aus.[339] Eine Versorgung von Haushaltskunden i.S.d. § 3 Nr. 22 Var. 1 EnWG ist überhaupt nur dann möglich, wenn die Voraussetzungen des § 110 Abs. 2 S. 2 Var. 2 EnWG vorliegen und somit nur eine geringe Zahl von Haushaltskunden über das geschlossene Verteilernetz versorgt werden, die zugleich eine besondere Beziehung zum Eigentümer oder Betreiber des Netzes aufweisen.[340] Dies erfordert das Vorliegen eines Beschäftigungsverhältnisses gem. § 611 BGB oder eines vergleichbar starken Abhängigkeitsverhältnisses zum Eigentümer oder Betreiber des Netzes.[341] Die Regelung umfasst damit sog. Werkswohnungen für

---

other competent authorities to classify a system which distributes electricity within a geographically confined industrial, commercial or shared services site".

335 Siehe dazu Gemeinsames Positionspapier der Regulierungsbehörden der Länder und der BNetzA zu geschlossenen Verteilernetzen gem. § 110 EnWG vom 23.02.2012, S. 3f., unter: https://www.bundesnetzagentur.de/SharedDocs/Downloads/DE/Sachgebiete/Energie/Unternehmen_Institutionen/EntflechtungKonzession/GeschlosseneVerteilernetze/LeitfadenGeschlVerteilernetze/LeitfadenGeschlVerteilernetze.pdf?__blob=publicationFile&v=2 (abgerufen am: 18.01.2018).

336 Kment/*Schex*, EnWG, § 110 Rn. 32.

337 Britz/Hellermann/Hermes/*Bourwieg*, EnWG, § 110 Rn. 32; Elspas/Graßmann/Rasbach/*Haellmigk/ Goetzendorf*, EnWG, § 110 Rn. 19.

338 *Salje*, RdE 2011, 325, 329; Gemeinsames Positionspapier der Regulierungsbehörden der Länder und der BNetzA zu geschlossenen Verteilernetzen gem. § 110 EnWG vom 23.02.2012, S. 13. Einer Einstufung als geschlossenes Verteilernetz steht es allerdings nicht entgegen, wenn eine Versorgung von Haushaltskunden i.S.d. § 3 Nr. 22 Var. 2 EnWG über das Netz erfolgt.

339 Britz/Hellermann/Hermes/*Bourwieg*, EnWG, § 110 Rn. 4; *Salje*, RdE 2011, 325, 329.

340 *Salje*, RdE 2011, 325, 329; Gemeinsames Positionspapier der Regulierungsbehörden der Länder und der BNetzA zu geschlossenen Verteilernetzen gem. § 110 EnWG vom 23.02.2012, S. 13.

341 Danner/Theobald/*Jacobshagen/Kachel*, EnWG, § 110 Rn. 52f.

abhängig Beschäftigte,[342] wie beispielswiese die Wohnungen von Hausmeistern, Wachpersonal und Pförtnern, die sich auf dem Gelände des geschlossenen Verteilernetzes befinden und zweckmäßigerweise an dessen Energieversorgung angeschlossen sind.[343] Wann dabei von einer „geringen Zahl" auszugehen ist, lässt sich nicht losgelöst vom Einzelfall beantworten. Abstrakt betrachtet muss die Anzahl von Haushaltskunden zum einen in Relation zur Geländegröße und zum anderen als absolute Zahl gering sein. In der Regel ist eine Zahl absolut gering, wenn eine Versorgung von nicht mehr als 20 Haushalten über das Netz erfolgt.[344]

Neben den oben genannten Voraussetzungen setzt das geschlossene Verteilernetz i.S.d. § 110 Abs. 2 S. 1 Nr. 1 EnWG als spezielle Voraussetzung die Verknüpfung aus konkreten technischen oder sicherheitstechnischen Gründen voraus. Eine technische Verknüpfung ist anzunehmen, wenn Tätigkeiten oder Produktionsverfahren in Bezug auf technische Aspekte miteinander verknüpft sind.[345] Eine solche Verknüpfung ist beispielsweise gegeben, wenn eine Wertschöpfungskette zwischen Tätigkeiten oder Produktionsverfahren der Anschlussnutzer besteht und diese wiederum untereinander in einem Verhältnis von Zulieferer und Abnehmer stehen.[346] Als weiteres Beispiel kann ein Sachverhalt genannt werden, in dem Hitze aus der Stromerzeugung im Produktionsprozess eines anderen Nutzers verwendet wird.[347] Von einer sicherheitstechnischen Verknüpfung ist dann auszugehen, wenn „die Anschlussnutzer ähnliche Anforderungen an die technische Qualität

342 BerlKommEnR/*Wolf*, Band. 1, § 110 EnWG Rn. 77.

343 *Salje*, RdE 2011, 325, 329; *Schalle*, ZNER 2011, 406, 408.

344 Gemeinsames Positionspapier der Regulierungsbehörden der Länder und der BNetzA zu geschlossenen Verteilernetzen gem. § 110 EnWG vom 23.02.2012, S. 13f, diese Festlegung wird u.a. von Stuhlmacher/Stappert/Schoon/Jansen/*Stappert/Steger*, Kap. 3 Rn. 312. kritisiert, da dadurch eine Ausgrenzung von größeren „Werksiedlungen" erfolge. Ebenso kritisch Elspas/Graßmann/Rasbach/*Haellmigk/Goetzendorf*, EnWG, § 110 Rn. 20, weil die Elektrizitätsrichtlinie 2009/72/EG auf eine untergeordnete Nutzung des Netzes durch Privathaushalte im Vergleich zur hauptsächlichen industriellen Nutzung abstelle. Dem wird man aber entgegenhalten können, dass dies den Ausnahmecharakter der Norm konterkarieren würde, weil die privat verbrauchten Energiemengen im Vergleich zu den Industrieanlagen in der absoluten Regel verschwindend gering sind, Britz/Hellermann/Hermes/*Bourwieg*, EnWG, § 110 Rn. 33.

345 Schneider/Theobald/*Theobald/Zenke/Dessau*, EnWR, Kap. 6, § 15 Rn. 20.

346 Siehe dazu Gemeinsames Positionspapier der Regulierungsbehörden der Länder und der BNetzA zu geschlossenen Verteilernetzen gem. § 110 EnWG vom 23.02.2012, S. 11. Als konkretes Beispiel wird u.a. „die zentrale Versorgung der Anschlussnehmer mit industriellen oder chemischen Grundstoffen für ihre Produktion" genannt.

347 *Europäische Kommission*, Interpretative Note on Directive 2009/72/EC concerning common rules for the internal market in electricity and Directive 2009/73/EC concerning common rules for the internal market in gas – Retail Markets, 2010, S. 11.

des Netzes haben, die durch das Netz der allgemeinen Versorgung nicht erfüllt werden."[348] Das kann beispielsweise bei einem Stromnetz für einen Flughafen der Fall sein.[349] Das in § 110 Abs. 2 S. 1 Nr. 2 EnWG geregelte geschlossene Verteilernetz betrifft die Eigenversorgung des Netzeigentümers oder -betreibers oder an mit diesen verbundenen Unternehmen.[350] Der Begriff des verbundenen Unternehmens ist an die Definition des § 15 Aktiengesetz (AktG) angelehnt.[351] Der Eigenversorgungsanteil und damit der Anteil von Energiemenge, der selbst verbraucht werden muss, wird bei mehr als 50 Prozent angenommen, wobei der Durchschnitt der letzten drei Kalenderjahre maßgeblich ist.[352]

bb. Nutzung von geschlossenen Verteilernetzen

Bei geschlossenen Verteilernetzen handelt es sich typischerweise um „kleinere" Stromversorgungsnetze.[353] In Erwägungsgrund 30 der Elektrizitätsrichtlinie 2009/72/EG werden Beispiele für eine mögliche Nutzung geschlossener Verteilernetze aufgelistet. Demnach können bei Industrie- oder Gewerbegebieten oder Gebieten, in denen Leistungen gemeinsam genutzt werden, wie Bahnhofsgebäuden, Flughäfen, Häfen, Krankenhäusern, Pflegeheimen, Einkaufszentren, großen Campingplätzen mit integrierten Anlagen oder Standorten der Chemieindustrie aufgrund der besonderen Art der Betriebsabläufe geschlossene Verteilernetze bestehen.[354] Diese beispielhafte Aufzählung in der Elektrizitätsrichtlinie macht eine Prüfung anhand der materiellen Voraussetzungen des § 110 Abs. 2 EnWG allerdings nicht unerlässlich.[355] Zur Veranschaulichung sollen hier Flughäfen und Bahnhöfe

348 Siehe Gemeinsames Positionspapier der Regulierungsbehörden der Länder und der BNetzA zu geschlossenen Verteilernetzen gem. § 110 EnWG vom 23.02.2012, S. 11f. Als Beispiele werden dort u.a. Notstromversorgung und Schwarzstartfähigkeit genannt.

349 Vgl. *BGH*, Beschl. v. 24.08.2010 – EnVR 17/09, NVwZ 2011, 55, 56.

350 Gemeinsames Positionspapier der Regulierungsbehörden der Länder und der BNetzA zu geschlossenen Verteilernetzen gem. § 110 EnWG vom 23.02.2012, S. 12.

351 Britz/Hellermann/Hermes/*Bourwieg*, EnWG, § 110 Rn. 28. Verbundene Unternehmen sind gem. § 15 AktG rechtlich selbstständige Unternehmen, die im Verhältnis zueinander in Mehrheitsbesitz stehende Unternehmen und mit Mehrheit beteiligte Unternehmen (§ 16), abhängige und herrschende Unternehmen (§ 17), Konzernunternehmen (§ 18), wechselseitig beteiligte Unternehmen (§ 19) oder Vertragsteile eines Unternehmensvertrags (§§ 291, 292).

352 Siehe Gemeinsames Positionspapier der Regulierungsbehörden der Länder und der BNetzA zu geschlossenen Verteilernetzen gem. § 110 EnWG vom 23.02.2012, S. 13; *Scholtka/Helmes*, NJW 2011, 3185, 3190; Kment/*Schex*, EnWG, § 110 Rn. 40.

353 Ebenfalls auch „kleinere" Gasversorgungsnetze, BerlKommEnR/*Wolf*, Band. 1, § 110 EnWG Rn. 1.

354 Vgl. dazu auch *OLG Naumburg*, Beschl. v. 25.10.2007 – 1 W 12/07 (EnWG), BeckRS 2007, 19566; *BGH*, Beschl. v. 06.05.2009 – EnVR 55/08, NVwZ 2009, 742 743.

355 BerlKommEnR/*Wolf*, Band. 1, § 110 EnWG Rn. 55.

genannt werden, die oftmals in Abhängigkeit von ihrer Größe ein unterschiedliches Ergebnis in Bezug auf die Voraussetzungen des § 110 Abs. 2 S. 1 Nr. 1 EnWG aufweisen. In solchen Konstellationen ist immer zwischen der Anzahl der allgemein zugänglichen Geschäfte im Bahnhofs- bzw. Flughafengebäude, wie beispielsweise Friseurläden, Lebensmittelgeschäften, Schuhgeschäften, Buch- und Blumenläden und solchen Anlagen, die der Versorgung des Flugbetriebs und der Schienenbahnen dienen, wie beispielsweise Zug- bzw. Passagier- und Gepäckabfertigung als auch Leistungen von Cargo-Unternehmen, zu unterscheiden.[356] Große Flughäfen und Bahnhöfe weisen häufig große Geschäftszeilen mit unterschiedlichen Arten von Geschäften auf. Diese stellen aber keine Tätigkeit dar, die aus technischen oder sicherheitstechnischen Gründen mit dem Verkehrsbetrieb verknüpft sind.[357] Vielmehr dienen diese Geschäfte, losgelöst von dem reinen Verkehr, dem vorrangigen Zweck des Verkaufsumsatzes der Geschäftsbetreiber und sind für den reinen Flug- und Schienenbetrieb nicht notwendig.[358] Etwas anderes kann sich hingegen für kleinere Flughäfen und Bahnhöfe ergeben, wenn die Energieversorgung ganz überwiegend auf die Abfertigungshallen sowie auf Wartungs- und Büroflächen von einzelnen Flug- und Bahngesellschaften beschränkt ist und sich auf dem Gelände lediglich vereinzelt Geschäfte, wie Backwarengeschäfte, Zeitschriftenläden oder Geldautomaten finden lassen. In Bezug auf die gesamte Stromabnahme spielen diese Läden im Gesamtgefüge eine nahezu unbedeutende Rolle, sodass insgesamt eine technische Verknüpfung der Tätigkeiten anzunehmen sein kann.[359]

cc. Anwendung

Im Folgenden soll unter Berücksichtigung der Erkenntnisse über die Voraussetzungen, Beschaffenheit und Nutzung von geschlossenen Verteilernetzen untersucht werden, ob diese als Netze für die allgemeine Versorgung i.S.d. § 3 Nr. 35 EEG qualifiziert werden können.[360]

---

356 BerlKommEnR/*Wolf*, Band. 1, § 110 EnWG Rn. 55.

357 BerlKommEnR/*Wolf*, Band. 1, § 110 EnWG Rn. 56; allgemein auch Britz/Hellermann/Hermes/*Bourwieg*, EnWG, § 110 Rn. 27.

358 BerlKommEnR/*Wolf*, Band. 1, § 110 EnWG Rn. 56.

359 Siehe dazu auch die Beispiele bei BerlKommEnR/*Wolf*, Band. 1, § 110 EnWG Rn. 57; allgemein auch Britz/Hellermann/Hermes/*Bourwieg*, EnWG, § 110 Rn. 26.

360 Dies verneinend Schneider/Theobald/*Theobald/Zenke/Dessau*, EnWR, § 15 Rn. 1f. u. 17; *Salje*, EEG 2017, § 3 Rn. 169 u. § 8 Rn. 3; Altrock/Oschmann/Theobald/*Altrock*, EEG, § 8 Rn. 24; BerlKommEnR/*Scholz*, Band 6, § 8 EEG Rn. 14 u. § 11 Rn. 27ff; Britz/Hellermann/Hermes/*Bourwieg*, EnWG, § 3 Nr. 33 u. § 110 Rn. 4 u. 17; Kment/*Schex*, EnWG, § 3 Rn. 37 u. § 110 Rn. 18; Frenz/Müggenborg/Cosack/Henning/ Schomerus/*Henning/von Bredow/Valentin*, EEG, § 3 Rn. 243; Stuhlmacher/Stappert/Schoon/Jansen/ *Stappert/Steger*, Kap. 3 Rn. 319; *Jacobshagen/Kachel/Baxmann*, IR 2012, 2; *BNetzA*, Beschl. v. 14.12.2011, BK8-11-024, S. 21; Danner/Theobald/*Jacobshagen/Kachel*, EnWG, § 110 Rn. 23f. u. 89, Maslaton/*Klauß*, Kap. 4 Rn. 10; tendenziell auch Greb/Boewe/*Scharlau*, EEG, § 3 Nr. 35 Rn. 7; **a.A.** Baur/Salje/Schmidt-Preuß/*Wolf*,

Aus dem Wortlaut des § 110 EnWG lassen sich diesbezüglich keine Rückschlüsse herleiten, da die Norm lediglich auf den Begriff des Energieversorgungsnetzes i.S.d. § 3 Nr. 16 EnWG abstellt[361] und nicht auf den speziellen Begriff des Energieversorgungsnetzes der allgemeinen Versorgung i.S.d. § 3 Nr. 17 EnWG, was für einen Rückschluss auf § 3 Nr. 35 EEG erforderlich gewesen wäre. Auch in der Gesetzesbegründung zu § 110 EnWG lassen sich keine Ausführungen dazu finden, ob das Energieversorgungsnetz zugleich ein Netz für die allgemeine Versorgung darstellt.[362]

Bei der Beurteilung, ob ein geschlossenes Verteilernetz ein Netz für die allgemeine Versorgung darstellen kann, ist maßgeblich auf den Regelungscharakter des § 110 EnWG abzustellen. Bei dieser Betrachtung ist stets der Ausnahmecharakter des § 110 EnWG vom Grundsatz des regulierten Netzzugangs zu beachten. Dieser verlangt eine enge Auslegung der Tatbestandsvoraussetzungen.[363] Dabei ist zunächst insbesondere die Voraussetzung des geografisch begrenzten Gebiets gem. § 110 Abs. 2 S. 1 EnWG zu berücksichtigen. Damit ist bereits von Gesetzes wegen vorgegeben, dass das geschlossene Verteilernetz einer örtlichen Begrenzung unterliegt und nicht beliebig wachsen kann. Zwar bedeutet die Voraussetzung nicht, dass es sich zwangsläufig um kleine Industrie- oder Gewerbegebiete handeln muss, allerdings würde die Voraussetzung des geografisch begrenzten Gebiets leerlaufen, wenn kein Unterschied zu anderen Netzen bestehen würde, denn eine gewisse geografische Begrenztheit weist jedes Netz auf.[364] Dies hat wiederum zur Folge, dass nur eine begrenzte Anzahl an Letztverbrauchern an das geschlossene Verteilernetz angeschlossen werden kann. Damit ist es der Regelung des § 110 EnWG immanent, dass die Stromversorgung gerade von Beginn an auf bestimmte Abnehmer begrenzt und somit auch nicht für jeden Abnehmer offen ist, was wiederum gegen die Annahme eines Netzes für die allgemeine Versorgung spricht.[365] Dies widerspricht im Übrigen auch dem für Betreiber von Netzen der

---

Kap. 69 Rn. 31; BerlKommEnR/*Wolf*, Band 1, § 110 EnWG Rn. 127ff; in Bezug auf die Vereinbarung von individuellen Netzentgelten gem. § 19 Abs. 2 S. 1 bis 4 und den Wälzungsmechanismus gem. § 19 Abs. 2 S. 13 und 14 StromNEV auch *BNetzA*, Beschluss. v. 11.12.2013, BK4-13-739, S. 52; wohl auch Elspas/Graßmann/Rasbach/*Haellmigk/Goetzendorf*, EnWG, § 110 Rn. 51.

361 So im Ergebnis auch BerlKommEnR/*Wolf*, Band 1, 3. Auflage, § 110 EnWG Rn. 178.

362 Vgl. dazu BT-Drs.: 17/6072, S. 94 (Einzelbegründung zu § 110 EnWG 2011).

363 Vgl. dazu Positionspapier der Regulierungsbehörden der Länder und der BNetzA zu geschlossenen Verteilernetzen gem. § 110 EnWG vom 23.02.2012, S. 13; Britz/Hellermann/Hermes/*Bourwieg*, EnWG, § 110 Rn. 4 u. 17.

364 Vgl. dazu Britz/Hellermann/Hermes/*Bourwieg*, EnWG, § 110 Rn. 20.

365 So auch Schneider/Theobald/*Theobald/Zenke/Dessau*, EnWR, § 15 Rn. 1f. u. 17; *Salje*, EEG 2014, § 5 Rn. 128 u. § 8 Rn. 3; Britz/Hellermann/Hermes/*Bourwieg*, EnWG, § 3 Rn. 33 u. § 110 Rn. 4 u. 17; Kment/*Schex*, EnWG, § 3 Rn. 37 u. § 110 Rn. 18; Frenz/Müggenborg/Cosack/Henning/Schomerus/ *Henning/von Bredow/Valentin*, EEG, §§ Rn. 243; Stuhlmacher/Stappert/Schoon/Jansen/*Stappert/Steger*, Kap. 3 Rn. 319; *Jacobshagen/Kachel/Baxmann*, IR 2012, 2; im Ergebnis auch *BNetzA*, Beschluss.

allgemeinen Versorgung, charakteristischem Geschäftsmodell, ihre Netze generell für jeden interessierten Stromverbraucher gegen Zahlung eines Netzentgelts bereitzustellen.[366] Für diese Sichtweise spricht zudem die zwingende Tatbestandsvoraussetzung des § 110 Abs. 2 S. 2 EnWG, die ebenfalls nicht mit der Definition des Netzes für die allgemeine Versorgung zu vereinbaren ist, denn demnach steht es einer Einstufung als geschlossenes Verteilernetz grundsätzlich entgegen, dass Haushaltskunden i.S.d. § 3 Nr. 22 Var. 1 EnWG über das in Frage stehende Netz versorgt werden. Etwas anderes ergibt sich auch dann nicht, wenn diese ein Beschäftigungsverhältnis oder eine vergleichbare Beziehung i.S.d. § 110 Abs. 2 S. 2 EnWG aufweisen und damit ausnahmsweise über das Netz versorgt werden können. Denn auch eine solche Versorgung von Haushaltskunden ist von vorne herein auf eine geringe Zahl beschränkt. Die Regulierungsbehörden beziffern diese Zahl sogar lediglich mit höchstens 20 Haushalten, die über das Netz versorgt werden können.[367] Auch wenn man eine höhere Anzahl als gegeben ansieht, so gebietet es der Ausnahmecharakter der Norm, dass die Zahl niedrig angesiedelt wird. Auch diese Tatbestandsvoraussetzungen verdeutlichen, dass ein geschlossenes Verteilernetz definitiv darauf angelegt sein soll, die Stromversorgung von Beginn an auf bestimmte Abnehmer zu begrenzen, denn eine Versorgung, die von Beginn an lediglich auf bestimmte Abnehmer abstellt, kann schon vom Wortsinn nicht allgemein sein.[368] So spielt auch die Größe eines geschlossenen Verteilernetzes für die Beurteilung nach einem Netz für die allgemeine Versorgung keine Rolle, denn die genannten Tatbestandsvoraussetzungen verändern sich nicht und sind zwingend erforderlich um ein geschlossenes Verteilernetz annehmen zu können.[369] Aufgrund der restriktiven Voraussetzungen des § 110 Abs. 2 EnWG, denen ein geschlossenes Verteilernetz zwangsläufig unterliegt, kann es im Ergebnis nicht zugleich ein Netz für die allgemeine Versorgung sein, da die jeweiligen Voraussetzungen im Widerspruch zueinander stehen.

Das bedeutet jedoch nicht, dass ein als geschlossenes Verteilernetz eingestuftes Netz den Charakter eines Netzes für die allgemeine Versorgung zukünftig grundsätzlich nicht erfüllen kann. Die Qualifizierung als geschlossenes Verteilernetz gilt lediglich für den Zeitraum, in dem das Netz als geschlossenes Netz durch die jeweilige Regulierungsbehörde als solches eingestuft ist und die materiellen

---

v. 14.12.2011, BK8-11-024, S. 21, wonach im Rahmen einer Entscheidung in Bezug auf § 19 Abs. 2 StromNEV geschlossene Verteilernetze nicht als Netze der allgemeinen Versorgung gewertet wurden.

366 *Bode*, S. 14.

367 Positionspapier der Regulierungsbehörden der Länder und der BNetzA zu geschlossenen Verteilernetzen gem. § 110 EnWG vom 23.02.2012, S. 14.

368 So auch Schneider/Theobald/*Theobald/Zenke/Dessau*, EnWR, § 15 Rn. 2.

369 Die Tendenz von Altrock/Theobald/Oschmann/*Oschmann*, § 3 Rn. 120 EEG, Areal- oder Industrienetze, die ein bestimmtes größeres räumliches Gebiet versorgen, als Netze für die allgemeine Versorgung einzuordnen, ist daher abzulehnen.

Voraussetzungen des § 110 Abs. 2 EnWG erfüllt sind. Sobald das betroffene Netz nicht mehr als solches eingestuft wird bzw. ist, beispielsweise weil der Antragsteller den Antrag auf Einstufung zurückgenommen hat,[370] die Regulierungsbehörde den Einstufungsbescheid nach § 48 VwVfG zurückgenommen oder nach § 49 VwVfG widerrufen hat[371] oder der Betreiber den Charakter des geschlossenen Verteilernetzes aufgegeben hat,[372] indem er beispielsweise unzählige Letztverbraucher i.S.d. § 3 Nr. 22 Var. 1 EnWG an sein Netz angeschlossen hat, liegen die Umstände für die Zukunft anders, da der Betrieb des betroffenen Netzes nicht mehr an die Voraussetzungen des § 110 EnWG geknüpft ist und damit insbesondere nicht mehr der dauerhaften geografischen Begrenzung und Einschränkung hinsichtlich des Anschlusses von Haushaltskunden unterliegt.[373]

Zu berücksichtigen ist zwar weiterhin, dass Betreiber geschlossener Verteilernetze von der Anschlussverpflichtung nach § 17 EnWG und der Zugangsverpflichtung nach § 20 EnWG[374] nicht durch § 110 Abs. 1 EnWG befreit sind und somit den dort genannten Verpflichtungen nachkommen müssen.[375] Da geschlossene Verteilernetze der in § 110 Abs. 2 EnWG aufgezählten Benutzergruppe, die überwiegend in Industrie- und Gewerbegebieten angesiedelt sind, dienen,[376] hat dies allerdings nur in einem sehr begrenzten Umfang zur Folge, dass die Betreiber zum Teil nicht mehr die Wahl haben, ob sie ihr Netz gegenüber Dritten nach außen hin öffnen.[377] Zum einen kann das Anschlussverlangen gem. § 17 Abs. 2 EnWG von dem Netzbetreiber verweigert werden, soweit er nachweisen kann, dass ihm die Gewährung des Netzanschlusses aus betriebsbedingten oder sonstigen wirtschaftlichen oder technischen Gründen unter Berücksichtigung des Zweckes des § 1 EnWG nicht möglich oder nicht zumutbar ist.[378] Auch die Auslegungshinweise der

370 Siehe m.w.N. BerlKommEnR/*Wolf*, Band 1, § 110 EnWG Rn. 91; Danner/Theobald/*Jacobshagen/Kachel*, EnWG, § 110 Rn. 26.

371 BerlKommEnR/*Wolf*, Band 1, § 110 EnWG Rn. 107.

372 Vgl. dazu Danner/Theobald/*Jacobshagen/Kachel*, EnWG, § 110 Rn. 26.

373 Im Ergebnis ähnlich Danner/Theobald/*Jacobshagen/Kachel*, EnWG, § 110 Rn. 24.

374 Der jetzige § 110 EnWG beruht auf der Umsetzung des Art. 28 Abs. 1 der Elektrizitätsrichtlinie 2009/72/EG. Dem ist die „citiworks"-Entscheidung des EuGH vom 22.05.2008 vorangegangen, in der der EuGH die damalige Regelung über Objektnetze §110 EnWG a.F. für europarechtswidrig erklärt hat, da die Norm Objektnetzbetreiber davon befreit hat, Dritten freien Netzzugang zu gewähren und dies unvereinbar mit der Elektrizitätsrichtlinie 2003/54/EG und der Gasrichtlinie 2003/55/EG war. Für weitere Informationen siehe beispielsweise *Bode*, S. 4ff.

375 BerlKommEnR/*Wolf*, Band 1, § 110 EnWG Rn. 119.

376 Britz/Hellermann/Hermes/*Bourwieg*, EnWG, § 110 Rn. 4; Schneider/Theobald/*Theobald/Zenke/Dessau*, EnWR, Kap. 6, § 15 Rn. 17f; Kment/*Schex*, EnWG, § 110 Rn. 18; *Salje*, EEG 2014, § 8 Rn. 2.

377 BerlKommEnR/*Wolf*, Band 1, § 110 EnWG Rn. 128 spricht in diesem Zusammenhang davon, dass die Netzbetreiber durch die Verpflichtungen gem. §§ 17, 20 EnWG keine Wahl mehr hätten einen „closed shop" zu betreiben.

378 Altrock/Oschmann/Theobald/*Altrock*, EEG, § 8 Rn. 26.

Europäischen Kommission hinsichtlich Art. 28 der Elektrizitätsrichtlinie 2009/72/EG weisen darauf hin, dass es im Grundsatz nicht möglich sein soll, dass Letztverbraucher außerhalb des geografisch begrenzten Gebiets an das Netz angeschlossen werden.[379] Zum anderen weisen geschlossene Verteilernetze regelmäßig eine komplexe Versorgungsstruktur auf, sodass es aufgrund dieser besonderen Gegebenheiten sehr unwahrscheinlich ist, dass von dem Anschlussrecht nach § 17 EnWG überhaupt für die Qualifizierung des Netzes relevanter Gebrauch gemacht würde, denn dies hätte auch zur Folge, dass die Letztverbraucher höhere Netzentgelte zu zahlen haben.[380]

Die explizite Auflistung des § 18 EnWG[381] in § 110 Abs. 1 EnWG, mit der Folge, dass die allgemeine Anschlusspflicht nach § 18 EnWG keine Anwendung auf den Betrieb eines geschlossenen Verteilernetzes findet, kann ebenfalls als Argument dafür genutzt werden, dass geschlossene Netze keine Netze für die allgemeine Versorgung darstellen.[382] Die Norm des § 18 EnWG regelt den Netzanschluss von Letztverbrauchern, insbesondere von Haushaltskunden, an das Niederspannungsnetz und Adressaten der Regelung sind dabei Betreiber von Energieversorgungsnetzen der allgemeinen Versorgung.[383] Die Auflistung des § 18 EnWG in § 110 Abs. 1 EnWG hat insofern klarstellende Funktion.[384]

---

379 Vgl. *Theobald/Theobald*, S. 230; *Europäische Kommission*, Interpretative Note on Directive 2009/72/EC concerning common rules for the internal market in electricity and Directive 2009/73/EC concerning common rules for the internal market in gas – Retail Markets, 2010, S. 11.

380 Vgl. dazu auch *BGH*, Beschl. v. 24.08. 2010 – EnVR 17/09, NVwZ 2011, 55, 56. Dort führte das Gericht aus: „Soweit die Ast. zur Darlegung einer unzumutbaren Erschwernis vorträgt, dass sich, wenn das Netz nicht als Objektnetz anerkannt würde, möglicherweise – mit der Folge weiteren Aufwands – Anlieger aus der angrenzenden Stadt Sch. an ihr Stromnetz anschließen ließen, sind dies rein hypothetische Erwägungen. Sie können außer Betracht bleiben, zumal nicht erkennbar ist, warum Anwohner einen derartigen Anschluss an das nach Angaben der Ast. aus Sicherheitsgründen besonders aufwendige (und damit teurere) Stromnetz anstreben sollten."

381 In § 18 Abs. 1 S. 1 EnWG heißt es: „Abweichend von § 17 haben Betreiber von Energieversorgungsnetzen für Gemeindegebiete, in denen sie Energieversorgungsnetze der allgemeinen Versorgung von Letztverbrauchern betreiben, allgemeine Bedingungen für den Netzanschluss von Letztverbrauchern in Niederspannung oder Niederdruck und für die Anschlussnutzung durch Letztverbraucher zu veröffentlichen sowie zu diesen Bedingungen jedermann an ihr Energieversorgungsnetz anzuschließen und die Nutzung des Anschlusses zur Entnahme von Energie zu gestatten."

382 Britz/Hellermann/Hermes/*Bourwieg*, EnWG, § 110 Rn. 36f.

383 Britz/Hellermann/Hermes/*Bourwieg*, EnWG, § 18 Rn. 1 u. 3f.

384 So auch Danner/Theobald/*Jacobshagen/Kachel*, EnWG, § 110 Rn. 77, **a.A.** Berl-KommEnR/*Wolf*, Band 1, § 110 EnWG Rn. 128, der aufgrund der Auflistung von § 18 EnWG in § 110 Abs. 1 EnWG darauf schließt, dass der Gesetzgeber davon ausgeht, dass ein geschlossenes Verteilernetz ein Netz der allgemeinen Versorgung

Auch die Neufassung des § 2 Nr. 21 Kraft-Wärme-Kopplungsgesetz (KWKG) spricht dafür, dass geschlossene Verteilernetze keine Netze für die allgemeine Versorgung darstellen. In § 2 Nr. 21 KWKG ist der Begriff des Netzbetreibers i.S.d. KWKG geregelt.[385] Demnach sind „Netzbetreiber“ die Betreiber von Stromnetzen aller Spannungsebenen für die allgemeine Versorgung mit Elektrizität sowie Betreiber von geschlossenen Verteilernetzen nach § 110 EnWG. Durch diese sprachliche Differenzierung wird zum Ausdruck gebracht, dass es sich bei geschlossenen Verteilernetzen und Netzen für die allgemeine Versorgung um zwei unterschiedliche Netzarten handelt.[386] Die Regelung des KWKG kann auch zu Argumentationszwecken in Bezug auf den Netzbegriff für die allgemeine Versorgung des EEG herangezogen werden, denn sowohl das KWKG als auch das EEG verwenden in diesem Zusammenhang einen weitestgehend identischen Netzbegriff.[387]

Diesem Ergebnis stehen auch keine europarechtlichen Erwägungen entgegen. Insbesondere widerspricht die Regelung des Art. 16 Abs. 2 lit. b) der erneuerbaren Energien-Richtlinie 2009/28/EG,[388] auf der die Umsetzung des § 8 Abs. 1 S. 1 EEG beruht und die einen vorrangigen Netzzugang oder einen garantierten Netzzugang für Elektrizität aus erneuerbaren Energiequellen vorsieht, nicht der Differenzierung zwischen geschlossenen Verteilernetzen und Netzen für die allgemeine Versorgung.[389] Die erneuerbare Energien-Richtlinie 2009/28/EG bezieht ihre Verpflichtungen zur Förderung von erneuerbaren Energien auf Übertragungs- und Verteilernetze ohne dabei geschlossene Verteilernetze zu erwähnen.[390] Nach Art. 28 der Elektrizitätsrichtlinie 2009/72/EG[391] bilden geschlossene Verteilernetze wiederum eine Unterkategorie der Verteilernetze,[392] sodass vereinzelt davon

---

darstellen kann, da andernfalls die ausdrückliche Auflistung des § 18 EnWG in § 110 Abs. 1 EnWG überflüssig wäre; ähnlich wohl auch Elspas/Graßmann/Rasbach/*Haellmigk/ Goetzendorf*, EnWG, § 110 Rn. 51.

385 Assmann/Peiffer/*Peiffer*, KWKG, § 2 Rn. 178.

386 So im Ergebnis auch Danner/Theobald/*Jacobshagen/Kachel*, EnWG, § 110 Rn. 28.

387 Nach § 2 Nr. 22 KWKG wird für die Definition „Netze der allgemeinen Versorgung“ ausdrücklich auf den Begriff des Netzes der allgemeinen Versorgung i.S.d. § 3 Nr. 17 EnWG verwiesen. Auch der Netzbegriff i.S.d. § 3 Nr. 35 EEG baut auf der Regelung des § 3 Nr. 17 EnWG auf, siehe dazu beispielsweise BT-Drs.: 16/8148, S. 40 (Einzelbegründung zu § 3 Nr. 7 EEG 2009).

388 Nach Art. 16 Abs. 2 lit. b) der erneuerbaren Energien-Richtlinie 2009/28/EG sehen die Mitgliedstaaten entweder einen vorrangigen Netzzugang oder einen garantierten Netzzugang für Elektrizität aus erneuerbaren Energiequellen vor.

389 So aber BerlKommEnR/*Wolf*, Band 1, § 110 EnWG Rn. 129.

390 Vgl. BerlKommEnR/*Wolf*, Band 1, § 110 EnWG Rn. 129.

391 Die explizite Regelung des geschlossenen Verteilernetzes in Art. 28 der Elektrizitätsrichtlinie 2009/72/EG war Folge der *Citiworks*-Entscheidung des EuGH, siehe *EuGH*, Urt. v. 22.05.2008 – C-439/06, Slg. 2008, I-3913 – citiworks.

392 Dies klarstellend *Europäische Kommission*, Interpretative Note on Directive 2009/72/EC concerning common rules for the internal market in electricity and Directive

ausgegangen wird, dass die Verpflichtungen der erneuerbaren-Energien Richtlinie 2009/28/EG auch auf geschlossene Verteilernetze anzuwenden sind.[393] Aus der bloßen Einordnung als Unterkategorie kann allerdings nicht geschlossen werden, dass sowohl die Elektrizitätsrichtlinie 2009/72/EG als auch die erneuerbare Energien-Richtlinie 2009/29/EG geschlossene Verteilernetze als Netze der allgemeinen Versorgung einordnet. Gegen eine solche Annahme spricht auch, dass die Europäische Kommission in ihren Auslegungshinweisen zu Art. 28 der Elektrizitätsrichtlinie 2009/72/EG zwischen geschlossenen Verteilernetzen und „öffentlichen Netzen" („public grids") unterscheidet,[394] sodass eher davon auszugehen ist, dass durch Art. 28 Elektrizitätsrichtlinie 2009/72/EG eine unterschiedliche Behandlung von Netzen der allgemeinen Versorgung und geschlossenen Verteilernetzen auf europarechtlicher Ebene zum Ausdruck gebracht werden sollte. Darüber hinaus ist aufgrund des Ausnahmecharakters des § 110 EnWG und dessen Vorliegen unter lediglich eng definierten Voraussetzungen[395] im Ergebnis auch nicht zu befürchten, dass die obige Differenzierung zwischen Netzen für die allgemeine Versorgung und geschlossenen Verteilernetzen zulasten der Förderung von EE-Anlagen geht.[396] Zum einen sind in der Praxis Energieversorgungsnetze der allgemeinen Versorgung die am weitesten verbreitete Erscheinungsform, sodass sie das „Rückgrat der öffentlichen Energieversorgung"[397] bilden und der Anschluss der EE-Anlagen durch diese gem. § 8 Abs. 1 S. 1 EEG gewährleistet und die Integration der erneuerbaren Energien in das Gesamtnetz folglich weiterhin gesichert ist. Zum anderen besteht für EE-Anlagenbetreiber aber auch die Möglichkeit, die EE-Anlage an ein geschlossenes Verteilernetz anzuschließen. Ein solcher Anschluss erfolgt sodann im Wege vertraglicher Regelungen mit dem geschlossenen Verteilernetzbetreiber. Aber auch die Anschlussregelung des § 17 EnWG steht dem EE-Anlagenbetreiber in Bezug auf den Anschluss an ein geschlossenes Verteilernetz zur Verfügung.[398]

Festzuhalten ist somit, dass nach der hier vertretenen Auffassung geschlossene Verteilernetze gem. § 110 EnWG nicht der öffentlichen Versorgung dienen, sondern vielmehr einer in § 110 Abs. 2 EnWG aufgezählten Benutzergruppe, die

---

2009/73/EC concerning common rules for the internal market in gas – Retail Markets, 2010, S. 11.

393 So BerlKommEnR/ *Wolf*, Band 1, § 110 EnWG Rn. 129.

394 *Europäische Kommission*, Interpretative Note on Directive 2009/72/EC concerning common rules for the internal market in electricity and Directive 2009/73/EC concerning common rules for the internal market in gas – Retail Markets, 2010, S. 10.

395 Vgl. dazu Positionspapier der Regulierungsbehörden der Länder und der BNetzA zu geschlossenen Verteilernetzen gem. § 110 EnWG vom 23.02.2012, S. 13; Britz/ Hellermann/Hermes/*Bourwieg*, EnWG, § 110 Rn. 4.

396 **A.A.** BerlKommEnR/ *Wolf*, Band 1, § 110 EnWG Rn. 129.

397 *Bode*, S. 14.

398 Vgl. dazu Altrock//Oschmann/Theobald/*Altrock*, EEG, § 8 Rn. 26; kritisch dazu Berl-KommEnR/ *Wolf*, Band 1, § 110 EnWG Rn. 129.

überwiegend in Industrie- und Gewerbegebieten angesiedelt ist.[399] Im Ergebnis stehen geschlossene Verteilernetze damit nicht jedem Letztverbraucher zur Verfügung, sondern dienen der speziellen Versorgung bestimmter Abnehmer.[400] Folglich sind sie grundsätzlich nicht als Netze für die allgemeine Versorgung gem.§ 3 Nr. 35 EEG einzuordnen,[401] sodass auch § 8 Abs. 1 S. 1 EEG keine Anwendung finden würde. Allerdings muss in diesem Zusammenhang, insbesondere unter Beachtung des Zusammenspiels von § 3 Nr. 25 EEG und § 8 Abs. 1 S. 1 EEG, noch die Regelung des § 11 Abs. 2 EEG (i.V.m. § 11 Abs. 1 S. 1 u. 2 EEG) berücksichtigt werden, in dem die mittelbare Einspeisung von Strom aus erneuerbaren Energien geregelt ist.[402] Fraglich ist insofern, ob das oben genannte Ergebnis einer wertenden Betrachtung unter Berücksichtigung des § 11 Abs. 2 EEG standhält.

Zunächst regelt § 11 Abs. 1 S. 1 u. 2 EEG, dass Netzbetreiber den gesamten Strom aus erneuerbaren Energien oder aus Grubengas, der in einer Veräußerungsform nach § 21b Absatz 1 EEG veräußert wird, unverzüglich vorrangig physikalisch abnehmen, übertragen und verteilen müssen, wobei diese Pflicht auch die kaufmännische Abnahme umfasst, soweit der EE-Anlagenbetreiber den Anspruch nach § 19 EEG in Verbindung mit § 21 EEG geltend macht. Die Norm des § 11 Abs. 2 EEG regelt wiederum, dass Abs. 1 des § 11 EEG entsprechend anzuwenden ist und der Strom für die Zwecke dieses Gesetzes so zu behandeln ist, als wäre er in das Netz eingespeist worden, soweit Strom aus einer Anlage, die an das Netz des Anlagenbetreibers oder einer dritten Person, die nicht Netzbetreiber ist, angeschlossen ist, mittels kaufmännisch-bilanzieller Weitergabe in ein Netz angeboten wird. Fraglich ist somit, ob sich aus dieser Regelung ein anderes Ergebnis in Bezug auf ein Anschlussverlangen eines EE-Anlagenbetreibers an ein geschlossenes Verteilernetz ergeben könnte.

Durch § 11 Abs. 2 EEG wird der Fall der mittelbaren Einspeisung geregelt.[403] Obwohl die EE-Anlage nicht unmittelbar an ein Netz für die allgemeine Versorgung angeschlossen ist, sondern stattdessen an ein „Zwischennetz"[404] oder „Arealnetz"[405], muss der vorgelagerte Netzbetreiber der allgemeinen Versorgung den Strom entsprechend des § 11 Abs. 1 EEG abnehmen.[406] Durch den Anschluss

399 Britz/Hellermann/Hermes/*Bourwieg*, EnWG, § 110 Rn. 4; Schneider/Theobald/*Theobald/Zenke/Dessau*, EnWR, Kap. 6, § 15 Rn. 17f; Kment/*Schex*, EnWG, § 110 Rn. 18; *Salje*, EEG 2014, § 8 Rn. 2.

400 *Salje*, EEG 2017, § 8 Rn. 169; Kment/*Schex*, EnWG, § 3 Nr. 37 u. § 110 Rn. 20.

401 So beispielsweise auch *Salje*, EEG 2014, § 5 Rn. 128.

402 *Salje*, EEG 2017, § 11 Rn. 18

403 *Salje*, EEG 2017, § 11 Rn. 18; Frenz/Müggenborg/Cosack/Henning/Schomerus/*Cosack*, EEG, § 11 Rn. 38.

404 Begriff nach Hk-EEG/*Schäfermeier*, § 8 Rn. 29a.

405 Der Begriff des Arealnetzes wird u.a. in der Gesetzesbegründung verwendet, vgl. BT-Drs. 16/8148, S. 44 (Einzelbegründung zu § 8 Abs. 2 EEG 2009); Frenz/Müggenborg/Cosack/Henning/Schomerus/*Cosack*, EEG, § 11 Rn. 37.

406 *Salje*, EEG 2017, § 11 Rn. 18; BT-Drs. 16/8148, S. 44 (Einzelbegründung zu § 8 Abs. 2 EEG 2009). Hintergrund der Vorschrift ist der Umstand, dass sich in der

einer EE-Anlage an ein bestehendes Arealnetz können volkswirtschaftlich unnötige Kosten vermieden werden, da bestehende Infrastruktur genutzt und unnötige Netzanschlusskosten vermieden werden, sodass ein Interesse der Allgemeinheit an solch einem Netzanschluss besteht.[407] Der Betreiber des Arealnetzes muss wiederum den Strom unter der Beachtung des § 11 Abs. 2 EEG zum Netz der allgemeinen Versorgung durchleiten.[408] Der Begriff der kaufmännisch-bilanziellen Weitergabe umschreibt dabei den Umstand, dass der im Zwischennetz von einer EE-Anlage eingespeiste Strom zum größten Teil in diesem Netz verbleibt und zum Verbrauch entnommen wird[409] und eine physikalische Durchleitung des Stroms nicht notwendig ist.[410] In solchen Fällen wird die Einspeisung des Stroms in das Netz der allgemeinen Versorgung fingiert.[411] Die Regelung des § 11 Abs. 2 EEG bezieht sich allerdings nicht zwangsläufig auf den gesamten im Arealnetz erzeugten Strom. Neben der ausschließlich kaufmännisch-bilanziellen Einspeisung ist zudem denkbar, dass lediglich ein Teil des Stroms kaufmännisch-bilanziell weitergegeben wird und der andere Teil hingegen physikalisch.[412]

Fraglich ist zunächst, ob ein geschlossenes Verteilernetz gem. § 110 EnWG ein Arealnetz i.S.d § 11 Abs. 2 EEG darstellt. Als Arealnetze werden in diesem Zusammenhang Netze des Anlagenbetreibers oder eines Dritten verstanden, nicht hingegen solche gem. § 3 Nr. 35 EEG,[413] denn auf solche Netze bezieht sich schon die Pflicht zur Abnahme des Stroms gem. § 11 Abs. 1 EEG.[414] Demzufolge fallen auch geschlossene Verteilernetze unter die Regelung des § 11 Abs. 2 EEG,[415] da

---

Vergangenheit einzelne Netzbetreiber der allgemeinen Versorgung geweigert haben, den in das vorgelagerte Netz eingespeisten Strom aus erneuerbaren Energien abzunehmen und zu vergüten.

407 BT-Drs. 16/8148, S. 44 (Einzelbegründung zu § 8 Abs. 2 EEG 2009); *Große/Schnelle*, EnWZ 2014, 507, Hk-EEG/*Schäfermeier*, § 8 Rn. 2.

408 *Salje*, EEG 2014, § 8 Rn. 3.

409 Frenz/Müggenborg/Cosack/Henning/Schomerus/*Cosack*, EEG, § 11 Rn. 40; *Große/Schnelle*, EnWZ 2014, 507.

410 BT-Drs. 16/8148, S. 44 (Einzelbegründung zu § 8 Abs. 2 EEG 2009).

411 BerlKommEnR/*Scholz*, EEG 2014, Sonderband, § 11 Rn. 29. Siehe BeckOK EEG/*Woltering*, § 11 Rn. 28f. für mehr Informationen über die Ermittlung und Berechnung der eingespeisten Strommengen im Rahmen der kaufmännisch-bilanziellen Weitergabe.

412 Danner/Theobald/*Lietz*, EEG, § 11 Rn. 37. Wird der im Arealnetz erzeugte Strom physikalisch an den Netzbetreiber i.S.d. § 3 Nr. 36 EEG weitergegeben und somit tatsächlich in das Netz für die allgemeine Versorgung eingespeist, findet § 11 Abs. 2 EEG erst recht Anwendung, vgl. dazu BeckOK EEG/*Woltering*, § 11 Rn. 27.

413 BerlKommEnR/*Scholz*, EEG 2014, Sonderband, § 11 Rn. 26; Hk-EEG/*Schäfermeier*, § 8 Rn. 29a.

414 Altrock/Oschmann/Theobald/*Altrock*, EEG, § 8 Rn. 24.

415 Hk-EEG/*Schäfermeier*, § 8 Rn. 29a.

sie keine Netze der allgemeinen Versorgung darstellen.[416] Diese Regelung bedeutet somit, dass auch Betreiber geschlossener Verteilernetze dazu verpflichtet sind, Strom durch ihr Netz zum Betreiber eines Netzes der allgemeinen Versorgung unter Beachtung des § 11 Abs. 2 EEG zu leiten.[417] Es stellt sich somit die entscheidende Frage, ob ein EE-Anlagenbetreiber dann auch einen Anschluss gem. § 8 Abs. 1 S. 1 EEG an ein solches Arealnetz i.S.d. § 11 Abs. 2 EEG verlangen kann.

Ein solches Anschlussverlangen ist jedoch aus mehreren Gründen abzulehnen.[418] Zum einen soll aus der Regelung des § 11 Abs. 2 EEG lediglich der Betreiber des vorgelagerten Netzes für die allgemeine Versorgung als Verpflichteter hervorgehen.[419] Für den Betreiber des Arealnetzes und somit für den Betreiber eines geschlossenen Verteilernetzes sollen sich hingegen durch die Regelung des § 11 Abs. 2 EEG neben der Durchleitung des Stroms keine weiteren Verpflichtungen ergeben,[420] was nicht der Fall wäre, wenn der Arealnetzbetreiber i.S.d. §11 Abs. 2 EEG einer Anschlusspflicht nach § 8 Abs. 1 S. 1 EEG nachkommen müsste. Zudem spricht auch der Wortlaut des § 11 Abs. 2 EEG gegen eine solche Anschlusspflicht. Dort heißt es „soweit Strom aus einer Anlage, die an das Netz des Anlagenbetreibers oder einer dritten Person [...] angeschlossen ist“. Demnach sind nur solche EE-Anlagen gemeint, die bereits an das Arealnetz angeschlossen sind. Auch knüpft die Regelung des § 11 Abs. 2 EEG an die Verpflichtungen des § 11 Abs. 1 EEG an, die sich zeitlich nach Anschluss einer EE-Anlage gem. § 8 Abs. 1 S. 1 EEG ergeben.[421] Gemeint sind damit die Verpflichtungen zur unverzüglichen vorrangigen Abnahme, Übertragung und Verteilung des Stroms aus erneuerbarer Energie.[422] Darüber hinaus regelt der § 8 Abs. 1 S. 1 EEG den unmittelbaren Anschluss einer EE-Anlage an ein Netz für die allgemeine Versorgung,[423] nicht hingegen den mittelbaren Anschluss einer EE-Anlage.[424] Da § 11 Abs. 2 EEG hingegen die mittelbare Einspeisung von Strom aus EE-Anlagen regelt und die EE-Anlage folglich nur mittelbar an ein Netz der allgemeinen Versorgung angeschlossen ist, findet § 8 Abs. 1 S. 1 EEG keine Anwendung

416 Danner/Theobald/*Lietz*, EEG, § 11 Rn. 29; vgl. auch *Salje*, EEG 2017, § 8 Rn. 3; Altrock/Oschmann/Theobald/*Altrock*, EEG, § 8 Rn. 24; BerlKommEnR/*Scholz*, EEG 2014, Sonderband, § 11 Rn. 25f.

417 *Salje*, EEG 2017, § 8 Rn. 3.

418 **A.A.** Hk-EEG/*Schäfermeier*, § 5 Rn. 52, der aufgrund systematischer Erwägungen von einem mittelbaren Netzanschlussanspruch gem. 8 Abs. 1 S. 1 EEG an ein Netz i.S.d § 11 Abs. 2 EEG ausgeht.

419 Danner/Theobald/*Lietz*, EEG, § 11 Rn. 34.

420 So BT-Drs. 16/8148, S. 44 (Einzelbegründung zu § 8 Abs. 2 EEG 2009); Danner/Theobald/*Lietz*, EEG, § 11 Rn. 34; Hk-EEG/*Schäfermeier*, § 8 Rn. 30.

421 Frenz/Müggenborg/Cosack/Henning/Schomerus/*Cosack*, EEG, § 11 Rn. 36.

422 Frenz/Müggenborg/Cosack/Henning/Schomerus/*Cosack*, EEG, § 11 Rn. 36.

423 Altrock/Oschmann/Theobald/*Altrock*, EEG, § 5 Rn. 46.

424 Unter einem mittelbaren Anschluss versteht man die Verbindung einer EE-Anlage mit einem Netz über ein weiteres Netz, Frenz/Müggenborg/Cosack/Henning/Schomerus/*Cosack*, EEG, § 8 Rn. 27.

auf Betreiber eines Arealnetzes i.S.d. § 11 Abs. 2 EEG, da es sich hierbei gerade nicht um ein Netz für die allgemeine Versorgung handelt und somit auch nicht auf den Betreiber eines geschlossenen Verteilernetzes gem. § 110 EnWG.[425] Begehrt ein EE-Anlagenbetreiber den Anschluss seiner EE-Anlage an ein Arealnetz i.S.d. § 11 Abs. 2 EEG, so ist er entweder auf das Vorliegen der strengen Anschlussvoraussetzungen nach § 17 Abs. 1 EnWG oder auf eine vertragliche Regelung mit dem jeweiligen Betreiber des Arealnetzes angewiesen.[426] Da Gegenstand der Arbeit allerdings die Anschlussverpflichtung nach § 8 Abs. 1 S. 1 EEG ist, kommt einem möglichen Anschlussanspruch nach § 17 Abs. 1 EnWG oder einer vertraglichen Regelung keine weitere Bedeutung zu.

dd. Ergebnis

Im Ergebnis handelt es sich bei einem geschlossenen Verteilernetz i.S.d. § 110 EnWG nicht um ein Netz für die allgemeine Versorgung gem. § 3 Nr. 35 EEG, da das geschlossene Verteilernetz durch seine geografische Begrenzung und seine geschlossene Benutzergruppe nicht mit den Merkmalen eines Netzes für die allgemeine Versorgung übereinstimmt. Dies hat zur Folge, dass Betreiber geschlossener Verteilernetze nicht der Anschlussverpflichtung des § 8 Abs. 1 S. 1 EEG unterliegen. Daran ändert auch die Regelung des § 11 Abs. 2 EEG im Ergebnis nichts. Da die Regelung des § 110 EnWG nach der hier vertretenen Auffassung kein Netz für die allgemeine Versorgung darstellt, wird dieser Netzform im weiteren Verlauf der Arbeit keine weitere Bedeutung zukommen.

b. Kundenanlagen

In diesem Abschnitt soll untersucht werden, ob eine Kundenanlage gem. § 3 Nr. 24a und § 3 Nr. 24b EnWG unter den Begriff des Netzes für die allgemeine Versorgung gem. § 3 Nr. 35 EEG subsumiert werden kann und somit grundsätzlich der Anschlussverpflichtung nach § 8 Abs. 1 S. 1 EEG unterfallen könnte. Es ist zunächst zu untersuchen, was unter der jeweiligen Kundenanlage zu verstehen ist (aa.) und in welchem Zusammenhang sie genutzt wird (bb.). Es folgen eine Anwendung der gefundenen Erkenntnisse auf die geschilderte Fallkonstellation (cc.) und ein zusammenfassendes Ergebnis (dd.).

aa. Begriff der Kundenanlage

Der Begriff der Kundenanlage wurde im Rahmen der EnWG-Novelle 2011 neu geregelt und ist seitdem in § 3 Nr. 24a und § 3 Nr. 24b EnWG legaldefiniert.[427]

---

425 Vgl. dazu *Salje*, EEG 2014, § 11 Rn. 19; Altrock/Oschmann/Theobald/*Altrock*, EEG, § 5 Rn. 46; Frenz/Müggenborg/Cosack/Henning/Schomerus/*Cosack*, EEG, § 8 Rn. 27.

426 So auch Altrock/Oschmann/Theobald/*Altrock*, EEG, § 5 Rn. 46 und § 8 Rn. 26; Hk-EEG/*Schäfermeier*, § 8 Rn. 30.

427 *Rüger*, IR 2012, 338.

Dabei kommt sie zum einen als allgemeine Kundenanlage nach § 3 Nr. 24a EnWG ((1.)) und zum anderen als Kundenanlage zur betrieblichen Eigenversorgung nach § 3 Nr. 24b EnWG vor ((2.)).[428] Die Regelung der Kundenanlage zur betrieblichen Eigenversorgung stellt die speziellere Vorschrift dar und geht derjenigen zur allgemeinen Kundenanlage vor.[429] Liegen einzelne Voraussetzungen nach § 3 Nr. 24b EnWG nicht vor, so kann gleichwohl die Kundenanlage gem. § 3 Nr. 24a EnWG in Betracht kommen.[430] Nach der Gesetzesbegründung sollen die Legaldefinitionen die Bestimmung ermöglichen, an welcher Stelle das regulierte Energieversorgungsnetz anfängt und die unregulierte Kundenanlage aufhört,[431] insbesondere soll dadurch die Grenze zwischen den Bereichen konkretisiert werden.[432] Liegt im Ergebnis kein Energieversorgungsnetz i.S.d EnWG vor, ist der Betreiber von Kundenanlagen von den gesetzlichen Geboten und Verboten des EnWG von Anfang an nicht betroffen, sodass dieser Prüfschritt auch in der Praxis überaus wichtig ist.[433] So unterliegen Kundenanlagen beispielsweise nicht der Netzentgeltregulierung.[434] Die Qualifizierung als Kundenanlage hat im Ergebnis insbesondere Auswirkungen auf die Wirtschaftlichkeit der Anlagen, denn die Anwendbarkeit der Normen des EnWG ist mit erheblichen Aufwendungen für die Betreiber von Energieanlagen[435] verbunden.[436]

Von der Kundenanlage ist das geschlossene Verteilernetz gem. § 110 EnWG[437] abzugrenzen.[438] Sind die Voraussetzungen der Kundenanlage gegeben, hat dies zugleich zur Folge, dass es sich bei der Energieanlage nicht um ein geschlossenes Verteilernetz i.S.d § 110 EnWG handeln kann.[439] Im Gegensatz zu den geschlossenen

---

428 *Schalle*, ZNER 2011, 406, 410.

429 *Rüger*, IR 2012, 218; Gemeinsames Positionspapier der Regulierungsbehörden der Länder und der BNetzA zu geschlossenen Verteilernetzen gem. § 110 EnWG v. 23.02.2012, S. 7.

430 *Helmes*, EnWZ 2013, 23, 24.

431 Vgl. dazu *Scholtka/Helmes*, NJW 2011, 3185, 3190; BT-Drs.: 17/6072, S. 51 (Einzelbegründung zu § 3 Nr. 24a und Nr. 24b EnWG 2011); *BGH*, Beschl. v. 18.10.2011 – EnVR 68/10, Beck RS 2012, 08875, Rn. 11.

432 *Helmes*, EnWZ 2013, 23.

433 So auch *Schau*, IR 2007, 98; *Vogt*, RdE 2012, 95.

434 Auch die an der Kundenanlage angeschlossenen Letztverbraucher profitieren davon, da Kundenanlagen regelmäßig auf der Mittelspannung an das vorgelagerte Energieversorgungsnetz angeschlossen sind und die Letztverbraucher damit keine Netzentgelte für die Nutzung der Niederspannung zahlen müssen, siehe *Thomale/Berger*, EnWZ 2018, 147.

435 Allgemein sind unter Energieanlagen nach § 3 Nr. 15 EnWG Anlagen zur Erzeugung, Speicherung, Fortleitung oder Abgabe von Energie zu verstehen.

436 *Schau*, IR 2007, 98.

437 Siehe dazu die Ausführungen unter C. II. 4. a.

438 BerlKommEnR/*Wolf*, Band 1, § 110 EnWG Rn. 26.

439 Danner/Theobald/*Jacobshagen/Kachel*, EnWG, § 110 Rn. 32.

Verteilernetzen ist für die Einstufung als Kundenanlage allerdings kein behördliches Verfahren notwendig. Vielmehr ist die Einstufung Angelegenheit des Betreibers.[440] Dafür ist allein die materielle Rechtslage maßgeblich.[441] Dadurch wird zwar der Verwaltungsaufwand reduziert, allerdings verbleibt aufgrund der fehlenden Anerkennung ebenfalls eine gewisse Rechtsunsicherheit,[442] da es nahe liegt, dass der Betreiber aufgrund der vorteilhaften Rechtsfolgen die Voraussetzungen der Kundenanlage eher großzügig auslegen wird.[443]

(1.) Kundenanlagen i.S.d. § 3 Nr. 24a EnWG

Unter Kundenanlagen i.S.d. § 3 Nr. 24a EnWG sind Energieanlagen zur Abgabe von Energie zu verstehen, a) die sich auf einem räumlich zusammengehörenden Gebiet befinden, b) mit einem Energieversorgungsnetz oder mit einer Erzeugungsanlage verbunden sind, c) für die Sicherstellung eines wirksamen und unverfälschten Wettbewerbs bei der Versorgung mit Elektrizität und Gas unbedeutend sind[444] und d) jedermann zum Zwecke der Belieferung der angeschlossenen Letztverbraucher im Wege der Durchleitung unabhängig von der Wahl des Energielieferanten diskriminierungsfrei und unentgeltlich zur Verfügung gestellt werden.

Die genannten Voraussetzungen der allgemeinen Kundenanlage i.S.d. § 3 Nr. 24a EnWG müssen kumulativ vorliegen.[445] Zunächst werden Kundenanlagen als „Energieanlagen zur Abgabe von Energie“ i.S.v. § 3 Nr. 15 Var. 4 EnWG qualifiziert.[446] Das Merkmal des räumlich zusammengehörenden Gebiets gem. § 3 Nr. 24a lit. a EnWG ist regelmäßig anzunehmen, wenn die Anlage auf lediglich einem Grundstück belegen ist. Allerdings ist es auch möglich, dass mehrere Grundstücke als räumlich zusammengehörendes Gebiet angesehen werden, wobei auch unterschiedliche Eigentümer unerheblich sein sollen.[447] Die Art der Nutzung des Gebiets ist dabei nicht entscheidend.[448] Darüber hinaus muss die Anlage nach § 3 Nr. 24a lit. b EnWG mit einem Energieversorgungsnetz oder mit einer

440 Danner/Theobald/*Jacobshagen/Kachel*, EnWG, § 110 Rn. 33.

441 *Helmes*, EnWZ 2013, 23, 25.

442 Danner/Theobald/*Jacobshagen/Kachel*, EnWG, § 110 Rn. 33.

443 Siehe *Helmes*, EnWZ 2013, 23, 25.

444 Siehe hierzu auch die Zielvorgabe des § 1 Abs. 2 EnWG, wonach die Regulierung der Elektrizitäts- und Gasversorgungsnetze u.a. dem Ziel der Sicherstellung eines wirksamen und unverfälschten Wettbewerbs bei der Versorgung mit Elektrizität und Gas dient (vgl. dazu BT-Drs.: 17/6072, S. 51 (Einzelbegründung zu § 3 Nr. 24a EnWG 2011)).

445 BerlKommEnR/*Boesche*, Band 1, 3. Auflage, § 3 EnWG Rn. 109; Kment/*Schex*, EnWG, § 3 Rn. 52.

446 Kment/*Schex*, EnWG, § 3 Rn. 52 und 63.

447 Gemeinsames Positionspapier der Regulierungsbehörden der Länder und der BNetzA zu geschlossenen Verteilernetzen gem. § 110 EnWG v. 23.02.2012, S. 6.

448 Baur/Salje/Schmidt-Preuß/*Wolf*, Kap. 68 Rn. 11.

Erzeugungsanlage verbunden sein.[449] In diesem Zusammenhang wird ebenfalls die sog. „Insellösung“ als ausreichend angesehen, die dann anzunehmen ist, wenn eine Verbindung zu einer Erzeugungsanlage besteht und diese wiederum keine Verbindung mit einem Energieversorgungsnetz aufweist.[450] Weiterhin ist für die Kundenanlage gem. § 3 Nr. 24a lit. c EnWG insbesondere entscheidend, dass sie „für die Sicherstellung eines wirksamen und unverfälschten Wettbewerbs bei der Versorgung mit Elektrizität (und Gas) unbedeutend“ ist.[451] Maßgeblich sind hierfür u.a. die Anzahl der angeschlossenen Letztverbraucher,[452] die geografische Ausdehnung[453] sowie die, im Gegensatz zu der Kundenanlage zur betrieblichen Eigenversorgung, Menge[454] der durchgeleiteten Energie.[455] Abzustellen ist dabei auf eine jeweils im Einzelfall vorzunehmende Gesamtschau.[456] Zuletzt soll durch § 3 Nr. 24a lit. d EnWG sichergestellt werden, dass Dritten der Zugang zu der Kundenanlage zum Zweck der Belieferung angeschlossener Letztverbraucher im Wege der Durchleitung gewährt wird.[457] An die Kundenanlage angeschlossenen Letztverbrauchern muss somit die Möglichkeit zustehen, ihren Energielieferanten frei auszuwählen und die Kundenanlage diskriminierungsfrei und unentgeltlich zu nutzen.[458]

---

449 *Vogt*, RdE 2012, 95, 98.

450 BT-Drs.: 17/6072, S. 51 (Einzelbegründung zu § 3 Nr. 24b EnWG 2011).

451 *Jacobshagen/Kachel/Baxmann*, IR 2012, 2, 3.

452 Je mehr Letztverbraucher unmittelbar oder mittelbar an eine Energieanlage angeschlossen sind, desto mehr weist dies darauf hin, dass ein Energieversorgungsnetz und keine Kundenanlage vorliegt (BT-Drs.: 17/6072, S. 51 (Einzelbegründung zu § 3 Nr. 24a EnWG 2011)). Das *OLG Frankfurt a.M.*, Beschl. v. 08.03.2018 – 11W40/16 (Kart), EnWZ 2018, 182, 187, geht in einer neueren Entscheidung davon aus, dass eine Anzahl von 397 angeschlossenen Letztverbrauchern gegen die Annahme einer Kundenanlage spricht.

453 Umso größer das maßgebliche Gebiet ist, desto weniger spricht dies für die Annahme einer Kundenanlage, Kment/*Schex*, EnWG, § 3 Rn. 58.

454 Nach der Gesetzesbegründung ist umso eher davon auszugehen, dass die Kundenanlage unbedeutend für die Sicherstellung eines wirksamen und unverfälschten Wettbewerbs ist, je geringer die durchgeleitete Energiemenge ist, vgl. BT-Drs.: 17/6072, S. 51 (Einzelbegründung zu § 3 Nr. 24a EnWG 2011).

455 Vgl. dazu BT-Drs.: 17/6072, S. 51 (Einzelbegründung zu § 3 Nr. 24a EnWG 2011); Britz/Hellermann/Hermes/*Hellermann*, EnWG, § 3 Rn. 43a; *Helmes*, EnWZ 2013, 23, 25; Kment/*Schex*, EnWG, 55ff.

456 *Rüger*, IR 2012, 218, 219f; *Jacobshagen/Kachel/Baxmann*, IR 2012, 2, 3.

457 *Helmes*, EnWZ 2013, 23, 24.

458 So sind beispielsweise Exklusivitätsvereinbarungen, die Letztverbraucher an einen Energielieferanten binden, unzulässig. Auch darf der Betreiber einer Kundenanlage kein Nutzungsentgelt vom Energielieferanten verlangen. Möglich soll es hingegen sein, dass der Betreiber einer Kundenanlage diese z.B. im Rahmen eines Mietvertrages zur Verfügung stellt, Schneider/Theobald/*Theobald/Zenke/Dessau*, EnWR, Kap. 6, § 15 Rn. 12.

(2.) Kundenanlagen i.S.d. § 3 Nr. 24b EnWG

Unter Kundenanlagen zur betrieblichen Eigenversorgung gem. § 3 Nr. 24b EnWG sind Energieanlagen zur Abgabe von Energie zu verstehen, a) die sich auf einem räumlich zusammengehörenden Betriebsgebiet befinden, b) mit einem Energieversorgungsnetz oder mit einer Erzeugungsanlage verbunden sind, c) fast ausschließlich dem betriebsnotwendigen Transport von Energie innerhalb des eigenen Unternehmens oder zu verbundenen Unternehmen oder fast ausschließlich dem der Bestimmung des Betriebs geschuldeten Abtransport in ein Energieversorgungsnetz dienen und d) jedermann zum Zwecke der Belieferung der an sie angeschlossenen Letztverbraucher im Wege der Durchleitung unabhängig von der Wahl des Energielieferanten diskriminierungsfrei und unentgeltlich zur Verfügung gestellt werden.

Von einer Kundenanlage zur betrieblichen Eigenversorgung i.S.d. § 3 Nr. 24b EnWG kann dann ausgegangen werden, wenn die oben aufgezählten Voraussetzungen kumulativ vorliegen.[459] Auch die Kundenanlage zur betrieblichen Eigenversorgung ist zunächst als „Energieanlage zur Abgabe von Energie" i.S.v. § 3 Nr. 15 Var. 4 EnWG zu qualifizieren.[460] Des Weiteren decken sich die Voraussetzungen des § 3 Nr. 24a lit. b und lit. d EnWG mit denen der allgemeinen Kundenanlage gem. § 3 Nr. 24b lit. b und lit. d EnWG,[461] sodass diesbezüglich auf oben verwiesen werden kann. Im Gegensatz zu § 3 Nr. 24a lit. a EnWG wird allerdings verlangt, dass sich die Anlage gem. § 3 Nr. 24b lit. a EnWG auf einem räumlich zusammengehörenden Betriebsgebiet befindet. Die Voraussetzung des Betriebsgebiets knüpft in diesem Zusammenhang an unternehmerisch genutzte Netze an.[462] Davon sollen nicht nur kleine Betriebsgelände erfasst werden können, sondern ebenfalls solche Gebiete, die sich über weitere Flächen erstrecken, sodass dementsprechend auch größere Werksgelände von der Regelung umfasst sein können.[463] Weiterhin muss sich die Anlage nicht nur auf dem Gebiet befinden, sondern zugleich auch dem betrieblichen Charakter des Gebiets in irgendeiner Weise dienlich sein.[464] Der Unterschied zu der allgemeinen Kundenanlage i.S.d. § 3 Nr. 24a EnWG zeichnet sich weiterhin insbesondere dadurch ab, dass die Kundenanlagen zur betrieblichen Eigenversorgung nach § 3 Nr. 24b lit. c EnWG

459 Kment/*Schex*, EnWG, § 3 Rn. 63; *Rüger*, IR 2012, 218.

460 Kment/*Schex*, EnWG, § 3 Rn. 52 und 63.

461 Gemeinsames Positionspapier der Regulierungsbehörden der Länder und der BNetzA zu geschlossenen Verteilernetzen gem. § 110 EnWG v. 23.02.2012, S. 7f, *Rüger*, IR 2012, 218.

462 BerlKommEnR/*Wolf*, Band 1, § 3 EnWG Rn. 126.

463 BT-Drs.: 17/6072, S. 51 (Einzelbegründung zu § 3 Nr. 24b EnWG 2011); *Jacobshagen/Kachel/Baxmann*, IR 2012, 2.

464 BT-Drs.: 17/6072, S. 51 (Einzelbegründung zu § 3 Nr. 24b EnWG 2011); Baur/Salje/Schmidt-Preuß/*Wolf*, Kap. 68 Rn. 11.

„fast ausschließlich dem betriebsnotwendigen Transport von Energie innerhalb des eigenen Unternehmens oder zu verbundenen Unternehmen[465] oder fast ausschließlich dem der Bestimmung des Betriebs geschuldeten Abtransport in ein Energieversorgungsnetz dienen".[466] Die zweite Variante betrifft hauptsächlich Kraftwerksstandorte.[467] Die Menge der durchgeleiteten Energie ist nach § 3 Nr. 24b lit. c EnWG gerade nicht ausschlaggebend, vielmehr sollen von der Kundenanlage zur betrieblichen Eigenversorgung auch Konstellationen mit großen Energiemengen erfasst werden.[468] Wegen der „fast ausschließlichen" Eigenversorgung gilt die Kundenanlage gem. § 3 Nr. 24b EnWG insofern als unbedeutend für die Sicherstellung eines unverfälschten Wettbewerbs.[469] Damit dieses Merkmal erfüllt ist und die Anlage somit „fast ausschließlich" dem betriebsnotwendigen Energietransport bzw. Abtransport in ein Energieversorgungsnetz dient, darf die an Dritte weitergeleitete Energiemenge 5 bis 10 Prozent nicht übersteigen, wobei auf den jährlichen Durchschnitt abzustellen ist und die Spanne regelmäßig vom jeweiligen Einzelfall abhängt.[470]

bb. Nutzung von Kundenanlagen

Um zu verdeutlichen, in welchen Bereichen Kundenanlagen genutzt werden, sollen im Folgenden einige Beispiele genannt werden. Unter die allgemeine Kundenanlage nach § 3 Nr. 24a EnWG können Wohnkomplexe fallen, die ausschließlich privaten Zwecken dienen, weil für die Art der Nutzung dieses Gebiets keine Vorgaben bestehen.[471] Unter die allgemeine Kundenanlage nach § 3 Nr. 24a EnWG fallen auch regelmäßig sog. „Hausanlagen", die anhand ihrer geografisch engen Begrenzung auszumachen und innerhalb von Gebäuden oder Gebäudekomplexen angesiedelt sind.[472] Darüber hinaus hat die BNetzA beispielsweise ein Betriebsgelände, auf dem eine thermische Abfallverwertungsanlage mit einem Industriekraftwerk verbunden ist, welches wiederum den produzierten Strom an ein auf dem Nachbargrundstück belegenes Werk geliefert hat, als allgemeine Kundenanlage nach § 3 Nr. 24a EnWG angesehen.[473]

---

465 Der Begriff des verbundenen Unternehmens ist hier i.S.d. § 15 AktG zu verstehen, Kment/*Schex*, EnWG, § 3 Rn. 66.

466 Siehe auch *Jacobshagen/Kachel/Baxmann*, IR 2012, 2, 3.

467 Gemeinsames Positionspapier der Regulierungsbehörden der Länder und der BNetzA zu geschlossenen Verteilernetzen gem. § 110 EnWG v. 23.02.2012, S. 8.

468 Britz/Hellermann/Hermes/*Hellermann*, EnWG, § 3 Rn. 43b; BT-Drs.: 17/6072, S. 51 (Einzelbegründung zu § 3 Nr. 24b EnWG 2011).

469 *Rüger*, IR 2012, 218, 220; Kment/*Schex*, EnWG, § 3 Rn. 67.

470 Vgl. dazu das gemeinsame Positionspapier der Regulierungsbehörden der Länder und der BNetzA zu geschlossenen Verteilernetzen gem. § 110 EnWG v. 23.02.2012, S. 3 und S. 8.

471 Baur/Salje/Schmidt-Preuß/*Wolf*, Kap. 68 Rn. 11.

472 BT-Drs.: 17/6072, S. 51 (Einzelbegründung zu § 3 Nr. 24a EnWG 2011).

473 Beispiel nach *BNetzA*, Beschl. v. 07.11.2011 – BK6-10-208, IR 2012, 16.

Unter den Begriff der Kundenanlage zur betrieblichen Eigenversorgung nach § 3 Nr. 24b EnWG können nach der Gesetzesbegründung insbesondere Energieanlagen gefasst werden, die „sich als Bestandteil der Produktionsanlagen eines Unternehmens des produzierenden Gewerbes, aber auch anderer sonstiger Gewerbe-, Dienstleistungs- und Industriezweige darstellen".[474] Auch Gewerbekomplexe sowie Einkaufs-, Sport- und Freizeitzentren können davon umschlossen sein.[475]

cc. *Anwendung*

Im Folgenden soll unter Berücksichtigung der Erkenntnisse über die Voraussetzungen, Beschaffenheit und Nutzung von Kundenanlagen untersucht werden, ob diese als Netze für die allgemeine Versorgung i.S.d. § 3 Nr. 35 EEG qualifiziert werden können. Zunächst lässt sich feststellen, dass gewisse Ähnlichkeiten zu den Voraussetzungen eines geschlossenen Verteilernetzes gem. § 110 EnWG bestehen,[476] die geschlossenen Verteilernetze aber weit mehr regulatorischen Vorschriften unterliegen als die Kundenanlagen, die weitestgehend von regulatorischen Pflichten befreit sind.[477] Ein entscheidender Unterschied zu geschlossenen Verteilernetzen gem. § 110 EnWG ergibt sich bereits aus der Definition zu Energieversorgungsnetzen gem. § 3 Nr. 16 EnWG, sodass die Einordnung der Kundenanlagen in Bezug auf Netze für die allgemeine Versorgung i.S.d. § 3 Nr. 35 EEG deutlich einfacher ausfällt. Nach § 3 Nr. 16 EnWG sind Energieversorgungsnetze Elektrizitätsversorgungsnetze und Gasversorgungsnetze über eine oder mehrere Spannungsebenen oder Druckstufen mit Ausnahme von Kundenanlagen i.S.d. Nummern 24a und 24b. Damit sind die Kundenanlagen i.S.d. § 3 Nr. 24a und § 3 Nr. 24b EnWG bereits gem. der Legaldefinition explizit nicht als Energieversorgungsnetze einzustufen.[478] Dementsprechend sind Betreiber von Kundenanlagen auch keine Betreiber eines Energieversorgungsnetzes gem. § 3 Nr. 4 EnWG.[479] Die explizite Klarstellung in § 3 Nr. 16 EnWG bedeutet zugleich, dass Kundenanlagen auch nicht unter den Begriff des Netzes der allgemeinen Versorgung in § 3 Nr. 17 EnWG gefasst werden können, da der Begriff des Energieversorgungsnetzes gem. §3 Nr. 16 EnWG den spezielleren Begriff des Netzes der allgemeinen Versorgung gem. § 3 Nr. 17 EnWG überspannt und somit jegliche Netze der allgemeinen Versorgung zugleich Energieversorgungsnetze i.S.d. § 3 Nr. 17 EnWG sind.[480] Da sich die Begriffsbestimmung

---

474 BT-Drs.: 17/6072, S. 51 (Einzelbegründung zu § 3 Nr. 24b EnWG 2011); *Vogt*, RdE 2012, 95, 97.
475 Baur/Salje/Schmidt-Preuß/*Wolf*, Kap. 68 Rn. 11.
476 Vgl. dazu Britz/Hellermann/Hermes/*Bourwieg*, EnWG, § 110 Rn. 19 u. Rn. 29.
477 Elspas/Graßmann/Rasbach/*Schreiner*, EnWG, § 3 Rn. 119.
478 Schneider/Theobald/*Theobald/Zenke/Dessau*, EnWR, Kap. 6, § 15 Rn. 15.
479 So auch Danner/Theobald/*Jacobshagen/Kachel*, EnWG, § 110 Rn. 32.
480 Vgl. dazu Britz/Hellermann/Hermes/*Hellermann*, EnWG, § 3 Rn. 32. Dies betrifft zudem alle weiteren spezielleren Netzbegriffe und damit Gasversorgungsnetze gem. § 3 Nr. 20 EnWG, örtliche Verteilernetze gem. § 3 Nr. 29c, Teilnetze gem.

des Netzes für die allgemeine Versorgung in § 3 Nr. 35 EEG größtenteils[481] mit dem Begriff des Energieversorgungsnetzes der allgemeinen Versorgung in § 3 Nr. 17 EnWG deckt,[482] können Kundenanlagen auch nicht unter den Netzbegriff des § 3 Nr. 35 EEG fallen. Ein anderes Ergebnis würde im Übrigen auch der Tatsache widersprechen, dass Kundenanlagen von den Regulierungsvorschriften weitestgehend ausgenommen sind. Damit entspricht die Kundenanlage gem. § 3 Nr. 24a und Nr. 24b EnWG im Ergebnis nicht den Anforderungen eines Netzes für die allgemeine Versorgung nach § 3 Nr. 35 EEG.[483]

Etwas anderes kann auch nicht aus der Regelung des § 11 Abs. 2 EEG (i.V.m. § 11 Abs. 1 S. 1 u. 2 EEG) hergeleitet werden. Zwar lassen sich auch Kundenanlagen unter den Anwendungsbereich des § 11 Abs. 2 EEG fassen, da der dort benutzte Netzbegriff weit auszulegen und nicht identisch mit der Legaldefinition des Energieversorgungsnetzes i.S.d. § 3 Nr. 16 EnWG ist, sodass Kundenanlagen ebenfalls als Netze i.S.d. Norm angesehen werden können.[484] Denkbar sind in diesem Zusammenhang insbesondere die Fälle, in denen auf einem Gebäudedach erzeugter Solarstrom zunächst über ein Kundennetz und infolgedessen mittelbar in das Netz der allgemeinen Versorgung eingespeist wird.[485] Allerdings ändert dies nichts daran, dass eine Anschlusspflicht nach § 8 Abs. 1 S. 1 EEG an die Kundenanlage gem. § 3 Nr. 24a EnWG und § 3 Nr. 24b EnWG nicht besteht. Die Norm § 11 Abs. 2 EEG regelt den Fall der mittelbaren Einspeisung von Strom aus EE-Anlagen und verpflichtet die Betreiber des betroffenen Netzes lediglich zur Durchleitung des Stroms in das vorgelagerte Netz der allgemeinen Versorgung.[486] Aufgrund des lediglich mittelbaren Anschlusses der EE-Anlage an ein Netz für die allgemeine Versorgung findet § 8 Abs. 1 S. 1 EEG keine Anwendung auf Betreiber eines Zwischennetzes bzw. Arealnetzes i.S.d. § 11 Abs. 2 EEG, da durch die Norm lediglich der unmittelbare Anschluss einer EE-Anlage umfasst wird.[487]

dd. Ergebnis

Im Ergebnis ist festzuhalten, dass sowohl die allgemeine Kundenanlage nach § 3 Nr. 24a EnWG als auch die Kundenanlage zur betrieblichen Eigenversorgung

---

§ 3 Nr. 31a EnWG, Verbundnetze gem. § 3 Nr. 35 und vorgelagerte Rohrleitungsnetze gem. § 3 Nr. 39 EnWG.

481 Die Begriffsbestimmung des Netzes i.S.d. EEG umfasst darüber hinaus Übertragungsnetze, BerlKommEnR/*Schumacher*, Band 6, § 3 EEG Rn. 166.

482 Vgl. dazu BerlKommEnR/*Schumacher*, Band 6, § 3 EEG Rn. 166; Frenz/Müggenborg/Cosack/Henning/ Schomerus/*Henning/von Bredow/Valentin*, EEG, § 3 Rn. 242.

483 So auch BeckOK EEG/*Scharlau*, § 3 Nr. 35 Rn. 3; *Salje*, EEG 2017, § 3 Rn. 180.

484 Siehe dazu die ausführliche Darstellung bei Altrock/Theobald/Oschmann/*Altrock*, EEG, § 8 Rn. 24f; Hk-EEG/*Schäfermeier*, § 8 Rn. 29a.

485 Frenz/Müggenborg/Cosack/Henning/Schomerus/*Cosack*, EEG, § 11 Rn. 37.

486 *Salje*, EEG 2014, § 8 Rn. 3 u. § 11 Rn. 18.

487 Altrock/Theobald/Oschmann/*Altrock*, EEG, § 5 Rn. 46.

gem. § 3 Nr. 24b EnWG kein Netz für die allgemeine Versorgung i.S.d. § 3 Nr. 35 EEG darstellt, sodass es einem EE-Anlagenbetreiber bereits an einem Anspruch auf Anschluss seiner EE-Anlage an eine Kundenanlage fehlt, da die zentrale Voraussetzung des Netzes nach § 8 Abs. 1 S. 1 EEG nicht erfüllt ist. Da die Kundenanlagen keine Netze für die allgemeine Versorgung darstellen, wird dieser Netzform im weiteren Verlauf der Arbeit keine weitere Bedeutung zukommen.

c. Direktleitungen

Im Folgenden soll nunmehr noch untersucht werden, ob eine Direktleitung gem. § 3 Nr. 12 EnWG unter den Begriff des Netzes für die allgemeine Versorgung gem. § 3 Nr. 35 EEG subsumiert werden kann, sodass diese grundsätzlich der Anschlussverpflichtung nach § 8 Abs. 1 S. 1 EEG unterfallen könnte. Zunächst ist somit zu untersuchen, was unter einer Direktleitung zu verstehen ist (aa.) und in welchem Zusammenhang sie genutzt wird (bb.). Es folgen eine Anwendung der gefundenen Erkenntnisse auf die geschilderte Fallkonstellation (cc.) und ein zusammenfassendes Ergebnis (dd.).

aa. Begriff der Direktleitung

Was unter dem Begriff der Direktleitung zu verstehen ist, ist in § 3 Nr. 12 EnWG legaldefiniert. Demnach handelt es sich u.a. um eine Leitung, die einen einzelnen Produktionsstandort mit einem einzelnen Kunden verbindet, oder eine Leitung, die einen Elektrizitätserzeuger und ein Elektrizitätsversorgungsunternehmen zum Zwecke der direkten Versorgung mit ihrer eigenen Betriebsstätte, Tochterunternehmen oder Kunden verbindet.[488] Die Begriffserläuterung dient der Umsetzung von Art. 2 Nr. 15 der Elektrizitätsrichtlinie 2009/72/EG.[489] Nach der oben genannten Definition kann eine Direktleitung dabei in zwei Konstellationen vorkommen. In der ersten Konstellation des § 3 Nr. 12 EnWG („eine Leitung, die einen einzelnen Produktionsstandort mit einem einzelnen Kunden verbindet") ist dabei unter dem Begriff des Produktionsstandorts die Energieerzeugungsanlage zu verstehen[490] und unter dem Begriff des Kunden sind jedenfalls Letztverbraucher zu fassen.[491]

---

488 Der teilweise synonym genutzte Begriff der „Stichleitung" (vgl. BerlKommEnR/*Boesche*, Band. 1, § 3 EnWG Fn. 34.) ist nicht gleichzusetzen mit der Direktleitung. Während es sich bei der Direktleitung lediglich um eine Leitung zwischen Abnehmer und Erzeuger handelt, stellt die Stichleitung hingegen eine Leitung zwischen Abnehmer und Anschluss der Leitung an das Netz dar, vgl. Danner/Theobald/*Theobald*, EnWG, § 3 Rn. 80; Kment/*Schex*, EnWG, § 3 Rn. 21 Fn. 47.

489 Darüber hinaus dient sie auch der Umsetzung von Art. 2 Nr. 18 der Gasrichtlinie 2009/73/EG, Britz/Hellermann/Hermes/*Hellermann*, EnWG, § 3 Rn. 25.

490 BerlKommEnR/*Boesche*, Band. 1, § 3 EnWG Rn. 39; Kment/*Schex*, EnWG, § 3 Rn. 22.

491 BerlKommEnR/*Boesche*, Band. 1, § 3 EnWG Rn. 39. Der Kundenbegriff ist in diesem Zusammenhang nicht i.S.d. Legaldefinition des § 3 Nr. 24 zu verstehen. Dies hätte andernfalls zur Folge, dass unter den Begriff auch Großhändler gem.

Zudem kann die Direktleitung auch die Verbindung zwischen Energieerzeugungsanlage und einzelner, folglich einer begrenzten Anzahl von Kunden darstellen und nicht lediglich zwischen Energieerzeugungsanlage und einem „einzelnen" Kunden, wie es der Wortlaut der Norm nahe legt.[492] In der zweiten Konstellation des § 3 Nr. 12 EnWG („eine Leitung, die einen Elektrizitätserzeuger und ein Elektrizitätsversorgungsunternehmen zum Zwecke der direkten Versorgung mit ihrer eigenen Betriebsstätte, Tochterunternehmen oder Kunden verbindet") wird vorausgesetzt, dass es sich bei der Betriebsstätte um eine des Elektrizitätserzeugers als auch um eine des Elektrizitätsversorgungsunternehmens und damit folglich um eine gemeinsame Betriebsstätte handelt.[493] In diesem Zusammenhang ist einerseits eine Abgrenzung zu netzzugehörigen Leitungen, speziell zu geschlossenen Verteilernetzen gem. § 110 EnWG[494] und andererseits eine Abgrenzung zu Kundenanlagen nach § 24a und § 24b EnWG notwendig.[495] Besonderes Merkmal der Direktleitung ist es, dass keine Rückanbindung mit dem Verbundnetz am Endpunkt der Direktleitung auf Seiten des Kunden besteht.[496] Dies führt dazu, dass Direktleitungen hinweggedacht werden können, ohne dass deren Fehlen das Verbundnetz beeinträchtigen würde.[497] Direktleitungen erfüllen daher nicht die „Qualität", die ein Versorgungsnetz voraussetzt.[498] Aufgrund dieses Verständnisses unterliegen sie nicht der Regulierung,[499] sodass sich die Vorschriften, die den Energieversorgungsnetzbetreibern Pflichten auferlegen, nicht an die Eigentümer oder Betreiber von Direktleitungen richten.[500]

---

§ 3 Nr. 21 EnWG fallen würden. Dies ist allerdings aufgrund der Tatsache, dass die Direktleitung physische Erzeugungs- und Verbrauchsstellen verbindet, unmöglich, vgl. BerlKommEnR/*Boesche*, Band. 1, § 3 EnWG Rn. 39; Kment/*Schex*, EnWG, § 3 Rn. 22.

492 Für weitere Ausführungen Kment/*Schex*, EnWG, § 3 Rn. 22; Danner/Theobald/*Theobald*, EnWG, § 3 Rn. 77.

493 BerlKommEnR/*Boesche*, Band. 1, § 3 EnWG Rn. 40.

494 Vgl. hinsichtlich der Abgrenzung zu geschlossenen Verteilernetzen gem. § 110 EnWG die Ausführungen bei BerlKommEnR/*Boesche*, Band. 1, § 3 EnWG Rn. 40.

495 Kment/*Schex*, EnWG, § 3 Rn. 22.

496 *Salje*, EnWG, § 3 Rn. 56.

497 *Salje*, EnWG, § 3 Rn. 55 u. 56; *BGH*, Beschl. v. 18.10.2011 – EnVR 68/10, BeckRS 2012, 08875 Rn. 18; Kment/*Schex*, EnWG, § 3 Rn. 21.

498 BerlKommEnR/*Boesche*, Band. 1, § 3 EnWG Rn. 40; Schneider/Theobald/*Franke*, EnWR, § 3 Rn. 4.

499 *Leidinger/Berger*, RdE 2009, 161, 162.

500 Kment/*Schex*, EnWG, § 3 Rn. 21.

bb. Nutzung von Direktleitungen

Direktleitungen sind regelmäßig solche Leitungen, die einen Einzelnen oder aber auch mehrere Letztverbraucher direkt an den Ausgangspunkt der Versorgung[501] anschließen.[502] Kommt es zu einer Abschaltung oder Sperrung dieser Leitung, hat dies somit keinen Einfluss auf das Verbundnetz, welches ein System aus Verteiler- und Übertragungsnetzen darstellt.[503] Durch die Nutzung von Direktleitungen wird es Letztverbrauchern ermöglicht unmittelbar mit Strom versorgt zu werden.[504] Sie werden dabei typischerweise im Umfeld von Energieerzeugungsanlagen vorzufinden sein.[505] Unternehmen, die eine Direktleitung errichtet haben, verfolgen damit regelmäßig ausschließlich eigennützige Interessen, die darin liegen, Netzentgelte für das bestehende Netz einzusparen. Es werden also ausschließlich Gewinninteressen verfolgt.[506] Auch der Bau einer Direktleitung durch große Letztverbraucher zu einer höheren Netzebene, beispielsweise zu einem Umspannwerk, wird zunehmend verfolgt, da dadurch ebenfalls Netzentgelte gespart werden können, indem das Netzentgelt für eine Netzebene entfällt.[507] Um eine Versorgung durch Direktleitungen vornehmen zu können, wird die Gemeinde durch § 46 Abs. 1 S. 1 EnWG verpflichtet, Wegenutzungsrechte diskriminierungsfrei durch Vertrag zur Verfügung zu stellen.[508]

cc. Anwendung

Im Folgenden soll unter Berücksichtigung der Erkenntnisse über die Voraussetzungen, Beschaffenheit und Nutzung von Direktleitungen untersucht werden, ob diese als Netze für die allgemeine Versorgung i.S.d. § 3 Nr. 35 EEG qualifiziert werden können. Zwar werden Direktleitungen, anders als die Kundenanlagen gem. § 24a und § 24b EnWG, nicht ausdrücklich von dem Begriff des Energieversorgungsnetzes i.S.d. § 3 Nr. 16 EnWG abgegrenzt. Dennoch besteht Einigkeit darüber, dass Direktleitungen nicht als Bestandteil des Energieversorgungsnetzes anzusehen sind,[509] da sie nicht die dafür notwendige Netzqualität

---

501 Beispielsweise an Erzeugungsanlagen oder Übertragungsnetze, *Salje*, EnWG, § 3 Rn. 55.

502 *Salje*, EnWG, § 3 Rn. 55.

503 *Salje*, EnWG, § 3 Rn. 55.

504 Britz/Hellermann/Hermes/*Hellermann*, EnWG, § 46 Rn. 13.

505 Vgl. *Leidinger/Berger*, RdE 2009, 161, 170.

506 Schneider/Theobald/*Albrecht*, EnWR, § 9 Rn. 42 u. 43. Gem. § 14 StromNEV müssen Netzentgelte für die jeweilige Netzebene bezahlt werden, an die die Stromverbraucher angeschlossen sind und zusätzlich für alle höheren Netzebenen, vgl. Schneider/Theobald/*Albrecht*, EnWR, § 9 Rn. 48.

507 Schneider/Theobald/*Albrecht*, EnWR, § 9 Rn. 47 u. 48.

508 Britz/Hellermann/Hermes/*Hellermann*, EnWG, § 46 Rn. 13.

509 *Leidinger/Berger*, RdE 2009, 161; Kment/*Schex*, EnWG, § 3 Rn. 21; *Salje*, EnWG, § 3 Rn. 55; *Rauch*, RdE 2011, 287, 289; Elspas/Graßmann/Rasbach/*Elspas/Graßmann/Rasbach*, EnWG, § 3 Rn. 43.

aufweisen.[510] Da Direktleitungen hinweggedacht werden können, ohne dass deren Fehlen das Verbundnetz beeinträchtigen würde,[511] dienen sie nicht der allgemeinen Versorgung.[512] Vielmehr werden sie speziell für die Versorgung bestimmter Letztverbraucher errichtet.[513] Im Gegensatz zu Netzbetreibern der allgemeinen Versorgung nehmen Betreiber von Direktleitungen damit keine „öffentlichen Aufgabe" wahr und begehren die Versorgung über eine Direktleitung regelmäßig, um für das vorhandene Netz keine Netzentgelte zahlen zu müssen.[514] Infolgedessen erfüllen Direktleitungen nicht die Anforderungen, die an ein Netz für die allgemeine Versorgung nach § 3 Nr. 35 EEG gestellt werden.

dd. Ergebnis

Direktleitungen sind nicht Bestandteil des Energieversorgungsnetzes und dienen nicht der allgemeinen Versorgung. Demzufolge sind Direktleitungen auch keine Netze für die allgemeine Versorgung gem. § 3 Nr. 35 EEG,[515] sodass diese auch nicht Anknüpfungspunkt eines Anschlussanspruchs nach § 8 Abs. 1 S. 1 EnWG sein können. Da die Direktleitungen kein Netz für die allgemeine Versorgung darstellen, wird der Direktleitung im weiteren Verlauf der Arbeit keine weitere Bedeutung zukommen.

III. Ergebnis

In diesem Abschnitt wurde untersucht, ob eine Stromleitung der Notversorgung, ein stillgelegter Netzabschnitt, ein im Rückbau befindlicher Netzabschnitt sowie geschlossene Verteilernetze gem. § 110 EnWG, Kundenanlagen gem. § 3 Nr. 24a und Nr. 24b EnWG und Direktleitungen gem. § 3 Nr. 12 EnWG unter den Begriff des Netzes für die allgemeine Versorgung i.S.d. § 3 Nr. 35 EEG subsumiert werden können und damit einem potenziellen Anschlussanspruch eines EE-Anlagenbetreibers gem. § 8 Abs. 1 S. 1 EEG ausgesetzt sind. In Bezug auf eine Stromleitung, die zur Notversorgung bestimmter Netzbestandteile eingesetzt wird, ist der Charakter eines Netzes für die allgemeine Versorgung i.S.d. § 3 Nr. 35 EEG grundsätzlich zu bejahen. Dabei sind jedoch die Umstände des Einzelfalls zu berücksichtigen. In der untersuchten Konstellation wurde die Stromleitung für einen begrenzten Zeitraum noch zu Zwecken der Notversorgung eines Umspannwerks eingesetzt, welches wiederum der Energieversorgung der umliegenden Gemeinden diente. Für

510 BerlKommEnR/*Boesche*, Band. 1, § 3 EnWG Rn. 40; Schneider/Theobald/*Franke*, EnWR, § 3 Rn. 4.
511 *Salje*, EnWG, § 3 Rn. 55 u. 56; *BGH*, Beschl. v. 18.10.2011 – EnVR 68/10, BeckRS 2012, 08875 Rn. 18; Kment/*Schex*, EnWG, § 3 Rn. 21.
512 *Salje*, EnWG, § 3 Rn. 55.
513 Vgl. Schneider/Theobald/*Albrecht*, EnWR, § 9 Rn. 36.
514 Vgl. Schneider/Theobald/*Albrecht*, EnWR, § 9 Rn. 42f.
515 Vgl. dazu auch *Salje*, EEG 2014, § 8 Rn. 3.

die Beurteilung ist es entscheidend, dass das Umspannwerk der weiteren Stromverteilung dient und damit zu einer Stromversorgung der Allgemeinheit beiträgt. Dies gilt unabhängig davon, dass die Leitung nur zum Einsatz gelangt, wenn eine Notversorgung durch die entsprechende Leitung erfolgt. Ein bereits stillgelegter Netzabschnitt kann nicht mehr unter den Netzbegriff des § 3 Nr. 35 EEG subsumiert werden. Eine Stilllegung geht mit der Einstellung des Netzbetriebs einher, sodass durch den Netzabschnitt keine Verteilung von Strom mehr erfolgen kann. Ein im Rückbau befindlicher Netzabschnitt kann ebenfalls nicht die Voraussetzungen des Netzbegriffs für die allgemeine Versorgung erfüllen. Einem Rückbau geht eine Stilllegung voraus, sodass bereits aus diesem Grund die Vereinbarkeit mit den Voraussetzungen eines Netzes für die allgemeine Versorgung zu verneinen ist. Darüber hinaus ist der Netzabschnitt bereits nicht mehr intakt, sodass zwangsläufig eine Verteilung von Strom nicht mehr stattfinden kann.

Weiterhin können weder geschlossene Verteilernetze, Kundenanlagen noch Direktleitungen unter den Begriff des Netzes für die allgemeine Versorgung gem. § 3 Nr. 35 EEG gefasst werden. Entscheidend ist für das Vorliegen eines Netzes i.S.d. § 3 Nr. 35 EEG, dass die Stromversorgung nicht von Beginn an auf bestimmte Abnehmer begrenzt ist,[516] sondern vielmehr für jeden Abnehmer offen ist.[517] Bei geschlossenen Verteilernetzen ist stets der Ausnahmecharakter des § 110 EnWG vom Grundsatz des regulierten Netzzugangs zu beachten. Dieser verlangt eine enge Definition der Tatbestandsvoraussetzungen.[518] Aufgrund der Voraussetzung des geografisch begrenzten Gebiets ist von Gesetzes wegen vorgegeben, dass das geschlossene Verteilernetz einer örtlichen Begrenzung unterliegt und nicht beliebig wachsen kann. Damit geht einher, dass nur eine begrenzte Anzahl an Letztverbrauchern an das geschlossene Verteilernetz angeschlossen werden kann und die Stromversorgung von Beginn an auf bestimmte Abnehmer begrenzt ist und somit auch nicht für jeden Abnehmer offen ist.[519] Dieser Umstand wird noch dadurch verstärkt, dass grundsätzlich keine Versorgung von Haushaltskunden bzw. einer nur geringen Zahl von Haushaltskunden über ein geschlossenes Verteilernetz

---

516 BeckOK/*Scharlau*, § 3 Nr. 35 Rn. 5.

517 BGH, Urt. v. 10.03.2004 – VIII ZR 213/02, ZNER 2004, 182, 184.

518 Vgl. dazu Positionspapier der Regulierungsbehörden der Länder und der BNetzA zu geschlossenen Verteilernetzen gem. § 110 EnWG vom 23.02.2012, S. 13; Britz/Hellermann/Hermes/*Bourwieg*, EnWG, § 110 Rn. 4 u. 17.

519 So auch Schneider/Theobald/*Theobald/Zenke/Dessau*, EnWR, § 15 Rn. 1f. u. 17; *Salje*, EEG 2014, § 5 Rn. 128 u. § 8 Rn. 3; Britz/Hellermann/Hermes/*Bourwieg*, EnWG, § 3 Rn. 33 u. § 110 Rn. 4 u. 17; Kment/*Schex*, EnWG, § 3 Rn. 37 u. § 110 Rn. 18; Frenz/Müggenborg/Cosack/Henning/Schomerus/ *Henning/von Bredow/Valentin*, EEG, § 3 Rn. 243; Stuhlmacher/Stappert/Schoon/Jansen/*Stappert/Steger*, Kap. 3 Rn. 319; *Jacobshagen/Kachel/Baxmann*, IR 2012, 2; im Ergebnis auch BNetzA, Beschluss. v. 14.12.2011, BK8-11-024, S. 21, wonach im Rahmen einer Entscheidung in Bezug auf § 19 Abs. 2 StromNEV geschlossenen Verteilernetze nicht als Netze der allgemeinen Versorgung gewertet wurden.

stattfinden kann.[520] Eine solche Versorgung, die von Beginn an lediglich auf bestimmte Abnehmer ausgerichtet ist, kann schon vom Wortsinn nicht allgemein sein.[521] Kundenanlagen fallen schon nicht unter den Begriff des Energieversorgungsnetzes und werden ausdrücklich aus dem Anwendungsbereich ausgenommen, vgl. § 3 Nr. 16 EnWG. Betreiber von Kundenanlagen sind damit von den gesetzlichen Geboten und Verboten des EnWG von Anfang an nicht betroffen.[522] Die ausdrückliche Abgrenzung der Kundenanlage von dem Energieversorgungsnetz in § 3 Nr. 16 EnWG hat zugleich zur Folge, dass Kundenanlagen auch nicht unter den Begriff des Netzes der allgemeinen Versorgung i.S.d. § 3 Nr. 17 EnWG fallen können, da der Begriff des Energieversorgungsnetzes diesen überspannt.[523] Der Begriff des Netzes der allgemeinen Versorgung i.S.d. EnWG deckt sich wiederum weitestgehend mit dem Netzbegriff des EEG in § 3 Nr. 35 EEG,[524] sodass Kundenanlagen auch nicht den Anforderungen des Netzes nach § 3 Nr. 35 EEG entsprechen.[525] Direktleitungen werden zwar nicht ausdrücklich aus dem Anwendungsbereich des Energieversorgungnetzes gem. § 3 Nr. 16 EnWG ausgenommen, dennoch erfüllen sie nicht die „Qualität", die ein Versorgungsnetz voraussetzt,[526] unterliegen ebenfalls keiner Regulierung[527] und dienen insbesondere nicht der allgemeinen Versorgung. Da keine Anbindung zum Verbundnetz am Endpunkt der Direktleitung auf Seiten des Kunden erfolgt,[528] bleiben Versorgungsausfälle oder sonstige Ausfälle über diese ohne Folgen für das Netz der allgemeinen Versorgung.[529]

---

520 Positionspapier der Regulierungsbehörden der Länder und der BNetzA zu geschlossenen Verteilernetzen gem. § 110 EnWG vom 23.02.2012, S. 14.

521 So auch Schneider/Theobald/*Theobald/Zenke/Dessau*, EnWR, § 15 Rn. 2.

522 So auch *Schau*, IR 2007, 98; *Vogt*, RdE 2012, 95.

523 Vgl. dazu Britz/Hellermann/Hermes/*Hellermann*, EnWG, § 3 Rn. 32.

524 Vgl. dazu BerlKommEnR/*Schumacher*, EEG 2014, Sonderband, § 5 EEG Rn. 152; Frenz/Müggenborg/Cosack/Henning/Schomerus/*Henning/von Bredow/Valentin*, EEG, § 3 Rn. 242.

525 So auch BeckOK EEG/*Scharlau*, § 3 Nr. 35 Rn. 3.

526 BerlKommEnR/*Boesche*, Band. 1, § 3 EnWG Rn. 40; Schneider/Theobald/*Franke*, EnWR, § 3 Rn. 4.

527 *Leidinger/Berger*, RdE 2009, 161, 162.

528 *Salje*, EnWG, § 3 Rn. 56.

529 BerlKommEnR/*Boesche*, Band. 1, § 3 EnWG Rn. 40.

D. Anschluss von EE-Anlagen nach § 8 EEG

In diesem Abschnitt wird die Regelung des § 8 EEG untersucht. Dabei liegt der Schwerpunkt auf der Anschlussverpflichtung nach § 8 Abs. 1 S. 1 EEG und dessen Voraussetzungen (I.). Daran schließt sich eine Betrachtung der Netzerweiterungspflicht nach § 8 Abs. 4 EEG an (II). Sodann wird kurz auf das Wahlrecht des Anlagen- und Netzbetreibers in Bezug auf den Verknüpfungspunkt der EE-Anlage i.S.d. § 8 Abs. 3 und Abs. 4 EEG eingegangen (III.). Daraufhin werden die mit der Anschlussverpflichtung einhergehenden Nebenpflichten des Netzbetreibers erörtert (IV.) und anschließend die gerichtliche Durchsetzbarkeit der Anschlusspflicht nach § 8 Abs. 1 S. 1 EEG thematisiert (V.). Der Abschnitt schließt mit einem zusammenfassenden Ergebnis (VI).

I. Anschlusspflicht, § 8 Abs. 1 S. 1 EEG

Die Regelung des § 8 Abs. 1 S. 1 EEG stellt die Grundkonstellation hinsichtlich der Anschlussverpflichtung von EE-Anlagen dar.[530] Im Folgenden soll insofern näher auf die einzelnen Voraussetzungen des § 8 Abs. 1 S. 1 EEG eingegangen werden, um beurteilen zu können, wann der Netzbetreiber der dort normierten Anschlusspflicht nachkommen muss. Nach der Norm müssen Netzbetreiber Anlagen zur Erzeugung von Strom aus erneuerbaren Energien und aus Grubengas unverzüglich vorrangig an der Stelle an ihr Netz anschließen, die im Hinblick auf die Spannungsebene geeignet ist und die in der Luftlinie kürzeste Entfernung zum Standort der Anlage aufweist, wenn nicht dieses oder ein anderes Netz einen technisch und wirtschaftlich günstigeren Verknüpfungspunkt aufweist. Im Rahmen der Untersuchung wird zunächst auf den Netzbegriff eingegangen (1.). Es folgt eine Betrachtung der Normadressaten (2.). Weiterhin werden die Voraussetzungen „unverzüglich" (3.) und „vorrangig" (4.) erörtert. Sodann erfolgt eine Auseinandersetzung mit dem Netzverknüpfungspunkt (5.). Darüber hinaus wird untersucht, wann die Anschlusspflicht nach § 8 Abs. 1 S. 1 EEG entsteht (6.) und was unter dem Dauercharakter der Anschlusspflicht zu verstehen ist (7.). Zuletzt wird noch auf die Anschlusskosten eingegangen, die mit der Anschlussverpflichtung des § 8 Abs. 1 S. 1 EEG einhergehen (8.).

1. Begriff des Netzes

Dem Begriff des Netzes kommt im Rahmen der Anschlussverpflichtung des § 8 Abs. 1 S. 1 EEG entscheidende Bedeutung zu, da ein Anschluss von EE-Anlagen überhaupt erst in Betracht kommt, wenn die Voraussetzungen erfüllt sind,

530 *Salje*, EEG 2017, § 8 Rn. 3.

die an den Netzbegriff i.S.d. § 3 Nr. 35 EEG geknüpft sind.[531] Es muss sich folglich um ein Netz für die allgemeine Versorgung handeln. Kommt es im Rahmen des Anschlussverlangens des EE-Anlagenbetreibers dazu, dass dieser dem Netzbetreiber einen gewünschten Anschlusspunkt nennt, der Netzbetreiber diesen allerdings mit dem Hinweis verweigert, dass es sich bei dem genannten Netzabschnitt nicht um einen solchen eines Netzes für die allgemeine Versorgung handelt, so muss oftmals eine einzelfallabhängige Abgrenzung zwischen dem Netz für die allgemeine Versorgung und den sonstigen Energieanlagen, wie beispielsweise Kundenanlagen gem. § 3 Nr. 24a und b EnWG oder Direktleitungen gem. § 3 Nr. 12 EnWG, vorgenommen werden.[532] Welche Anforderungen dabei im einzelnen an ein Netz für die allgemeine Versorgung i.S.d. § 3 Nr. 35 EEG zu stellen sind, wurde bereits unter C. I. ausführlich erörtert, sodass in diesem Zusammenhang auf die dortigen Ausführungen verwiesen wird. Nach der hier vertretenen Auffassung erfüllen geschlossene Verteilernetze gem. § 110 EnWG, Kundenanlagen gem. § 3 Nr. 24a und b EnWG sowie Direktleitungen gem. § 3 Nr. 12 EnWG nicht die Anforderungen eines Netzes für die allgemeine Versorgung, sodass auch der Netzbegriff i.S.d. § 8 Abs. 1 S. 1 EEG nicht gegeben ist.[533] Darüber hinaus können Netzabschnitte, die bereits stillgelegt sind sowie Netzabschnitte, die sich bereits im Rückbau befinden, nicht mehr unter den Netzbegriff für die allgemeine Versorgung subsumiert werden.[534] Allerdings können Stromleitungen, die lediglich noch zu Zwecken der Notversorgung einzelner Netzbestandteile, wie beispielsweise eines Umspannwerks, eingesetzt werden, weiterhin unter den Netzbegriff des § 3 Nr. 35 EEG und damit auch unter die Voraussetzung des Netzes des § 8 Abs. 1 S. 1 EEG gefasst werden.[535]

Der EE-Anlagenbetreiber muss darlegen und beweisen, dass es sich bei dem Netzabschnitt um ein Netz für die allgemeine Versorgung i.S.d. § 3 Nr. 35 EEG handelt.[536]

2. Normadressaten

Normadressaten des § 8 Abs. 1 S. 1 EEG sind zum einen Netzbetreiber (a.) und zum anderen EE-Anlagenbetreiber (b.).

a. Begriff des Netzbetreibers

Adressat der Regelung des § 8 Abs. 1 S. 1 EEG ist der Netzbetreiber.[537] Dieser wird durch die Regelung in § 8 Abs. 1 S. 1 Hs. 1 EEG in die Pflicht genommen, die EE-Anlage

531 So auch Greb/Boewe/*Scharlau*, EEG, § 3 Nr. 35 Rn. 1.
532 So auch BerlKommEnR/*Säcker*, Band 3, § 6 KraftNAV Rn. 11.
533 Siehe dazu bereits ausführlich unter C. II. 4.
534 Siehe dazu bereits ausführlich unter C. II. 2. und C. II. 3.
535 Siehe dazu bereits ausführlich unter C. II. 1.
536 *LG Dortmund*, Urt. v. 17.04.2002 – 6 O 53/02, RdE 2002, 293, 294.
537 BerlKommEnR/*Scholz*, Band 6, § 8 EEG Rn. 10.

unverzüglich vorrangig an das Netz anzuschließen.[538] Nach § 3 Nr. 36 EEG ist „Netzbetreiber“ jeder Betreiber eines Netzes für die allgemeine Versorgung mit Elektrizität, unabhängig von der Spannungsebene. Darunter fallen sowohl Verteilernetzbetreiber[539] als auch Übertragungsnetzbetreiber.[540] Regelmäßig wird der Netzbetreiber i.S.d. § 8 Abs. 1 S. 1 EEG der nächstgelegene Verteilernetzbetreiber sein, da etwa 97 Prozent der EE-Anlagen an die Verteilernetzebene angeschlossen sind.[541] Je nach Größe der EE-Anlagen, wie beispielsweise bei größeren Windparks, können dagegen Niederspannungs- oder Mittelspannungsnetze technisch ungeeignet sein, sodass allein ein Hoch- oder Höchstspannungsnetz für den Anschluss technisch geeignet und somit der Übertragungsnetzbetreiber anschlussverpflichtet ist.[542] Der Betreiber eines Netzes trägt die Verantwortung für die Inbetriebnahme und die Aufrechterhaltung des Netzes und kann sowohl eine natürliche als auch eine juristische Person sein.[543] Entscheidend ist dabei, dass der Betreiber die tatsächliche Gewalt in Bezug auf den Zustand des Netzes inne hat.[544] Die Inpflichtnahme der Netzbetreiber, die EE-Anlagenbetreiber vorrangig anzuschließen, lässt sich dabei aus ihrer „Infrastrukturverantwortung“ rechtfertigen, von der auch die Verantwortung für eine umweltfreundliche Energieversorgung umfasst wird.[545]

b. EE-Anlagenbetreiber

Die Regelung des § 8 Abs. 1 S. 1 EEG bezieht sich zunächst ausdrücklich nur auf Anlagen zur Erzeugung von Strom aus erneuerbaren Energien und aus Grubengas. Die Norm ist somit auf den Anschluss dieser Anlagen gerichtet. Von der Regelung des § 8 Abs. 1 S. 1 EEG sind nur solche Anlagen betroffen, die von der Legaldefinition des § 3 Nr. 1 EEG umfasst sind.[546] Eine Anlage i.S.d. § 3 Nr. 1 EEG ist jede Einrichtung zur Erzeugung von Strom aus erneuerbaren Energien oder aus Grubengas, wobei im Fall von Solaranlagen jedes Modul eine eigenständige Anlage ist, vgl. § 3 Nr. 1 Hs. 1 EEG. Dabei gelten als Anlage auch Einrichtungen, die zwischengespeicherte Energie, die ausschließlich aus erneuerbaren Energien oder Grubengas stammt, aufnehmen und in elektrische Energie umwandeln, vgl. § 3 Nr. 1 Hs. 2. EEG. Zu beachten ist, dass die Regelung des § 8 Abs. 1 S. 1 EEG

538 BerlKommEnR/*Scholz*, Band 6, § 8 EEG Rn. 14.

539 Der Begriff „Betreiber von Elektrizitätsverteilernetzen“ ist in § 3 Nr. 3 EnWG legaldefiniert.

540 BerlKommEnR/*Scholz*, Band 6, § 8 EEG Rn. 14.

541 *Reiche*, EnWZ 2018, 145; Altrock/Oschmann/Theobald/*Altrock*, EEG, § 5 Rn. 43.

542 Altrock/Oschmann/Theobald/*Altrock*, EEG, § 5 Rn. 43; Schneider/Theobald/*Schneider*, EnWR, § 21 Rn. 56.

543 Greb/Boewe/*Woltering*, EEG, § 8 Rn. 14.

544 Frenz/Müggenborg/Cosack/Henning/Schomerus/*Cosack*, EEG, § 8 Rn. 24.

545 Altrock/Oschmann/Theobald/*Altrock*, EEG, § 5 Rn. 16; Greb/Boewe/*Woltering*, EEG, § 8 Rn. 14.

546 Frenz/Müggenborg/Cosack/Henning/Schomerus/*Cosack*, EEG, § 8 Rn. 19.

den Anschluss von Windenergieanlagen auf See gem. § 3 Nr. 49 EEG zwar grundsätzlich umfasst, hierfür allerdings für die Netzanbindung Sonderreglungen gem. § 24 Abs. 1 Nr. 3 a) WindSeeG und gem. § 17d EnWG vorhanden sind.[547]

Obwohl der EE-Anlagenbetreiber nicht ausdrücklich in § 8 Abs. 1 S. 1 Hs. 1 EEG genannt wird, ist er der Anspruchsinhaber der Regelung und somit neben dem Netzbetreiber ebenfalls Adressat der Norm.[548] Dies ergibt sich bereits aus dem Umstand, dass der EE-Anlagenbetreiber in der Regelung des § 8 Abs. 2 EEG ausdrücklich genannt wird und diese im Zusammenhang mit der Regelung des § 8 Abs. 1 S. 1 EEG zu betrachten ist.[549] Dem EE-Anlagenbetreiber gewährt die Regelung des § 8 Abs. 1 S. 1 Hs. 1 EEG einen vorrangigen und unverzüglichen Anspruch auf Anschluss seiner Anlage an den dort beschriebenen Verknüpfungspunkt[550] und verschafft ihm somit eine starke Position.[551] Gem. § 3 Nr. 2 EEG ist Anlagenbetreiber, wer unabhängig vom Eigentum die Anlage für die Erzeugung von Strom aus erneuerbaren Energien oder aus Grubengas nutzt. Anlagenbetreiber tragen dabei das Unternehmensrisiko der Anlage und können sowohl natürliche als auch juristische Personen sein.[552] Neben dem Anlagenbetreiber ist auch der Einspeisewillige Anspruchsinhaber.[553] Der Begriff des Einspeisewilligen ist im EEG hingegen nicht legaldefiniert. Nach der Bedeutung des Wortes werden davon diejenigen Personen umfasst, die beabsichtigen eine Anlage zur Erzeugung von Strom zu betreiben und demzufolge Strom in das Netz einspeisen wollen, aber dies derzeit noch nicht tun.[554] Für die Anspruchsentstehung des Einspeisewilligen ist es insofern nicht erforderlich, dass die Anlage bereits erbaut worden und tatsächlich anschlussbereit ist.[555] Das Vorhaben sollte allerdings bereits so hinreichend konkretisiert sein, dass der Netzbetreiber mit der Errichtung der Anlage rechnen kann.[556] Davon ist beispielsweise auszugehen, wenn die notwendigen Genehmigungen für die Errichtung der Anlage von dem Einspeisewilligen beantragt worden sind.[557]

547 Siehe dazu bereits die Ausführungen unter A. III. 1. a.

548 Hk-EEG/*Schäfermeier*, § 5 Rn. 15; so wohl auch BerlKommEnR/*Scholz*, Band 6, § 8 EEG Rn. 12.

549 BerlKommEnR/*Scholz*, Band 6, § 8 EEG Rn. 12.

550 BerlKommEnR/*Scholz*, Band 6, § 8 EEG Rn. 11.

551 Altrock/Oschmann/Theobald/*Altrock*, EEG, § 5 Rn. 13.

552 *Salje*, EEG 2017, § 3 Rn. 14.

553 Einspeisewillige werden ausdrücklich in § 8 Abs. 5 u. Abs. 6 EEG genannt, sodass sie aufgrund systematischer Auslegung ebenfalls zu den Anspruchsinhabern des § 8 Abs. 1 S. 1 EEG zählen, siehe BerlKommEnR/*Scholz*, Band 6, § 8 EEG Rn. 12.

554 *BGH*, Urt. v. 18.07.2007 – VIII ZR 288/05, NJW-RR 2007, 1645, 1647; BerlKommEnR/*Scholz*, Band 6, § 8 EEG Rn. 12.

555 Siehe dazu ausführlich unter D. I. 6.

556 Altrock/Oschmann/Theobald/*Altrock*, EEG, § 5 Rn. 31.

557 BerlKommEnR/*Scholz*, Band 6, § 8 EEG Rn. 13.

3. Unverzüglich

Der Anschluss der EE-Anlage hat weiterhin unverzüglich zu erfolgen und beinhaltet damit eine Zeitkomponente.[558] Nach der Gesetzesbegründung kommt dem Begriff „unverzüglich" die Bedeutung „ohne schuldhaftes Zögern" zu.[559] Damit entspricht die Bedeutung des Merkmals der des Zivilrechts, mithin des § 121 Abs. 1 S. 1 BGB,[560] sodass auf die hierzu ergangene Rechtsprechung zurückgegriffen werden kann.[561] Der Netzbetreiber hat nach Äußerung des Anschlusswunsches durch den Anlagenbetreiber den Anschluss der Anlage dementsprechend ohne schuldhaftes Zögern zu veranlassen.[562] Für den Zeitpunkt des Anschlusses sind immer die Umstände des Einzelfalls zu berücksichtigen,[563] worunter insbesondere solche Umstände zu fassen sind, die aus dem Netzbetrieb resultieren.[564] In Abhängigkeit von den jeweiligen Umständen des Einzelfalls steht dem Netzbetreiber eine Prüfungs- und Dispositionsfrist zu.[565] Ein Verzögern ist zumindest immer dann als schuldhaft anzusehen, wenn die Verzögerung bewusst und gewollt oder jedenfalls unter Verletzung der im Verkehr erforderlichen Sorgfalt i.S.d. § 276 BGB erfolgt, wobei die jeweiligen Stufen der Planung, Genehmigung, Ausschreibung und Ausführung umfasst sind.[566] Der Sorgfaltsmaßstab, der für eine Fahrlässigkeitsprüfung anzustellen ist, gebietet es, dass der Netzbetreiber alles Zumutbare unternehmen muss, um EE-Anlagen schnellstmöglich an das Netz anzubinden. So ist es dem Netzbetreiber in Hinblick auf personelle und organisatorische Gesichtspunkte zuzumuten, eine Mehrzahl von Anschlussbegehren bearbeiten zu können.[567] Im Übrigen kann dem Netzbetreiber auch das Verschulden von Erfüllungsgehilfen

---

558 Altrock/Oschmann/Theobald/*Altrock*, EEG, § 5 Rn. 44.

559 BT- Drs.: 16/8148, S. 41.

560 So Altrock/Oschmann/Theobald/*Altrock*, EEG, § 5 Rn. 44; Frenz/Müggenborg/Cosack/Henning/ Schomerus/*Cosack*, EEG, § 8 Rn. 28; *Jahn*, IR 2004, 199; *Salje*, EEG 2017, § 8 Rn. 23.

561 So Hk-EEG/*Schäfermeier*, § 5 Rn. 16.

562 Altrock/Oschmann/Theobald/*Altrock*, EEG, § 5 Rn. 44.

563 Als unverzüglich wurde beispielsweise eine Anschlusszeit von ca. fünf Wochen unter den folgenden Voraussetzungen angesehen: Es handelte sich bei den anzuschließenden Anlagen zum einen nicht um kleinere Anlagen. Zum anderen lag aufgrund verschiedener örtlicher Gegebenheiten eine komplexe Netzsituation vor und darüber hinaus hatte der Netzbetreiber eine Vielzahl von weiteren Netzanschlussbegehren und damit einhergehenden Netzberechnungen zu bearbeiten und durchzuführen, siehe *LG Frankfurt/Oder*, Urt. v. 05.10.2011 – 11 O 327/10, REE 2011, 224, 226.

564 BerlKommEnR/*Scholz*, Band 6, § 8 EEG Rn. 19.

565 *LG Frankfurt/Oder*, Urt. v. 05.10.2011 – 11 O 327/10, REE 2011, 224, 226 mit Verweis auf *BGH*, Beschl. v. 15.03.2005 – VI ZB 74/04, NJW 2005, 1869.

566 *Salje*, EEG 2017, § 8 Rn. 23.

567 So BerlKommEnR/*Scholz*, Band 6, § 8 EEG Rn. 20.

i.S.d. § 278 BGB, wie beispielsweise Lieferanten, Ingenieurbüros und Bauunternehmen zurechenbar sein.[568]

4. Vorrangig

Netzbetreiber haben EE-Anlagen darüber hinaus vorrangig an ihr Netz anzuschließen, sodass im Folgenden die Bedeutung dieses Merkmals zu erörtern ist. Durch das Merkmal der Vorrangigkeit, welches nicht durch das EEG legaldefiniert ist, wird die Priorität von EE-Anlagen i.S.v. § 3 Nr. 1 EEG vor allen anderen Anlagen zum Ausdruck gebracht.[569] Gem. dem Fall, dass zwei Erzeugungsanlagen Anschluss an ein Netz begehren, diese allerdings etwa aus technischen oder aus Kapazitätsgründen nicht beide angeschlossen werden können, ist der Anlage i.S.v. § 3 Nr. 1 EEG der Netzzugang und somit der Vorrang zu gewähren.[570] Dem Netzbetreiber ist es damit verwehrt, sich darauf zu berufen, dass ihm ein Anschluss von EE-Anlagen nicht möglich sei, weil nicht unter § 3 Nr. 1 EEG fallende Anlagen zuerst angeschlossen werden sollen.[571] Durch das Vorrangprinzip soll dem konstanten Wettbewerbsnachteil der erneuerbaren Energien gegenüber den konventionellen Energien entgegen getreten werden. Der Zweck des Vorrangprinzips ist insofern darin zu sehen, durch den Ausgleich des genannten Wettbewerbsnachteils faire Wettbewerbsbedingungen herzustellen und damit das Wettbewerbsprinzip zu verwirklichen.[572] Konkurrieren hingegen mehrere EE-Anlagen um den Netzanschluss, ist der Anlage der Vorrang zu gewähren, die zuerst anschlussbereit ist.[573] Nicht entscheidend ist insofern, wer zuerst den Antrag auf Netzanschluss bei dem Netzbetreiber gestellt hat.[574] Da dem Gesetz kein Prioritätsverhältnis zu entnehmen ist, muss dies nicht zwangsläufig die Anlage sein, deren Anschlussbegehren bei dem Netzbetreiber zuerst eingegangen ist.[575] In der Praxis wenden die jeweiligen Netzbetreiber diesbezüglich eigenständige Reservierungsverfahren an.[576]

Fraglich ist allerdings in diesem Zusammenhang, wie sich das Verhältnis von EE-Anlagen zu KWK-Anlagen[577]

568 *Salje*, EEG 2017, § 8 Rn. 23.
569 BerlKommEnR/*Scholz*, Band 6, § 8 EEG Rn. 17; Hk-EEG/*Schäfermeier*, § 5 Rn. 17.
570 Altrock/Oschmann/Theobald/*Altrock*, EEG, § 5 Rn. 48.
571 BT- Drs.: 16/8148, S. 41.
572 Siehe dazu m.w.N. *Altrock/Herrmann*, ZNER 2010, 350, 351.
573 Frenz/Müggenborg/Cosack/Henning/Schomerus/*Cosack*, EEG, § 8 Rn. 33.
574 Maslaton/*Klauß*, Kap. 4 Rn. 20.
575 Hierzu Altrock/Oschmann/Theobald/*Altrock*, EEG, § 5 Rn. 48, 32 und 39.
576 Siehe dazu ausführlich Maslaton/*Klauß*, Kap. 4 Rn. 20 u. 31ff.
577 Der Begriff der KWK-Anlagen ist in § 2 Nr. 14 KWKG legaldefiniert. Demnach handelt es sich dabei um Anlagen, in denen Strom und Nutzwärme erzeugt werden; dazu gehören: Feuerungsanlagen mit Dampfturbinen-Anlagen, beispielsweise Gegendruckanlagen, Entnahme- oder Anzapfkondensationsanlagen, Feuerungsanlagen mit Dampfmotoren, Gasturbinen-Anlagen mit Abhitzekessel, Gasturbinen-Anlagen

darstellt.[578] Nach § 3 Abs. 1 S. 1 Nr. 1 und Nr. 2 KWKG müssen Netzbetreiber hocheffiziente KWK-Anlagen[579] an ihr Netz unverzüglich vorrangig anschließen und den in diesen Anlagen erzeugten KWK-Strom unverzüglich vorrangig physikalisch abnehmen, übertragen und verteilen. Zwar heißt es in § 3 Abs. 1 S. 2 KWKG, dass § 8 EEG auf den vorrangigen Netzanschluss anzuwenden ist. Allerdings bestimmt § 3 Abs. 2 S. 1 KWKG, dass die Verpflichtung nach § 3 Abs. 1 KWKG und die Verpflichtung nach dem EEG zur Abnahme von Strom aus erneuerbaren Energien und aus Grubengas gleichrangig sind. Da in § 3 Abs. 2 S. 1 KWKG lediglich die vorrangige Abnahme und nicht hingegen der vorrangige Anschluss ausdrücklich normiert ist, bezieht sich die Regelung des § 3 Abs. 2 S. 1 KWKG somit nur auf die Gleichrangigkeit in Hinblick auf die Abnahme von KWK-Strom und EE-Strom.[580] Im Ergebnis greift folglich das Vorrangprinzip in Bezug auf die Anschlusspflicht im Verhältnis zu KWK-Anlagen weiterhin zu Gunsten von EE-Anlagen ein.

5. Verknüpfungspunkt

An dem sog. Verknüpfungspunkt erfolgt der Anschluss der EE-Anlage an das Netz.[581] Gegenstand der Rechtsprechung sind häufig Streitigkeiten zwischen dem Anlagenbetreiber und dem Netzbetreiber über den einschlägigen Verknüpfungspunkt.[582] Nach § 8 Abs. 1 S. 1 EEG hat der Anschluss der EE-Anlage an der Stelle an das Netz zu erfolgen, die im Hinblick auf die Spannungsebene geeignet ist und die in der Luftlinie kürzeste Entfernung zum Standort der Anlage aufweist, wenn nicht dieses oder ein anderes Netz einen technisch und wirtschaftlich günstigeren Verknüpfungspunkt aufweist. Damit ist gem. § 8 Abs. 1 S. 1 Hs. 1 (Satzteil 1) EEG primär an den nach der Luftlinienentfernung nächst gelegenen Verknüpfungspunkt (a.) und gem. § 8 Abs. 1 S. 1 Hs. 1 (Satzteil 2) EEG sekundär an einen technisch und wirtschaftlich günstigeren Verknüpfungspunkt desselben oder eines anderen

---

mit Abhitzekessel und Dampfturbinen-Anlage, Verbrennungsmotoren-Anlagen, Stirling-Motoren, Organic-Rankine-Cycle-Anlagen und Brennstoffzellen-Anlagen.

578 Altrock/Oschmann/Theobald/*Altrock*, EEG, § 5 Rn. 49.

579 Der Begriff der „hocheffizienten" KWK-Anlage ist in § 2 Nr. 8 KWKG legaldefiniert.

580 So auch Altrock/Oschmann/Theobald/*Altrock*, EEG, § 5 Rn. 49, im Ergebnis ebenfalls Hk-EEG/*Schäfermeier*, § 5 Rn. 17, Frenz/Müggenborg/Cosack/Henning/Schomerus/*Cosack*, EEG, § 8 Rn. 42. *Salje*, EEG 2014, § 8 Rn. 23; **A.A.** *Salje*, EEG 2017, § 8 Rn. 23, der nunmehr von einem „dynamischen" Verweis des § 3 Abs. 1 S. 2 KWKG auf die Regelung des § 8 Abs. 1 S. 1 EEG spricht und somit im Ergebnis davon ausgeht, dass KWK-Anlagen und EE-Anlagen hinsichtlich des Netzanschlusses gleichgestellt sind; Assmann/Peiffer/Assmann, KWKG, § 3 Rn. 2f; BerlKommEnR/*Scholz*, Band 6, § 8 EEG Rn. 17, demzufolge hocheffiziente KWK-Anlagen gem. § 3 Abs. 1 S. 1 KWKG ebenfalls dem Privileg eines vorrangigen Netzanschlusses unterstehen.

581 BerlKommEnR/*Scholz*, Band 6, § 8 EEG Rn. 23.

582 *Salje*, EEG 2017, § 8Rn. 1.

Netzes (b.) anzuschließen.[583] Darüber hinaus wird untersucht, wer die Beweislast in Bezug auf die genannten Voraussetzungen zu tragen hat (c.).

a. § 8 Abs. 1 S. 1 Hs. 1 (Satzteil 1) EEG

Die Regelung des § 8 Abs. 1 S. 1 Hs. 1 (Satzteil 1) EEG stellt den Grundsatz hinsichtlich der Bestimmung des Netzverknüpfungspunktes auf.[584] Ausgangspunkt ist demnach die Stelle des Netzes, die im Hinblick auf die Spannungsebene geeignet ist und die in der Luftlinie kürzeste Entfernung zum Standort der Anlage aufweist. Hinsichtlich dieser Stelle im Netz wird die widerlegbare gesetzliche Vermutung aufgestellt, dass sie sowohl der technisch als auch der wirtschaftlich günstigste Verknüpfungspunkt für den Anschluss der EE-Anlage ist.[585] Im Folgenden soll daher erörtert werden, was unter der Eignung der Spannungsebene (aa.) und der Luftlinienentfernung (bb.) zu verstehen ist.

aa. Eignung der Spannungsebene

Die Anschlusspflicht des Netzbetreibers besteht dann nicht, wenn das Netz in Bezug auf die Spannungsebene ungeeignet ist.[586] Die Anschlusspflicht beschränkt sich folglich auf technisch geeignete Netze.[587] Das Netz ist im Hinblick auf die Spannungsebene geeignet, wenn der Abschnitt des Netzes geeignet ist, die aus der EE-Anlage erwarteten Strommengen entsprechend der Spannung aufzunehmen.[588] Spannungsebenen sind dabei die Niederspannung, Mittel-, Hoch- oder Höchstspannung.[589] Die von der EE-Anlage zu erwartende Einspeisemenge und die Spannungsebene des Netzes müssen folglich „zusammenpassen". So ist in Abhängigkeit von der Leistung der EE-Anlage zu entscheiden, ob sie an das Nieder-, Mittel-, Hoch- oder Höchstspannungsnetz anzuschließen ist.[590] Dabei gilt, umso höher die Spannung des Netzes, desto größere Strommengen können von diesem aufgenommen werden.[591] So sind beispielsweise Fotovoltaikanlagen oftmals an das Niederspanungsnetz anzuschließen, sodass die technische Eignung der Hausanschlussleitung des örtlichen Netzbetreibers regelmäßig gegeben sein wird.[592] Im Gegensatz dazu benötigen Windenergieanlagen an Land regelmäßig mindestens

583 Baur/Salje/Schmidt-Preuß/*Salje*, Kap. 70 Rn. 60.
584 So BerlKommEnR/*Scholz*, Band 6, § 8 EEG Rn. 24.
585 *Woltering*, EnWZ 2015, 254, 255.
586 BT-Drs.: 16/8148, S. 41 (Einzelbegründung zu § 5 Abs. 1 EEG 2009).
587 Maslaton/*Klauß*, Kap. 4 Rn. 11.
588 BerlKommEnR/*Scholz*, Band 6, § 8 EEG Rn. 25; Hk-EEG/*Schäfermeier*, § 5 Rn. 19.
589 Hk-EEG/*Schäfermeier*, § 5 Rn. 18.
590 Frenz/Müggenborg/Cosack/Henning/Schomerus/*Cosack*, EEG, § 8 Rn. 49.
591 Altrock/Oschmann/Theobald/*Altrock*, EEG, § 5 Rn. 54.
592 *Salje*, EEG 2017, § 8 Rn. 5; Maslaton/*Klauß*, Kap. 4 Rn. 23.

eine Verbindung an das Mittelspannungsnetz[593] und immer häufiger, insbesondere bei Windparks, auch an das Hoch- oder Höchstspannungsnetz.[594] So wäre der Anschluss eines großen Windparks mit einer Leistung von beispielsweise 80 MW an ein Niederspannungsnetz ebenso wenig möglich, wie der Anschluss einer Fotovoltaikanlage mit einer Leistung von beispielsweise 30 kW an ein Hochspannungsnetz.[595] Ist die einschlägige Spannungsebene zunächst ungeeignet, kann eine Eignung des Netzes dadurch hergestellt werden, dass der in der Anlage erzeugte Strom transformiert wird und dadurch die erzeugten Strommengen von dem einschlägigen Netzteil aufgenommen werden können.[596] Bei der Ermittlung der geeigneten Spannungsebene ist somit der Zustand des Netzes und das Abnahmeverhalten der anzuschließenden EE-Anlage zu berücksichtigen, sodass die geeignete Spannungsebene im Ergebnis von den Umständen des Einzelfalls abhängig ist.[597] Auch eine vom Netzbetreiber zum späteren Rückbau vorgesehene Freileitung, die noch zu Zwecken der Notversorgung eines Umspannwerks genutzt wurde, wurde von der Rechtsprechung zu Recht als technisch geeignet angesehen.[598]

Weiterhin ist im Rahmen der Eignung der Spannungsebene des Netzes zu beachten, dass Netzspannung und Netzkapazität, folglich die Netzleistung vor Ort, in einem engen technischen Zusammenhang stehen, sodass der Netzkapazität neben der Netzspannung entscheidende Bedeutung zukommt.[599] Der Netzbetreiber kann insofern nicht von vornherein einwenden, dass dem Anschluss der EE-Anlage eine zu geringe Netzkapazität entgegensteht, denn er ist bei wirtschaftlicher Zumutbarkeit nach § 8 Abs. 4 EEG[600] i.V.m. § 12 Abs. 3 EEG. zur Netzverstärkung verpflichtet.[601]

---

593 Der Anschluss der Windenergieanlagen findet zu 96 Prozent und damit ganz überwiegend in der Mittelspannungs- und Hochspannungsebene, folglich in den Verteilernetzen, statt und bei lediglich vier Prozent findet der Anschluss an der Höchstspannungsebene, folglich am Übertragungsnetz, statt, siehe dazu die Daten des *BWE* unter: https://www.wind-energie.de/themen/netze (abgerufen am 27.06.2018).

594 *Salje*, EEG 2017, § 8 Rn. 5; Maslaton/*Klauß*, Kap. 4 Rn. 23; *Oschmann*, ZNER 2000, 24, 26.

595 Beispiel nach Altrock/Oschmann/Theobald/*Altrock*, EEG, § 5 Rn. 54.

596 *Salje*, EEG 2017, § 8 Rn. 5; Frenz/Müggenborg/Cosack/Henning/Schomerus/*Cosack*, EEG, § 8 Rn. 51.

597 Frenz/Müggenborg/Cosack/Henning/Schomerus/*Cosack*, EEG, § 8 Rn. 49.

598 Vgl. *OLG Hamm*, Urt. v. 11.10.2002 – 29 U 28/02, ZNER 2003, 49; *Salje*, EEG 2017, § 8 Rn. 6.

599 So Altrock/Oschmann/Theobald/*Altrock*, EEG, § 5 Rn. 54; *Salje*, EEG 2017, § 8 Rn. 5.

600 Siehe dazu ausführlich unter D. II.

601 Vgl. dazu *BGH*, Urt. v. 10.10.2012 – VIII ZR 362/11, ZNER 2012, 612, 613; *Salje*, EEG 2017, § 8 Rn. 6; Frenz/Müggenborg/Cosack/Henning/Schomerus/*Cosack*, EEG, § 8 Rn. 52.

bb. Luftlinienentfernung

Um die kürzeste Entfernung zwischen dem für die Einspeisung geeigneten Netz und dem Anlagenstandort zu ermitteln, ist nach dem Wortlaut des § 8 Abs. 1 S. 1 Hs. 1 (Satzteil 1) EEG auf die Luftlinienentfernung zwischen diesen abzustellen.[602] Dabei ist auf Seiten der EE-Anlage der Standort des Generators entscheidend.[603] Dass hinsichtlich der Entfernung auf die Luftliniendistanz abzustellen ist, lässt sich bereits unmittelbar aus dem Wortlaut der Norm ableiten.[604] Damit ist hingegen nicht die Wegstrecke entscheidend, die für die Anbindung einer ordnungsgemäß verlegten Leitungsverbindung mindestens benötigt wird.[605]

b. § 8 Abs. 1 S. 1 Hs. 1 (Satzteil 2) EEG

Netzbetreiber müssen EE-Anlagen an den zuvor beschriebenen Netzverknüpfungspunkt i.S.d. § 8 Abs. 1 S. 1 Hs. 1 (Satzteil 1) EEG nicht anschließen, wenn dieses oder ein anderes Netz[606] einen technisch und wirtschaftlich günstigeren Verknüpfungspunkt aufweist, vgl. § 8 Abs. 1 S. 1 Hs. 1. (2. Satzteil) EEG.[607] Dem Netzbetreiber wird durch die Regelung die Möglichkeit eingeräumt, eine Einwendung gegen den primär ermittelten Verknüpfungspunkt einzuwenden.[608] Dies ist dann möglich, wenn die Realisierung des Netzanschlusses der EE-Anlage an den neu ermittelten Verknüpfungspunkt mit geringeren volkswirtschaftlichen Kosten verbunden ist.[609] Die Eignung des Netzes muss demnach sowohl technisch als auch wirtschaftlich günstiger ausfallen,[610] wobei das Wort „günstig" i.S.v. „kosteneffektiv" zu verstehen ist.[611] Die Bestimmung des Verknüpfungspunktes i.S.d. § 8 Abs. 1 S. 1 Hs. 1 (Satzteil 2) EEG beruht somit auf einer vergleichenden Gegenüberstellung des grundsätzlich und des alternativ zu bestimmenden Verknüpfungspunktes.[612] Namentlich

---

602 *Salje*, EEG 2017, § 8 Rn. 10.

603 Hk-EEG/*Schäfermeier*, § 5 Rn. 22.

604 Altrock/Oschmann/Theobald/*Altrock*, EEG, § 5 Rn. 56; Hk-EEG/*Schäfermeier*, § 5 Rn. 22.

605 So *Salje*, EEG 2017, § 8 Rn. 12; Frenz/Müggenborg/Cosack/Henning/Schomerus/*Cosack*, EEG, § 8 Rn. 57; m.w.N. auf *BGH*, Urt. v. 08.10.2003 – VIII ZR 165/01, RdE 2004, 46, 48 und anschließender Anmerkung von *Klemm*, RdE 2004, 49. **A.A.** noch *Salje*; EEG 2009, § 5 Rn. 17.

606 In der Arbeit wird davon ausgegangen, dass ein anderes Netz für den Anschluss der EE-Anlage nicht in Betracht kommt, sodass auf diese Voraussetzung weiter eingegangen wird.

607 *BGH*, Urt. v. 18.07.2007 – VIII ZR 288/05, NJW-RR 2007, 1645, 1647; *BGH*, Urt. v. 01.10.2008 – VIII ZR 21/07, RdE 2009, 146, 147; *Salje*, EEG 2017, § 8 Rn. 7.

608 Hk-EEG/*Schäfermeier*, § 5 Rn. 23.

609 Altrock/Oschmann/Theobald/*Altrock*, EEG, § 5 Rn. 51.

610 *Salje*, EEG 2017, § 8 Rn. 7.

611 Altrock/Oschmann/Theobald/*Altrock*, EEG, § 5 Rn. 57.

612 BerlKommEnR/*Scholz*, Band 6, § 8 EEG Rn. 29.

handelt es sich hierbei um die sog. „gesamtwirtschaftliche Betrachtungsweise".[613] Bei der Berechnung des technisch und wirtschaftlich günstigsten Verknüpfungspunkts werden nur die unmittelbar durch den Netzanschluss entstehenden Kosten in die Berechnung einbezogen.[614] Hierzu zählen sowohl die Kosten für die Errichtung der Anbindungsleitung als auch die Materialkosten für Kabel und Trafostationen sowie die Kosten der Wegenutzung.[615] Auch eventuell anfallende Netzerweiterungskosten sind im Rahmen des Variantenvergleichs zu berücksichtigen.[616]

In erster Linie ist zwar auf die Reduzierung der volkswirtschaftlichen Gesamtkosten abzustellen, allerdings muss auch berücksichtigt werden, dass der EE-Anlagenbetreiber nicht mit einer unzumutbar langen Anschlussleitung belastet werden darf, sodass im Ergebnis zu befürchten wäre, dass der EE-Anlagenbetreiber die damit einhergehenden Investitionen nicht realisieren kann.[617] Insofern muss eine einzelfallabhängige Gesamtabwägung der beteiligten Interessen stattfinden.[618] Eine Verweigerung des Verknüpfungspunktes durch den EE-Anlagenbetreiber wäre allerdings als treuwidrig anzusehen, wenn der Netzbetreiber die durch die längere Anbindungsleitung verursachten Mehrkosten trägt und darüber hinaus keine Verzögerung des Netzanschlusses zu befürchten ist.[619]

c. Darlegungs- und Beweislastverteilung

Der EE-Anlagenbetreiber trägt nach den allgemeinen Beweislastgrundsätzen die Darlegungs- und Beweislast hinsichtlich der Voraussetzungen des Netzverknüpfungspunktes gem. § 8 Abs. 1 S. 1 Hs. 1 (Satzteil 1) EEG, namentlich hinsichtlich der geeigneten Spannungsebene und der in der Luftlinie kürzesten Entfernung zum Standort der EE-Anlage.[620] Es besteht hinsichtlich dieses Verknüpfungspunktes eine widerlegliche Vermutung zulasten des Netzbetreibers, dass sein Netz am Punkt der kürzesten Luftlinienentfernung technisch zum Anschluss einer

---

613 *BGH*, Urt. v. 10.10.2012 – VIII ZR 362/11, ZNER 2012, 612, 613f, wonach hierbei die Gesamtkosten miteinander zu vergleichen sind, die bei den verschiedenen Ausführungsmöglichkeiten für den Anschluss der betreffenden Anlage sowie für den Netzausbau entstehen würden; *Salje*, EEG 2017, § 8 Rn. 7 spricht in diesem Zusammenhang auch von der Rechtsauffassung des „Kostengünstigkeitsvergleichs".

614 BT-Drs.: 18/1304, S. 119 (Einzelbegründung zu § 8 Abs. 1 EEG 2014).

615 BerlKommEnR/*Scholz*, Band 6, § 8 EEG Rn. 32.

616 Greb/Boewe/*Woltering*, EEG, § 8 Abs. 28.

617 *Bönning*, ZNER 2003, 296, 299; *Salje*, EEG 2017, § 8 Rn. 7.

618 *Salje*, EEG 2017, § 8 Rn. 7.

619 BT-Drs.: 15/2864, S. 33 (Einzelbegründung zu § 4 Abs. 2 EEG 2004).

620 Frenz/Müggenborg/Cosack/Henning/Schomerus/*Cosack*, EEG, § 8 Rn. 45; Greb/Boewe/*Woltering*, EEG, § 8 Rn. 25; *LG Dortmund*, Urt. v. 17.04.2002 – 6 O 53/02, RdE 2002, 293, 294.

EE-Anlage geeignet ist.[621] Will sich der Netzbetreiber auf einen technisch und wirtschaftlich günstigeren Verknüpfungspunkt i.S.d. § 8 Abs. 1 S. 1 Hs. 1 (Satzteil 2) EEG berufen, hat er insofern substantiiert darzulegen[622] und zu beweisen, dass der technisch und wirtschaftlich günstigste Verknüpfungspunkt nicht am nächstliegenden Verknüpfungspunkt i.S.d. § 8 Abs. 1 S. 1 Hs. 1 (Satzteil 1) EEG belegen ist.[623] Hinsichtlich eines vom Netzbetreiber begehrten, aber zweifelhaften Verknüpfungspunktes, hat er insofern zu beweisen, dass ein anderer Verknüpfungspunkt, der regelmäßig weiter entfernt sein wird als der vom EE-Anlagenbetreiber begehrte, einen Anschluss zu geringeren gesamtwirtschaftlichen Kosten ermöglicht.[624] Gelingt ihm dies hingegen nicht, ist wieder die als Vermutung ausgestaltete Anschlusspflicht des § 8 Abs. 1 S. 1 Hs. 1 (Satzteil 1) EEG einschlägig.[625] Somit trifft den Netzbetreiber im Prozess gegen den EE-Anlagenbetreiber in Bezug auf den alternativen Verknüpfungspunkt die Beweislast des Gegenteils gem. § 292 Zivilprozessordnung (ZPO).[626] Beruft sich der Netzbetreiber hingegen darauf, dass der technisch und wirtschaftlich günstigste Verknüpfungspunkt nicht an seinem Netz liegt, muss er substantiiert darlegen und beweisen, dass insofern einen anderen Netzbetreiber die Anschlusspflicht trifft.[627]

6. Entstehung der Anschlusspflicht

Weiterhin ist zu untersuchen, wann der Anspruch des EE-Anlagenbetreibers auf Anschluss der EE-Anlage entsteht. Nach einem Urteil des BGH ist dies erst mit der anschlussfertigen Errichtung der Erzeugungsanlage der Fall.[628] Demnach würde der Netzbetreiber andernfalls unnötig belastet, wenn der Anlagenbetreiber bzw. Einspeisewillige, trotz Nichtentstehung des Anspruchs, schon auf Anschluss der

---

621 Siehe dazu BT-Drs.: 15/2864, S. 33 (Einzelbegründung zu § 4 Abs. 2 EEG 2004); Altrock/Oschmann/Theobald/*Altrock*, EEG, § 5 Rn. 59.

622 Die Darlegung erfolgt in der Regel vor allem durch private Gutachten, siehe Altrock/Oschmann/Theobald/ *Altrock*, EEG, § 5 Rn. 59.

623 *BGH*, Urt. v. 10.10.2012 – VIII ZR 362/11, ZNER 2012, 612, 616; Hk-EEG/*Schäfermeier*, § 5 Rn. 33.

624 *BGH*, Urt. v. 18.07.2007 – VIII ZR 288/05, NJW-RR 2007, 1645, 1647; BT-Drs.: 15/2864, S. 33 (Einzelbegründung zu § 4 Abs. 2 EEG 2004); Altrock/Oschmann/Theobald/*Altrock*, EEG, § 5 Rn. 59.

625 Frenz/Müggenborg/Cosack/Henning/Schomerus/*Cosack*, EEG, § 8 Rn. 48; Altrock/Oschmann/Theobald/ *Altrock*, EEG, § 5 Rn. 59.

626 Altrock/Oschmann/Theobald/*Altrock*, EEG, § 5 Rn. 59.

627 BT-Drs.: 15/2864, S. 33 (Einzelbegründung zu § 4 Abs. 2 EEG 2004); Altrock/Oschmann/Theobald/*Altrock*, EEG, § 5 Rn. 59.

628 *BGH*, Urt. v. 12.07.2006 – VIII ZR 235/04, NJW-RR 2006, 1485; kritisch Altrock/Oschmann/Theobald/*Altrock*, EEG, § 5 Rn. 34; Schneider/Theobald/*Schneider*, EnWR, § 21 Rn. 55, die sich für einen Gleichlauf mit der Entstehung des Netzerweiterungsanspruchs gem. § 8 Abs. 4 EEG aussprechen. Siehe dazu unter D II.

EE-Anlage im Wege einer Klage auf künftige Leistung nach § 259 ZPO klagen könnte,[629] obwohl die tatsächliche Errichtung der Anlage noch ungewiss ist und von der freien Entscheidung des Anlagenbetreibers abhängt.[630] Um dem EE-Anlagenbetreiber bzw. Einspeisewilligen dennoch hinreichende Planungssicherheit einzuräumen, hat der BGH ein vorgelagertes gesetzliches Rechtsverhältnis entwickelt, welches auf Festlegung der späteren technischen und örtlichen Anschlussbedingungen gerichtet ist.[631] Dieses sei jedenfalls ab der Erteilung einer entsprechenden Anlagengenehmigung und in Anbetracht des bei Errichtung der EE-Anlage begründeten Anspruchs aus § 8 Abs. 1 S. 1 EEG mit vorvertraglichen Ansprüchen vergleichbar.[632] Dieses aufgezeigte Rechtsverhältnis stelle damit eine ausreichende Grundlage für eine Feststellungklage gem. § 256 Abs. 1 ZPO dar, in der die gegenseitigen Rechte und Pflichten des Netzbetreibers und des EE-Anlagenbetreibers bereits vor Errichtung der EE-Anlage festgestellt werden können.[633]

Diese Annahme steht allerdings nunmehr im Widerspruch zu der zeitlich später folgenden Gesetzesbegründung des EEG 2009. Dort heißt es ausdrücklich, dass der Anspruch auf Anschluss der EE-Anlage nach § 8 Abs. 1 S. 1 EEG bereits vor ihrer Errichtung geltend gemacht werden kann, da Sinn der Regelung die Sicherstellung des Anschlusses der EE-Anlage ist.[634] Demnach ist es für die Anspruchsentstehung des Einspeisewilligen insofern nicht erforderlich, dass die Anlage bereits errichtet worden und tatsächlich anschlussbereit ist.[635] Das Vorhaben muss allerdings bereits so hinreichend konkretisiert sein, dass der Netzbetreiber mit der Errichtung der Anlage rechnen kann.[636] Davon ist beispielsweise auszugehen, wenn die notwendigen Genehmigungen für die Errichtung der Anlage von dem Einspeisewilligen

---

629 Mit der Klage auf künftige Leistung nach § 259 ZPO werde nicht die Verfolgung eines erst in der Zukunft entstehenden Anspruchs ermöglicht. Vielmehr verlange diese Klageart, dass der geltend gemachte Anspruch, wie hier der Anspruch auf Anschluss, bereits entstanden sei, vgl. dazu *BGH*, Urt. v. 12.07.2006 – VIII ZR 235/04, NJW-RR 2006, 1485, 1486; **a.A.** *LG Münster*, Urt. v. 19.12.2011 – 2 O 634/09, BeckRS 2012, 05075.

630 Vgl. *BGH*, Urt. v. 12.07.2006 – VIII ZR 235/04, NJW-RR 2006, 1485, 1486.

631 *BGH*, Urt. v. 12.07.2006 – VIII ZR 235/04, NJW-RR 2006, 1485, 1486.

632 *BGH*, Urt. v. 12.07.2006 – VIII ZR 235/04, NJW-RR 2006, 1485, 1486; Schneider/Theobald/*Schneider*, EnWR, § 21 Rn. 55.

633 *BGH*, Urt. v. 12.07.2006 – VIII ZR 235/04, NJW-RR 2006, 1485, 1486; zustimmend wohl auch *Salje*, EEG 2017, § 8 Rn. 20.

634 BT-Drs.: 16/8148, S. 41 (Einzelbegründung zu § 5 Abs. 1 EEG 2009).

635 BT-Drs.: 16/8148, S. 41 (Einzelbegründung zu § 5 Abs. 1 EEG 2009); Frenz/Müggenborg/Cosack/Henning/Schomerus/*Cosack*, EEG, § 8 Rn. 43; Altrock/Oschmann/Theobald/ *Altrock*, EEG, § 5 Rn. 34f; BerlKommEnR/*Scholz*, Band 6, § 8 EEG Rn. 13; Greb/Boewe/ *Woltering*, EEG, § 8 Rn. 12; *LG Münster*, Urt. v. 19.12.2011 – 2 O 634/09, BeckRS 2012, 05075.

636 Altrock/Oschmann/Theobald/*Altrock*, EEG, § 5 Rn. 31; *LG Münster*, Urt. v. 19.12.2011 – 2 O 634/09, BeckRS 2012, 05075.

beantragt worden sind.[637] Allerdings handelt es hierbei um eine Frage des Einzelfalls, die auch von der jeweiligen EE-Anlage abhängig ist.[638] Könnte sich der EE-Anlagenbetreiber hingegen erst nach Fertigstellung der Anlage auf den Anspruch berufen, bestünde ein deutliches Investitionshindernis für den EE-Anlagenbetreiber, da dieser nicht vor Fertigstellung feststellen könnte, ob die EE-Anlage überhaupt an diesem Standort angeschlossen werden kann.[639] Dieses Risiko würde letztendlich die Finanzierung des Projekts gefährden.[640] Im Ergebnis besteht der Anschlussanspruch gem. § 8 Abs. 1 S. 1 EEG damit bereits vor der anschlussfertigen Errichtung der EE-Anlage.

7. Dauercharakter der Anschlusspflicht

Die Anschlusspflicht des Netzbetreibers erschöpft sich nicht nur in der Herstellung des physikalischen Anschlusses an das Netz.[641] Sie verbietet es ihm auch, die Anlage vom Netz zu nehmen.[642] Die Anschlusspflicht des Netzbetreibers ist demnach als gesetzliches Dauerschuldverhältnis ausgestaltet.[643] Es erstreckt sich auf den gesamten Zeitraum der Förderdauer[644] und somit über einen Zeitraum von mehr als 20 Jahren.[645] Der Inhalt des gesetzlichen Dauerschuldverhältnisses besteht zudem darin, dass der Netzbetreiber bei bevorstehenden Netzanschlüssen von künftigen Erzeugungsanlagen die bereits vorhandenen Netzanschlüsse berücksichtigt und darauf achtet, dass sich keine schädigenden Rückwirkungen von den

---

637 BerlKommEnR/*Scholz*, Band 6, § 8 EEG Rn. 13.

638 So kann beispielsweise die Entwicklung einer Fotovoltaikanlage oftmals in einigen Monaten verwirklicht werden, wohingegen die von Windparks oder größeren Biomasseprojekten mehrere Jahre in Anspruch nehmen kann, siehe Altrock/Oschmann/Theobald/*Altrock*, EEG, § 5 Rn. 36.

639 *BGH*, Urt. v. 12.07.2006 – VIII ZR 235/04, NJW-RR 2006, 1485, 1486; BT-Drs.:16/8148, S. 41; Frenz/Müggenborg/Cosack/Henning/Schomerus/*Cosack*, EEG, § 8 Rn. 43.

640 BT-Drs.:16/8148, S. 41.

641 Altrock/Oschmann/Theobald/*Altrock*, EEG, § 5 Rn. 45; Frenz/Müggenborg/Cosack/Henning/Schomerus/ *Cosack*, EEG, § 8 Rn. 37.

642 Greb/Boewe/*Woltering*, EEG, § 8 Rn. 30.

643 Altrock/Oschmann/Theobald/*Altrock*, EEG, § 5 Rn. 45. im Ergebnis auch *Salje*, EEG 2017, § 8 Rn. 18, der allerdings begriffstechnisch von einer Dauerverpflichtung spricht.

644 Der Förderbeginn und die Förderdauer sind in § 25 EEG geregelt. Nach § 25 S. 1 EEG ist die finanzielle Förderung jeweils für die Dauer von 20 Jahren zu zahlen. Nach § 25 S. 3 EEG ist der Beginn der Frist der Zeitpunkt der Inbetriebnahme der Anlage, soweit sich aus den Bestimmungen des EnWG nichts anderes ergibt. Die „Inbetriebnahme“ der EE-Anlage ist wiederum in § 3 Nr. 30 EEG legaldefiniert. Siehe weitere Ausführungen in Bezug auf die Inbetriebnahme von EE-Anlagen bei *Klewar*, ZNER 2014, 554ff.

645 *Salje*, EEG 2017, § 8 Rn. 18.

neu anzuschließenden Erzeugungsanlagen auf die bereits an das Netz angeschlossenen Erzeugungsanlagen auswirken.[646]

8. Netzanschlusskosten

Im weiteren Verlauf soll erörtert werden, wer die Kosten des Netzanschlusses in welchem Umfang zu tragen hat. Es handelt sich hierbei um einen wichtigen Faktor in Bezug auf die Wirtschaftlichkeit von EE-Anlagen.[647] Die Kostentragungspflicht der Netzanschlusskosten ist in § 16 Abs. 1 EEG geregelt.[648] Hiernach trägt der Anlagenbetreiber die notwendigen Kosten des Anschlusses von EE-Anlagen an den Verknüpfungspunkt nach § 8 Abs. 1 oder 2 EEG sowie der notwendigen Messeinrichtungen zur Erfassung des gelieferten und des bezogenen Stroms.[649] Die Anschlussleitung steht im Übrigen auch im Eigentum des EE-Anlagenbetreibers.[650] Die Norm des § 16 Abs. 1 EEG dient durch die eindeutige Zuordnung der Kosten der Vermeidung von Rechtsstreitigkeiten und soll damit gleichzeitig einen Beitrag zu mehr Transparenz und Rechtssicherheit leisten.[651] Dem Netzanschluss sind alle technischen Einrichtungen zuzuordnen, die für die Durchleitung des Stroms von der EE-Anlage zum Netzverknüpfungspunkt erforderlich sind.[652] Die (notwendigen) Kosten des Netzanschlusses bestehen dementsprechend aus den erforderlichen Aufwendungen, die der Herstellung dieser elektronischen Verbindung dienen.[653] Von der Kostentragungspflicht sind darüber hinaus auch die mittelbaren Kosten umfasst, die sich beispielsweise aus den Betriebs- und Wartungskosten der Anschlussleitung ergeben.[654] Des Weiteren ist es zwingend notwendig, dass die Anschlusskosten von den Netzerweiterungskosten[655] abgegrenzt werden, denn während die EE-Anlagenbetreiber die Netzanschlusskosten tragen, müssen die

646 Altrock/Oschmann/Theobald/*Altrock*, EEG, § 5 Rn. 45; Frenz/Müggenborg/Cosack/Henning/Schomerus/ *Cosack*, EEG, § 8 Rn. 38.

647 Schneider/Theobald/*Schneider*, EnWR, § 21 Rn. 67. In Regionen, die wenig erschlossen sind, können Anschlussleitungen teilweise Längen von über 100 km erreichen, siehe dazu *Garbers*, EnWZ 2008, 347.

648 BerlKommEnR/*König*, Band 6, § 16 EEG Rn. 1.

649 Eine Ausnahme hinsichtlich der Kostentragung besteht bei der Verknüpfung einer Windenergieanlage auf See gem. § 3 Nr. 49 EEG, bei der die Kosten auf den Netzbetreiber anfallen, da die Anbindungsleitung gem. § 17d Abs. 1 S. 3 EnWG ab dem Zeitpunkt der Fertigstellung ein Teil des Energieversorgungsnetzes ist und somit in das Eigentum des Netzbetreibers übergeht, BerlKommEnR/*Scholz*, Band 6, § 8 EEG Rn. 52a.

650 BerlKommEnR/*Scholz*, Band 6, § 8 EEG Rn. 52.

651 So BT-Drs.: 16/8148, S. 48 (Einzelbegründung zu § 13 Abs. 1 EEG 2009); BerlKommEnR/*König*, Band 6, § 16 EEG Rn. 4.

652 *Schäfermeier/Reshöft*, ZNER 2007, 34, 35.

653 BerlKommEnR/*König*, Band 6, § 16 EEG Rn. 12; *Salje*, EEG 2017, § 16 Rn. 2.

654 *Woltering*, EnWZ 2015, 254, 256.

655 Siehe in Bezug auf die Netzerweiterungspflichten die Ausführungen unter D. II.

Netzbetreiber die Kosten der Netzerweiterung tragen.[656] So heißt es in § 17 EEG, dass die Kosten der Optimierung, der Verstärkung und des Ausbaus des Netzes der Netzbetreiber trägt. Diese Abgrenzung zwischen den Netzanschlusskosten und den Netzerweiterungskosten und der damit einhergehenden unterschiedlichen Kostenlast führt in der Praxis oftmals zu Streitigkeiten.[657] Sowohl der EE-Anlagenbetreiber als auch der Netzbetreiber wird regelmäßig ein Interesse an einer Kostenaufteilung zu seinen eigenen Gunsten haben.[658] Auf die Netzerweiterungspflicht wird im folgenden Abschnitt ausführlich eingegangen.

II. Netzerweiterungspflicht, § 8 Abs. 4 EEG

Nach § 8 Abs. 4 EEG besteht die Pflicht zum Netzanschluss auch dann, wenn die Abnahme des Stroms erst durch die Optimierung, die Verstärkung oder den Ausbau des Netzes nach § 12 EEG möglich wird.[659] In § 12 Abs. 1 S. 1 EEG heißt es sodann weiter, dass Netzbetreiber auf Verlangen der Einspeisewilligen unverzüglich ihre Netze entsprechend dem Stand der Technik optimieren, verstärken und ausbauen müssen, um die Abnahme, Übertragung und Verteilung des Stroms aus erneuerbaren Energien und Grubengas sicherzustellen. Durch diese normierte Netzerweiterungspflicht wird die Netzanschlussverpflichtung des Netzbetreibers auf solche Netze ausgedehnt, die aus Sicht des EE-Anlagenstandorts ernsthaft räumlich erreichbar sind.[660] Neben der unverzüglichen und vorrangigen Anschlusspflicht des § 8 Abs. 1 S. 1 EEG ist somit in § 8 Abs. 4 EEG mit dem Verweis auf § 12 EEG eine Netzerweiterungsverpflichtung geregelt, die den Netzbetreiber zur bedarfsgerechten Erweiterung der Netzkapazität verpflichtet[661] und die alle anderen Pflichten des Netzbetreibers flankiert.[662] Die Netzerweiterungsverpflichtung besteht für den Fall, dass ein Netz zur Abnahme des Stroms aus erneuerbaren Energien erst geeignet ist, nachdem dieses vom Netzbetreiber ausgebaut wurde. Im Rahmen des vorrangigen Netzanschlusses nach § 8 Abs. 1 S. 1 EEG ist die Verpflichtung des Netzbetreibers zur Kapazitätserweiterung durch die Optimierung, Verstärkung oder den Ausbau des Netzes somit immer zu beachten, sodass § 8 Abs. 1 EEG und § 8 Abs. 4 EEG eine nicht zu trennende Einheit bilden.[663] Durch die Regelung des § 8 Abs. 4 EEG wird zugleich klargestellt, dass das Erfordernis der Optimierung, der Verstärkung oder des Ausbaus des Netzes keine Einwendung des Netzbetreibers

656 *Oschmann/Müller*, ZNER 2004, 24, 27.
657 *Schäfermeier/Reshöft*, ZNER 2007, 34.
658 BerlKommEnR/*König*, Band 6, § 12 EEG Rn. 56.
659 Optimierung, Verstärkung und Ausbau des Netzes werden im Folgenden zusammengefasst als Netzerweiterung bezeichnet.
660 *Salje*, EEG 2017, § 8 Rn. 8.
661 BT-Drs.: 16/8148, S. 45 (Einzelbegründung zu § 9 Abs. 1 EEG 2009).
662 Altrock/Oschmann/Theobald/*Altrock*, EEG, § 5 Rn. 7.
663 Altrock/Oschmann/Theobald/*Altrock*, EEG, § 5 Rn. 7.

gegen die vorrangige Netzanschlusspflicht gem. § 8 Abs. 1 S. 1 EEG darstellt[664] und somit deren Erforderlichkeit nicht geeignet ist, der Entstehung des Anspruchs auf vorrangigen Anschluss von EE-Anlagen im Wege zu stehen.[665] Ziel der Netzerweiterungspflicht ist es, eine möglichst hohe Anzahl an Netzanschlüssen von EE-Anlagen zu ermöglichen und dadurch die möglichst unbeschränkte Netzintegration von Strom aus erneuerbaren Energien zu gewährleisten.[666]

Im Folgenden soll eine Betrachtung des Netzerweiterungsanspruchs des EE-Anlagenbetreibers stattfinden (1.). Sodann wird der Umfang der erforderlichen Netzerweiterung untersucht (2.). Es schließen sich Ausführungen über die wirtschaftliche Unzumutbarkeit (3.) und der zeitlichen Entstehung des Netzerweiterungsanspruchs (4.) an. Abschließend folgt eine Betrachtung der Kostentragungspflicht der Netzerweiterungsmaßnahmen (5.).

1. Anspruch des EE-Anlagenbetreibers auf Netzerweiterung

Nach § 8 Abs. 4 EEG i.V.m. § 12 Abs. 1 und Abs. 3 EEG ist der Netzbetreiber auf Verlangen des Einspeisewilligen verpflichtet, einen wirtschaftlich zumutbaren[667] Ausbau des Netzes unverzüglich vorzunehmen.[668] Die Netzerweiterungspflicht gem. § 8 Abs. 4 EEG stellt damit neben der Anschlusspflicht des § 8 Abs. 1 S. 1 EEG eine weitere Verpflichtung des Netzbetreibers und zugunsten des EE-Anlagenbetreibers bzw. des Einspeisewilligen zugleich eine weitere Anspruchsgrundlage dar.[669] Sie greift dann ein, wenn die Spannungsebene des vorhandenen Netzes für einen vorrangigen Netzanschluss einer EE-Anlage sowohl für den nach § 8 Abs. 1 S. 1 Hs. 1 (Satzteil 1) EEG oder nach § 8 Abs. 1 S. 1 Hs. 1 (Satzteil 2) EEG ermittelten Netzverknüpfungspunkt ungeeignet ist.[670]

Für die Anwendung des § 8 Abs. 4 EEG i.V.m. § 12 Abs. 1 EEG ist weiterhin maßgeblich, dass eine schon weitgehende Auslastung des Netzes infolge der Einspeisung von Strom aus erneuerbaren Energien besteht und aufgrund dessen eine Abschaltung der EE-Anlage zu erwarten ist.[671] Der Netzerweiterungsanspruch nach § 12 Abs. 1 S. 1 EEG besteht nach § 12 Abs. 1 S. 2 EEG auch gegenüber den Betreibern von vorgelagerten Netzen mit einer Spannung bis 110 Kilovolt, an die die Anlage nicht unmittelbar angeschlossen ist, wenn dies erforderlich ist, um die

---

664 BerlKommEnR/*Scholz*, Band 6, § 8 EEG Rn. 58; HK-EEG/*Schäfermeier*, § 5 Rn. 47.

665 BerlKommEnR/*Scholz*, Band 6, § 8 EEG Rn. 2.

666 *Sailer*, EnWZ 2016, 250, 253.

667 Siehe dazu ausführlich unter D. II. 3.

668 *Salje*, EEG 2017, § 8 Rn. 19.

669 BerlKommEnR/*König*, Band 6, § 12 EEG Rn. 14; Greb/Boewe/*Woltering*, EEG, § 12 Rn. 10f; Loibl/Maslaton/Bredow/Walter/*Schäfermeier*, Biogasanlagen im EEG, § 7 Rn. 14.

670 *Sailer*, EnWZ 2016, 250, 252; *BGH*, Urt. v. 18.07.2007 – VIII ZR 288/05, NJW-RR 2007, 1645, 1647; *Ringel*, S. 105.

671 *Sailer*, EnWZ 2016, 250, 252.

Abnahme, Übertragung und Verteilung des Stroms sicherzustellen. Diese Regelung stellt klar, dass Adressat der Netzerweiterungspflicht nicht nur solche Netzbetreiber sind, die der Anschlusspflicht nach § 8 Abs. 1 S. 1 EEG unterliegen, sondern auch solche, die bis einschließlich einer Spannungsebene von 110 kV durch den Anschluss unmittelbar oder mittelbar betroffen sind.[672] Des Weiteren muss der Netzbetreiber sein Netz auf Verlangen des Einspeisewilligen unverzüglich erweitern, um die Abnahme, Übertragung und Verteilung des Stroms aus erneuerbaren Energien und Grubengas sicherzustellen, vgl. § 12 Abs. 1 S. 1 EEG. Unter dem Begriff „unverzüglich" ist in diesem Zusammenhang der Beginn der Netzerweiterung ohne schuldhaftes Zögern i.S.d. § 121 BGB zu verstehen.[673] Dabei werden je nach Art der Netzerweiterung unterschiedlich ausgeprägte Berechnungs- und Planungsphasen sowie eventuelle Ausschreibungen der Netzerweiterung vorausgehen, sodass unverzüglich in diesem Zusammenhang nicht zwangsläufig bedeutet, dass die Netzverstärkung innerhalb weniger Monate realisiert werden kann, sondern vielmehr von der jeweiligen Ausprägung der Netzerweiterung abhängig ist.[674] Von entscheidender Bedeutung ist allerdings, dass die Planung, die Einholung möglicher Genehmigungen und eventuelle Ausschreibungen unverzüglich durchgeführt werden müssen.[675]

Der Gesetzgeber unterscheidet im Rahmen der §§ 8 Abs. 4 EEG, 12 Abs. 1 EEG zwischen drei Arten der Netzerweiterung, die jeweils dazu bestimmt sind, die Anpassung der Transportkapazitäten des Netzes zum Zwecke des Anschlusses von EE-Anlagen zu ermöglichen.[676] Dabei ist es durchaus möglich, dass die unterschiedlichen Maßnahmen der Kapazitätserweiterung nebeneinander angewendet werden.[677] Auf die drei Arten der Netzerweiterung, namentlich der Optimierung (a.), Verstärkung (b.) und des Ausbaus (c.), soll im weiteren Verlauf näher eingegangen werden.

a. Netzoptimierung

Generell ist unter dem Begriff des Optimierens die „Verbesserung und optimale Gestaltung eines bestehenden Zustandes" zu verstehen.[678] Der Gesetzesbegründung lässt sich in Bezug auf die Netzoptimierung entnehmen, dass sie eine Minusmaßnahme in Bezug auf den Netzausbau darstellt.[679] Beispielhaft wird dort das

---

672 *Salje*, EEG 2017, § 12 Rn. 1; Altrock/Oschmann/Theobald/ *Wustlich*, EEG, § 9 Rn. 10f.
673 *Salje*, EEG 2017, § 12 Rn. 1.
674 So auch *Salje*, EEG 2017, § 8 Rn. 19.
675 Frenz/Müggenborg/Cosack/Henning/Schomerus/*Boemke*, EEG, § 12 Rn. 23.
676 *Salje*, EEG 2017, § 12 Rn. 3; Frenz/Müggenborg/Cosack/Henning/Schomerus/*Boemke*, EEG, § 12 Rn. 14.
677 HK-EEG/*Schäfermeier*, § 9 Rn. 41; *Sailer*, EnWZ 2016, 250, 253.
678 So Frenz/Müggenborg/Cosack/Henning/Schomerus/*Boemke*, EEG, § 12 Rn. 17.
679 Siehe dazu BT-Drs.: 16/8148, S. 45 (Einzelbegründung zu § 9 Abs. 1 EEG 2009).

Temperaturleiter-Monitoring[680] als Netzoptimierungsmaßnahme aufgeführt.[681] Weitere Anhaltspunkte in Bezug auf die Optimierung lassen sich der Gesetzesbegründung hingegen nicht entnehmen.[682] Vorgeschlagen wird hierzu, unter Netzoptimierung diejenigen Maßnahmen des Netzbetreibers zu verstehen, die eine Auslastung des Netzes oder einzelner Netzbereiche ermöglichen ohne dabei in die Substanz des Systems von Kabeln und Freileitungen einzugreifen.[683] Es erfolgt demnach weder ein Leitungsaustausch noch findet eine zusätzliche Errichtung einer neuen Verbindung statt. Optimierungsmaßnahmen verbessern somit die Aufnahmebereitschaft des Netzes und stehen dabei im Einklang mit den einschlägigen VDE-Richtlinien.[684] Nach Möglichkeit sind Maßnahmen der Netzoptimierung aufgrund der kürzeren Durchführungsdauer oftmals vor Maßnahmen der Netzverstärkung und des Netzausbaus durchzuführen.[685]

b. Netzverstärkung

Unter Maßnahmen der Netzverstärkung werden diejenigen Maßnahmen des Netzbetreibers zusammengefasst, mit denen der Austausch einzelner Freileitungen oder Erdkabel einhergeht, die bisher als Engpassfaktoren die Netzerweiterung behindert haben.[686] Von der Netzverstärkung sind damit bauliche Maßnahmen innerhalb des vorhandenen Netzes umfasst, die die Erweiterung von Netzkapazität zum Ziel haben.[687] In Abgrenzung zur Netzoptimierung geht mit einer Verstärkung des Netzes ein Substanzeingriff in das Netz einher.[688] In der Gesetzesbegründung wird als Netzverstärkungsmaßnahme beispielhaft das Anbringen von Hochtemperatur-Leiterseilen genannt.[689] Hierbei wird eine bereits vorhandene Leitung ausgetauscht, um dadurch eine Kapazitätserhöhung in dem betroffenen Netzbereich zu erzielen.[690]

---

680 Das Temperaturleiter-Monitoring ermöglicht es dem Netzbetreiber mittels Überwachungssystems, die Temperaturen der Leiterseile jedes einzelnen Leitungsabschnitts online festzustellen. Dadurch kann an heißen Tagen, wenn die Leitungen aufgrund der Temperatur und des Betriebs beginnen stark durchzuhängen, der Lastfluss im Wege des Einspeisemanagements i.S.d. § 14 Abs. 1 EEG so begrenzt werden, dass an keinem Punkt des Leitungssystems die zulässigen Höchsttemperaturen überschritten werden, *Salje*, EEG-2017, § 12 Rn. 4.

681 BT-Drs. 16/8148, S. 45 (Einzelbegründung zu § 9 Abs. 1 EEG 2009).

682 So auch Frenz/Müggenborg/Cosack/Henning/Schomerus/*Cosack*, EEG, § 8 Rn. 108.

683 *Salje*, EEG 2017, § 12 Rn. 4.

684 Siehe dazu *Salje*, EEG 2017, § 12 Rn. 4.

685 Frenz/Müggenborg/Cosack/Henning/Schomerus/*Boemke*, EEG, § 12 Rn. 15.

686 *Salje*, EEG 2017, § 12 Rn. 5.

687 Greb/Boewe/*Woltering*, EEG, § 12 Abs. 18.

688 Greb/Boewe/*Woltering*, EEG, § 12 Abs. 18.

689 BT-Drs. 16/8148, S. 45 (Einzelbegründung zu § 9 Abs. 1 EEG 2009).

690 *Salje*, EEG 2017, § 12 Rn. 5.

c. *Netzausbau*

Unter Maßnahmen des Netzausbaus werden solche gefasst, die über die Netzverstärkung hinausgehend in die Substanz der Netzstruktur eingreifen oder den Zubau von Leitungskapazitäten zum Gegenstand haben.[691] In diesem Zusammenhang wird auch mit dem Begriff der netzinternen Maßnahme gearbeitet. Wird demnach eine netzinterne Maßnahme vorgenommen, so liegt ein Fall des Netzausbaus vor. Dabei kann eine solche Maßnahme auch einen Leitungsneubau darstellen, an welche die Anlage nicht direkt angeschlossen ist und die neue Leitung beispielsweise der Weiterleitung des Stroms dient.[692] Die netzinterne Maßnahme eignet sich insofern auch als Abgrenzungskriterium in Hinblick auf das Vorliegen einer Maßnahme zum Anschluss einer EE-Anlage.[693]

Von dem Begehren des EE-Anlagenbetreibers auf Netzausbau ist auch das Begehren auf Netzverstärkung und -optimierung umfasst, da Maßnahmen der Netzoptimierung sowie der Netzverstärkung ein Minus gegenüber dem Netzausbau darstellen.[694] Im Rahmen einer Leistungsklage des Einspeisewilligen auf Netzausbau ist insofern auch das Begehren auf Netzverstärkung und Netzoptimierung umfasst.[695] Dies ist auch sachgerecht, denn der EE-Anlagenbetreiber kann im Gegensatz zu dem Netzbetreiber keine ausreichende Sachkenntnis darüber haben, welche konkrete Netzerweiterungsmaßnahme zur Behebung des Netzengpasses unter Berücksichtigung des geringsten Aufwandes zielführend ist.[696]

2. Umfang der Netzerweiterungspflicht, § 12 Abs. 2 EEG

Im Folgenden soll der Umfang der Netzerweiterungspflicht untersucht werden. Dafür ist auf die Regelung des § 12 Abs. 2 EEG abzustellen. Demnach erstreckt sich die Pflicht auf sämtliche für den Betrieb des Netzes notwendigen technischen Einrichtungen sowie die im Eigentum des Netzbetreibers stehenden oder in sein Eigentum übergehenden Anschlussanlagen. Für die Annahme einer Netzerweiterungspflicht ist es nach § 12 Abs. 2 EEG somit ausreichend, dass von der vorzunehmenden Maßnahme entweder für den Betrieb des Netzes notwendige technische Einrichtungen umfasst sind oder Anschlussanlagen, die im Eigentum des Netzbetreibers stehen bzw. solche, die in sein Eigentum übergehen. Insofern ist es ausreichend, dass eine der genannten Alternativen einschlägig ist, um eine Netzerweiterungsmaßnahme anzunehmen.[697] Unter den Begriff der technischen

691 *Salje*, EEG 2017, § 12 Rn. 6.

692 *BGH*, Urt. v. 18.07.2007 – VIII ZR 288/05, NJW-RR 2007, 1645, 1648.

693 BT-Drs.: 16/8148, S. 45 (Einzelbegründung zu § 9 Abs. 1 EEG 2009).

694 BT-Drs.: 16/8148, S. 45 (Einzelbegründung zu § 9 Abs. 1 EEG 2009); HK-EEG/*Schäfermeier*, § 9 Rn. 41.

695 BT-Drs. 16/8148, S. 45 (Einzelbegründung zu § 9 Abs. 1 EEG 2009).

696 *Salje*, EEG 2017, § 12 Rn. 6.

697 Frenz/Müggenborg/Cosack/Henning/Schomerus/*Boemke*, EEG, § 12 Rn. 35.

Einrichtungen ist jeder Bestandteil des Netzes i.S.d. § 3 Nr. 35 EEG zu fassen.[698] Weiterhin müssen sie zum Betrieb des Netzes unmittelbar oder mittelbar erforderlich sein.[699] So fallen beispielsweise Freileitungen, Erdkabel, Umspannwerke, Masten und Transformatoren und Stichleitungen unter den Begriff der technischen Einrichtungen.[700] Im Eigentum des Netzbetreibers stehende Anschlussanlagen sind hingegen betriebsnotwendige technische Bestandteile des Netzes, die zumindest im unmittelbaren räumlichen Zusammenhang mit dem Netzeinspeisepunkt stehen.[701] Allerdings sind davon auch solche Anschlussanlagen erfasst, die unter den Begriff des Netzanschlusses i.S.d. § 16 Abs. 1 EEG fallen und demnach grundsätzlich von dem EE-Anlagenbetreiber zu zahlen sind.[702] Insofern normiert § 12 Abs. 2 EEG eine Ausnahme für solche Anschlussanlagen, die im Eigentum des Netzbetreibers stehen.[703] Durch die Regelung des § 12 Abs. 2 EEG wird die Abgrenzung zwischen Maßnahmen der Netzerweiterung und Maßnahmen des Netzanschlusses erleichtert,[704] was wiederum für die Zuordnung der Kosten der Maßnahmen von Bedeutung ist.[705]

3. Wirtschaftliche Unzumutbarkeit gem. § 12 Abs. 3 EEG

Gem. § 12 Abs. 3 EEG muss der Netzbetreiber sein Netz nicht optimieren, verstärken und ausbauen, soweit dies wirtschaftlich unzumutbar ist. Ist das Merkmal der wirtschaftlichen Unzumutbarkeit erfüllt, besteht für den Netzbetreiber folglich keine Netzerweiterungspflicht an dem in Rede stehenden Verknüpfungspunkt.[706] Die Grenze der Netzerweiterungspflicht stellt damit die wirtschaftliche Unzumutbarkeit dar, welche eine Ausprägung des Verhältnismäßigkeitsgrundsatzes darstellt.[707] Es handelt sich bei dem Merkmal der wirtschaftlichen Unzumutbarkeit zudem um einen unbestimmten Rechtsbegriff.[708] Die Verwendung von unbestimmten Rechtsbegriffen eröffnet die Möglichkeit einzelfallabhängige Entscheidungen zu treffen und die dafür notwendige Flexibilität zu bewahren.[709] Dabei ist der Sinn von unbestimmten Rechtsbegriffen jeweils durch Auslegung zu ermitteln.[710]

---

698 Greb/Boewe/*Woltering*, EEG, § 12 Rn. 26.

699 Frenz/Müggenborg/Cosack/Henning/Schomerus/*Boemke*, EEG, § 12 Rn. 38.

700 Frenz/Müggenborg/Cosack/Henning/Schomerus/*Boemke*, EEG, § 12 Rn. 39.

701 Frenz/Müggenborg/Cosack/Henning/Schomerus/*Boemke*, EEG, § 12 Rn. 40.

702 Vgl. hierzu die Ausführungen zu den Netzanschlusskosten unter D. I. 8.

703 Greb/Boewe/*Woltering*, EEG, § 12 Rn. 28.

704 Greb/Boewe/*Woltering*, EEG, § 12 Rn. 25.

705 Siehe zu den Netzschlusskosten die Ausführungen unter D. I. 8. und zu den Netzerweiterungskosten die Ausführungen unter D. II. 5.

706 Altrock/Oschmann/Theobald/*Altrock*, EEG, § 5 Rn. 87; *Sailer*, EnWZ 2016, 250, 254.

707 BT-Drs.: 15/2864, S. 34 (Einzelbegründung zu § 4 Abs. 2 EEG 2004).

708 Vgl. Baur/Salje/Schmidt-Preuß/*Salje*, Kap. 70 Rn. 1; BT-Drs.: 18/1304, S. 124 (Einzelbegründung zu § 12 EEG 2014).

709 Stelkens/Bonk/Sachs/*Sachs*, VwVfG, § 40 Rn. 152.

710 Knack/Henneke/*Ruffert*, VwVfG, § 40 Rn. 95.

Auslegungshinweise bietet das Votum 2008/14 der Clearingstelle EEG,[711] auf die auch die Gesetzesbegründung Bezug nimmt.[712] Demnach sollte ein Verhältnis zwischen dem Aufwand für die Netzerweiterung und der Investition der EE-Anlage gewahrt werden, das 25 Prozent nicht übersteigen sollte.[713] Dieser Wert wurde bereits von der Gesetzesbegründung zur Vorgängernorm aufgegriffen, sodass auch nach dieser die Netzerweiterung insbesondere dann verhältnismäßig und damit wirtschaftlich zumutbar sein soll, wenn die für die Netzerweiterung anfallenden Kosten 25 Prozent der Errichtungskosten der EE-Anlage nicht übersteigen.[714] Dieser Grenzwert kann somit als erste Leitlinie für die Beurteilung der wirtschaftlichen Unzumutbarkeit herangezogen werden.[715] Wird diese Grenze nicht überschritten, steht dem Einspeisewilligen der Anspruch auf Netzerweiterung nach § 8 Abs. 4 i.V .m. § 12 Abs. 1 EEG regelmäßig zu.[716] Neben diesem absoluten Grenzwert müssen darüber hinaus die Umstände des Einzelfalls in die Beurteilung der wirtschaftlichen Unzumutbarkeit eingestellt werden, wobei insbesondere auch der absolute Aufwandsbetrag zu berücksichtigen ist.[717] Denkbar ist es, dass bei der Beurteilung die Leistung der EE-Anlage und der damit einhergehende einzuspeisende Strom einerseits und die mit der Netzerweiterung verbundene Arbeit andererseits einfließt.[718] So können sich beispielsweise Bedenken bezüglich der wirtschaftlichen Zumutbarkeit aus Kleineinspeisungen ergeben, wenn dafür eine Umrüstung des Netzes mit einem Aufwand von mehreren Millionen Euro erfolgen müsste.[719] Auch ist es fraglich, wie sich die technische Nutzungsdauer einer EE-Anlage bei der Beurteilung der wirtschaftlichen Zumutbarkeit auswirkt.[720] Weist eine EE-Anlage eine verringerte technische Nutzungsdauer auf, sodass sie lediglich noch

711 *Clearingstelle EEG*, Votum 2008/14 v. 19.09.2008.

712 *Salje*, EEG 2017, § 12 Rn. 12; in der Gesetzesbegründung zum EEG 2014 wird im Hinblick auf die wirtschaftliche Unzumutbarkeit ausdrücklich zu Auslegungszwecken auf die Entscheidung der Clearingstelle (Votum 2008/14) verwiesen. So BT-Drs.:18/1304, S. 124 (Einzelbegründung zu § 12 EEG 2014).

713 Mit einer ausführlichen Darstellung der Bestimmung der Errichtungskosten der EE-Anlage, *Clearingstelle EEG*, Votum 2008/14 v. 19.09.2008, S. 24ff.

714 BT-Drs.: 15/2864, S. 34 (Einzelbegründung zu § 4 Abs. 2 EEG 2004); auf die Gesetzesbegründung bezugnehmend *BGH*, Urt. v. 18.07.2007 – VIII ZR 288/05, NJW-RR 2007, 1645, 1647; *LG Münster*, Urt. v. 24.06.2016 – 010 O 114/13, RdE 2017, 155, 156; zustimmend Altrock/Oschmann/Theobald/*Altrock*, EEG, § 5 Rn. 16. Auch S. 24 des Votums der Clearingstelle 2008/14 v. 19.09.2008 nimmt auf die Gesetzesbegründung BT-Drs.: 15/2864 Bezug.

715 So auch Hk-EEG/*Schäfermeier*, § 9 Rn. 34.

716 Hk-EEG/*Schäfermeier*, § 9 Rn. 36; Altrock/Oschmann/Theobald/*Wustlich*, EEG, § 9 Rn. 38; Frenz/Müggenborg/Cosack/Henning/Schomerus/*Boemke*, EEG, § 12 Rn. 46.

717 Salje, EEG 2017, § 12 Rn. 12; Hk-EEG/*Schäfermeier*, § 9 Rn. 34.

718 *Salje*, EEG 2017, § 12 Rn. 12.

719 *Salje*, EEG 2017, § 12 Rn. 12.

720 *Salje*, EEG 2017, § 12 Rn. 12.

für eine geringe Restlaufzeit betrieben wird, so wird eine teure Netzerweiterung eher wirtschaftlich unzumutbar sein, als dies der Fall sein würde, wenn es sich um eine neuwertige EE-Anlage handelt, die eine prognostizierte Laufzeit von über 20 Jahren aufweist.[721] Darüber hinaus muss bei der Beurteilung der wirtschaftlichen Unzumutbarkeit i.S.d. § 12 Abs. 3 EEG stets berücksichtigt werden, dass die Verpflichtung zur Netzerweiterung und die damit einhergehenden Aufwendungen des Netzbetreibers dadurch relativiert werden, dass der Netzbetreiber die anfallenden Investitionskosten zur Integration von EE-Anlagen bei der Ermittlung der Netzentgelte[722] nach § 23 Abs. 1 Nr. 2, Abs. 6 Anreizregulierungsverordnung (ARegV) oder im Wege des Kapitalkostenaufschlags nach § 10a ARegV in Ansatz bringen kann und dies auch regelmäßig tut.[723] Dieser Umstand ist somit ebenfalls bei der Beurteilung der wirtschaftlichen Unzumutbarkeit zu berücksichtigen.[724]

Besteht die wirtschaftliche Unzumutbarkeit im Ergebnis, so hat dies zur Konsequenz, dass der EE-Anlagenbetreiber keinen Anschlussanspruch nach § 8 Abs. 1 S. 1 i.V.m. § 8 Abs. 4 EEG gegen den Netzbetreiber geltend machen kann, da die Abnahme des Stroms aufgrund fehlender technischer Eignung der Spannungsebene des Netzabschnitts ohne die Optimierung, Verstärkung oder den Ausbau nicht möglich ist. Die Beweislast für die wirtschaftliche Unzumutbarkeit der Netzerweiterungsmaßnahmen trägt dabei der Netzbetreiber, sodass dieser darlegen und beweisen muss, dass die jeweiligen Maßnahmen für ihn unzumutbar sind.[725]

4. Entstehung des Netzerweiterungsanspruchs

Der Netzerweiterungsanspruch des EE-Anlagenbetreibers aus § 8 Abs. 4 EEG und der Anschlussanspruch aus § 8 Abs. 1 S. 1 EEG sind rechtlich miteinander verknüpft.[726] Der Netzerweiterungsanspruch dient dazu, die fehlende Voraussetzung der technischen Eignung der Spannungsebene des Netzanschlussanspruchs nach § 8 Abs. 1 S. 1 Hs. 1 (Satzteil 1) EEG herbeizuführen, um so den Anschluss der EE-Anlage als auch die Abnahme, Übertragung und Verteilung des Stroms aus erneuerbaren Energien sicherzustellen. Somit setzt der Anspruch auf Netzanschluss der EE-Anlage den Anspruch auf Netzerweiterung voraus, sodass letzterer nicht erfordert, dass die EE-Anlage zum Zeitpunkt des Netzerweiterungsbegehrens bereits anschlussfertig errichtet ist.[727] So heißt es hierzu auch in der Gesetzesbegründung, dass der Netzerweiterungsanspruch bei genehmigungspflichtigen EE-Anlagen

721 *Salje*, EEG 2017, § 12 Rn. 12.
722 Die Ermittlung der Netzentgelte wird ausführlich unter E. V. 2. b. cc. (2.) thematisiert.
723 Altrock/Oschmann/Theobald/*Altrock*, EEG, § 5 Rn. 16; *Clearingstelle EEG*, Votum 2008/14 v. 19.09.2008, S. 23.
724 Vgl. BT-Drs.: 15/2864, S. 34 (Einzelbegründung zu § 4 Abs. 2 EEG 2004).
725 BT-Drs.: 16/8148, S. 45 (Einzelbegründung zu § 9 Abs. 3 EEG 2009); *Ringel*, S. 104.
726 *BGH*, Urt. v. 18.07.2007 – VIII ZR 288/05, NJW-RR 2007, 1645, 1646.
727 *BGH*, Urt. v. 18.07.2007 – VIII ZR 288/05, NJW-RR 2007, 1645, 1646.

gegen den Netzbetreiber schon vor der Erteilung der Genehmigung bestehen und somit geltend gemacht werden kann.[728] Die Netzerweiterungspflicht richtet sich vielmehr danach, ob eine solche Verpflichtung für den Netzbetreiber zum Zeitpunkt des Verlangens des EE-Anlagenbetreibers auf Kapazitätserweiterung bereits zumutbar ist.[729] Die Zumutbarkeit wiederum ist anzunehmen, wenn die Planung bereits konkretisiert wurde, sie insofern nicht mehr unverbindlich ist. Dies ist beispielsweise dann der Fall, wenn bereits Aufträge für Detailplanungen vergeben oder Verträge zur Herstellung unterzeichnet wurden.[730]

5. Netzerweiterungskosten

Die Kosten der Optimierung, der Verstärkung und des Ausbaus des Netzes trägt gem. § 17 EEG der Netzbetreiber.[731] Aufgrund der unterschiedlichen Kostentragungsregelungen für Netzerweiterungsmaßnahmen nach § 17 EEG und für Anschlussmaßnahmen nach § 16 EEG ist es insofern von entscheidender Bedeutung, ob es sich bei der betroffenen Maßnahme um eine solche der Netzerweiterung oder des Netzanschlusses handelt.[732] Unter Netzerweiterungsmaßnahmen sind alle Maßnahmen im Netz und somit aus Sicht des EE-Anlagenbetreibers solche zu fassen, die hinter dem Netzverknüpfungspunkt durchzuführen sind.[733] Damit trennt sich die Sphäre des Netzbetreibers und die des EE-Anlagenbetreibers grundsätzlich am Netzverknüpfungspunkt.[734] Eine Abgrenzungshilfe bietet dabei auch die Regelung des § 12 Abs. 2 EEG, in der der Umfang der Netzerweiterungspflicht geregelt ist.[735] Grundsätzlich kann die Kostentragung anhand von zwei Grundkriterien abgegrenzt werden.[736] Hierbei handelt es sich zum einen um die Auswirkungen der Maßnahme auf die Betriebsnotwendigkeit des Netzes und zum anderen um die Eigentumsverhältnisse an dem in Frage stehenden Betriebsmittel.[737] Ist die Maßnahme bzw. die technische Einrichtung, die im Rahmen des Anschlusses einer EE-Anlage geschaffen wurde, für den Betrieb und die Funktionsfähigkeit des Netzes notwendig, hat der Netzbetreiber die Kosten nach § 17 EEG zu tragen.[738] Gleiches

---

728 BT-Drs.: 16/8148, S. 45 (Einzelbegründung zu § 9 Abs. 1 EEG 2009).

729 Loibl/Maslaton/Bredow/Walter/*Schäfermeier*, Biogasanlagen im EEG, § 7 Rn. 17; BT-Drs.: 16/8148, S. 45 (Einzelbegründung zu § 9 Abs. 1 EEG 2009).

730 BT-Drs.: 16/8148, S. 45 (Einzelbegründung zu § 9 Abs. 1 EEG 2009); Loibl/Maslaton/Bredow/Walter/*Schäfermeier*, Biogasanlagen im EEG, § 7 Rn. 17.

731 Zur näheren Erläuterung der Begriffe Optimierung, Verstärkung und Ausbau siehe die Ausführungen unter D. II. 1.

732 *Salje*, EEG 2017, § 17 En. 8; siehe dazu auch die Ausführungen unter D. I. 8.

733 *Woltering*, EnWZ 2015, 254, 256.

734 BerlKommEnR/*König*, Band 6, § 17 EEG Rn. 9.

735 Maslaton/*Klauß*, Kap. 4 Rn. 64; siehe dazu auch die Ausführungen unter D. II. 2.

736 BT-Drs.: 16/8148, S. 46 (Einzelbegründung zu § 9 Abs. 2 EEG 2009); Maslaton/*Klauß*, Kap. 4 Rn. 65.

737 BT-Drs.: 16/8148, S. 46 (Einzelbegründung zu § 9 Abs. 2 EEG 2009).

738 BT-Drs.: 16/8148, S. 46 (Einzelbegründung zu § 9 Abs. 2 EEG 2009).

gilt, wenn die Bestandteile der Anschlussanlage im Eigentum des Netzbetreibers stehen.[739]

III. Wahlrecht

Neben dem in § 8 Abs. 1 S. 1 EEG beschriebenen Netzverknüpfungspunkt enthält sowohl § 8 Abs. 2 EEG als auch § 8 Abs. 3 EEG Wahlrechte des EE-Anlagenbetreibers und des Netzbetreibers in Bezug auf den Netzverknüpfungspunkt. So dürfen EE-Anlagenbetreiber nach § 8 Abs. 2 EEG einen anderen Verknüpfungspunkt dieses oder eines anderen im Hinblick auf die Spannungsebene geeigneten Netzes wählen, es sei denn, die daraus resultierenden Mehrkosten des Netzbetreibers sind nicht unerheblich. Unter den Mehrkosten sind dabei die Netzerweiterungskosten zu fassen, die der Netzbetreiber nach § 17 EEG zu tragen hat.[740] Die Ermittlung der Mehrkosten basiert dabei auf einem Variantenvergleich. Dafür werden die Netzerweiterungskosten des Netzbetreibers im Falle eines Anschlusses an einen Netzverknüpfungspunkt i.S.d. § 8 Abs. 1 S. 1 EEG und im Falles des § 8 Abs. 2 EEG miteinander verglichen.[741] Nach dem BGH sind die Mehrkosten für den Netzbetreiber jedenfalls erheblich, wenn der ausgewählte Netzverknüpfungspunkt zu Mehrkosten von mehr als 60 Prozent im Vergleich zu einem Anschluss an einen Netzverknüpfungspunkt gem. § 8 Abs. 1 S. 1 EEG führen.[742] Dieser Wert ist aber nicht als Maßstab heranzuziehen, da der BGH in der genannten Entscheidung lediglich über die zugrunde liegenden Kosten entschieden hat und keine allgemein gültige Entscheidung darüber getroffen hat, wann die Mehrkosten als erheblich anzusehen sind.[743] Es ist davon auszugehen, dass die Grenze deutlich weiter unten anzusetzen ist und die Erheblichkeitsschwelle somit bereits bei einem deutlich geringeren Überschreiten erreicht sein dürfte.[744] Weder das Gesetz noch die Gesetzesbegründung geben Aufschluss darüber, wann die Erheblichkeitsschwelle überschritten ist.[745] Aus diesem Grund sind die Mehrkosten unter Berücksichtigung der Umstände des Einzelfalls und der Interessen des EE-Anlagenbetreibers zu beurteilen.[746] Besteht das Interesse des EE-Anlagenbetreibers allein in der Reduzierung der Netzanschlusskosten gem. § 16 Abs. 1 EGG, ist in Bezug auf die Erheblichkeitsschwelle eine strenge Grenze anzulegen, sodass lediglich Bagatellbeträge als noch unerheblich angesehen werden können. In einem solchen Fall würde die

739 Maslaton/*Klauß*, Kap. 4 Rn. 65.
740 BerlKommEnR/*Scholz*, Band 6, § 8 EEG Rn. 44.
741 *Woltering*, EnWZ 2015, 254, 257.
742 *BGH*, Urt. v. 10.10.2012 – VIII ZR 362/11, NVwZ 2013, 90, 95.
743 *BGH*, Urt. v. 10.10.2012 – VIII ZR 362/11, NVwZ 2013, 90, 95.
744 Erwähnt wird in diesem Zusammenhang ein Grenzwert von 10 Prozent, vgl. BerlKommEnR/*Scholz*, Band 6, § 8 EEG Rn. 46.
745 *Woltering*, EnWZ 2015, 254, 257.
746 *Woltering*, EnWZ 2015, 254, 257.

Ausübung des Wahlrechts durch den EE-Anlagenbetreiber zu insgesamt steigenden Gesamtkosten und einer damit einhergehenden Kostenverschiebung zulasten des Netzbetreibers führen, was einen Widerspruch zu dem in § 8 Abs. 1 S. 1 EEG niedergelegten Grundsatz der gesamtwirtschaftlichen Betrachtungsweise darstellt.[747] Kann der EE-Anlagenbetreiber bei der Ausübung seines Wahlrechts hingegen weitere nachvollziehbare und berechtigte Interessen neben der Reduzierung seiner Kosten geltend machen, sind gegebenenfalls höhere Mehrkosten gerechtfertigt.[748] Der Netzbetreiber trägt die Beweislast in Bezug auf die Höhe der Mehrkosten, da nur er über die erforderlichen Informationen verfügt, die für den Variantenvergleich maßgeblich sind.[749]

Die Regelung des § 8 Abs. 3 EEG bestimmt hingegen, dass der Netzbetreiber abweichend von § 8 Abs. 1 und Abs. 2 EEG der EE-Anlage einen anderen Verknüpfungspunkt zuweisen darf, es sei denn, die Abnahme des Stroms aus der betroffenen Anlage nach § 11 Abs. 1 EEG wäre an diesem Verknüpfungspunkt nicht sichergestellt. Durch § 8 Abs. 3 EEG wird dem Netzbetreiber in Hinsicht auf den Netzverknüpfungspunkt damit ein Letztzuweisungsrecht eingeräumt.[750] Es ist allerdings zwingend, dass der vom Netzbetreiber ausgewählte Netzverknüpfungspunkt für den EE-Anlagenbetreiber zumutbar ist. Dies bedeutet, dass er für die EE-Anlage technisch und genehmigungsrechtlich erreichbar sein muss und darüber hinaus mit einer effizienteren Netzkonfiguration einhergeht.[751] Der Netzbetreiber muss sein Zuweisungsrecht ausdrücklich ausüben, andernfalls steht dem EE-Anlagenbetreiber weiterhin der Anspruch auf Anschluss nach § 8 Abs. 1 S. 1 EEG oder gegebenenfalls nach § 8 Abs. 2 EEG zu.[752] Das Zuweisungsrecht des Netzbetreibers erlischt mit Anschluss der EE-Anlage an einen Verknüpfungspunkt gem. § 8 Abs. 1 S. 1 EEG oder § 8 Abs. 2 EEG, Zustimmung des Netzbetreibers an einen dieser Verknüpfungspunkte oder rechtskräftiger Verurteilung.[753] Bei der Regelung des § 8 Abs. 3 EEG muss allerdings immer die Kostentragungsregelung des § 16 Abs. 2 EEG beachtet werden.[754] Diese bestimmt, dass in den Fällen des § 8 Abs. 3 EEG der Netzbetreiber die daraus resultierenden Mehrkosten zu tragen hat. Für den Netzbetreiber bietet die Ausübung des Letztzuweisungsrechts in § 8 Abs. 3 EEG insofern nur in sehr wenigen Konstellationen einen entscheidenden Vorteil.[755] In der Praxis scheint es oftmals sogar so zu sein, dass die Netzbetreiber kein Interesse daran haben, von ihrem Letztzuweisungsrecht Gebrauch zu

747 *Woltering*, EnWZ 2015, 254, 257.
748 Siehe dazu ausführlich *Woltering*, EnWZ 2015, 254, 257.
749 BT-Drs.: 18/1304, S. 120 (Einzelbegründung zu § 8 Abs. 2 EEG 2014).
750 Hk-EEG/*Schäfermeier*, § 5 Rn. 42; Maslaton/*Klauß*, Kap. 4 Rn. 37.
751 Frenz/Müggenborg/Cosack/Henning/Schomerus/*Cosack*, EEG, § 8 Rn. 102.
752 Hk-EEG/*Schäfermeier*, § 5 Rn. 43.
753 Hk-EEG/*Schäfermeier*, § 5 Rn. 43.
754 *Salje*, EEG 2017, § 8 Rn. 26.
755 *Kaplun*, S. 162.

machen und regelmäßig auf dessen Ausübung verzichten.[756] Kommt es dennoch zu einer Ausübung des Letztzuweisungsrechts dürfte es in der überwiegenden Anzahl der Fälle zutreffend sein, dass der von dem Netzbetreiber zugewiesene Verknüpfungspunkt und der gesetzlich vorgeschriebene Verknüpfungspunkt in § 8 Abs. 1 S. 1 EEG identisch sind, sodass in diesen Konstellationen mit der Ausübung des Wahlrechts keine Mehrkosten für den Netzbetreiber entstehen und letztlich der Verknüpfungspunkt nach § 8 Abs. S. 1 EEG maßgeblich ist.[757]

Sowohl der EE-Anlagenbetreiber als auch der Netzbetreiber haben damit grundsätzlich die Möglichkeit auf den Verknüpfungspunkt Einfluss zu nehmen. Allerdings stellt die gesetzliche Grundkonstellation des § 8 Abs. 1 S. 1 EEG den Hauptanwendungsfall der Anschlussverpflichtung von EE-Anlagen dar, sodass sich die Arbeit auf diese Regelung konzentriert und davon ausgeht, dass der Netzbetreiber von seinem Letztzuweisungsrecht keinen Gebrauch macht. Dies wird auch dadurch gestützt, dass das Gesetz ebenfalls im Wege einer widerlegbaren gesetzlichen Vermutung davon ausgeht, dass § 8 Abs. 1 S. 1 Hs. 1 (Satzteil 1) EEG sowohl den technisch als auch den wirtschaftlich günstigsten Verknüpfungspunkt für den Anschluss der EE-Anlage darstellt.[758]

IV. Nebenpflichten des Netzbetreibers gem. § 8 Abs. 5 und Abs. 6 EEG

Bei den in § 8 Abs. 5 und Abs. 6 EEG normierten Pflichten des Netzbetreibers handelt es sich um Nebenpflichten, die sich für den Netzbetreiber aus der Anschlussverpflichtung nach § 8 Abs. 1 EEG ergeben.[759] Der Gesetzgeber hat mit den Normen Art. 16 Abs. 5 lit. a, b und c der erneuerbaren Energien-Richtlinie 2009/28/EG umgesetzt.[760]

Nach § 8 Abs. 5 S. 1 EEG müssen Netzbetreiber Einspeisewilligen nach Eingang eines Netzanschlussbegehrens unverzüglich einen genauen Zeitplan für die Bearbeitung des Netzanschlussbegehrens übermitteln. Gem. § 8 Abs. 5 S. 2 Nr. 1 EEG ist in diesem Zeitplan zum einen anzugeben, in welchen Arbeitsschritten das Netzanschlussbegehren bearbeitet wird. Zum anderen welche Informationen die Einspeisewilligen aus ihrem Verantwortungsbereich den Netzbetreibern übermitteln müssen, damit die Netzbetreiber den Verknüpfungspunkt ermitteln oder ihre Planungen nach § 12 EEG durchführen können, vgl. § 8 Abs. 5 S. 2 Nr. 2 EEG. Hierzu zählen regelmäßig Angaben zum Einspeisewilligen, technische Merkmale der EE-Anlage, wie beispielsweise Schaltpläne, technische Daten und vorhandene Schutzeinrichtungen, der Anlagenstandort inklusive vorherrschender

756 Siehe dazu *Fischer/Neusüß*, ZNER 2012, 53, 57; *Kaplun*, S. 163.
757 *Kaplun*, S. 162; ähnlich auch Maslaton/*Klauß*, Kap. 4 Rn. 37.
758 *Woltering*, EnWZ 2015, 254, 255; Baur/Salje/Schmidt-Preuß/*Salje*, Kap. 70 Rn. 60.
759 Greb/Boewe/*Woltering*, EEG, § 8 Rn. 56.
760 BerlKommEnR/*Scholz*, Band 6, § 8 EEG Rn. 61 u. 63.

Standortbedingungen, die geplante Ausführung der Anschlussleitung samt Messeinrichtungen sowie eine Zeitplanung hinsichtlich des Baubeginns und der geplanten Inbetriebnahme der EE-Anlage.[761] Hintergrund der normierten Informationspflichten ist die Tatsache, dass sowohl der Einspeisewillige als auch der Netzbetreiber umfangreiche Planungen durchzuführen hat und erhebliche Vermögensdispositionen tätigen muss, sodass eine zeitnahe Kenntnis der erforderlichen Daten für die weitergehende Planung für beide Parteien zwingend erforderlich ist.[762]

Nach § 8 Abs. 6 EEG müssen die Netzbetreiber den Einspeisewilligen nach Eingang der erforderlichen Informationen unverzüglich, spätestens aber innerhalb von acht Wochen, einen Zeitplan für die unverzügliche Herstellung des Netzanschlusses (§ 8 Abs. 6 Nr. 1 EEG), die für die Prüfung des Verknüpfungspunktes erforderlichen Informationen (§ 8 Abs. 6 Nr. 2 EEG), einen nachvollziehbaren und detaillierten Kostenvoranschlag, die den EE-Anlagenbetreibern durch den Netzanschluss entstehen (§ 8 Abs. 6 Nr. 3 EEG) und die zur Erfüllung der Pflichten nach § 9 Abs. 1 und Abs. 2 EEG erforderlichen Informationen (§ 8 Abs. 6 Nr. 4 EEG) übermitteln.[763] Dabei greifen die in § 8 Abs. 6 EEG normierten Auskunftspflichten des Netzbetreibers allerdings erst dann ein, wenn der Einspeisewillige die in seinen Verantwortungsbereich fallenden Informationen nach § 8 Abs. 5 Nr. 2 EEG an den Netzbetreiber übermittelt hat.[764] Aus diesem Grund stehen § 8 Abs. 5 und Abs. 6 EEG zueinander in einem Stufenverhältnis.[765]

V. Durchsetzbarkeit des Anspruchs

Nachdem die Voraussetzungen des Anschlussanspruchs des EE-Anlagenbetreibers nach § 8 Abs. 1 S. 1 EEG und die damit einhergehenden Verpflichtungen herausgearbeitet wurden, soll im Folgenden aufgezeigt werden, wie der EE-Anlagenbetreiber seine Rechte aus § 8 Abs. 1 S. 1 und Abs. 4 EEG durchsetzen kann.

Der Anschlussanspruch des EE-Anlagenbetreibers nach § 8 Abs. 1 S. 1 EEG kann im Wege der Leistungsklage vor den Zivilgerichten durchgesetzt werden.[766] Dies ist bereits möglich, wenn die EE-Anlage noch nicht anschlussfertig errichtet ist.[767] Auch eine Feststellungsklage nach § 256 ZPO soll vor der

---

761 *Salje*, EEG 2017, § 8 Rn. 34; Frenz/Müggenborg/Cosack/Henning/Schomerus/*Cosack*, EEG, § 8 Rn. 131f.
762 Frenz/Müggenborg/Cosack/Henning/Schomerus/*Cosack*, EEG, § 8 Rn. 128.
763 Greb/Boewe/*Woltering*, EEG, § 8 Rn. 56.
764 Greb/Boewe/*Woltering*, EEG, § 8 Rn. 56.
765 BerlKommEnR/*Scholz*, Band 6, § 8 EEG Rn. 62f; Greb/Boewe/*Woltering*, EEG, § 8 Rn. 56.
766 Vgl. dazu BerlKommEnR/*Hoffman*, Band 6, § 83 EEG Rn. 8.
767 Es handelt sich sodann um eine Klage auf künftige Leistung nach 259 ZPO, vgl. *LG Münster*, Urt. v. 19.12.2011 – 2 O 634/09, BeckRS 2012, 05075; **a.A.** noch *BGH*, Urt.

anschlussfertigen Errichtung der EE-Anlage nach der Rechtsprechung möglich sein.[768] Darüber hinaus steht dem EE-Anlagenbetreiber die Möglichkeit zu, den Netzbetreiber auf Schadensersatz nach § 280 BGB i.V.m. § 8 Abs. 1 S. 1 EEG zu verklagen, sollte der Netzbetreiber seine Anschlussverpflichtung nicht unverzüglich und vorrangig erfüllen oder die EE-Anlage ohne sachlichen Grund vom Netz trennen.[769] Des Weiteren steht dem EE-Anlagenbetreiber ein Auskunftsanspruch gegen den Netzbetreiber zu, um die nötigen Informationen nach § 8 Abs. 5 und Abs. 6 EEG erhalten zu können.[770]

Der mit dem Anschlussanspruch zusammenhängende Netzerweiterungsanspruch gem. § 12 Abs. 1 EEG kann ebenfalls im Wege der Leistungsklage vor den Zivilgerichten durchgesetzt werden. Dabei ist die Klageerhebung ebenfalls vor der anschlussfertigen Errichtung der EE-Anlage zulässig.[771] Des Weiteren steht den Einspeisewilligen bei Verstoß des Netzbetreibers gegen seine Pflichten aus § 12 Abs. 1 EEG ein Schadensersatzanspruch gem. § 13 Abs. 1 EEG zu. Verletzt der Netzbetreiber demnach seine Pflicht aus § 12 Abs. 1 EEG, können Einspeisewillige Ersatz des hierdurch entstandenen Schadens verlangen, vgl. § 13 Abs. 1 EEG. Des Weiteren sieht § 13 Abs. 2 EEG einen Auskunftsanspruch des Einspeisewilligen für den Fall vor, dass zu befürchten ist, dass der Netzbetreiber seinen Netzerweiterungspflichten nach § 12 Abs. 1 EEG nicht nachkommt.[772] Liegen demnach Tatsachen vor, die die Annahme begründen, dass der Netzbetreiber seine Pflicht aus § 12 Abs. 1 EEG nicht erfüllt hat, können EE-Anlagenbetreiber Auskunft von dem Netzbetreiber darüber verlangen, ob und inwieweit der Netzbetreiber das Netz optimiert, verstärkt und ausgebaut hat, vgl. § 13 Abs. 2 EEG. Der Auskunftsanspruch dient zum einen dazu, die Geltendmachung des Schadensersatzanspruches des Einspeisewilligen zu erleichtern, da er durch diesen an Informationen gelangt,

---

v. 12.07.2006 – VIII ZR 235/04, NJW-RR 2006, 1485, 1486. Siehe dazu auch die Ausführungen zu der Entstehung der Anschlussverpflichtung unter D. I. 6.

768 Dies sei möglich, da der Anschlussanspruch bereits vor Errichtung der EE-Anlage bestehe und es sich somit um eine Klage auf künftige Leistung gem. § 259 ZPO handele und eine solche ein Feststellungsinteresse nicht entfallen lasse, so *LG Münster*, Urt. v. 19.12.2011 – 2 O 634/09, BeckRS 2012, 05075 m.V.a. *BGH*, Urt. v. 07.02.1986 – V ZR 201/84, NJW 1986, 2507; Zöller/*Greger*, ZPO, § 256 Rn. 8; nach Altrock/Oschmann/Theobald/ *Altrock*, EEG, § 5 Rn. 37 ist dieses Ergebnis aufgrund der Subsidiarität der Feststellungsklage zweifelhaft.

769 Loibl/Maslaton/Bredow/Walter/*Bönning*, Biogasanlagen im EEG, § 6 Rn. 4; BT-Drs.: 16/8148, S. 41 (Einzelbegründung zu § 5 Abs. 1 EEG 2009); BerlKommEnR/ *Scholz*, Band 6, § 8 EEG Rn. 56.

770 Loibl/Maslaton/Bredow/Walter/*Bönning*, Biogasanlagen im EEG, § 6 Rn. 4; Frenz/ Müggenborg/Cosack/ Henning/Schomerus/*Cosack*, EEG, § 8 Rn. 129 u. 137.

771 BerlKommEnR/*König*, Band 6, § 12 EEG Rn. 47. Auch hierbei handelt es sich sodann um eine Klage auf künftige Leistung gem. § 259 ZPO, Altrock/Oschmann/Theobald/*Altrock*, EEG, § 5 Rn. 4.

772 BerlKommEnR/*König*, Band 6, § 13 EEG Rn. 1.

mit denen er einen Schadensersatzanspruch nach § 13 Abs. 1 EEG gegebenenfalls belegen kann.[773] Zum anderen dient der Auskunftsanspruch auch der Geltendmachung des Netzerweiterungsanspruchs gem. § 12 Abs. 1 S. 1 EEG.[774]

Die gerichtliche Durchsetzbarkeit der gesetzlichen Pflichten des Netzbetreibers aus § 8 Abs. 1 S. 1 EEG wird durch die Regelung des § 83 Abs. 1 EEG erleichtert, in der die Zulässigkeit von Anträgen im einstweiligen Rechtsschutz normiert ist,[775] sodass die Ansprüche des EE-Anlagenbetreibers aus § 8 EEG mit besonderem verfahrensrechtlichen Schutz flankiert werden.[776] Durch diese prozessuale Sonderstellung wird nochmals die besondere Bedeutung der vorrangigen Anschlussverpflichtung für die Funktionsfähigkeit des EEG hervorgehoben.[777] Hiernach kann das für die Hauptsache zuständige Gericht auf Antrag des Anlagenbetreibers bereits vor Errichtung der Anlage unter Berücksichtigung der Umstände des Einzelfalles durch einstweilige Verfügung regeln, dass der Schuldner der in den §§ 8 und 12 EEG bezeichneten Ansprüche Auskunft erteilen, die Anlage vorläufig anschließen und sein Netz unverzüglich optimieren, verstärken oder ausbauen muss. Damit kann zum einen der Anspruch auf Anschluss der EE-Anlage mit dem Netz am nächstgelegenen und nach der Spannungsebene geeigneten Netzverknüpfungspunkt im Wege der einstweiligen Verfügung gem. § 83 Abs. 1 EEG vorläufig durchgesetzt werden.[778] Denn durch § 83 EEG soll gerade ermöglicht werden, dass ein Verknüpfungspunkt vorläufig bestimmt werden kann, um eine Verzögerung beim Anschluss von EE-Anlagen zu vermeiden.[779] Zum anderen kann auch der Netzerweiterungsanspruch nach § 8 Abs. 4 i.V.m. § 12 Abs. 1 EEG und der Auskunftsanspruch nach § 8 Abs. 6 EEG des EE-Anlagenbetreibers im Wege der einstweiligen Verfügung geltend gemacht werden.[780] Durch diese Möglichkeit können die EE-Anlagenbetreiber ihre Rechte aus § 8 EEG durchsetzen, ohne möglichen existenzgefährdenden Hauptsacheprozessen ausgesetzt zu sein.[781] Dabei kann das Gericht die einstweilige Verfügung auch dann erlassen, wenn die in den §§ 935 und 940 der ZPO bezeichneten Voraussetzungen nicht vorliegen, vgl. § 83 Abs. 2 EEG. Die Regelungen gem. §§ 935, 940 ZPO sehen die Darlegung des Verfügungsgrundes

---

773 BT-Drs.: 16/8148, S. 46 (Einzelbegründung zu § 10 Abs. 2 EEG 2009); BerlKommEnR/*König*, Band 6, § 13 EEG Rn. 3.

774 BT-Drs.: 16/8148, S. 46 (Einzelbegründung zu § 10 Abs. 2 EEG 2009); BerlKommEnR/*König*, Band 6, § 13 EEG Rn. 3.

775 Altrock/Oschmann/Theobald/*Altrock*, EEG, § 5 Rn. 4.

776 BerlKommEnR/*Hoffman*, Band 6, § 83 EEG Rn. 1.

777 Altrock/Oschmann/Theobald/*Altrock*, EEG, § 5 Rn. 4.

778 *OLG Düsseldorf*, Urt. v. 11.07.2012 – VI-2 U (Kart) 6/12, RdE 2012, 444; *Salje*, EEG 2017, § 8 Rn. 6; Loibl/Maslaton/Bredow/Walter/*Bönning*, Biogasanlagen im EEG, § 6 Rn. 4.

779 *OLG Düsseldorf*, Urt. v. 11.07.2012 – VI-2 U (Kart) 6/12, RdE 2012, 444.

780 BerlKommEnR/*König*, Band 6, § 12 EEG Rn. 49; BerlKommEnR/*Hoffman*, Band 6, § 83 EEG Rn. 10.

781 *OLG Düsseldorf*, Urt. v. 11.07.2012 – VI-2 U (Kart) 6/12, RdE 2012, 444.

und das Verbot der Vorwegnahme der Hauptsache vor.[782] Aufgrund der Regelung in § 83 Abs. 2 EEG ist somit weder die Darlegung eines Verfügungsgrundes erforderlich, noch kommt das Verbot der Vorwegnahme der Hauptsache zum Tragen.[783] Durch den Verzicht auf die Darlegung des Verfügungsgrundes i.S.d. § 935 ZPO wird kraft gesetzlicher Anordnung von einer Eilbedürftigkeit ausgegangen, sodass der Antragssteller diese nicht vorzutragen braucht.[784]

Zu beachten ist allerdings, dass dem Netzbetreiber ein verschuldensunabhängiger Anspruch auf Ersatz des aufgrund der einstweiligen Verfügung entstandenen Schadens gegen den EE-Anlagenbetreiber für den Fall zusteht, dass sich im später folgenden Hauptsacheverfahren herausstellt, dass der Anspruch des EE-Anlagenbetreibers nicht bestand.[785] Der Weg des einstweiligen Rechtsschutzes beinhaltet insofern ein erhebliches Prozessrisiko hinsichtlich des Verfügungsanspruchs.[786] In der der Arbeit zugrunde liegenden Konstellation würde sich erst im Hauptsacheverfahren endgültig herausstellen, ob der gesetzliche Anschlussanspruch des § 8 Abs. 1 S. 1 EEG an den dort normierten Verknüpfungspunkt besteht oder ob der Netzbetreiber seinen Netzabschnitt stilllegen darf.[787]

VI. Ergebnis

Die Regelung des § 8 Abs. 1 S. 1 EEG verpflichtet den Netzbetreiber zum vorrangigen Anschluss einer EE-Anlage an den dort genannten Verknüpfungspunkt und berechtigt den EE-Anlagenbetreiber bzw. Einspeisewilligen zur Geltendmachung dieses Anspruchs. Dafür muss das Netz, an dem der maßgebliche Verknüpfungspunkt zu verorten ist, zunächst die Voraussetzungen eines Netzes für die allgemeine Versorgung i.S.d. § 3 Nr. 35 EEG erfüllen.[788] Nach der hier vertretenen Auffassung erfüllen geschlossene Verteilernetze gem. § 110 EnWG, Kundenanlagen gem. § 3 Nr. 24a und b EnWG sowie Direktleitungen gem. § 3 Nr. 12 EnWG nicht die Anforderungen eines Netzes für die allgemeine Versorgung. Der Netzbetreiber hat die EE-Anlage unverzüglich und vorrangig anzuschließen. Dies bedeutet, dass er seiner Verpflichtung zum einen ohne schuldhaftes Zögern nachkommen und zum anderen EE-Anlagen vor konventionellen Stromerzeugungsanlagen anschließen muss. Das Vorrangprinzip kommt dabei auch in Bezug auf KWK-Anlagen zum Tragen. Der unverzügliche und vorrangige Anschluss hat dabei an den in § 8 Abs. 1 S. 1 EEG zu ermittelnden

---

782 BerlKommEnR/*König*, Band 6, § 12 EEG Rn. 49; *OLG Düsseldorf*, Urt. v. 11.07.2012 – VI-2 U (Kart) 6/12, RdE 2012, 444.

783 *OLG Düsseldorf*, Urt. v. 11.07.2012 – VI-2 U (Kart) 6/12, RdE 2012, 444.

784 BerlKommEnR/*König*, Band 6, § 12 EEG Rn. 50.

785 *OLG Düsseldorf*, Urt. v. 11.07.2012 – VI-2 U (Kart) 6/12, RdE 2012, 444, 445.

786 Busmann, ZNER 2003, 49, 50.

787 Vgl. Busmann, ZNER 2003, 49, 50.

788 Siehe dazu bereits ausführlich unter C.

Verknüpfungspunkt zu erfolgen. Dabei ist zunächst davon auszugehen, dass der maßgebliche Verknüpfungspunkt an der Stelle des Netzes zu verorten ist, die im Hinblick auf die Spannungsebene geeignet ist und die in der Luftlinie kürzeste Entfernung zum Standort der Anlage aufweist, vgl. § 8 Abs. 1 S. 1 Hs. 1 (Satzteil 1) EEG. Etwas anderes gilt dann, wenn dieses oder ein anderes Netz einen technisch und wirtschaftlich günstigeren Verknüpfungspunkt aufweist, vgl. § 8 Abs. 1 S. 1 Hs. 1. (Satzteil 2) EEG. Hinsichtlich der Voraussetzungen des Netzverknüpfungspunktes gem. § 8 Abs. 1 S. 1 Hs. 1 (Satzteil 1) EEG trägt der EE-Anlagenbetreiber nach den allgemeinen Beweislastgrundsätzen die Darlegungs- und Beweislast, wohingegen der Netzbetreiber beweisen muss, dass der technisch und wirtschaftlich günstigere Verknüpfungspunkt nicht am nächstliegenden Verknüpfungspunkt belegen ist und vielmehr eine andere Stelle des Netzes einen technisch und wirtschaftlich günstigeren Verknüpfungspunkt gem. § 8 Abs. 1 S. 1 Hs. 1. (Satzteil 2) EEG aufweist. Der Einspeisewillige kann den Anschlussanspruch nach § 8 Abs. 1 S. 1 EEG bereits vor Errichtung der EE-Anlage geltend machen. Allerdings muss das Vorhaben zumindest hinreichend konkretisiert sein, was regelmäßig anzunehmen ist, wenn die notwendigen Genehmigungen für die Errichtung der Anlage von dem Einspeisewilligen beantragt worden sind. Die Anschlusspflicht des Netzbetreibers ist als gesetzliches Dauerschuldverhältnis ausgestaltet und erstreckt sich somit auf den gesamten Zeitraum der Förderdauer. Die Kosten des Netzanschlusses hat dabei der EE-Anlagenbetreiber gem. § 16 Abs. 1 EEG zu tragen.

Nach § 8 Abs. 4 EEG besteht die Pflicht zum Netzanschluss auch dann, wenn die Abnahme des Stroms erst durch die Optimierung, die Verstärkung oder den Ausbau des Netzes nach § 12 EEG möglich wird. Im Rahmen des vorrangigen Netzanschlusses nach § 8 Abs. 1 S. 1 EEG ist die Verpflichtung des Netzbetreibers zur Kapazitätserweiterung des Netzes somit immer zu beachten, sodass § 8 Abs. 1 EEG und § 8 Abs. 4 EEG eine nicht zu trennende Einheit bilden. Die Netzerweiterungspflicht greift immer dann ein, wenn die Spannungsebene des vorhandenen Netzes für einen vorrangigen Netzanschluss einer EE-Anlage ungeeignet ist. Weiterhin ist es erforderlich, dass eine schon weitgehende Auslastung des Netzes infolge der Einspeisung von Strom aus erneuerbaren Energien besteht und aufgrund dessen eine Abschaltung der EE-Anlage zu erwarten ist. Die Optimierung, die Verstärkung und der Ausbau stellen die drei Arten der Netzerweiterung dar, wobei Maßnahmen der Netzoptimierung aufgrund der kürzeren Durchführungsdauer oftmals vor Maßnahmen der Netzverstärkung und solchen des Netzausbaus durchzuführen sind. Unter Netzoptimierung sind diejenigen Maßnahmen des Netzbetreibers zu verstehen, die eine Auslastung des Netzes oder einzelner Netzbereiche ermöglichen, ohne dabei in die Substanz des Systems von Kabeln und Freileitungen einzugreifen. In Abgrenzung zur Netzoptimierung geht mit einer Verstärkung des Netzes ein Substanzeingriff in das Netz einher, wie beispielsweise das Anbringen von Hochtemperatur-Leiterseilen. Unter Maßnahmen des Netzausbaus werden hingegen solche gefasst, die über die Netzverstärkung hinausgehend in die Substanz der Netzstruktur eingreifen oder den Zubau von Leitungskapazitäten zum Gegenstand haben. Der Umfang der Netzerweiterungspflicht erstreckt sich auf sämtliche für den Betrieb des Netzes notwendigen technischen Einrichtungen sowie die im Eigentum des Netzbetreibers stehenden oder in sein Eigentum übergehenden Anschlussanlagen, vgl. § 12 Abs. 2 EEG. Die Netzerweiterungspflicht besteht dann nicht, soweit dies wirtschaftlich unzumutbar ist. Im Grundsatz ist eine Netzerweiterungsmaßnahme dann verhältnismäßig und damit wirtschaftlich zumutbar, wenn die für die Netzerweiterung anfallenden Kosten 25 Prozent der Errichtungskosten der EE-Anlage nicht übersteigen. Hierbei handelt es sich allerdings lediglich um eine erste Leitlinie. Abzustellen ist immer auch auf die Umstände des Einzelfalls. Die Beweislast der wirtschaftlichen Unzumutbarkeit trägt der Netzbetreiber. Weiterhin sind der Netzerweiterungsanspruch des EE-Anlagenbetreibers aus § 8 Abs. 4 EEG und der Anschlussanspruch aus § 8 Abs. 1 S. 1 EEG rechtlich miteinander verknüpft, da ersterer die fehlende Voraussetzung der technischen Eignung der Spannungsebene des Netzanschlussanspruchs nach § 8 Abs. 1 S. 1 Hs. 1 (Satzteil 1) EEG herbeiführt. Der Netzerweiterungsanspruch besteht bereits dann, wenn die Planung bereits konkretisiert wurde, was regelmäßig anzunehmen ist, wenn bereits Aufträge für Detailplanungen vergeben oder Verträge zur Herstellung unterzeichnet wurden. Die Kosten der Netzerweiterung hat der Netzbetreiber gem. § 17 EEG zu tragen. Diese sind regelmäßig von den Anschlusskosten abzugrenzen, die der EE-Anlagenbetreiber gem. § 16 EEG zu tragen hat.

Aus der Anschlussverpflichtung des § 8 Abs. 1 S. 1 EEG ergeben sich weiterhin Nebenpflichten des Netzbetreibers gem. § 8 Abs. 5 und Abs. 6 EEG. Nach § 8 Abs. 5 S. 1 EEG müssen Netzbetreiber Einspeisewilligen nach Eingang eines Netzanschlussbegehrens unverzüglich einen genauen Zeitplan für die Bearbeitung des Netzanschlussbegehrens übermitteln. In § 8 Abs. 6 EEG sind darüber hinaus verschiedene Auskunftspflichten des Netzbetreibers geregelt, die für die Verwirklichung der EE-Anlage erforderlich sind. Diese greifen allerdings erst dann ein, wenn der Einspeisewillige die in seinen Verantwortungsbereich fallenden Informationen nach § 8 Abs. 5 Nr. 2 EEG an den Netzbetreiber übermittelt hat.

Der EE-Anlagenbetreiber kann seinen Anschlussanspruch im Wege der Leistungsklage vor den Zivilgerichten durchsetzen, was bereits vor anschlussfertiger Errichtung der EE-Anlage möglich ist. Darüber hinaus steht dem EE-Anlagenbetreiber die Möglichkeit zu, den Netzbetreiber auf Schadensersatz nach § 280 BGB i.V.m. § 8 Abs. 1 S. 1 EEG zu verklagen, sollte dieser gegen seine Pflichten aus § 8 Abs. 1 S. 1 EEG verstoßen. Darüber hinaus steht dem EE-Anlagenbetreiber auch ein Auskunftsanspruch gegen den Netzbetreiber zu, um die nötigen Informationen nach § 8 Abs. 5 und Abs. 6 EEG erhalten zu können. Der mit dem Anschlussanspruch zusammenhängende Netzerweiterungsanspruch kann ebenfalls im Wege der Leistungsklage vor den Zivilgerichten durchgesetzt werden. Zulässig ist die Klageerhebung vor der anschlussfertigen Errichtung der EE-Anlage. Des Weiteren steht den Einspeisewilligen bei Verstoß des Netzbetreibers gegen seine Pflichten aus § 12 Abs. 1 EEG ein Schadensersatzanspruch gem. § 13 Abs. 1 EEG zu. Zudem sieht § 13 Abs. 2 EEG einen Auskunftsanspruch des Einspeisewilligen für den Fall vor, dass zu befürchten ist, dass der Netzbetreiber seinen Netzerweiterungspflichten nach § 12 Abs. 1 EEG nicht nachkommt. Die gerichtliche Durchsetzbarkeit der gesetzlichen Pflichten des Netzbetreibers aus § 8 EEG wird durch die Regelung des § 83 Abs. 1 EEG erleichtert, in der die Zulässigkeit von Anträgen im einstweiligen Rechtsschutz normiert ist.

E. Betreiberpflichten nach § 11 Abs. 1 S. 1 EnWG

Nachdem sich die Arbeit ausführlich der Anschlussverpflichtung von EE-Anlagen nach § 8 Abs. 1 S. 1 EEG und den damit einhergehenden Regelungen des § 8 EEG gewidmet hat, folgt in dem kommenden Abschnitt eine vertiefte Auseinandersetzung mit der Betriebspflicht des Netzbetreibers gem. § 11 Abs. 1 S. 1 EnWG. Nach der Norm sind Betreiber von Energieversorgungsnetzen verpflichtet, ein sicheres, zuverlässiges und leistungsfähiges Energieversorgungsnetz diskriminierungsfrei zu betreiben, zu warten und bedarfsgerecht zu optimieren, zu verstärken und auszubauen, soweit es wirtschaftlich zumutbar ist. Durch die Vorschrift hat der deutsche Gesetzgeber Art. 9 lit. a bis d und Art. 14 Abs. 1, 3 und 7 der Elektrizitätsrichtlinie 2003/54/EG umgesetzt[789] und zugleich die allgemeine Verpflichtung von Energieversorgungsunternehmen[790] gem. § 2 Abs. 1 EnWG ergänzt.[791] Nach § 11 Abs. 1 S. 1 EnWG bringt der Betrieb eines Energieversorgungsnetzes für den Betreiber stetig zu erfüllende Pflichten mit sich,[792] die wiederum unter dem Vorbehalt der wirtschaftlichen Zumutbarkeit stehen.[793]

---

789 BT-Drs.: 15/3917, S. 56 (Einzelbegründung zu § 11 EnWG). Gleichzeitig wurden auch Art. 8 Abs. 1 a und c, Abs. 3 und Art 12 Abs. 1 und 3 der Gasrichtlinie 2003/55/EG umgesetzt.

790 Nach § 3 Nr. 18 EnWG sind Energieversorgungsunternehmen natürliche oder juristische Personen, die Energie an andere liefern, ein Energieversorgungsnetz betreiben oder an einem Energieversorgungsnetz als Eigentümer Verfügungsbefugnis besitzen.

791 BT-Drs.: 15/3917, S. 56 (Einzelbegründung zu § 11 EnWG); Kment/*Tüngler*, EnWG, § 11 Rn. 2. Nach § 2 Abs. 1 EnWG sind Energieversorgungsunternehmen im Rahmen der Vorschriften dieses Gesetzes zu einer Versorgung i.S.d. § 1 EnWG verpflichtet. An dem Untersuchungsgegenstand der Arbeit orientiert, ist damit insbesondere die Regelung des § 1 Abs. 1 EnWG von Interesse. Demnach ist Zweck des Gesetzes eine möglichst sichere, preisgünstige, verbraucherfreundliche, effiziente und umweltverträgliche leitungsgebundene Versorgung der Allgemeinheit mit Elektrizität (und Gas), die zunehmend auf erneuerbaren Energien beruht. Durch den Verweis in § 2 Abs. 1 EnWG auf § 1 Abs. 1 EnWG folgt demnach eine grundsätzliche Verpflichtung zur Versorgung unter Beachtung der in § 1 Abs. 1 EnWG aufgelisteten Ziele. Entgegen § 11 Abs. 1 S. 1 EnWG begründet die Regelung des § 2 Abs. 2 EnWG (i.V.m. § 1 Abs. 1 EnWG) allerdings keine rechtlich verbindlichen und durchsetzbaren Versorgungspflichten gegenüber den Netzbetreibern, vgl. dazu ausführlich Britz/Hellermann/Hermes/*Hellermann*, EnWG, § 2 Rn. 7ff. Aufgrund der fehlenden rechtlichen Bindungswirkung bezeichnet *Salje*, EnWG, § 2 Rn. 8ff. die Regelung des § 2 Abs. 1 EnWG als überflüssig.

792 *Rauch*, IR 2009, 50, 51.

793 Danner/Theobald/*Theobald*, EnWG, § 11 Rn. 4.

Im Folgenden soll zunächst auf den Adressaten der Norm eingegangen werden (I.). Nach einer Darstellung der Qualitätsanforderungen, die an das Energieversorgungsnetz i.S.d. § 11 Abs. 1 S. 1 EnWG gestellt werden (II.), sollen sodann die bereits genannten Netzbetreiberpflichten näher herausgearbeitet werden (III.). Der weitere Schwerpunkt der Untersuchung dieses Abschnitts wird sodann auf der Fragestellung liegen, ob und unter welchen Voraussetzungen ein Netzbetreiber sein Netz stilllegen kann (IV.). Sodann wird der Fokus der Untersuchung auf die Grenze der wirtschaftlichen Zumutbarkeit gerichtet (V.). Daran anschließend sollen die Möglichkeiten zur Durchsetzung der gesetzlichen Betreiberpflichten durch die Regulierungsbehörde und auf dem Zivilrechtsweg aufgezeigt werden (VI.).

I. Adressat der Norm

Die Norm des § 11 Abs. 1 EnWG richtet sich nach dem Wortlaut an Betreiber von Energieversorgungsnetzen, folglich an Netzbetreiber.[794] Die Regelung des § 11 Abs. 1 S. 1 EnWG verpflichtet die Netzbetreiber unmittelbar.[795] Sie richtet sich dabei sowohl an Verteilernetzbetreiber als auch an Übertragungsnetzbetreiber. Sie gilt folglich unabhängig davon, ob die Netzbetreiber ein Übertragungs- oder Verteilernetz betreiben.[796] Damit sind jegliche Netze aller Spannungsebenen umfasst (Höchst-, Hoch-, Mittel- und Niederspannung). Nicht von der Betriebspflicht des § 11 Abs. 1 S. 1 EnWG umfasst, sind hingegen Direktleitungen.[797]

Nach dem Monitoringbericht 2019 der BNetzA und des BKartA gab es in der Bundesrepublik Deutschland im Jahr 2019 insgesamt 887 Stromnetzbetreiber, welche sich wiederum in 883 Verteilernetzbetreiber und vier Übertragungsnetzbetreiber aufteilen lassen.[798] Die Mehrzahl der Verteilernetzbetreiber von ca. 77 Prozent verfügt dabei über Stromnetze mit einer kleinen bis mittleren Stromkreislänge bis zu 1.000 km. Die übrigen Verteilernetzbetreiber verfügen insofern über Stromnetze mit einer Gesamtstromkreislänge von mehr als 1.000 km.[799] 759 Verteilernetzbetreiber betreiben ein Stromnetz an das weniger als 100.000 Kunden angeschlossen sind.[800]

794 Baur/Salje/Schmidt-Preuß/*Ruthig*, Kap. 97 Rn. 24ff.

795 BT-Drs. 15/3917, S. 56 (Einzelbegründung zu § 11 Abs. 1 EnWG 2005).

796 Britz/Hellermann/Hermes/*Sötebier*, EnWG, § 11 Rn. 1 u. 13; *Salje*, EnWG, § 11 Rn. 3.

797 Siehe dazu *Salje*, EnWG, § 11 Rn. 11f.

798 Monitoringbericht 2019 der *BNetzA* und des *BKartA* (Stand: 13.01.2020), S. 38.

799 Konkret verfügen 33 Prozent der Verteilernetzbetreiber über ein Stromnetz bis zu einer Länge von 250 km, 24 Prozent über ein Stromnetz von einer Länge zwischen 251 bis 500 km, 20 Prozent über ein Stromnetz von einer Länge zwischen 501 bis 1000 km, 16 Prozent über ein Stromnetz von einer Länge zwischen 1001 bis 4000 km, 3 Prozent über ein Stromnetz von einer Länge zwischen 4001 bis 8000 km und 4 Prozent über ein Stromnetz von einer Länge über 8000 km, vgl. Monitoringbericht 2019 der *BNetzA* und des *BKartA* (Stand: 13.01.2020), S. 40f.

800 Monitoringbericht 2019 der *BNetzA* und des *BKartA* (Stand: 13.01.2020), S. 42.

Der Betreiber eines Netzes muss dabei nicht zwangsläufig zugleich der Eigentümer des Netzes sein.[801] Wird das Netz durch den Eigentümer vermietet, verpachtet oder verleast, hat regelmäßig der Mieter, der Pächter oder der Leasingnehmer die Pflichten des Betreibers zu übernehmen.[802] Hinsichtlich des Betreiberbegriffs ist damit auf den „faktischen Betreiber" abzustellen, folglich auf denjenigen, welcher die tatsächliche Möglichkeit zur Steuerung des Betriebs innehat und somit tatsächliche Sachherrschaft über das Netz ausübt und hinsichtlich der Betriebssicherheit die Verantwortung trägt.[803] Ein möglicher zivilrechtlich ausgestalteter Netzüberlassungsvertrag zwischen dem Eigentümer des Netzes und dem Netznutzungsberechtigten muss den Netzbetreiberpflichten i.S.d. § 11 Abs. 1 S. 1 EnWG damit ausreichend Rechnung tragen und muss dem Netznutzungsberechtigten ebenso viel Handlungsspielraum eröffnen, wie dieser für die Erfüllung der auf ihn übertragenen Pflichten i.S.d. § 11 Abs. 1 S. 1 EnWG braucht.[804]

II. Qualität des Energieversorgungsnetzes

§ 11 Abs. 1 S. 1 EnWG gibt weiterhin Qualitätsanforderungen vor, die an die Energieversorgungsnetze zu stellen sind.[805] Demnach sind die Netzbetreiber verpflichtet, ein sicheres (1.), zuverlässiges und leistungsfähiges (2.) Energieversorgungsnetz diskriminierungsfrei zu betreiben, zu warten und bedarfsgerecht auszubauen.

1. Sicheres Energieversorgungsnetz

Von den Netzbetreibern muss zunächst ein sicheres Energieversorgungsnetz gewährleistet werden. Diese Verpflichtung dient dem Ziel der Versorgungssicherheit und erfasst im Kern die Sicherstellung eines unterbrechungsfreien Energieversorgungsnetzes und soll somit dem Nutzungsbedarf an Elektrizität gerecht werden.[806] Dies lässt sich bereits Art. 12 lit. a und Art. 25 Abs. 1 der Elektrizitätsrichtlinie 2009/72/EG[807] entnehmen.[808] In dieser heißt es u.a., dass jeder

---

801 Schneider/Theobald/*Theobald/Zenke/Dessau*, EnWR, § 15 Rn. 118.

802 So Schneider/Theobald/*Theobald/Zenke/Dessau*, EnWR, § 15 Rn. 118, wobei dies allerdings nicht den Definitionen gem. § 13 Nr. 2 bis 5 EnWG entnommen werden kann, da in diesen Vorschriften der Netzbetreiber als derjenige definiert wird, der für den Betrieb, die Wartung und den Ausbau des Netzes verantwortlich ist (Schneider/Theobald/*Theobald/Zenke/Dessau*, EnWR, § 15 Rn. 118 Fn. 190).

803 So Britz/Hellermann/Hermes/*Sötebier*, EnWG, § 11 Rn. 15.

804 Kment/*Tüngler*, EnWG, § 11 Rn. 20.

805 Baur/Salje/Schmidt-Preuß/*Ruthig*, Kap. 97 Rn. 27.

806 So Baur/Salje/Schmidt-Preuß/*Ruthig*, Kap. 97 Rn. 31; Britz/Hellermann/Hermes/*Sötebier*, EnWG, § 11 Rn. 24.

807 Hinsichtlich der Gasrichtlinie 2009/73/EG finden sich ähnliche Formulierungen in Art. 13 Abs. 1 lit. a, Art. 25 Abs. 1.

808 Baur/Salje/Schmidt-Preuß/*Ruthig*, Kap. 97 Rn. 31.

Übertragungs- und Verteilernetzbetreiber dafür verantwortlich ist, auf lange Sicht die Fähigkeit des Netzes sicherzustellen, eine angemessene Nachfrage nach Übertragung/Verteilung von Elektrizität zu befriedigen.

Das Merkmal der Sicherheit umfasst sowohl die Sicherheit der Energiebereitstellung und -versorgung und somit die Bedarfsdeckung als auch ihre Betriebssicherheit, folglich Gefahrenabwehr hinsichtlich der Tätigkeiten und Anlagen, die der Bedarfsdeckung dienen.[809] Aus diesem Grund erfasst eine sichere Energieversorgung zum einen hinreichende Versorgungskapazität und zum anderen die Einhaltung der jeweils gültigen technischen Mindestanforderungen.[810] Das Verfügbarsein einer bedarfsgerechten Menge an Elektrizität im Markt ist jedoch aufgrund der Trennung von Handel und Netz keine Aufgabe, die den Netzbetreibern zufällt. Vielmehr tragen hierfür die Lieferanten[811] die Verantwortung.[812] Da die Energieversorgung weiterhin durch die damit einhergehende Leitungsgebundenheit geprägt ist, bezieht sich die Sicherheit der Energieversorgung stets auch auf die erforderliche Infrastruktur, durch die der Transport und die Verteilung des Stroms erst ermöglicht werden. Durch diese Bereitstellung von Transportkapazitäten leisten die Netzbetreiber ihren Beitrag zur Versorgungssicherheit.[813] Die Vorschriften über die technischen Mindestanforderungen befinden sich dabei in Teil 6 (Sicherheit und Zuverlässigkeit der Energieversorgung) des EnWG. Ausgangspunkt ist dabei die Generalklausel des § 49 Abs. 1 S. 1 EnWG, wonach Energieanlagen[814] so zu errichten und zu betreiben sind, dass die technische Sicherheit gewährleistet ist.[815] Im Ergebnis geht die Betriebspflicht des Netzes immer mit der Gewährleistung der Versorgungssicherheit einher.[816]

---

809 Kment/*Tüngler*, EnWG, § 11 Rn. 23; *Tettinger*, RdE 2002, 225, 226 im Hinblick auf die sichere Energieversorgung i.S.d. § 1 EnWG.

810 Kment/*Tüngler*, EnWG, § 11 Rn. 23.

811 Lieferanten von Elektrizität sind natürliche oder juristische Personen, die Energie an andere liefern. Sie fallen damit ebenfalls unter den Oberbegriff des Energieversorgungsunternehmens, der in § 3 Nr. 18 EnWG legaldefiniert ist. Lieferanten übernehmen die Versorgungspflicht aufgrund schuldrechtlicher Vereinbarungen mit den Abnehmern, sodass unter den Begriff des Lieferanten derjenige zu fassen ist, der sich rechtlich verpflichtet hat, die Versorgung anderer mit Elektrizität im eigenen Namen und auf eigene Rechnung zu übernehmen, Kment/*Schex*, EnWG, § 5 Rn. 3.

812 Danner/Theobald/*Theobald*, EnWG, § 11 Rn. 14; Kment/*Tüngler*, EnWG, § 11 Rn. 24.

813 Danner/Theobald/*Theobald*, EnWG, § 11 Rn. 14; Kment/*Tüngler*, EnWG, § 11 Rn. 24.

814 Energieanlagen sind nach § 3 Nr. 15 EnWG Anlagen zur Erzeugung, Speicherung, Fortleitung oder Abgabe von Energie, soweit sie nicht lediglich der Übertragung von Signalen dienen. Unter den Begriff der Energieanlagen sind auch Netze zu fassen (Schneider/Theobald/*Theobald/Zenke/Dessau*, EnWR, § 15 Rn. 117).

815 Baur/Salje/Schmidt-Preuß/*Ruthig*, Kap. 97 Rn. 23 und 28; Kment/*Görisch*, EnWG, § 49 Rn. 4; Schneider/Theobald/*Theobald/Zenke/Dessau*, EnWR, § 15 Rn. 117.

816 *Peters*, ZNER 2007, 272, 274.

2. Zuverlässiges und leistungsfähiges Energieversorgungsnetz

Weiterhin muss ein zuverlässiges und leistungsfähiges Energieversorgungsnetz gewährleistet werden, wobei eine klare Trennung der Begriffe im Bereich der Energieversorgung schwierig ist.[817] Nach § 19 Abs. 3 S. 1 ARegV beschreibt die Netzzuverlässigkeit die Fähigkeit des Energieversorgungsnetzes, Energie möglichst unterbrechungsfrei und unter Einhaltung der Produktqualität zu transportieren. Das Kriterium der Netzzuverlässigkeit i.S.d. § 11 Abs. 1 S. 1 EnWG zielt somit maßgeblich darauf ab, die Energielieferung in vereinbarter Menge und Qualität zu gewährleisten.[818] Die Zuverlässigkeit lässt sich insbesondere anhand der Anzahl, der Dauer und des Ausmaßes von Unterbrechungen und Unregelmäßigkeiten im Rahmen der Anschluss- und Netznutzung bewerten. Dies gilt insbesondere dann, wenn sich durch die genannten Unterbrechungen und Unregelmäßigkeiten Versorgungsstörungen ergeben.[819] Als Beispiele für die Bewertung der Netzzuverlässigkeit dienen die in § 20 Abs. 1 S. 1 ARegV aufgezählten Kennzahlen.[820] Demnach sind zulässige Kennzahlen für die Bewertung der Netzzuverlässigkeit nach § 19 ARegV insbesondere die Dauer der Unterbrechung der Energieversorgung, die Häufigkeit der Unterbrechung der Energieversorgung, die Menge der nicht gelieferten Energie und die Höhe der nicht gedeckten Last. Dabei ist auch eine Kombination und Gewichtung dieser Kennzahlen möglich, vgl. § 20 Abs. 1 S. 2 ARegV.

Unter Leistungsfähigkeit wird allgemein verstanden, dass die Leistung in der notwendigen Qualität erbracht wird.[821] Gem. § 19 Abs. 3 S. 2 ARegV beschreibt die Netzleistungsfähigkeit die Fähigkeit des Energieversorgungsnetzes, die Nachfrage nach Übertragung von Energie zu befriedigen.[822] Für die Bewertung der Netzleistungsfähigkeit können ebenfalls Kennzahlen herangezogen werden, vgl. § 20 Abs. 5 S. 1 ARegV.[823] Nach § 20 Abs. 5 S. 3 ARegV können solche Kennzahlen insbesondere die Häufigkeit und Dauer von Maßnahmen zur Bewirtschaftung von Engpässen und die Häufigkeit und Dauer des Einspeisemanagements nach dem EEG sein. Ist es somit möglich, dass die Nachfrage nach Übertragung von Elektrizität ohne den Einsatz von Maßnahmen im Bereich des Engpass- und Einspeisemanagements bewältigt wird, ist von einem uneingeschränkt leistungsfähigen Energieversorgungsnetz auszugehen.[824]

---

817 Britz/Hellermann/Hermes/*Sötebier*, EnWG, § 11 Rn. 30.
818 Britz/Hellermann/Hermes/*Sötebier*, EnWG, § 11 Rn. 29.
819 BerlKommEnR/*König*, Band 1, § 11 EnWG Rn. 23.
820 So Kment/*Tüngler*, EnWG, § 11 Rn. 27.
821 Britz/Hellermann/Hermes/*Sötebier*, EnWG, § 11 Rn. 30.
822 Vgl. auch Elspas/Graßmann/Rasbach/*Rauch*, EnWG, § 11 Rn. 47.
823 So auch Kment/*Tüngler*, EnWG, § 11 Rn. 28.
824 Kment/*Tüngler*, EnWG, § 11 Rn. 28.

III. Pflichten des Netzbetreibers

Im Folgenden sollen die unterschiedlichen Pflichten des Netzbetreibers aus § 11 Abs. 1 S. 1 EnWG aufgezeigt werden. Der Schwerpunkt der Betrachtung wird dabei auf der Betriebspflicht (1.) liegen. Es folgt darüber hinaus eine Betrachtung der Wartungspflicht (2.) und der Entwicklungspflicht (3.). Der Abschnitt endet mit einem zusammenfassenden Ergebnis der Netzbetreiberpflichten des § 11 Abs. 1 S. 1 EnWG (4).

1. Betriebspflicht

In diesem Abschnitt soll die Bedeutung (a.) und der Umfang (b.) der Betriebspflicht des Netzbetreibers i.S.d. § 11 Abs. 1 S. 1 EnWG näher betrachtet werden.

a. Bedeutung der Betriebspflicht

Die Norm des § 11 Abs. 1 S. 1 EnWG verpflichtet den Netzbetreiber u.a. das Energieversorgungsnetz diskriminierungsfrei zu betreiben. Der Regelung des § 11 Abs. 1 S. 1 EnWG ist damit zu entnehmen, wie („diskriminierungsfrei")[825] und somit auf welche Art und Weise Energieversorgungsnetze von den Netzbetreibern zu betreiben sind.[826] Von zentraler Bedeutung für die Arbeit ist allerdings, dass sich die Betriebspflicht des Netzbetreibers nicht nur auf die Art und Weise des Betriebs und damit auf die Frage des „Wie" bezieht. Vielmehr beinhaltet die Bestimmung des § 11 Abs. 1 S. 1 EnWG auch eine Betriebspflicht an sich, bzw. die Pflicht, das Netz überhaupt zu betreiben und damit folglich eine Regelung über das „Ob" des Netzbetriebs.[827]

Auf eine solche Verpflichtung zum Netzbetrieb deutet schon der Wortlaut der Norm hin. Dieser legt ein Verständnis dahingehend nahe, dass Netzbetreiber mit Aufnahme des Netzbetriebs auch dazu verpflichtet sind, vorhandene Netze tatsächlich zu betreiben.[828] Jedenfalls aber ergibt sich dieses Verständnis aus dem

---

825 Vgl. die Ausführungen bei *Salje*, EnWG, § 11 Rn. 31f. in Bezug auf die Anforderungen an einen diskriminierungsfreien Netzbetrieb.

826 Vgl. Britz/Hellermann/Hermes/*Sötebier*, EnWG, § 11 Rn. 43 u. 45.

827 Eine Betriebspflicht ebenfalls bejahend: Baur/Salje/Schmidt-Preuß/*Ruthig*, Kap. 97 Rn. 35; Britz/Hellermann/Hermes/*Sötebier*, EnWG, § 11 Rn. 43 und 45; BerlKommEnR/*König*, Band 1, § 11 EnWG Rn. 18; Danner/Theobald/*Theobald*, EnWG, § 11 Rn. 18; Kment/*Tüngler*, EnWG, § 11 Rn. 30ff.; *Salje*, EnWG, § 11 Rn. 4; Elspas/Graßmann/Rasbach/*Rauch*, EnWG, § 11 Rn. 25. Einschränkend äußert sich *Kühne*, N&R Beilage 3/2010, 6, 8 hinsichtlich der zeitlichen Dauer der Betriebspflicht nach regulärem Ablauf des Konzessionsvertrages gem. § 46 Abs. 2 EnWG.

828 Anders Britz/Hellermann/Hermes/*Sötebier*, EnWG, § 11 Rn. 44; Baur/Salje/Schmidt-Preuß/*Ruthig*, Kap. 97 Rn. 35 demzufolge der Wortlaut der Norm allein nicht eindeutig ist.

Sinn und Zweck[829] der Norm des § 11 Abs. 1 S. 1 EnWG, der vordergründig darin zu sehen ist, die Sicherheit der Energieversorgung im Interesse der Allgemeinheit sicherzustellen.[830] Sie dient damit der Absicherung der öffentlichen Aufgabe der Stromversorgung[831], welche wiederum unter die Daseinsvorsorge fällt.[832] Bereits das BVerfG führte dazu aus: „Das Interesse an einer Stromversorgung ist heute so allgemein wie das Interesse am täglichen Brot. Die Befriedigung eines solchen Interesses ist eine Gemeinwohlaufgabe [...].“[833] Die Aufgabe des Netzbetriebs, die für eine Versorgung der Allgemeinheit mit Energie unentbehrlich ist, kann nach den Vorschriften des EnWG von der Privatwirtschaft erfüllt werden.[834] Die Gewährleistungsverantwortung und somit die Verantwortung, sicherzustellen, dass die Daseinsvorsorge, namentlich die Versorgung der Allgemeinheit mit Energie, fortwährend erbracht wird, verbleibt dennoch beim Staat.[835] Der Staat trägt insoweit die Gewährleistungsverantwortung und nimmt die Netzbetreiber insofern in besonderer Weise in die Pflicht.[836] Denn ist eine Gewährleistung der Energieversorgung durch staatliche Unternehmen nicht gegeben, so muss der Staat zumindest sicherstellen, dass die daseinsvorsorgende Funktion von den privaten Unternehmen nachhaltig erfüllt wird.[837] Aufgrund des fortlaufenden öffentlichen Interesses an der Erbringung dieser Daseinsvorsorgeleistung und der damit einhergehenden Infrastruktureinrichtungen, wie funktionierenden Energieversorgungsnetzen, kann der Staat die Netzbetreiber aus der Gewährleistungsverantwortung resultierenden „Überwachungs- und Einstandsverantwortung“ nicht entlassen.[838] Aus diesem Grund wäre es insofern nicht mit dem Sinn und Zweck der Norm vereinbar, wenn die Netzbetreiber ihre Energieversorgungsnetze nach freiem Belieben stilllegen könnten.[839] Es ist daher unerlässlich, dass die Energieversorgungsnetze bei fortlaufendem Versorgungsbedarf auch weiterbetrieben werden.[840] Dass mit dem Betrieb eines Energieversorgungsnetzes eine solche langfristige Verpflichtung und besondere Verantwortung einhergeht, muss sich jedes Unternehmen bei der Aufnahme des Betriebs eines Energieversorgungsnetzes

---

829 Siehe dazu bereits unter A. III. 2. b.

830 So u.a. BerlKommEnR/*König*, Band 1, § 11 EnWG Rn. 18; Britz/Hellermann/Hermes/*Sötebier*, EnWG, § 11 Rn. 1, 5 u. 34; Kment/*Tüngler*, EnWG, § 11 Rn. 23 u. 32.

831 Auch der Gasversorgung, Britz/Hellermann/Hermes/*Sötebier*, EnWG, § 11 Rn. 45.

832 Britz/Hellermann/Hermes/*Sötebier*, EnWG, § 11 Rn. 45.

833 *BVerfG*, Beschl. v. 11.10.1994 – 2 BvR 633/86, NJW 1995, 381, 383.

834 Baur/Salje/Schmidt-Preuß/*Ruthig*, Kap. 97 Rn. 35.

835 Baur/Salje/Schmidt-Preuß/*Ruthig*, Kap. 97 Rn. 35.

836 *Klees*, Kap. 2 Rn. 82.

837 Britz/Hellermann/Hermes/*Sötebier*, EnWG, § 11 Rn. 8.

838 *Kühne*, N&R Beilage 3/2010, 6, 8.

839 BerlKommEnR/*König*, Band 1, § 11 EnWG Rn. 18; Britz/Hellermann/Hermes/*Sötebier*, EnWG, § 11 Rn. 45; Kment/*Tüngler*, EnWG, § 11 Rn. 32; Elspas/Graßmann/Rasbach/*Rauch*, EnWG, § 11 Rn. 25.

840 Britz/Hellermann/Hermes/*Sötebier*, EnWG, § 11 Rn. 45.

i.S.d. § 4 Abs. 1 EnWG bewusst sein. Dieses Bewusstsein sollte auch jedes Unternehmen und jede Kommune aufweisen, bevor Wegerechte an Konzessionsnehmer und somit an zukünftige Netzbetreiber im Rahmen der Neuvergabe eines Konzessionsvertrages i.S.d. § 46 Abs. 2 S. 1 EnWG vergeben werden.[841] Denn im Ergebnis ist „der Netzbetreiber nur insoweit frei, als er entscheidet, ob er sich auf den Markt des Netzbetriebs begibt. Ist dies geschehen, ist er in Konsequenz seiner Entscheidung und der Monopolstellung als Netzbetreiber auch verpflichtet, den Netzbetrieb wahrzunehmen".[842]

Festzuhalten ist damit, dass den Netzbetreiber eine grundsätzliche Betriebspflicht seines Netzes nach § 11 Abs. 1 S. 1 EnWG trifft[843] und er eine Außerbetriebnahme/Stilllegung seines Netzes und der damit zusammenhängenden Netzanlagen folglich nicht ohne Weiteres und nur unter bestimmten Voraussetzungen vornehmen kann.[844] Von den Netzbetreibern erfordert diese Pflicht, dass sie ihr Netz unter Spannung halten müssen.[845] Dies hat wiederum zur Folge, dass mit der Vorschrift auch eine Pflicht zum Erhalt des Netzes einhergeht und folglich dem Netzbetreiber die vollständige Außerbetriebnahme[846] des Netzes oder wichtiger Bestandteile davon untersagt ist.[847] Eine komplette Aufgabe der Betriebspflicht ist dem EnWG nicht ohne Weiteres zu entnehmen und ist lediglich durch eine Übertragung des Netzbetriebs auf ein anderes Energieversorgungsunternehmen in Form der Gesamtrechtsnachfolge möglich.[848] Eine Befreiung von der Betriebspflicht ist für Netzbetreiber insofern nur durch eine Übertragung des Betriebs auf ein anderes Unternehmen möglich.[849] Hierbei ist allerdings stets zu berücksichtigen, dass der Betrieb eines Energieversorgungsnetzes gem. § 4 Abs. 1 S. 1 EnWG eine Genehmigung erfordert. Auch muss die Nachfolge im Rahmen des bestehenden Konzessionsvertrages geregelt werden.[850] Die vollständige Betriebseinstellung eines Netzes und eine damit einhergehende Übertragung des Netzbetriebs an einen anderen Netzbetreiber soll im Rahmen der Arbeit nicht weiter vertieft werden. Von der vollständigen Betriebseinstellung zu unterscheiden ist in diesem Zusammenhang allerdings die Frage, ob und unter welchen Voraussetzungen der Netzbetreiber Teile seiner Infrastruktur und damit Teile des Netzes stilllegen darf. Mit

841 Britz/Hellermann/Hermes/*Sötebier*, EnWG, § 11 Rn. 46.
842 *Büdenbender*, EnWG, § 4 Rn. 17.
843 *Salje*; EnWG, § 11 Rn. 4.
844 Siehe dazu unter E. IV.
845 So *Salje*; EnWG, § 11 Rn. 4.
846 Der Begriff der Außerbetriebnahme soll hier mit dem Begriff der Stilllegung gleichgesetzt werden. So auch *Rauch*, RdE 2011, 287, 288.
847 So u.a. BerlKommEnR/*König*, Band 1, § 11 EnWG Rn. 18; Britz/Hellermann/Hermes/*Bourwieg*, EnWG, 2. Auflage, § 11 Rn. 27.; Kment/*Tüngler*, EnWG, § 11 Rn. 32; *Salje*, EnWG, § 11 Rn. 1. u. 4.
848 Kment/*Tüngler*, EnWG, § 11 Rn. 32 u. Kment/*Kment*, EnWG, § 4 Rn. 18.
849 BerlKommEnR/*König*, Band 1, § 11 EnWG Rn. 18.
850 BerlKommEnR/*König*, Band 1, § 11 EnWG Rn. 18.

dieser Fragestellung setzt sich die Arbeit im späteren Verlauf unter E. IV. ausführlich auseinander.

b. Umfang der Betriebspflicht

Nach der Feststellung, dass den Netzbetreiber eine generelle Betriebspflicht trifft und dieser sein Netz infolgedessen nicht einfach stilllegen kann, soll nun geklärt werden, was darüber hinaus von dem Begriff der Betriebspflicht umfasst ist. Zunächst muss ein „Betreiben" vorliegen.[851] Was darunter zu verstehen ist, wird im EnWG nicht näher definiert.[852] Bekannt ist der Begriff jedoch aus dem Umweltrecht und dort insbesondere aus dem Bundesimmissionsschutzrecht.[853] Nach der Gesetzesbegründung zum Bundesimmissionsschutzgesetz (BImSchG) ist unter dem Begriff des „Betriebs" die „gesamte Betriebsweise, einschließlich ihrer Wartung und Unterhaltung" zu verstehen.[854] Nach den europarechtlichen Vorgaben, deren Umsetzung der § 11 Abs. 1 S. 1 EnWG dient,[855] scheint es allerdings so zu sein, dass der Begriff des Betriebs einer engeren Auslegung als im Umweltrecht folgt.[856] Dies lässt sich daraus folgern, dass in der Elektrizitätsrichtlinie 2009/72/EG ausdrücklich, wie auch in § 11 Abs. 1 S. 1 EnWG, zwischen dem Betrieb und der Wartung unterschieden wird. So heißt es beispielsweise auch in den Begriffsbestimmungen der Elektrizitätsrichtlinie 2009/72/EG gem. Art. 2 Nr. 4, dass „Übertragungsnetzbetreiber" i.S.d. Richtlinie eine natürliche oder juristische Person bezeichnet, die verantwortlich ist für den Betrieb, die Wartung sowie erforderlichenfalls den Ausbau des Übertragungsnetzes in einem bestimmten Gebiet und gegebenenfalls der Verbindungsleitungen zu anderen Netzen.[857] Trotz dieser separaten Auflistung der Wartungspflicht neben der Betriebspflicht sowohl auf europäischer Ebene als auch im EnWG, kann die Betriebspflicht des Netzbetreibers nicht losgelöst von der Wartungspflicht betrachtet werden, denn die Pflichten überlagern sich gegenseitig.[858] Zum Teil wird die Wartungspflicht auch als „unselbstständiger Bestandteil" der Betriebspflicht angesehen.[859] Im Ergebnis geht die Betriebspflicht des Netzes somit

---

851 *Salje*; EnWG, § 11 Rn. 4.

852 Britz/Hellermann/Hermes/*Sötebier*, EnWG, § 11 Rn. 38; Danner/Theobald/*Theobald*, EnWG, § 11 Rn. 14; *Salje*, EnWG, § 11 Rn. 13.

853 *Salje*, EnWG, § 11 Rn. 14.

854 BT-Drs.: 7/179, S. 31 (Einzelbegründung zu § 6 BImSchG 1973); *Salje*, EnWG, § 11 Rn. 14.

855 Nach der Gesetzesbegründung dient § 11 Abs. 1 S. 1 EnWG u.a. der Umsetzung von Art. 9 lit a-d und Art. 14 Abs. 1, Abs. 3, Abs. 7 der Elektrizitätsrichtlinie 2003/54/EG (Vgl. BT-Drs.: 15/3917, S. 56 (Einzelbegründung zu § 11 EnWG 2005)).

856 Vgl. dazu auch *Salje*, EnWG, § 11 Rn. 15f.

857 Eine solche Formulierung findet sich auch bei der Begriffsbestimmung des Verteilernetzbetreibers gem. Art. 2 Nr. 6 der Elektrizitätsrichtlinie 2003/54/EG.

858 So auch Schneider/Theobald/*Theobald/Zenke/Dessau*, EnWR, § 15 Rn. 119.

859 Vgl. dazu *Salje*, EnWG, § 11 Rn. 17.

immer auch mit der Plicht einher, das Netz zu warten.[860] Die ausdrückliche Aufzählung der Wartungspflicht neben der Betriebspflicht in § 11 Abs. 1 S. 1 EnWG hat damit letztendlich klarstellende Funktion und zum anderen wird deren Bedeutung für den Erhalt funktionstüchtiger Netze nochmals ausdrücklich hervorgehoben.[861] Aufgrund der separaten Auflistung der Pflichten in der Regelung des § 11 Abs. 1 S. 1 EnWG soll allerdings die Wartungspflicht im Rahmen der Arbeit in einem extra Abschnitt unter E. III. 2. erörtert werden.

Zunächst werden zu dem Betrieb eines Energieversorgungsnetzes jedenfalls alle Tätigkeiten gezählt, die notwendig sind, um den Transport sowie die Verteilung von Strom zu ermöglichen.[862] Zu der Betriebspflicht zählt zum einen die Bereitstellung und Pflege der Netzinfrastruktur (sog. Netzbereitstellung oder Asset Management)[863]. Erst durch die Netzbereitstellung wird das Netz betriebsbereit vorgehalten und ermöglicht dadurch die physikalische Durchleitung von den Energieerzeugern zu den Endabnehmern.[864] Unabhängig von der Spannungsebene werden dabei unter der Netzbereitstellung die Verwaltung, Überwachung, Instandhaltung sowie Maßnahmen zum Schutz der einzelnen Netzbestandteile, wie beispielsweise Freileitungen, Erdkabel, Transformatoren, Rohre und Umspannanlagen, gefasst.[865] Darüber hinaus zählt neben der Netzbereitstellung die Netzführung zum Betrieb von Energieversorgungsnetzen.[866] Maßnahmen der Netzführung dienen der unterbrechungsfreien Stromversorgung von Stromkunden. Hinter der täglichen Zuverlässigkeit der Stromversorgung verbirgt sich die verantwortungsvolle Arbeit von Technikern und Ingenieuren. Von den Endabnehmern unbemerkt ist der Normalbetrieb[867] des Netzes von ständig wiederkehrenden betrieblich bedingten Abweichungen sowie zeitweisen Betriebsmittelausfällen geprägt, welche durch Eingreifen von den Operateuren aus hochtechnisierten Leitwarten[868] heraus korrigiert werden müssen.[869] Zusammenfassend lassen sich unter den Maßnahmen der Netzführung insofern u.a. die Überwachung der Energieversorgungsnetze und Energieanlagen, die Wahrung des instantanen Gleichgewichts zwischen

---

860 Vgl. Britz/Hellermann/Hermes/*Sötebier*, EnWG, § 11 Rn. 52.
861 Britz/Hellermann/Hermes/*Sötebier*, EnWG, § 11 Rn. 52.
862 BerlKommEnR/*König*, Band 1, § 11 EnWG Rn. 17.
863 *Schwab*, S. 781; BerlKommEnR/*König*, Band 1, § 11 EnWG Rn. 17.
864 *Schwab*, S. 781.
865 BerlKommEnR/*König*, Band 1, § 11 EnWG Rn. 17.
866 *Schwab*, S. 781ff.
867 Es wird zwischen vier verschiedenen Betriebszuständen unterschieden: dem Normalbetrieb, dem gefährdeten Betrieb, dem gestörten Betrieb und der Netzaufspaltung. Mit den unterschiedlichen Betriebszuständen gehen unterschiedliche Maßnahmen einher, vgl. die ausführliche Darstellung bei *Schwab*, S. 782f.
868 Von solch einer Warte wird das gesamte Netz überwacht und ferngesteuert, vgl. dazu *Schwab*, S. 784.
869 *Schwab*, S. 781; BerlKommEnR/*König*, Band 1, § 11 EnWG Rn. 17.

der Netzlast und der damit korrelierenden Erzeugerleistung (sog. Wirkleistungsbalance),[870] die Durchführung von präventiven oder korrektiven Schalthandlungen und deren Dokumentation, ein qualifiziertes Störungsmanagement einschließlich Störungsidentifikation sowie die Einleitung von Gefährdungsabwehrmaßnahmen fassen.[871]

Nicht von der Betriebspflicht umfasst sind hingegen regelmäßige, nicht anlassbezogene Kontrollpflichten der Netzbetreiber in Bezug auf vorhandene Netzteile, da diese für den Netzbetreiber unverhältnismäßig wären.[872] Solche Kontrollen würden ansonsten einen zu hohen Kostenaufwand mit sich bringen und für den Netzbetreiber in bestimmten Fällen bedeuten, dass nicht mehr gewinnbringend gewirtschaftet werden könnte.[873] Eine solche Kontrollpflicht besteht also nur dann, wenn konkrete Anlässe dafür vorhanden sind.[874] Die Betriebspflicht endet mit endgültiger Einstellung/Stilllegung des Netzbetriebs,[875] infolgedessen der betroffene Netzabschnitt seine Funktion als Energieversorgungsnetz verliert.[876]

Die Kosten des Betriebs und der Wartung und damit die mit dem Netzbetrieb einhergehenden Aufwendungen[877] beliefen sich bei den vier Übertragungsnetzbetreibern im Jahr 2018 auf 413 Mio. Euro.[878] Bei den Verteilernetzbetreibern beliefen sich die Aufwendungen im Jahr 2018 auf 3.144 Mio. Euro.[879]

2. Wartungspflicht

Als weitere Pflicht des Netzbetreibers ist die Wartungspflicht der Energieversorgungsnetze zu nennen, denn sichere, zuverlässige und leistungsfähige Netze lassen sich nur durch regelmäßige Wartung sicherstellen.[880] Eine Definition dieser

870 Diese Maßnahme der Netzführung besteht insbesondere bei Transportnetzen, vgl. *Schwab*, S. 783f.

871 BerlKommEnR/*König*, Band 1, § 11 EnWG Rn. 17; *Schwab*, S. 799.

872 Vgl. *OLG Hamm*, Beschl. v. 08.05.2013 – 11 U 145/12, RdE 2014, 204, 205, in Hinblick auf die regelmäßige Kontrolle von erdverlegten Stromkabeln; Kment/*Tüngler*, EnWG, § 11 Rn. 31.

873 Vgl. *OLG Hamm*, Beschl. v. 08.05.2013 – 11 U 145/12, RdE 2014, 204, 205, in Hinblick auf die regelmäßige Sichtkontrolle von erdverlegten Stromkabeln.

874 Kment/*Tüngler*, EnWG, § 11 Rn. 31.

875 So auch in Bezug auf genehmigungsbedürftige Anlagen nach dem BImSchG, vgl. *Jarass*, BImSchG, § 4 Rn. 57 u. § 5 Rn. 3.

876 Vgl. dazu auch die Ausführungen unter C. II. 2.

877 „Aufwendungen bestehen aus der Kombination aller technischen und administrativen Maßnahmen, die während des Lebenszyklus eines Anlagengutes zur Erhaltung des funktionsfähigen Zustandes oder der Rückführung in diesen dienen, so dass es die geforderte Funktion erfüllen kann", siehe Monitoringbericht 2019 der *BNetzA* und des *BKartA* (Stand: 13.01.2020), S. 128.

878 Monitoringbericht 2019 der *BNetzA* und des *BKartA* (Stand: 13.01.2020), S. 129.

879 Monitoringbericht 2019 der *BNetzA* und des *BKartA* (Stand: 13.01.2020), S. 130.

880 So auch Baur/Salje/Schmidt-Preuß/*Ruthig*, Kap. 97 Rn. 34.

Pflicht lässt sich im EnWG nicht finden.[881] Da die Betriebspflicht des Netzbetreibers allerdings nicht losgelöst von der Wartungspflicht betrachtet werden kann,[882] kann diese jedoch einen Anhaltspunkt für die Auslegung des Begriffs der Wartung bieten. Im weiteren Sinne ist die Wartung bereits von der Betriebspflicht des Netzes nach § 11 Abs. 1 S. 1 EnWG umfasst, denn die Wartung fällt ebenfalls in den Bereich der Netzbereitstellung.[883] Das Merkmal der Wartung ist in technischer Hinsicht zu verstehen und darüber hinaus weit auszulegen.[884] Die Wartung erfasst sowohl die regelmäßige Prüfung der „Betriebsbereitschaft" und der „Betriebssicherheit" als auch die damit einhergehenden Einstellungen von Netzanlagen.[885] Als weitere typische Wartungsarbeiten sind die Reinigung, Pflege und Justierung zu nennen.[886] Ebenso zählt neben den regelmäßigen Inspektionen auch das Instandsetzen von funktionsuntüchtigen Bestandteilen sowie der Austausch von Verschleißteilen zu der Wartung des Energieversorgungsnetzes.[887] Die Altersstruktur des Netzes und dessen Netzkomponenten bieten dabei einen ersten Anhaltspunkt für den Erneuerungsbedarf der einzelnen Bestandteile, wobei von einem Durchschnittsalter von etwa 30 Jahren ausgegangen wird.[888] Zu den typischen Inspektionsarbeiten gehört u.a. das Abgehen von Freileitungen, die Überwachung des Alterungszustands von Kabeln sowie die Überprüfung von Ölständen.[889] Ebenfalls von der Wartungspflicht erfasst, ist die Pflicht zur Beseitigung von natürlichen oder sonstigen Einwirkungen auf das Energieversorgungsnetz, sobald von diesen eine hinreichend konkrete Gefahr für das Energieversorgungnetz ausgeht.[890] Eine besondere Herausforderung stellt dabei die schnelle Ortung und Beseitigung von Netzstörungen dar, wobei vor allem Erdschlussfehler die häufigsten Netzstörungen in nicht geerdeten Netzen darstellen.[891] Um die Wartungsarbeiten ordnungsgemäß durchführen zu können, muss der Netzbetreiber geeignete Maßnahmen treffen, damit sowohl Arbeitskräfte als auch benötigte Ersatzteile termingerecht zur Verfügung stehen. Dies kann zum einen mit Hilfe von Lieferverträgen oder durch eigene Vorrats- und Lagerhaltung der Ersatzteile abgesichert werden[892] und zum

881 *Salje*, EnWG, § 11 Rn. 17.
882 So auch Schneider/Theobald/*Theobald/Zenke/Dessau*, EnWR, § 15 Rn. 119.
883 *Schwab*, S. 819; Britz/Hellermann/Hermes/*Sötebier*, EnWG, § 11 Rn. 52; *Salje*, EnWG, § 11 Rn. 17. Siehe zu dem Begriff der Netzbereitstellung unter E. III. 1. b.
884 Britz/Hellermann/Hermes/*Sötebier*, EnWG, § 11 Rn. 53; Danner/Theobald/*Theobald*, EnWG, § 11 Rn. 21.
885 Britz/Hellermann/Hermes/*Sötebier*, EnWG, § 11 Rn. 53.
886 Britz/Hellermann/Hermes/*Sötebier*, EnWG, § 11 Rn. 53.
887 Danner/Theobald/*Theobald*, EnWG, § 11 Rn. 21.
888 Der zeitliche Rahmen bezieht sich dabei auf die Altersstruktur von Verteilernetzen, vgl. *Böttcher*, Stromleitungsnetze, S. 33.
889 *Schwab*, S. 819.
890 *Rauch*, IR 2009, 50, 51.
891 *Schwab*, S. 819.
892 Danner/Theobald/*Theobald*, EnWG, § 11 Rn. 21.

anderen ist darüber hinaus für das mobile Personal eine ständig zu aktualisierende Einsatzplanung notwendig.[893] Es fällt allein in den Verantwortungsbereich des Netzbetreibers der Wartungspflicht nachzukommen, wovon letztendlich auch die Bestimmung von Wartungsintervallen sowie die Ausarbeitung von Wartungsplänen umfasst ist.[894] Im Ergebnis gewährleistet die Verpflichtung des Netzbetreibers zur Wartung des Netzes somit den Erhalt, folglich den „status quo" des Netzes.[895] Im Rahmen der von den technischen Beratern durchzuführenden Due Diligence wird meist davon ausgegangen, dass ein bestehendes Stromnetz in einem Zeitraum von 50 Jahren einmal vollständig erneuert wird.[896] Dies bedeutet allerdings nicht, dass nach dem genannten Zeitraum der Austausch des gesamten Netzes erfolgt. Vielmehr geschieht dies in der Praxis als rollierender Prozess, indem die Netze mittels Reinvestitionen modernisiert und erneuert werden. So werden in der Praxis einzelne Netzteile nach und nach ausgetauscht, wenn sie das Ende ihrer betriebsgewöhnlichen Nutzung überschritten haben oder sie werden erneuert, um dem aktuellen Stand der Technik zu entsprechen.[897]

3. Bedarfsgerechte Netzentwicklungspflichten

Neben der Betriebs- und Wartungspflicht kommt dem Netzbetreiber nach § 11 Abs. 1 S. 1 EnWG auch eine Entwicklungspflicht des Energieversorgungsnetzes zu.[898] Mit der Entwicklungspflicht ist die Pflicht der Netzbetreiber gemeint, das Netz bedarfsgerecht zu optimieren, zu verstärken und auszubauen. Diese Verpflichtung ist zum Teil mit einem noch beträchtlicheren Eingriff in die finanzielle Dispositionsfreiheit des Netzbetreibers verbunden, als die zuvor genannten Verpflichtungen des Betriebs und der Wartung des Netzes.[899] Die Regelung des § 11 Abs. 1 S. 1 EnWG beinhaltet insofern eine „gesetzliche Investitionspflicht" der Netzbetreiber.[900] Im Folgenden sollen die unterschiedlichen

893 Auch „work force management" genannt, vgl. *Schwab*, S. 819.

894 Kment/*Tüngler*, EnWG, § 11 Rn. 34.

895 Danner/Theobald/*Theobald*, EnWG, § 11 Rn. 22; *Peters*, ZNER 2007, 272, 273.

896 *Böttcher*, S. 33f.

897 *Böttcher*, S. 33.

898 Im Vergleich zu der Netzerweiterungspflicht des § 8 Abs. 4 EEG i.V.m. § 12 Abs. 1 S. 1 EEG bildet die Netzentwicklungspflicht des § 11 Abs. 1 S. 1 EnWG keinen individuell durchsetzbaren Anspruch auf Netzerweiterung. Vielmehr stellt die Regelung des § 11 Abs. 1 EnWG eine öffentlich-rechtliche Ausbaupflicht der Netzbetreiber dar und wird durch die Regelung des § 12 Abs. 1 EEG im Bereich der erneuerbaren Energien ergänzt, allerdings nicht verdrängt. Die Regulierungsbehörde kann die objektive Ausbaupflicht somit auch in solchen Fällen durchsetzen, in denen ein Ausbau des Netzes zur Integration von EE-Strom erforderlich ist., siehe Britz/Hellermann/Hermes/*Sötebier*, EnWG, § 11 Rn. 55f. u. 69.

899 Baur/Salje/Schmidt-Preuß/*Ruthig*, Kap. 97 Rn. 36.

900 Britz/Hellermann/Hermes/*Sötebier*, EnWG, § 11 Rn. 60.

Netzentwicklungspflichten des Netzbetreibers kurz erörtert (a.) und der damit einhergehende Begriff des Bedarfs näher untersucht werden (b.).

a. Netzentwicklungspflichten

Die Begriffe der Optimierung und Verstärkung wurden neben der Ausbauverpflichtung mit dem Gesetz zur Beschleunigung des Ausbaus der Höchstspannungsnetze vom 21.08.2009 in die Norm des § 11 Abs. 1 S. 1 EnWG eingefügt.[901] Die Netzbetreiber haben nach der Gesetzesbegründung Maßnahmen der Optimierung und Verstärkung des Netzes in einem ersten Schritt zu untersuchen und gegebenenfalls durchzuführen.[902] Durch die Auflistung der unterschiedlichen Verpflichtungen soll allerdings keine Rangfolge zwischen den einzelnen Maßnahmen festgelegt werden.[903] Vielmehr erfolgt die Bestimmung der zu ergreifenden Maßnahmen einzelfallabhängig. So sind beispielsweise „deren Auswirkungen auf das Gesamtsystem, die mittel- bis langfristig erforderliche Transportkapazität, die mittel- bis langfristige Entwicklung des Netzes sowie die Erfordernisse eines sicheren und zuverlässigen Netzbetriebs, Netzverluste und Effizienzanforderungen zu berücksichtigen".[904] Darüber hinaus ist eine trennscharfe Abgrenzung zwischen den verschiedenen Netzentwicklungspflichten nicht immer möglich und zudem auch nicht erforderlich. Die Maßnahmen lassen sich grob nach ihrem Umfang voneinander und den damit einhergehenden Belastungen für den Netzbetreiber und für Dritte unterscheiden. Dabei lässt sich die Regel aufstellen, dass der Aufwand und die Belastungen bei Optimierungsmaßnahmen geringer sind als bei Verstärkungsmaßnahmen und der Aufwand und die Belastungen bei Maßnahmen des Netzausbaus am höchsten sind.[905] Es entspricht dem allgemeinen Effizienz- und Verhältnismäßigkeitsgrundsatz, dass bei entsprechender Eignung zunächst die kostengünstigeren und weniger belastenden Maßnahmen von dem Netzbetreiber durchzuführen sind.[906] Insgesamt dienen die Entwicklungspflichten der Umsetzung von Art. 12 lit. a, Art. 25 Abs. 1 der Elektrizitätsrichtlinie 2009/72/EG.[907] Demnach tragen Übertragungsnetzbetreiber/Verteilernetzbetreiber die Verantwortung u.a. dafür, auf lange Sicht die Fähigkeit des Netzes sicherzustellen, eine angemessene Nachfrage nach Übertragung/Verteilung von Elektrizität zu befriedigen.

Im Folgenden soll nunmehr kurz auf die unterschiedlichen Verpflichtungen der Optimierung, Verstärkung und des Ausbaus des Netzes gem. § 11 Abs. 1 S. 1 EnWG eingegangen werden. Eine Maßnahme der Netzoptimierung führt dazu, dass das

---

901 BerlKommEnR/*König*, Band 1, § 11 EnWG Rn. 33; BGBl. I 2009, S. 2870.
902 BT-Drs.: 16/10491, S. 18 (Einzelbegründung zu § 11 EnWG).
903 BT-Drs.: 16/10491, S. 18 (Einzelbegründung zu § 11 EnWG).
904 BT-Drs.: 16/10491, S. 18 (Einzelbegründung zu § 11 EnWG).
905 Britz/Hellermann/Hermes/*Sötebier*, EnWG, § 11 Rn. 56.
906 Britz/Hellermann/Hermes/*Sötebier*, EnWG, § 11 Rn. 56.
907 BerlKommEnR/*König*, Band 1, § 11 EnWG Rn. 31. Darüber hinaus dient das Merkmal der Umsetzung von Art. 13 Abs. 1 lit. a, Art. 25 Abs. 1 der Gasrichtlinie 2009/73/EG.

Netz effektiver und/ oder effizienter genutzt werden kann.[908] Dabei verändert die Maßnahme das bestehende Netz im Wesentlichen nicht,[909] sodass Substanzeingriffe in das Netz grundsätzlich nicht mit einer Optimierung einhergehen.[910] Eine Optimierungsmaßnahme kann beispielsweise die Berechnung einer sowohl wirtschaftlich als auch technisch optimalen Leistungsflussrechnung darstellen.[911] Darüber hinaus kann der Einsatz von innovativen Technologien, wie das Leiterseil-Temperatur-Monitoring oder netzbezogene Energieeffizienz- und Nachfragesteuerungsmaßnahmen, einen Beitrag zur Optimierung des Netzes leisten.[912] Weiterhin können auch Maßnahmen intelligenter Netzsteuerung darunter qualifiziert werden.[913] Zum Teil wird auch die Ansicht vertreten, dass unter der Optimierung des Netzes Stilllegungen von redundanten Netzabschnitten und damit einhergehenden Betriebsmitteln zu fassen sind.[914] Demnach ist bei dauerhaft fehlendem Bedarf von der Verpflichtung zur bedarfsgerechten Optimierung spiegelbildlich auch das Recht des Netzbetreibers zur dauerhaften Stilllegung von Netzabschnitten eingeschlossen. Hierbei ist entscheidend, wie die jeweilige Bedarfsprüfung des Netzbetreibers ausfällt.[915]

Der Übergang von einer Netzoptimierungsmaßnahme zu einer Netzverstärkungsmaßnahme ist teilweise fließend.[916] Unter einer Maßnahme der Netzverstärkung lassen sich Investitionen in bestehende Netzstrukturen qualifizieren, die unterhalb der Ebene des Netzausbaus stattfinden und insofern eine Verbesserung des Netzbestandes darstellen. Als Beispiele sind hier u.a. die Erhöhung von Trafoleistungen und der Austausch der Beseilung von Freiluftmasten aufzuführen.[917] In der Praxis wird der Netzentwicklungspflicht vor allem durch Netzausbaumaßnahmen nachgekommen.[918] Diese haben die Schaffung neuer Netzkapazitäten zum Gegenstand,[919] was eine Vergrößerung der Netzinfrastruktur in Metern bzw.

---

908 Britz/Hellermann/Hermes/*Sötebier*, EnWG, § 11 Rn. 57.

909 Britz/Hellermann/Hermes/*Sötebier*, EnWG, § 11 Rn. 57.

910 Kment/*Tüngler*, EnWG, § 11 Rn. 36.; **a.A.** Elspas/Graßmann/Rasbach/*Rauch*, EnWG, § 11 Rn. 31, wonach eine Optimierungsmaßnahme u.a. auch in der Stilllegung von überflüssigen Netzabschnitten bestehen kann.

911 Britz/Hellermann/Hermes/*Sötebier*, EnWG, § 11 Rn. 57.

912 Britz/Hellermann/Hermes/*Sötebier*, EnWG, § 11 Rn. 57.

913 *Angenendt/Boesche/Franz*, RdE 2011, 117, 120f; Kment/*Tüngler*, EnWG, § 11 Rn. 36.

914 So Elspas/Graßmann/Rasbach/*Rauch*, EnWG, § 11 Rn. 32; *Rauch*, RdE 2011, 287, 288; Kment/*Tüngler*, EnWG, § 11 Rn. 41; ähnlich auch BerlKommEnR/*König*, Band 1, § 11 EnWG Rn. 19.

915 Kment/*Tüngler*, EnWG, § 11 Rn. 41.

916 Britz/Hellermann/Hermes/*Sötebier*, EnWG, § 11 Rn. 58.

917 Elspas/Graßmann/Rasbach/*Rauch*, EnWG, § 11 Rn. 33; Britz/Hellermann/Hermes/*Sötebier*, EnWG, § 11 Rn. 58.

918 Dazu kritisch *Angenendt/Boesche/Franz*, RdE 2011, 117, 120f, demnach der Einsatz von Smart-Grids als Maßnahme der Optimierung der Vorrang eingeräumt werden sollte.

919 Britz/Hellermann/Hermes/*Sötebier*, EnWG, § 11 Rn. 59.

Kilometern bedeutet.[920] Dabei wird er grob in drei Regelungsfelder unterteilt.[921] Zunächst erfolgt die Ermittlung und Feststellung des Netzausbaubedarfs nach den §§ 12a – 12f. EnWG. Es folgen die Planung und Genehmigung der Maßnahmen des Netzausbaus und die Berücksichtigung der getätigten Investitionskosten im Rahmen der Netzentgeltermittlung durch das System der Anreizregulierung.[922] Durch die Netzausbauverpflichtung wird am stärksten in die unternehmerische Freiheit des Netzbetreibers eingegriffen.[923] Eine Verpflichtung des Netzbetreibers zum Ausbau des Netzes ist dann nicht mehr anzunehmen, wenn die Maßnahme nicht mehr als bloße Erweiterung des Netzes angesehen werden kann, sondern vielmehr den Neubau eines Netzes bedeuten würde.[924] Von einem Neubau ist dann auszugehen, wenn durch den Eingriff ins Netz eine komplett neuartige Funktionalität des Netzes entsteht und damit eine grundlegende Wesensveränderung des Netzes einhergeht.[925] Ein solcher Neubau kann ebenfalls von einem Dritten durchgeführt werden, sodass aus volkswirtschaftlicher Sicht kein Grund ersichtlich ist, der für eine solche Verpflichtung des Netzbetreibers zum Neubau eines Netzes spricht.[926]

b. Bedarfsgerechtigkeit

Bei der Bestimmung der Reichweite der Netzentwicklungspflichten kommt dem Merkmal der Bedarfsgerechtigkeit entscheidende Bedeutung zu.[927] Durch dieses Merkmal soll einerseits gewährleistet werden, dass die Netzbetreiber die Investitionen tätigen, die für die Sicherstellung eines bedarfsgerechten Netzes erforderlich sind. Andererseits geht damit ein allgemein gültiges Gebot einher, welches die Vermeidung von technischen und volkswirtschaftlichen Investitionen beinhaltet, die nicht erforderlich sind.[928] Somit sollen durch das Merkmal sowohl Unter- als auch Überinvestitionen in das Energieversorgungsnetz vermieden werden.[929] Die Netzentwicklungspflichten bemessen sich dabei nach dem objektiven Bedarf an Netzleistungen.[930] Dies bedeutet, dass der Bedarf insbesondere anhand der voraussichtlichen und auf eine gewisse Dauer angelegten Nachfrage der Netznutzer

920 Elspas/Graßmann/Rasbach/*Rauch*, EnWG, § 11 Rn. 34.
921 BerlKommEnR/*König*, Band 1, § 11 EnWG Rn. 35ff.
922 BerlKommEnR/*König*, Band 1, § 11 EnWG Rn. 35ff.
923 Britz/Hellermann/Hermes/*Sötebier*, EnWG, § 11 Rn. 60.
924 *Koenig/Kühling/Winkler*, WuW 2003, 228, 231.
925 *Koenig/Kühling/Winkler*, WuW 2003, 228, 231.
926 *Koenig/Kühling/Winkler*, WuW 2003, 228, 240; Danner/Theobald/*Theobald*, EnWG, § 11 Rn. 28.
927 Kment/*Tüngler*, EnWG, § 11 Rn. 39; Baur/Salje/Schmidt-Preuß/*Ruthig*, Kap. 97 Rn. 37.
928 Kment/*Tüngler*, EnWG, § 11 Rn. 39.
929 BerlKommEnR/*König*, Band 1, § 11 EnWG Rn. 40.
930 Vgl. hierzu *Angenendt/Boesche/Franz*, RdE 2011, 117, 121; Britz/Hellermann/Hermes/*Sötebier*, EnWG, § 11 Rn. 71, wobei lediglich auf den Netzausbau abgestellt wird.

(Erzeuger, Händler und Letztverbraucher) zu bemessen ist.[931] Maßgeblich für die Beurteilung kann insofern nur ein nachhaltiger bzw. dauerhafter Bedarf sein, sodass temporäre Bedarfsspitzen keine Ausbauverpflichtung des Netzbetreibers zur Folge haben.[932] Ebenfalls ist der subjektive Transport- oder Verteilerbedarf eines einzelnen Marktteilnehmers allein nicht ausreichend, um den Netzbetreiber zu einer konkreten Ausbaumaßnahme zu verpflichten.[933] Die Befriedigung dieses Bedarfs muss dabei gem. § 11 Abs. 1 S. 1 EnWG auf dem Qualitätsniveau eines sicheren, zuverlässigen und leistungsfähigen Netzes erfolgen.[934]

Die Netzentwicklungspflicht nach § 11 Abs. 1 S. 1 EnWG besteht im Übrigen unabhängig von der Netzerweiterungspflicht der Netzbetreiber nach § 8 Abs. 4 EEG i.V.m. § 12 EEG,[935] wonach Netzbetreiber einer Netzerweiterungspflicht dann nachkommen müssen, wenn ein Netz erst durch eine bestimmte Maßnahme der Netzerweiterung zur Abnahme des EE-Stroms geeignet ist.[936] Im Gegensatz zu § 8 Abs. 4 EEG begründet § 11 Abs. 1 S. 1 EnWG allerdings keinen individuellen Netzerweiterungsanspruch.[937] Der Netzbetreiber ist folglich nicht verpflichtet jedem Bedarf eines Netzkunden nachzukommen.[938] Die Entwicklungspflicht ist insofern unabhängig von der Geltendmachung einzelner Netzanschluss- bzw. Netzzugangsansprüche.[939]

4. Ergebnis

Dieser Abschnitt diente der Darstellung der Netzbetreiberpflichten gem. § 11 Abs. 1 S. 1 EnWG. Wie die Ausführungen gezeigt haben, sind mit dem Betrieb eines Energieversorgungnetzes ständige Pflichten verbunden, die das Bereithalten eines sicheren, zuverlässigen und leistungsfähigen Energieversorgungsnetzes zum Ziel haben. Die Regelung umfasst zunächst die Betriebspflicht des Netzbetreibers, die einerseits zum Betrieb des Netzes verpflichtet und eine Außerbetriebnahme/Stilllegung des Netzes oder Teile des Netzes nur unter bestimmten Voraussetzungen zulässt und andererseits Maßnahmen der Netzbereitstellung und der Netzführung. Um die Versorgungssicherheit zu gewährleisten, erfordert der Betrieb eines Netzes immer auch die Wartung des Netzes. Neben die Betriebspflicht tritt somit die Wartungspflicht, die sich oftmals mit ersterer

---

931 Britz/Hellermann/Hermes/*Sötebier*, EnWG, § 11 Rn. 71; Danner/Theobald/*Theobald*, EnWG, § 11 Rn. 24.
932 Peters, ZNER 2007, 272, 274.
933 BerlKommEnR/*König*, Band 1, § 11 EnWG Rn. 39.
934 Britz/Hellermann/Hermes/*Sötebier*, EnWG, § 11 Rn. 71.
935 Siehe dazu unter D. II. 1.
936 Altrock/Oschmann/Theobald/*Altrock*, EEG, § 5 Rn. 7; Schneider/Theobald/*Theobald/Zenke/Dessau*, EnWR, § 15 Rn. 119; Kment/*Tüngler*, EnWG, § 11 Rn. 40.
937 BerlKommEnR/*König*, Band 1, § 11 EnWG Rn. 39; Kment/*Tüngler*, EnWG, § 11 Fn. 64.
938 Kment/*Tüngler*, EnWG, § 11 Rn. 40.
939 Baur/Salje/Schmidt-Preuß/*Ruthig*, Kap. 97 Rn. 37.

überschneidet. Unter die Wartung des Netzes lassen sich insbesondere all diejenigen Maßnahmen zusammenfassen, die den „status quo" des Netzes erhalten. Technische Berater gehen im Zusammenhang ihrer Due Diligence häufig davon aus, dass ein bestehendes Netz innerhalb von 50 Jahren einmal komplett erneuert wird. Der Erneuerungsprozess der einzelnen Netzteile erfolgt dabei als rollierender Prozess. Darüber hinaus enthält die Regelung eine Netzentwicklungspflicht, die den Netzbetreiber dazu verpflichtet, dass Netz bedarfsgerecht zu optimieren, zu verstärken und auszubauen. Maßnahmen der Netzoptimierung führen dazu, dass das Netz effektiver und/ oder effizienter genutzt werden kann und finden grundsätzlich ohne Substanzeingriff in das Netz statt. Der Übergang von einer Netzoptimierungsmaßnahme zu einer Netzverstärkungsmaßnahme ist teilweise fließend und begrifflich als Investition in bestehende Netzstrukturen zu qualifizieren, die unterhalb der Ebene des Netzausbaus stattfindet und insofern eine Verbesserung des Netzbestandes darstellt. Netzausbaumaßnahmen haben hingegen die Schaffung neuer Netzkapazitäten zum Gegenstand. Letztere greifen regelmäßig am stärksten in die unternehmerische Investitionsfreiheit des Netzbetreibers ein. Entscheidendes Merkmal im Zusammenhang mit den Netzentwicklungspflichten ist die Bedarfsgerechtigkeit. Der Netzbetreiber hat die beschriebenen Netzentwicklungspflichten nur dann durchzuführen, wenn dafür ein objektiver Bedarf besteht. Dieser muss zudem nachhaltig bzw. dauerhaft sein. Der Netzbetreiber ist hingegen nicht dazu verpflichtet dem Bedarf eines jeden Netzkunden nachzukommen.[940] Die Netzentwicklungspflicht ist im Gegensatz zu der Netzerweiterungspflicht des § 8 Abs. 4 EEG insofern unabhängig von der Geltendmachung einzelner Netzanschluss- bzw. Netzzugangsansprüche.[941]

IV. Stilllegung von Netzabschnitten

Unter Beachtung der grundsätzlichen Betriebspflicht[942] des Netzbetreibers gem. § 11 Abs. 1 S. 1 EnWG soll sich im Folgenden nunmehr der zentralen Frage gewidmet werden, ob und unter welchen Voraussetzungen eine Stilllegung und infolgedessen ein Rückbau von Netzanlagen möglich ist. Wie bereits unter E. III. 1. ausgeführt, ist der Sinn und Zweck[943] des § 11 Abs. 1 S. 1 EnWG vordergründig darin zu sehen, die Sicherheit der Energieversorgung im Interesse der Allgemeinheit zu gewährleisten.[944] Die Regelung dient damit der Absicherung der öffentlichen Aufgabe der Stromversorgung, welche wiederum unter die Daseinsvorsorge fällt.[945] Aus diesem Grund wäre es insofern nicht mit dem Sinn und Zweck der

940 Kment/*Tüngler*, EnWG, § 11 Rn. 40.
941 Baur/Salje/Schmidt-Preuß/*Ruthig*, Kap. 97 Rn. 37.
942 Siehe dazu ausführlich unter E. III. 1.
943 Siehe dazu bereits unter A. III. 2. b.
944 So u.a. BerlKommEnR/*König*, Band 1, § 11 EnWG Rn. 18; Britz/Hellermann/Hermes/*Sötebier*, EnWG, § 11 Rn. 1, 5 u. 34; Kment/*Tüngler*, EnWG, § 11 Rn. 23 u. 32.
945 Britz/Hellermann/Hermes/*Sötebier*, EnWG, § 11 Rn. 45.

Norm vereinbar, wenn die Netzbetreiber ihre Energieversorgungsnetze nach freiem Belieben stilllegen könnten.[946] Es ist daher unerlässlich, dass die Energieversorgungsnetze bei fortlaufendem Versorgungsbedarf auch weiterbetrieben werden.[947] Einigkeit besteht allerdings darin, dass auch unter Berücksichtigung der generellen Betriebspflicht nichts gegen eine Stilllegung von Netzabschnitten und damit einhergehenden netzseitigen Betriebsmitteln spricht, die nicht (mehr) erforderlich sind, um die Bedarfsgerechtigkeit i.S.d. § 11 Abs. 1 S. 1 EnWG zu gewährleisten.[948] Da der Netzbetreiber sein Netz auf eigene Rechnung und eigenes wirtschaftliches Risiko betreibt, muss er unter Einhaltung gewisser Voraussetzungen auch eigenverantwortlich darüber entscheiden können, ob der Betrieb von redundanten Netzabschnitten aufgrund wirtschaftlichen oder individuell-technischen Gründen auch zukünftig aufrechterhalten werden soll.[949] Gegenteiliges wäre auch unter dem Aspekt der wirtschaftlichen Zumutbarkeit[950] gem. § 11 Abs. 1 S. 1 a.E. EnWG nicht tragbar.[951] Im Folgenden soll insofern näher untersucht werden unter welchen Voraussetzungen eine Stilllegung und ein damit einhergehender Rückbau von Netzanlagen für den Netzbetreiber möglich ist.

Um sich diesem Aspekt der Arbeit zu nähern, soll zunächst der Frage nachgegangen werden, ob sich im EnWG Regelungen in Bezug auf die Stilllegung von Netzanlagen bzw. Netzabschnitten befinden (1.). Im Anschluss sollen die Voraussetzungen für eine Stilllegung von Netzabschnitten herausgearbeitet werden (2.). Es folgt eine Zusammenfassung der Ergebnisse des Abschnitts unter (3.).

1. Rechtliche Grundlage

Fraglich ist, ob das EnWG die Voraussetzungen einer Stilllegung von Netzabschnitten und damit einhergehenden Netzanlagen explizit regelt. Ein Rückblick auf alte Fassungen des EnWG lässt erkennen, dass es bereits Regelungen in Bezug auf die Stilllegungen von Energieversorgungsnetzen durch das Energieversorgungsunternehmen gab.[952] Die Regelung des § 4 EnWG 1978[953] enthielt zwar keine expliziten

946 BerlKommEnR/*König*, Band 1, § 11 EnWG Rn. 18; Britz/Hellermann/Hermes/*Sötebier*, EnWG, § 11 Rn. 45; Kment/*Tüngler*, EnWG, § 11 Rn. 32; Elspas/Graßmann/Rasbach/*Rauch*, EnWG, § 11 Rn. 25.

947 Britz/Hellermann/Hermes/*Sötebier*, EnWG, § 11 Rn. 45.

948 BerlKommEnR/*König*, Band 1, § 11 EnWG Rn. 19 mit Verweis auf *Rauch*, RdE 2011, 287ff; Kment/*Tüngler*, EnWG, § 11 Rn. 41; Elspas/Graßmann/Rasbach/*Rauch*, EnWG, § 11 Rn. 25; Britz/Hellermann/Hermes/*Sötebier*, EnWG, § 11 Rn. 50.

949 *Schulte-Beckhausen/Ungemach*, in: FS Kühne (2010), 365, 377; *Rauch*, RdE 2011, 287, 288.

950 Siehe dazu ausführlich die Ausführungen unter E. V.

951 Britz/Hellermann/Hermes/*Sötebier*, EnWG, § 11 Rn. 47.

952 Vgl. auch *Salje*, EnWG, § 11 Rn. 1.

953 Auch § 4 EnWG 1935, die Vorgängernorm zu § 4 EnWG 1978, enthielt bereits eine vergleichbare Regelung in Bezug auf die Stilllegung von Energieanlagen, vgl. auch *Salje*, EnWG, § 11 Rn. 1.

Vorgaben, allerdings wurde durch die genannte Regelung eine Stilllegung ausdrücklich anerkannt. Auch regelte die Norm eine Anzeigepflicht von Energieversorgungsunternehmen bei einer beabsichtigten Stilllegung von Energieanlagen, wobei der Wirtschaftsminister die angezeigte Stilllegung beanstanden konnte.[954] § 4 Abs. 1 bis Abs. 3 EnWG 1978 lautete dabei wie folgt:

> § 4 (1) Die Energieversorgungsunternehmen sind verpflichtet, vor dem Bau, der Erneuerung, der Erweiterung oder der Stillegung von Energieanlagen dem Wirtschaftsminister Anzeige zu erstatten.
> (2) Der Wirtschaftsminister kann den Bau, die Erneuerung, die Erweiterung oder die Stillegung von Energieanlagen der Energieversorgungsunternehmen beanstanden. Beanstandete Vorhaben kann er untersagen, wenn Gründe des Gemeinwohls es erfordern.
> (3) Der Wirtschaftsminister bestimmt den Umfang der Anzeigepflicht nach Abs. 1. Er erläßt die Vorschriften über Formen und Fristen für die Anzeige und das Untersagungsverfahren.

Unter den in § 4 EnWG 1978 verwendeten Begriff der Energieanlage fiel dabei auch das Energieversorgungsnetz, da unter den dort verwendeten Begriff der Anlage auch solche zu fassen waren, die der Fortleitung der Elektrizität dienten, vgl. § 2 EnWG 1978.[955]

Eine dem § 4 EnWG 1978 vergleichbare Regelung lässt sich in der aktuellen Fassung des EnWG jedoch nicht finden. Zwar könnten Anhaltspunkte für eine solche Stilllegung insbesondere in den Vorschriften über den Betrieb von Energieversorgungsnetzen gem. 11 EnWG, die Genehmigung des Netzbetriebs gem. § 4 EnWG oder der Vorschrift über das Erfordernis der Planfeststellung gem. § 43 EnWG[956] vermutet werden. Allerdings lässt sich in keiner der genannten Vorschriften eine ausdrückliche Regelung über die Stilllegung von Energieversorgungsnetzen und damit einhergehenden Netzanlagen finden. Auch die Regelung des § 13 b EnWG über die Stilllegung von Anlagen kann in diesem Zusammenhang nicht herangezogen werden, da von § 13 b EnWG lediglich Anlagen zur Erzeugung oder

---

954 *Salje*, EnWG, § 11 Rn. 1.

955 Was unter Energieanlagen zu verstehen ist, lässt sich § 2 EnWG 1978 entnehmen. Danach sind Energieanlagen i.S.d. Gesetzes Anlagen, die der Erzeugung, Fortleitung oder Abgabe von Elektrizität oder Gas dienen. Zu den Energieanlagen gehören solche Anlagen nicht, die lediglich der Übertragung von Zeichen oder Lauten dienen.

956 In § 43 S. 1 EnWG heißt es zwar, dass neben der Errichtung und des Betriebs auch die Änderung von Hochspannungsleitungen der Planfeststellung unterliegt. Allerdings lassen sich unter dem dort verwendeten Begriff der „Änderung" keine Beseitigungen der Leitungen und folglich auch keine Stilllegungen fassen. Vielmehr sind darunter Um- und Ausbaumaßnahmen zu verstehen, die vom Inhalt der bestehenden Genehmigungsentscheidung abweichen, vgl. Britz/Hellermann/Hermes/*Hermes/Kupfer*, EnWG, § 43 Rn. 13.

Speicherung elektrischer Energie betroffen sind und damit keine Energieversorgungsnetze.[957] Auch in den zum EnWG ergangenen Verordnungen, wie der NAV,[958] lässt sich ein Recht auf Stilllegung von Netzabschnitten und damit einhergehenden netzseitigen Betriebsmitteln des Netzbetreibers nicht ausdrücklich entnehmen.[959] Anders als in vergleichbaren Gebieten des Regulierungsrechts, wie beispielsweise in § 11 Abs. 1 AEG,[960] sieht das EnWG damit die Stilllegung von Netzinfrastruktur nicht explizit vor.[961] Festzuhalten ist somit, dass das EnWG weder die Voraussetzungen noch die Folgen der Beendigung des Netzbetriebs regelt,[962] obwohl trotz genereller Betriebspflicht gem. § 11 Abs. 1 S. 1 EnWG für den Netzbetreiber nicht die generelle Verpflichtung besteht, Energieversorgungsnetze für immer zu betreiben[963] und eine Betriebseinstellung/Stilllegung unter gewissen Voraussetzungen allgemein anerkannt ist.[964] Fraglich ist insofern, ob es dennoch einen gesetzlichen Anknüpfungspunkt für die Stilllegung von Netzabschnitten im EnWG gibt.

Eine solche Gestaltungsmöglichkeit des Netzbetreibers lässt sich ebenfalls aus dem energierechtlichen Ordnungsgefüge des § 11 Abs. 1 S. 1 EnWG herleiten.[965] Die bedarfsgerechte Entwicklungspflicht des Netzbetreibers in Form des Gebots der bedarfsgerechten Optimierung gem. § 11 Abs. 1 S. 1 EnWG spielt bei der Frage der gesetzlichen Anknüpfung eine entscheidende Rolle. So wird bereits teilweise

---

957 Vgl. BerlKommEnR/*König*, Band 1, § 13b EnWG Rn. 3.

958 Die NAV ist aufgrund der Verordnungsermächtigung in § 18 Abs. 3 EnWG ergangen, vgl. *Klees*, Kap. 2 Rn. 137. Demnach kann die Bundesregierung durch Rechtsverordnung mit Zustimmung des Bundesrates u.a. die Allgemeinen Bedingungen für den Netzanschluss und dessen Nutzung bei den an das Niederspannungs- oder Niederdrucknetz angeschlossenen Letztverbrauchern angemessen festsetzen.

959 Ähnlich auch *Rauch*, RdE 2011, 287, 288 im Hinblick auf das Recht auf Stilllegung von netzseitigen Betriebsmitteln in der NDAV.

960 Im AEG ist die Abgabe und Stilllegung von Eisenbahninfrastruktureinrichtungen in § 11 Abs. 1 S. 2 – S. 4 AEG ausdrücklich geregelt. Beabsichtigt demnach ein öffentliches Eisenbahninfrastrukturunternehmen die dauernde Einstellung des Betriebs einer Strecke, eines für die Betriebsabwicklung wichtigen Bahnhofs oder die mehr als geringfügige Verringerung der Kapazität einer Strecke, so hat es dies bei der zuständigen Aufsichtsbehörde zu beantragen. Dabei hat es darzulegen, dass ihm der Betrieb der Infrastruktureinrichtung nicht mehr zugemutet werden kann und Verhandlungen mit Dritten, denen ein Angebot für die Übernahme der Infrastruktureinrichtung durch Verkauf oder Verpachtung zu in diesem Bereich üblichen Bedingungen gemacht wurde, erfolglos geblieben sind. Bei den Übernahmeangeboten an Dritte sind Vorleistungen angemessen zu berücksichtigen.

961 Vgl. auch *Rauch*, RdE 2011, 287, 288.

962 Britz/Hellermann/Hermes/*Bourwieg*, EnWG, § 11 Rn. 29.

963 Britz/Hellermann/Hermes/*Sötebier*, EnWG, § 11 Rn. 47.

964 So Britz/Hellermann/Hermes/*Sötebier*, EnWG, § 11 Rn. 47ff; Elspas/Graßmann/Rasbach/*Rauch*, EnWG, § 11 Rn. 32; *Rauch*, RdE 2011, 287, 288; Kment/*Tüngler*, EnWG, § 11 Rn. 41; BerlKommEnR/*König*, Band 1, § 11 EnWG Rn. 19.

965 So *Rauch*, RdE 2011, 287, 288.

angenommen, dass das Recht auf Durchführung netzseitiger Stilllegungsmaßnahmen spiegelbildlich aus der Pflicht zur „bedarfsgerechten Optimierung“ i.S.d. § 11 Abs. 1 S. 1 EnWG resultiert.[966] Dem ist im Ergebnis zuzustimmen, denn eine Maßnahme der Netzoptimierung soll dazu führen, dass das Netz effektiver und/oder effizienter genutzt werden kann.[967] Durch den Rückbau redundanter Netzabschnitte wird ein Beitrag dazu geleistet, dass das Netz effizienter genutzt werden kann, denn so müssen Netzabschnitte, die nicht benötigt werden auch nicht mehr aufwendig betrieben und gewartet werden. Darüber hinaus können Stilllegungen von Netzabschnitten dazu dienen, Ineffizienzen im Zusammenhang mit den Netzentgelten i.S.v. § 21 Abs. 2 EnWG[968] zu beseitigen.[969]

2. Voraussetzungen

Im Folgenden ist zu untersuchen, unter welchen Voraussetzungen eine Stilllegung von Netzen möglich ist. Dafür sind mehrere Merkmale von Bedeutung. Zum einen stellt sich die Frage nach dem stilllegungsberechtigten Adressaten (a.), wobei in diesem Zusammenhang auch die Eigentumsverhältnisse an den Energieversorgungsnetzen thematisiert werden. Zum anderen darf keine Umgehung der Betriebspflicht nach § 11 Abs. 1 S. 1 EnWG vorliegen (b.) und des Weiteren darf die Stilllegung des Netzes keine negativen Auswirkungen auf die Versorgungssicherheit haben (c). Unter (d.) wird sodann auf die Folgen der Stilllegung eingegangen.

a. Stilllegungsberechtigter

Zunächst stellt sich die Frage, an welche personenbezogenen Voraussetzungen eine Stilllegung geknüpft ist und damit folglich die Frage, wer zur Stilllegung des Netzes überhaupt berechtigt ist.[970] Da sich die Stilllegungsberechtigung aus § 11 Abs. 1 S. 1 EnWG ableiten lässt, ist insofern auch auf den Adressaten dieser Norm abzustellen. Dies ist, wie bereits unter E. I. ausgeführt, der „Betreiber von Energieversorgungsnetzen“ und damit der jeweilige Netzbetreiber, der die faktische Nutzungsmöglichkeiten über das Netz innehat.[971] Dies bedeutet allerdings

---

966 Vgl. *Rauch*, RdE 2011, 287, 288; Elspas/Graßmann/Rasbach/*Rauch*, EnWG, § 11 Rn. 32; Kment/*Tüngler*, EnWG, § 11 Rn. 41; ähnlich auch BerlKommEnR/*König*, Band 1, § 11 EnWG Rn. 19.

967 Britz/Hellermann/Hermes/*Sötebier*, EnWG, § 11 Rn. 57.

968 Nach § 21 Abs. 2 EnWG werden die Entgelte auf der Grundlage der Kosten einer Betriebsführung, die denen eines effizienten und strukturell vergleichbaren Netzbetreibers entsprechen müssen, unter Berücksichtigung von Anreizen für eine effiziente Leistungserbringung gebildet.

969 BerlKommEnR/*König*, Band 1, § 11 EnWG Rn. 19. Siehe zu den Netzentgelten E. V. 2. b. cc.

970 So auch *Rauch*, RdE 2011, 287, 289.

971 *Rauch*, RdE 2011, 287, 289.

nicht zwangsläufig, dass der Betreiber des Netzes zugleich der Eigentümer des Netzes sein muss,[972] auch wenn dies in der Praxis gleichwohl regelmäßig der Fall sein wird.[973] Denkbar ist in diesem Zusammenhang insbesondere auch, dass das Netz durch den Eigentümer vermietet, verpachtet oder verleast wird. In solchen Fällen übernimmt regelmäßig der Mieter, der Pächter oder der Leasingnehmer die Pflichten des Netzbetreibers.[974] Hinsichtlich des Betreiberbegriffs ist damit auf den „faktischen Betreiber" abzustellen, folglich auf denjenigen, welcher die tatsächliche Möglichkeit zur Steuerung des Betriebs innehat und somit tatsächliche Sachherrschaft über das Netz ausübt und hinsichtlich der Betriebssicherheit die Verantwortung trägt.[975] Für die Stilllegungsberechtigung sind die zivilrechtlichen Eigentumsverhältnisse an dem Energieversorgungsnetz demnach zwar grundsätzlich unbeachtlich,[976] sodass beispielsweise ein rechtlich entflochtener Netzbetreiber im Rahmen eines Pachtvertrages[977] unabhängig von den Interessen des Eigentümers über die Stilllegung von einzelnen Netzabschnitten entscheiden könnte.[978] Der durch § 11 Abs. 1 S. 1 EnWG grundsätzlich eingeräumte rechtlich unterlegte Handlungsspielraum des Netzbetreibers sollte dennoch nicht darüber hinwegtäuschen, dass die Eigentümerinteressen im Rahmen einer mittel- und langfristigen Netzstrategie von dem Netzbetreiber als Pächter stets berücksichtigt werden.[979] Unter Umständen kann ein Auseinanderfallen von Betrieb und Eigentum des Energieversorgungsnetzes insofern in der Praxis mit Problemen einhergehen,[980] sodass im Fall der Stilllegungsabsicht des Netzbetreibers davon auszugehen ist, dass sich dieser mit dem Netzeigentümer über dieses Vorgehen abstimmen wird.

Da ein Auseinanderfallen von Netzbetrieb und Netzeigentum denkbar ist, soll im Folgenden weiterhin untersucht werden, in wessen Eigentum Energieversorgungsnetze und deren netzseitigen Betriebsmittel stehen und wer insofern regelmäßig Pächter des Energieversorgungsnetzes ist. Dies ist insbesondere fraglich, da es für ein Energieversorgungsnetz charakteristisch ist, dass die

---

972 Vgl. Danner/Theobald/*Hartmann*/*Blumenthal-Barby*, NAV, § 8 Rn. 5.

973 BerlKommEnR/*König*, Band 1, § 11 EnWG Rn. 6.

974 So Schneider/Theobald/*Theobald/Zenke/Dessau*, EnWR, § 15 Rn. 118, wobei dies allerdings nicht den Definitionen gem. § 13 Nr. 2 bis 5 EnWG entnommen werden kann, da in diesen Vorschriften der Netzbetreiber als derjenige definiert wird, der für den Betrieb, die Wartung und den Ausbau des Netzes verantwortlich ist (Schneider/Theobald/*Theobald/Zenke/Dessau*, EnWR, § 15 Rn. 118 Fn. 190).

975 So Britz/Hellermann/Hermes/*Sötebier*, EnWG, § 11 Rn. 15.

976 Vgl. *Rauch*, RdE 2011, 287, 289.

977 Die rechtliche Entflechtung des Netzbetriebs erfolgt in der Praxis in der Regel durch Abschluss eines Pachtvertrages, siehe m.w.N. *Rauch*, RdE 2011, 287, 289 Fn. 27.

978 *Rauch*, RdE 2011, 287, 289; Danner/Theobald/*Hartmann*/*Blumenthal-Barby*, NAV, § 8 Rn. 5 und Fn. 1.

979 *Rauch*, RdE 2011, 287, 289; kritisch in Bezug auf ein Auseinanderfallen von Eigentum und Betrieb auch BerlKommEnR/*König*, Band 1, § 11 EnWG Rn. 6.

980 Ähnlich auch BerlKommEnR/*König*, Band 1, § 11 EnWG Rn. 6.

Versorgungsleitungen/Stromleitungen durch bzw. über mehrere Grundstücke mit verschiedenen Eigentümern führen. Es stellt sich somit die Frage, ob sich das Eigentum an den Stromleitungen und netzseitigen Betriebsmittel durch die unterschiedlichen Eigentumsverhältnisse auf mehrere Grundstückseigentümer erstreckt oder ob das jeweilige Energieversorgungsunternehmen[981] Eigentümer des Energieversorgungsnetzes ist. Für die Beantwortung dieser Frage sind die Normen §§ 946, 94 Abs. 1 S. 1, 95 Abs. 1 S. 1 BGB von maßgeblicher Bedeutung. Nach § 94 Abs. 1 S. 1 BGB zählen zu den wesentlichen Bestandteilen eines Grundstücks die mit dem Grund und Boden fest verbundenen Sachen, solange sie mit dem Boden zusammenhängen, sodass es sich bei den Stromleitungen um wesentliche Bestandteile der verschiedenen fremden Grundstücke handeln würde und im Ergebnis kein einheitliches Eigentum an diesen bestehen könnte. Vielmehr gehörten dann die Leitungen einer Vielzahl an Personen.[982] Ein solches Auseinanderfallen der Eigentümerverhältnisse würde jedoch ein „den Bedürfnissen des Rechtsverkehrs zuwiderlaufendes Ergebnis" bedeuten.[983] Seit jeher wird insofern von der überwiegenden Meinung vertreten,[984] dass Versorgungsleitungen regelmäßig nicht den jeweiligen Eigentümern der verschiedenen Grundstücke gehören[985] und die Regelungen gem. §§ 946, 94 Abs. 1 S. 1 BGB keine Anwendung finden.[986]

---

981 Nach § 3 Nr. 18 EnWG sind Energieversorgungsunternehmen natürliche oder juristische Personen, die Energie an andere liefern, ein Energieversorgungsnetz betreiben oder an einem Energieversorgungsnetz als Eigentümer Verfügungsbefugnis besitzen.

982 *BGH*, Urt. v. 11.07.1962 – V ZR 175/60, NJW 1962, 1817, 1818.

983 *BGH*, Urt. v. 11.07.1962 – V ZR 175/60, NJW 1962, 1817, 1818.

984 *BGH*, Urt. v. 11.07.1962 – V ZR 175/60, NJW 1962, 1817; Staudinger/*Stieper*, BGB, § 94 Rn. 11; Erman/*Schmidt*, § 94 BGB Rn. 11; BeckOK BGB/*Fritzsche*, § 95 BGB Rn. 9 u. 14; Soergel/*Marly*, BGB, § 94 Rn. 35; MüKoBGB/*Stresemann*, § 95 BGB Rn. 25ff.

985 Verlaufen die Stromleitungen hingegen über das Grundstück des Energieversorgungsunternehmens bzw. Netzbetreibers, so liegt regelmäßig eine feste Verbindung mit dem Grundstück vor. Im Ergebnis handelt es sich um wesentliche Bestandteile, sodass sich das Eigentum des Netzbetreibers an den Leitungen aus §§ 946, § 94 Abs. 1 S. 1 BGB ableiten lässt. Siehe dazu z.B. *BGH*, Urt. v. 11.07.1962 – V ZR 175/60, NJW 1962, 1817, 1818; Erman/*Schmidt*, § 94 BGB Rn. 11; Staudiner/*Stieper*, § 94 BGB Rn. 11; *OVG Lüneburg*, Beschl. v. 18.08.2015 – 9 LA 1/14, NVwZ-RR, 946, 947f in Bezug auf Entwässerungsleitungen.

986 **A.A.** *Mahne*, S. 189, 194ff. Demnach lassen sich die Eigentumsverhältnisse wegen unterschiedlich ausgestalteten Nutzungsverhältnissen und verschiedenen technischen Gegebenheiten an fremden Grundstücken zwar nicht pauschal feststellen. Im Grundsatz allerdings stehe das Eigentum an den Leitungen im Ergebnis den Grundstückseigentümern zu, durch dessen Grundstück die Leitungen verlaufen, da es sich bei diesen um wesentliche Bestandteile des Grundstücks handele, §§ 946, 94 Abs. 1 S. 1 BGB. Allerdings verfüge der Netzbetreiber über die umfassende Nutzungsberechtigung an den Leitungen, sodass diesem das wirtschaftliche Eigentum zustehe. Als Anhaltspunkte für die Zuordnung des wirtschaftlichen Eigentums

Dieses Verständnis entspricht der allgemeinen Verkehrsauffassung und spiegelt zudem die wirtschaftlichen Gegebenheiten wider.[987] Eine solche Beurteilung der Eigentümerverhältnisse unter Nichtanwendung des § 94 Abs. 1 S. 1 BGB kann sich dann ergeben,[988] wenn stattdessen die Regelung des § 95 Abs. 1 BGB in diesen Fällen heranzuziehen ist.[989] § 95 Abs. 1 BGB beschränkt den Begriff des Bestandteils i.S.d. § 94 Abs. 1 S. 1 BGB und schafft damit einen Ausnahmetatbestand zu der Norm.[990] Die von § 95 Abs. 1 BGB betroffenen Sachen werden als „Scheinbestandteile" bezeichnet.[991] Werden die Stromleitungen gem. § 95 Abs. 1 BGB entweder nur zu einem vorübergehenden Zweck mit dem Grund und Boden des fremden Grundstücks verbunden (vgl. § 95 Abs. 1 S. 1 BGB) oder erfolgt die Verbindung in Ausübung eines Rechts an dem fremden Grundstück (vgl. § 95 Abs. 1 S. 2 BGB), sind sie als Scheinbestandteile einzuordnen und bleiben rechtlich selbständig.[992] Als Zubehör stehen sie gem. § 97 Abs. 1 S. 1 BGB in dem Eigentum des Energieversorgungsunternehmens.[993]

Die von Konzessionsverträgen betroffenen Stromleitungen wurden gem. § 95 Abs. 1 S. 1 BGB zu einem vorübergehenden Zweck mit dem Grund und Boden des fremden Grundstücks verbunden.[994] Ganz überwiegend erfolgt die Verlegung von örtlichen Stromleitungen in den öffentlichen Verkehrswegen der Gemeinden.[995] Dies liegt u.a. daran, dass die öffentlichen Straßen und Wege für

---

werden der Besitz, die Gefahr- und Lastentragung sowie das Kriterium des Nutzungs- und Verwertungsrechts des Wirtschaftsguts genannt.

987 *BGH*, Urt. v. 11.07.1962 – V ZR 175/60, NJW 1962, 1817.

988 Vgl. *BGH*, Urt. v. 11.07.1962 – V ZR 175/60, NJW 1962, 1817, 1818.

989 So im Ergebnis u.a. Erman/*Schmidt*, § 94 BGB Rn. 11; BeckOK BGB/*Fritzsche*, § 95 BGB Rn. 9 u. 14; Soergel/*Marly*, § 94 BGB Rn. 35; MüKoBGB/*Stresemann*, § 95 BGB Rn. 25ff; Heidel/Hüßtege/Mansel/ Noack/*Ring*, BGB, § 95 Rn. 43.

990 MüKoBGB/*Stresemann*, § 95 BGB Rn. 1.

991 Soergel/*Marly*, § 95 BGB Rn. 1; MüKoBGB/*Stresemann*, § 95 BGB Rn. 1.

992 Vgl. *BGH*, Urt. v. 11.07.1962 – V ZR 175/60, NJW 1962, 1817, 1818; Soergel/*Marly*, § 94 BGB Rn. 35.

993 BeckOK BGB/*Fritzsche*, § 95 BGB Rn. 14; Erman/*Schmidt*, § 94 BGB Rn. 11.

994 *BGH*, Urt. v. 11.07.1962 – V ZR 175/60, NJW 1962, 1817, 1817f; *BGH*, Urt. v. 02.12.2005 – V ZR 35/05, NJW 2006, 990, 991, wonach eine Übereignung von Versorgungsleitungen (hier: Wasserleitungen) aufgrund des Übergangs einer öffentlichen Aufgabe (hier: öffentliche Aufgabe der Wasserversorgung) den Zweck der Verbindung der Versorgungsleitungen mit dem bisherigen Grundstück i.S.d. § 95Abs. 1 S. 1 BGB dahingehend ändern kann, dass diese fortan zu einem vorübergehenden Zweck mit diesem verbunden sind, Staudinger/*Stieper*, § 95 BGB Rn. 20; im Ergebnis auch *Ahnis/König*, IR 2009, 79, 81.

995 *Templin*, S. 8 u. 47. Öffentliche Verkehrswege waren/sind regelmäßig nicht bebaut. Dies hatte/hat zur Folge, dass Stromleitungen kostengünstiger in den Grund und Boden verlegt werden konnten/können, sodass es auch im Interesse der Energieversorgungsunternehmen war/ist, die Stromleitungsverlegung in den öffentlichen Wegen der Gemeinden vorzunehmen (vgl. *Templin*, S. 48).

die Verlegung der Stromleitungen besonders geeignet sind, da Stromleitungen ebenso wie Straßen in Haupt- und Nebenlinien aufgeteilt sind, weil diese Struktur „meist der Versorgungsdichte, der Nachfrage und der Verteilungsmöglichkeit“ entspricht.[996] Um öffentliche Grundstücke für die Verlegung und den sich anschließenden Betrieb von Stromleitungen nutzen zu können, schließen die Energieversorgungsunternehmen privatrechtliche Wegenutzungsverträge/Konzessionsverträge gem. § 46 EnWG mit den Gemeinden ab.[997] So haben Gemeinden nach § 46 Abs. 1 S. 1 EnWG ihre öffentlichen Verkehrswege für die Verlegung und den Betrieb von Leitungen, einschließlich Fernwirkleitungen zur Netzsteuerung und Zubehör, zur unmittelbaren Versorgung von Letztverbrauchern im Gemeindegebiet diskriminierungsfrei durch Vertrag zur Verfügung zu stellen. Diese Norm trifft eine Regelung über sog. „einfache Wegenutzungsverträge“ und setzt die Zahlung von Konzessionsabgaben seitens des Versorgungsunternehmens/Netzbetreibers an die Gemeinde voraus.[998] Regelungen über sog. „qualifizierte Wegenutzungsverträge oder Konzessionsverträge“, die immer dann einschlägig sind, wenn die betroffenen Leitungen zu einem Energieversorgungsnetz der allgemeinen Versorgung gehören, lassen sich dagegen in § 46 Abs. 2 EnWG finden und gehen über die Regelung des § 46 Abs. 1 S. 1 EnWG hinaus, da Konzessionsverträge u.a. auf eine Vertragslaufzeit von höchstens 20 Jahre beschränkt sind.[999]

Darüber hinaus kann bei der Einfügung jeglicher Art von Versorgungsleitungen in den Grund eines fremden Grundstücks auch regelmäßig der Ausnahmetatbestand des § 95 Abs. 1 S. 2 BGB einschlägig sein, da die Verbindung der Stromleitung oftmals in Ausübung eines öffentlich-rechtlichen Nutzungsrechts erfolgt, welches als Recht i.S.d. § 95 Abs. 1 S. 2 BGB in Betracht kommt.[1000] So lassen sich in Bezug auf Stromleitungen Regelungen hinsichtlich der Nutzungsüberlassung fremder Grundstücke in § 12 Abs. 1 S. 1 NAV finden.[1001] Nach der Norm haben Anschlussnehmer, die Grundstückseigentümer sind, für Zwecke der örtlichen Versorgung (Niederspannungs- und Mittelspannungsnetz) das Anbringen und Verlegen von Leitungen zur Zu- und Fortleitung von Elektrizität über ihre im Gebiet des Elektrizitätsversorgungsnetzes der allgemeinen Versorgung liegenden Grundstücke unentgeltlich zuzulassen.[1002] Hierbei handelt es sich um ein auf öffentlichem Recht

---

996 *Templin*, S. 48.

997 *Ahnis/König*, IR 2009, 79, 80; MüKoBGB/*Stresemann*, § 95 BGB Rn. 26f.

998 Britz/Hellermann/Hermes/*Hellermann*, EnWG, § 46 Rn. 3; MüKoBGB/*Stresemann*, § 95 BGB Rn. 27.

999 Britz/Hellermann/Hermes/*Hellermann*, EnWG, § 46 Rn. 4.

1000 Vgl. Soergel/*Marly*, § 94 BGB Rn. 35; BeckOK BGB/*Fritzsche*, § 95 BGB Rn. 14;

1001 Danner/Theobald/*Hartmann*/*Blumenthal-Barby*, NAV, § 12 Rn. 8; MüKoBGB/*Stresemann*, § 95 BGB Rn. 27.

1002 Darüber hinaus lässt sich hinsichtlich der Netzanschlüsse ebenfalls eine Regelung in der NAV finden. Gem. § 8 Abs. 1 S. 1 NAV gehören Netzanschlüsse zu den Betriebsanlagen des Netzbetreibers. Sind Eigentümer und Betreiber des Netzes nicht identisch, hat der Netzbetreiber gem. § 8 Abs. 1 S. 2 NAV sicherzustellen,

beruhendes Nutzungsrecht.[1003] Sind die in § 12 Abs. 1 S. 1 NAV genannten Leitungen durch Einstellung der Anschlussnutzung hingegen funktionslos geworden, muss der Grundstückeigentümer die auf seinem Grundstück befindlichen Einrichtungen noch weitere drei Jahre unentgeltlich dulden, vgl. § 12 Abs. 4 NAV.[1004] Nach diesem Zeitraum kann er die Entfernung der Leitungen gem. § 1004 Abs. 1 S. 1 BGB verlangen.[1005] Eine weitere Regelung hinsichtlich eines öffentlich-rechtlich eingeräumten Nutzungsrechts lässt sich für die neuen Bundesländer im Übrigen in § 9 Abs. 1 S. 1 GBBerG[1006] (Grundbuchbereinigungsgesetz) finden.[1007] Die Norm räumt dem Energieversorgungsunternehmen eine beschränkt persönliche Dienstbarkeit kraft Gesetzes zum Besitz und Betrieb von Anlagen zur Fortleitung von Strom an denjenigen Grundstücken ein, über die sich die Energieanlage erstrecken.[1008]

Im Ergebnis sind Stromleitungen somit regelmäßig als Scheinbestandteile i.S.d. § 95 Abs. 1 S. 1 oder S. 2 BGB anzusehen.[1009] Das Energieversorgungsnetz und die damit einhergehenden Stromleitungen und netzseitigen Bestandteile stehen folglich im Eigentum des jeweiligen Energieversorgungsunternehmen und sind nicht zwischen mehreren Grundstückseigentümern aufgeteilt, obwohl die Stromleitungen über fremden Grund und Boden verlaufen. Steht das Eigentum an dem Energieversorgungsnetz nicht zugleich auch im Eigentum des Netzbetreibers, so wird es regelmäßig erforderlich sein, dass das Energieversorgungsunternehmen

---

dass die Netzanschlüsse ihm zur wirtschaftlichen Nutzung überlassen werden, vgl. *Ahnis/König*, IR 2009, 79, 80; Danner/Theobald/*Hartmann*/*Blumenthal-Barby*, NAV, § 8 Rn. 5; Heidel/Hüßtege/Mansel/ Noack/*Ring*, BGB, § 95 Rn. 44.

1003 *Ahnis/König*, IR 2009, 79, 80.

1004 Danner/Theobald/*Hartmann*/*Blumenthal-Barby*, NAV, § 12 Rn. 41.

1005 MüKoBGB/*Stresemann*, § 95 BGB Rn. 27; vgl. in Bezug auf Fernwärmeleitungen *BGH*, Urt. v. 24.01.2003 – V ZR 175/02, NJW-RR 2003, 953, 954; *LG Frankfurt/Oder*, Urt. v. 08.04.2009 – 14 O 164/08, IR 2009, 141.

1006 So heißt es in § 9 Abs. 1 S. 1 GBBerG: „Zum Besitz und Betrieb sowie zur Unterhaltung und Erneuerung von Energieanlagen (Anlagen zur Fortleitung von Elektrizität, Gas und Fernwärme, einschließlich aller dazugehörigen Anlagen, die der Fortleitung unmittelbar dienen) auf Leitungstrassen, die am 3. Oktober 1990 in dem in Artikel 3 des Einigungsvertrages genannten Gebiet genutzt waren, wird zugunsten des Versorgungsunternehmens (Energieversorgungsunternehmen im Sinne des Energiewirtschaftsgesetzes und Fernwärmeversorgungsunternehmen), das die jeweilige Anlage bei Inkrafttreten dieser Vorschrift betreibt, am Tage des Inkrafttretens dieser Vorschrift eine beschränkte persönliche Dienstbarkeit an den Grundstücken begründet, die von der Energieanlage in Anspruch genommen werden".

1007 Heidel/Hüßtege/Mansel/Noack/*Ring*, BGB, § 95 Rn. 44; MüKoBGB/*Stresemann*, § 95 BGB Rn. 28.

1008 MüKoBGB/*Stresemann*, § 95 BGB Rn. 28.

1009 *BGH*, Urt. v. 11.07.1962 – V ZR 175/60, NJW 1962, 1817, 1817f.; Vgl. auch *BGH*, Urt. v. 02.12.2005 – V ZR 35/05, NJW 2006, 990, 991.

als Eigentümer dem Stilllegungsvorhaben zustimmt, sodass auch im Fall des Auseinanderfallens von Betrieb und Eigentum eine enge Abstimmung zwischen Netzbetreiber und Netzeigentümer zu erwarten ist.[1010]

b. Keine Umgehung der Betriebspflicht, § 11 Abs. 1 S. 1 EnWG

Als weitere Voraussetzung ist es erforderlich, dass durch die Einstellung des Netzbetriebs und der damit einhergehenden Stilllegung des Netzabschnittes keine Umgehung der Betriebspflicht nach § 11 Abs. 1 S. 1 EnWG erfolgt.[1011] Dies würde ansonsten dem Sinn und Zweck der Norm zuwiderlaufen und dem Ziel der Versorgungssicherheit entgegenstehen, da durch die Betriebspflicht gerade verhindert werden soll, dass Netzbetreiber ihre Energieversorgungsnetze nach freiem Belieben stilllegen könnten.[1012] Es ist daher unerlässlich, dass die Energieversorgungsnetze bei fortlaufendem Versorgungsbedarf auch weiterbetrieben werden.[1013] Um einer solchen Umgehung der Betriebspflicht entgegenzuwirken, ist es erforderlich, dass der betroffene Netzbetreiber einen eindeutigen Unternehmensbeschluss trifft, der den Inhalt aufweisen muss, dass das Energieversorgungsnetz endgültig aufgegeben wird.[1014] Nicht ausreichend wäre es hingegen, wenn der Unternehmensbeschluss keine endgültige Aufgabe, sondern nur zeitliche Unterbrechungen des Netzbetriebs vorsieht und damit den Netzbetrieb unter gewisse Vorbehalte stellt.[1015]

c. Keine negativen Auswirkungen auf die Versorgungssicherheit

Des Weiteren darf die Stilllegung des Netzabschnittes keine negativen Auswirkungen auf die Versorgungssicherheit haben.[1016] Eine endgültige Stilllegung des Energieversorgungsnetzes kommt insofern immer erst dann in Betracht, wenn der Netzabschnitt für die Energieversorgung nicht mehr erforderlich ist.[1017] Es stellt sich somit die Frage, wann ein Netzabschnitt nicht mehr erforderlich ist. Um dies beurteilen zu können, muss insofern herausgearbeitet werden, welche Bedeutung

---

1010 Vgl. dazu auch Rauch, RdE 2011,

1011 Britz/Hellermann/Hermes/*Bourwieg*, EnWG, 2. Auflage, § 11 Rn. 29; Britz/Hellermann/Hermes/*Sötebier*, EnWG, § 11 Rn. 49.

1012 BerlKommEnR/*König*, Band 1, § 11 EnWG Rn. 18; Britz/Hellermann/Hermes/*Sötebier*, EnWG, § 11 Rn. 45; Kment/*Tüngler*, EnWG, § 11 Rn. 32.

1013 Britz/Hellermann/Hermes/*Sötebier*, EnWG, § 11 Rn. 45.

1014 Britz/Hellermann/Hermes/*Bourwieg*, EnWG, 2. Auflage, § 11 Rn. 29; Britz/Hellermann/Hermes/*Sötebier*, EnWG, § 11 Rn. 49.

1015 Britz/Hellermann/Hermes/*Bourwieg*, EnWG, 2. Auflage, § 11 Rn. 29; Britz/Hellermann/Hermes/*Sötebier*, EnWG, § 11 Rn. 49; vgl. auch *Kohls*, ZUR 2018, 330, 335.

1016 Britz/Hellermann/Hermes/*Bourwieg*, EnWG, 2. Auflage, § 11 Rn. 29; Britz/Hellermann/Hermes/*Sötebier*, EnWG, § 11 Rn. 50.

1017 Britz/Hellermann/Hermes/*Bourwieg*, EnWG, 2. Auflage, § 11 Rn. 29; Britz/Hellermann/Hermes/*Sötebier*, EnWG, § 11 Rn. 50.

dem Netzabschnitt in Hinblick auf die Energieversorgung zukommt. In diesem Zusammenhang spielt das Gebot der Bedarfsgerechtigkeit eine entscheidende Rolle. Besteht ein Bedarf an dem Bestehenbleiben des Energieversorgungsnetzes, ist es nicht möglich dieses stillzulegen. Andererseits wird gegen die Stilllegung eines Netzabschnittes dann nichts sprechen, wenn dieser nicht erforderlich ist, um die Bedarfsgerechtigkeit des Energieversorgungsnetzes zu gewährleisten.[1018] Wie die Voraussetzungen des Bedarfs in solchen Fällen zu definieren und zu ermitteln sind, wird unter (aa.) erörtert. Dabei wird zudem die Möglichkeit der raumordnungs- und bauplanungsrechtliche Standortsteuerung von EE-Anlagen durch die Länder und/oder Gemeinden und die mit dem Stilllegungsvorhaben einhergehenden Auswirkungen auf die bestehende Netzinfrastruktur näher untersucht (bb.). Im Anschluss soll weiterhin geprüft werden, ob eine Bedarfsprüfung in Bezug auf bestimmte Netzausbauvorhaben von Gesetzes wegen entbehrlich ist (cc.). Im Rahmen der Untersuchung wird dabei auf das EnLAG und die Bundesbedarfsplanung näher eingegangen.

aa. Bedarfsgerechtigkeit des Netzabschnittes

Netzbetreiber sind nach § 11 Abs. 1 S. 1 EnWG verpflichtet, ihre Energieversorgungsnetze in einem bedarfsgerechten Zustand zu erhalten.[1019] Der deutsche Gesetzgeber hat mit dem Merkmal der Bedarfsgerechtigkeit u.a. Art. 12 lit. a) und Art. 25 Abs. 1 der Elektrizitätsrichtlinie 2009/72/EG umgesetzt, wonach die Netzbetreiber dafür verantwortlich sind, auf lange Sicht die Fähigkeit des Netzes sicherzustellen, eine angemessene Nachfrage nach Übertragung und Verteilung von Elektrizität zu befriedigen.[1020] Oftmals stellt sich die Frage der Erforderlichkeit und damit die Frage der Bedarfsgerechtigkeit eines Netzvorhabens im Zusammenhang mit dem Ausbau des Netzes.[1021] Dabei fällt es in den Aufgabenbereich des Netzbetreibers zu ermitteln, wie hoch die zu erwartende Nachfrage nach Strom in der Zukunft ausfallen wird. Um die zu erwartende Nachfrage nach Strom sicherstellen zu können, hat der Netzbetreiber insofern eine Prognose aufzustellen anhand derer er die bereits bestehende Netzinfrastruktur sowohl in quantitativer als auch in qualitativer Hinsicht zu entwickeln hat.[1022] Die Nachfrage nach Strom ist dabei anhand des objektiven Transport- und Verteilungsbedarfs unter Beachtung der Ziele des § 1 Abs. 1 EnWG zu ermitteln.[1023] Dies hat zur Folge, dass es oftmals allein nicht ausreichend ist, dem Netzbetreiber eine konkrete Ausbaupflicht aufzuerlegen, wenn ein Marktteilnehmer einen subjektiven Transport- und

1018 BerlKommEnR/*König*, Band 1, § 11 EnWG Rn. 19.
1019 BerlKommEnR/*König*, Band 1, § 11 EnWG Rn. 39.
1020 BerlKommEnR/*König*, Band 1, § 11 EnWG Rn. 39.
1021 Siehe dazu bereits die Ausführungen unter E. III. 3. b.
1022 Vgl. dazu auch *Rauch*, RdE 2011, 287, 290.
1023 BerlKommEnR/*König*, Band 1, § 11 EnWG Rn. 42.

Verteilungsbedarf anmeldet.[1024] Darüber hinaus muss ein neuer Netzabschnitt im Rahmen der allgemeinen Transport- und Übermittlungsfunktion eine sinnvolle und, mit Blick auf das Gesamtnetz, die Allgemeinwohlnützlichkeit steigernde Funktion übernehmen.[1025]

Fraglich ist insofern, ob ähnliche Maßstäbe auch in Bezug auf die Stilllegung von Netzabschnitten anzulegen sind oder diesbezüglich andere Maßstäbe gelten. Im Gegensatz zu dem Entwicklungsgebot in Bezug auf den Netzausbau bezieht sich das Entwicklungsgebot des Netzbetreibers in Fällen einer möglichen Stilllegung auf die „negative Bedarfsgerechtigkeit".[1026] Sofern diese festgestellt werden kann, ist der Netzbetreiber zu einer Stilllegung des Netzabschnittes berechtigt.[1027] Von entscheidender Bedeutung ist hierbei, dass der stillzulegende Netzabschnitt zukünftig nicht mehr benötigt wird, um den objektiven Bedarf an Transport und Verteilung des Stroms zu befriedigen.[1028] Die Ermittlung erfolgt dabei ebenfalls unter Berücksichtigung der energiewirtschaftlichen Zielsetzungen des § 1 Abs. 1 EnWG.[1029] Dem Ziel der Versorgungssicherheit kommt hierbei eine entscheidende Bedeutung zu.[1030] Demnach hat der Netzbetreiber für die Energieabnehmer eine quantitativ ausreichende, nachhaltige und zuverlässige Energieversorgung sicherzustellen.[1031] Die Versorgungssicherheit bezieht sich dabei stets auch auf die erforderliche Infrastruktur, durch die der Transport und die Verteilung des Stroms überhaupt erst ermöglicht werden.[1032] Dabei ist stets zu beachten, dass ein Netzabschnitt auch dann an der Transportfunktion des Netzes teilnimmt, wenn die Stromleitung nur einem Nutzer zugutekommt, was oft bei Leitungsvorgaben zur Einspeisung von EE-Strom der Fall ist.[1033] Durch diese Bereitstellung von Transportkapazitäten leisten die Netzbetreiber ihren Beitrag zur Versorgungssicherheit.[1034] Eine Gefährdung der Versorgungssicherheit liegt beispielsweise dann vor, wenn eine Stromleitung

---

1024 BerlKommEnR/*König*, Band 1, § 11 EnWG Rn. 39; *Rauch*, RdE 2011, 287, 290.; *Rauch*, IR 2008, 218.

1025 So Schneider/Theobald/*Hermes*, EnWR § 10 Rn. 33 im Zusammenhang mit der Erforderlichkeit eines konkreten Netzvorhabens i.S.d. § 45 EnWG.

1026 *Rauch*, RdE 2011, 287, 290.

1027 *Rauch*, RdE 2011, 287, 290.

1028 BerlKommEnR/*König*, Band 1, § 11 EnWG Rn. 19.

1029 BerlKommEnR/*König*, Band 1, § 11 EnWG Rn. 42.

1030 Vgl. *Rauch*, RdE 2011, 287, 290; ähnlich auch *BVerwG*, Urt. v. 11.07.2002 – 4 C 9/00, NJW 2003, 230, 233, welches die Funktion der Versorgungssicherheit im Zusammenhang mit dem energiewirtschaftlichen Bedarf eines Vorhabens betont. Siehe in Bezug auf die Versorgungssicherheit auch die Ausführungen unter E. II. 1.

1031 Danner/Theobald/*Theobald*, EnWG, § 1 Rn. 17.

1032 Danner/Theobald/*Theobald*, EnWG, § 11 Rn. 14; Kment/*Tüngler*, EnWG, § 11 Rn. 24.

1033 Benutzt wird hier auch der Begriff der „Letzten Meile", vgl. Schneider/Theobald/*Hermes*, EnWR, § 10 Rn. 33 im Zusammenhang mit der Erforderlichkeit eines konkreten Netzvorhabens i.S.d. § 45 EnWG.

1034 Danner/Theobald/*Theobald*, EnWG, § 11 Rn. 14; Kment/*Tüngler*, EnWG, § 11 Rn. 24.

im Versorgungsraum ausfällt und die Folgen nicht sicher beherrscht werden können.[1035] Anders als bei dem Netzausbau hat der Netzbetreiber bei der Stilllegung nicht nur eine Prognose in Hinblick auf die zukünftige Entwicklung des zu beurteilenden Netzabschnittes und die damit einhergehende Nachfrage nach Strom zu liefern, sondern vielmehr auch den aktuellen Nutzungsstand des Netzabschnittes unter den tatsächlichen Gegebenheiten zu bewerten. Der aktuelle Nutzungsstand betrifft insbesondere die Netzanbindungssituation an dem fraglichen Netzabschnitt und damit die Frage, ob die Stromleitung zur Versorgung von Netzkunden benötigt wird. Hat der Netzbetreiber weder einspeisende noch ausspeisende Kunden an dem Netzabschnitt zu verzeichnen und wird der Netzabschnitt auch nicht zu Durchleitungszwecken oder Notversorgungszwecken benötigt, besteht keine Nachfrage nach dem betriebenen Stromnetz und folgerichtig auch kein Bedarf,[1036] sodass eine Stilllegung des Netzabschnittes die Versorgungssicherheit nicht beeinträchtigt. Gleiches muss auch dann gelten, wenn ein- oder ausspeisende Netzkunden zwar noch vorhanden sind oder der Netzabschnitt zu Durchleitungs- oder Notversorgungszwecken genutzt wird, diese aber durch den Anschluss an eine andere Stromleitung nicht mehr auf den stillzulegenden Netzabschnitt angewiesen sind oder die Versorgungsfunktion des Netzabschnittes zukünftig durch eine andere Stromleitung übernommen wird. So kann beispielsweise eine Stromleitung, die zur Notversorgung eines Umspannwerks genutzt wird, stillgelegt werden, wenn die Versorgungsleistung durch eine neu errichtete Stromleitung zukünftig übernommen wird.[1037]

Da der Netzbetreiber im Zusammenhang mit der Ermittlung der negativen Bedarfsgerechtigkeit eines Netzabschnittes neben dem derzeitigen Auslastungsstand auch die zukünftige Auslastung des Netzabschnittes zu beurteilen hat, sind insofern auch solche Umstände zu berücksichtigen, die in absehbarer Zukunft einen erneuten Bedarf an dem Netzabschnitt entstehen lassen könnten, sodass eine Stilllegung des Netzabschnittes nicht möglich wäre. Neben neuen Anschlussbegehren von Einspeisewilligen[1038] könnte insbesondere die Ausweisung einer Konzentrationsfläche für Windenergieanlagen an Land in unmittelbarer Nähe des Netzabschnittes dazu führen, dass sich in naher Zukunft wieder vermehrt Anschlussbegehren an den fraglichen Netzabschnitt finden werden oder ein Ausbau des Netzabschnittes zu Anbindungszwecken[1039] der EE-Anlagen zu erfolgen

---

1035 *BVerwG*, Urt. v. 11.07.2002 – 4 C 9/00, NJW 2003, 230, 233.

1036 In Zusammenhang mit dem Netzausbau *Salje*, EnWG, § 11 Rn. 23; Danner/Theobald/*Theobald*, EnWG, § 11 Rn. 6.

1037 Vgl. dazu *LG Dortmund*, Urt. v. 17.04.2002 – 6 O 53/02, RdE 2002, 293f.

1038 Ob die Anmeldung eines Anschlussbegehrens an den fraglichen Netzabschnitt einen erneuten Bedarf auslösen kann, wird in Hinblick auf EE-Anlagen unter E. V. 1. untersucht.

1039 Siehe in Bezug auf die Netzerweiterungspflichten des Netzbetreibers nach § 8 Abs. 4 EEG die Ausführungen unter D. II. 1.

hat. Unter welchen Voraussetzungen dies der Fall sein könnte, wird ausführlich unter E. IV. 2. c. bb. diskutiert.

bb. Raumordnungs- und bauplanungsrechtliche Standortsteuerung von EE-Anlagen

Die Entscheidung, ob ein Netzabschnitt stillgelegt werden kann, hängt von den Umständen des Einzelfalls ab und lässt sich nicht pauschal beantworten. Die Bedeutung des in Frage stehenden Netzabschnittes für die Energieversorgung spielt dabei die entscheidende Rolle.[1040] In Fällen, in denen aktuell keine EE-Anlagen Strom in einen Netzabschnitt einspeisen, darüber hinaus auch kein Anschlussverlangen nach § 8 Abs. 1 S. 1 EEG an diesen vorliegt,[1041] es zudem keine sonstigen Stromabnehmer in dem Gebiet des Netzabschnittes gibt und der Netzabschnitt auch nicht zu anderen Zwecken genutzt wird, erscheint zunächst kein weiterer Bedarf zu bestehen. Dies könnte sich allerdings ändern, wenn sich zukünftiger Bedarf an dem Netzabschnitt abzeichnet, was denkbar ist, wenn das Gebiet, in dem der Netzabschnitt örtlich gelegen ist, aus raumordnungsrechtlicher und/oder bauplanungsrechtlicher Sicht einen zukünftigen geeigneten Standort für EE-Anlagen, insbesondere Windenergieanlagen an Land, darstellt.[1042] In diesem Abschnitt soll insofern untersucht werden, ob die Möglichkeit der raumordnungs- und bauplanungsrechtlichen Standortsteuerung von EE-Anlagen durch die Länder und/oder Gemeinden Auswirkungen auf die Bedarfsgerechtigkeit des Netzabschnittes haben kann.

Um diese Frage beurteilen zu können, ist ein Überblick über die Planungs- und Steuerungsmöglichkeiten der Länder und Gemeinden in Form der Konzentrationsplanung von EE-Anlagen, insbesondere der Windenergieanlagen an Land, notwendig ((1.)) Im Anschluss sollen die gefundenen Ergebnisse auf das Merkmal der Erforderlichkeit bzw. der Bedarfsgerechtigkeit des Netzabschnittes angewendet werden ((2.)).

(1.) Konzentrationsplanung

Die bauplanungsrechtliche Zulässigkeit[1043] von Windenergieanlagen an Land beurteilt sich grundsätzlich nach § 35 Abs. 1 Nr. 5

1040 Vgl. Britz/Hellermann/Hermes/*Sötebier*, EnWG, § 11 Rn. 50.

1041 Inwiefern sich ein Anschlussverlangen nach § 8 Abs. 1 S. 1 EEG in diesem Fall auf die Bedarfsgerechtigkeit des Netzabschnittes auswirkt, wird unter E. V. 1. erörtert.

1042 Aufgrund der Themenausrichtung und Schwerpunktsetzung hinsichtlich des Anschlussanspruchs von EE-Anlagen nach § 8 Abs. 1 S. 1 EEG werden an dieser Stelle nur solche Konstellationen untersucht, die einen Bezug zu EE-Anlagen haben.

1043 Die Zulässigkeit von Windenergieanlagen ist zwar grundsätzlich dem immissionsschutzrechtlichen Verfahren zugeordnet (vgl. insbesondere §§ 4f. BImSchG), allerdings wird im Rahmen des Anlagenzulassungsverfahren die materielle Rechtmäßigkeit des Vorhabens und damit folglich auch die Vereinbarkeit mit

BauGB.[1044] Aus der Norm ergibt sich eine privilegierte Zulässigkeit solcher Anlagen im Außenbereich.[1045] Eine Unzulässigkeit solcher Vorhaben der Windenergienutzung ist nur dann anzunehmen, wenn öffentliche Belange entgegenstehen.[1046] Stehen öffentliche Belange dem Vorhaben nicht entgegen, bedeutet dies allerdings dennoch nicht zwangsläufig, dass eine Zulässigkeit im Außenbereich nach § 35 Abs. 1 Nr. 5 BauGB gegeben ist. Vielmehr besteht nach § 35 Abs. 3 S. 3 BauGB[1047] für die Länder und Gemeinden die Möglichkeit einer sog. „Konzentrationsplanung", die eine flächenmäßige Beschränkung von Windenergieanlagen an Land vorsieht.[1048] Diese Möglichkeit der Einflussnahme der Länder und Gemeinden auf den Standort von Windenergieanlagen an Land soll im Folgenden näher untersucht werden.[1049] Neben der Steuerung von Windenergieanlagen an Land ist zudem die Möglichkeit der Steuerung von Biomassenanlagen im Wege der Konzentrationsplanung gem. § 35 Abs. 1 Nr. 6 BauGB i.V.m. § 35 Abs. 3 S. 3 BauGB möglich.[1050] Da in der Praxis die Möglichkeit der Konzentrationsplanung im Zusammenhang mit Windenergieanlagen an Land

---

dem materiellen Baurecht überprüft, vgl. Maslaton/*Maslaton*, Kap. 1 Rn. 4f. Etwas anderes gilt für Kleinwindanlagen mit einer Gesamthöhe von maximal 50 m. Diese benötigen grundsätzlich keine immissionsschutzrechtliche Genehmigung und müssen insofern lediglich den Anforderungen des § 22 Abs. 1 BImSchG entsprechen. Die Errichtung von Kleinwindanlagen beurteilt sich regelmäßig nach dem bauordnungsrechtlichen Zulassungsregime, siehe dazu ausführlich *Thorbecke*, S. 43, 85 u. 472.

1044 Gem. § 35 Abs. 1 Nr. 5 BauGB ist ein Vorhaben im Außenbereich nur zulässig, wenn öffentliche Belange nicht entgegenstehen, die ausreichende Erschließung gesichert ist und wenn es der Erforschung, Entwicklung oder Nutzung der Wind- oder Wasserenergie dient.

1045 Battis/Krautzberger/Löhr/*Mitschang/Reidt*, BauGB, § 35 Rn. 46.

1046 Schulz/*Hinsch*, Kap. 3 Rn. 5 u. 7.

1047 In § 35 Abs. 3 S. 3 BauGB heißt es, dass öffentliche Belange einem Vorhaben nach Abs. 1 Nr. 2 bis 6 in der Regel auch dann entgegenstehen, soweit hierfür durch Darstellungen im Flächennutzungsplan oder als Ziele der Raumordnung eine Ausweisung an anderer Stelle erfolgt ist.

1048 Vgl. BT-Drs.: 13/2208, S. 5; Maslaton/*Maslaton*, Kap. 1 Rn. 7; Spannowsky/Uechtritz/*Söfker*, BauGB, § 35 Rn. 35 u. Rn. 111ff.

1049 Die Arbeit widmet sich ausschließlich dem bundesrechtlichen Steuerungssystem des § 35 Abs. 3 S. 3 BauGB auf Grundlage von Konzentrationsplanungen, da die Mehrheit der Bundesländer diesem Steuerungssystem folgt, *Spannowsky*, NuR 2013, 773, 776, *Nagel/Schwarz/Köppel*, UPR 2014, 371. Einige Bundesländer verfolgen allerdings davon abweichende Steuerungsansätze. Siehe ausführlich in Bezug auf die abweichenden Steuerungsansätze *Spannowsky*, NuR 2013, 773, 776ff.

1050 Vgl. dazu *OVG Lüneburg*, Urt. v. 20.02.2014 – 1 KN 75/11, BeckRS 2014, 48263; Spannowsky/Uechtritz/*Söfker*, BauGB, § 35 Rn. 111.

allerdings den ganz überwiegenden Schwerpunkt bildet,[1051] konzentriert sich der Abschnitt auf diese Form der erneuerbaren Energien.

Nach § 35 Abs. 3 S. 3, Abs. 1 Nr. 5 BauGB i.V.m. § 7 ROG bzw. § 5 BauGB ist es den Ländern und/oder Gemeinden aus planungsrechtlicher Sicht möglich, in Bezug auf die Standorte von Windenergieanlagen an Land durch die Ausweisung sog. „Vorranggebiete“[1052] oder „Konzentrationszonen“ steuernd tätig zu werden.[1053] Dies ist durch eine entsprechende Regionalplanung und/oder eine entsprechende gemeindliche Flächennutzungsplanung möglich.[1054] Durch den in § 35 Abs. 3 S. 3 BauGB normierten sog. „Planvorbehalt“ können sowohl Ziele der Raumordnung als auch bestimmte Darstellungen der Flächennutzungspläne bauplanungsrechtliche Bedeutung über die allgemeinen Regeln hinaus erlangen.[1055] Auf Länderebene sind es die Landesplanungsgesetze und/oder die Regionalplanung[1056] und auf gemeindlicher Ebene sind es die Flächennutzungspläne,[1057] die planungsseitig konkret vorgeben können, wo die flächenseitige Nutzung von Windenergie an Land möglich ist und wo nicht.[1058]

1051 *Spannowsky*, NuR 2013, 773, 783; Battis/Krautzberger/Löhr/*Mitschang/Reidt*, BauGB, § 35 Rn. 113; Spannowsky/Uechtritz/*Söfker*, BauGB, § 35 Rn. 111.

1052 Neben der Ausweisung von Vorranggebieten besteht darüber hinaus auf Ebene der Regionalplanung die Möglichkeit, „Eignungsgebiete“ und „Vorbehaltsgebiete“ festzulegen, vgl. hierzu ausführlich Schulz/*Hinsch*, Kap. 3 Rn. 40ff.

1053 BT-Drs.: 13/2208, S. 5; Schulz/*Hinsch*, Kap. 3 Rn. 13; Maslaton/*Maslaton*, Kap. 1 Rn. 7.

1054 Maslaton/*Maslaton*, Kap. 1 Rn. 7.

1055 Battis/Krautzberger/Löhr/*Mitschang/Reidt*, BauGB, § 35 Rn. 46; Maslaton/*Maslaton*, Kap. 1 Rn. 7; Spannowsky/Uechtritz/*Söfker*, BauGB, § 35 Rn. 35.

1056 Zunächst besteht die Möglichkeit durch die Länder, in ihren Landesentwicklungsplänen bestimmte Vorgaben für die Regionalplanung zu machen. In einem nächsten Schritt entwickeln die Regionalen Planungsverbände sodann aus den Landesentwicklungsplänen konkretisierende Vorgaben für ausgewählte Flächen. Erstellt sodann die Gemeinde einen Flächennutzungsplan und liegt zugleich ein Regionalplan vor, hat sich die Gemeinde bei der Erstellung des Flächennutzungsplans nach den Vorgaben des Regionalplans zu richten. Fehlt es hingegen an einer Landesentwicklungsplanung durch die Länder, an die die Gemeinde gebunden ist, und auch an einer Regionalplanung durch die Regionalen Planungsverbände, besteht die Möglichkeit, dass die Gemeinden im Wege der Flächennutzungsplanung eigenständige Regelungen zur Gebietsordnung treffen, in denen für bestimmte Flächen eine Ausschlussfunktion vorgesehen ist, siehe Maslaton/*Maslaton*, Kap. 1 Rn. 11.

1057 Aufgrund von § 1 Abs. 4 BauGB sind die Bauleitpläne den Zielen der Raumordnung anzupassen, sodass beispielsweise ein im Regionalplan ausgewiesenes Eignungsgebiet für Windenergieanlagen von der auf gemeindlicher Ebene planenden Gemeinde lediglich konkretisiert, allerdings nicht durch gemeindliche Abwägung überwunden werden kann, siehe *Just*, LKV 2016, 248.

1058 Maslaton/*Maslaton*, Kap. 1 Rn. 7.

Hinsichtlich der Anforderungen in Bezug auf die Ausweisung von Konzentrationsflächen unterliegen Regionalpläne und Flächennutzungspläne ähnlichen Grundsätzen.[1059] Vorausgesetzt wird ein wirksamer Regionalplan gem. §7 Abs. 1 und Abs. 2 ROG und/oder ein wirksamer Flächennutzungsplan gem. § 5 Abs. 1 BauGB.[1060] Die Nutzung des Planungsvorbehalts ist gem. § 35 Abs. 3 S. 3 BauGB insbesondere nur dann zulässig, wenn die Ausweisung einer Konzentrationszone auf einem schlüssigen gesamträumlichen Planungskonzept beruht,[1061] durch dieses der gesamte Außenbereich abgedeckt wird und es die allgemeinen Anforderungen des planungsrechtlichen Abwägungsgebots erfüllt.[1062] Liegen diese Voraussetzungen vor, kommt der Ausweisung der Vorranggebiete/Konzentrationszonen in den Regionalplänen/Flächennutzungsplänen die rechtliche Qualität eines öffentlichen Belanges zu, sodass diese dem Bau einer Windenergieanlage an Land i.S.d. § 35 Abs. 1 Nr. 5 BauGB an anderer Stelle regelmäßig entgegensteht.[1063] Der Windenergienutzung wird somit nach dem Grundsatz der Konzentrationsplanung durch die Steuerung eine bestimmte und ausreichende Fläche zugewiesen und andererseits wird dadurch die Nutzung von Windenergie im übrigen Raum unzulässig.[1064] Damit enthält die Konzentrationsplanung sowohl eine positive Flächenausweisung, als auch zumeist den Ausschluss aller anderen Flächen im Planbereich, die nicht bzw. nur eingeschränkt für die Nutzung von Windenergie geeignet sind.[1065] Bei den Ausschlussflächen handelt es sich um sog. „Tabuzonen", wobei explizit zwischen „harten" und „weichen" Tabuzonen unterschieden wird. Die Unterscheidung zwischen diesen beiden Tabuzonen ist zwingend erforderlich, da sie unterschiedlichen rechtlichen Regimen unterliegen.[1066] Bei ersteren handelt es sich nach dem BVerwG „um Flächen, deren Bereitstellung der Windenergienutzung an § 1 Abs. 3 S. 1 BauGB scheitert",[1067] sodass die Bereitstellung

---

1059 *Nagel/Schwarz/Köppel*, UPR 2014, 371, 373; Spannowsky/Uechtritz/*Söfker*, BauGB, § 35 Rn. 117.

1060 Spannowsky/Uechtritz/*Söfker*, BauGB, § 35 Rn. 112; Maslaton/*Falke*, Kap. 1 Rn. 259.

1061 Für eine ausführliche Darstellung der Anforderungen an eine Konzentrationsplanung siehe *Schmitz/Haselmann*, NVwZ 2015, 846ff; Spannowsky/Uechtritz/*Söfker*, BauGB, § 35 Rn. 112ff; *BVerwG*, Urt. v. 17.12.2002 – 4 C 15/01, NVwZ 2003, 733ff; *BVerwG*, Urt. v. 13.12.2012 – 4 CN 1/11, NVwZ 2013, 519ff.

1062 *BVerwG*, Urt. v. 24.10.2008 – 4 CN 2/0, NVwZ 2008, 559, 560; *BVerwG*, Urt. v. 21.10.2004 – 4 C 2/04, NVwZ 2005, 211; *Spitz*, S. 68; *Just*, LKV 2016, 248, 249.

1063 *Just*, LKV 2016, 248, 249. Die Ausweisung von Vorranggebieten oder Konzentrationsflächen mit Ausschlusswirkung in den unterschiedlichen Raumordnungen der Länder überwiegt. Möglich ist es allerdings auch, dass für das restliche Plangebiet keine Ausschlusswirkung von Windenergieanlagen bestimmt wird, vgl. *Nagel/Schwarz/Köppel*, UPR 2014, 371, 373f.

1064 Schulz/*Hinsch*, Kap. 3 Rn. 14.

1065 Schulz/*Hinsch*, Kap. 3 Rn. 14.

1066 Siehe dazu *BVerwG*, Urt. v. 13.12.2012 – 4 CN 1/11, NVwZ 2013, 519, 520; Schulz/*Hinsch*, Kap. 3 Rn. 17.

1067 *BVerwG*, Urt. v. 13.12.2012 – 4 CN 1/11, NVwZ 2013, 519, 520.

dieser Flächen schon an dem dort normierten Grundsatz der Erforderlichkeit scheitert.[1068] Unter harten Tabuzonen lassen sich diejenigen Flächen zusammenfassen, auf denen aufgrund tatsächlicher oder rechtlicher Gründe die Windenergienutzung zwingend ausgeschlossen ist, sodass sie sich im Ergebnis überhaupt nicht für die Nutzung von Windenergie eignen.[1069] Sie werden beispielsweise aufgrund zu geringer Windhöffigkeit, aufgrund von zu geringen Abständen zu Siedlungen oder wegen des Vorliegens von Naturschutzgebieten i.S.d. § 23 Abs. 1 BNatSchG und Nationalparks i.S.d. § 24 Abs. 1 BNatSchG[1070] bestimmt.[1071] Im Gegensatz zu harten Tabuzonen stehen weiche Tabuzonen grundsätzlich für die Nutzung von Windenergie aus rechtlichen oder tatsächlichen Gründen zur Verfügung, allerdings sollen diese ausgewiesenen Flächen nach planerischer Entscheidung von Beginn an für eine solche Nutzung ausgeschlossen werden.[1072] Diese Flächen unterliegen der Abwägung des Planungsträgers, wobei die Entscheidung planerisch gerechtfertigt werden muss.[1073] Nach der Ermittlung von harten und weichen Tabuzonen werden diese vom Plangebiet abgezogen, sodass sog. „Potenzialflächen" übrig bleiben, die wiederum für die Festlegungen von Konzentrationszonen für die Windenergienutzung in Betracht kommen.[1074] In einem nächsten Schritt sind sodann die öffentlichen Belange, die gegen die Darstellung einer Konzentrationszone für die Windenergienutzung sprechen, mit dem Anliegen abzuwägen, der Privilegierung von Windenergie gem. § 35 Abs. 1 Nr. 5 BauGB an geeigneten Standorten gerecht zu werden.[1075] Dabei können auch sog. "weiße Flächen" verbleiben, für die der Planungsträger keine Entscheidung in Bezug auf die Zulässigkeit von Windenergieanlagen getroffen hat.[1076] Entscheidend ist, dass das Ergebnis des zuletzt aufgezeigten Abwägungsvorgangs dazu führen muss, dass der Windenergie durch die Konzentrationsplanung substanzieller Raum verschafft wird.[1077] Dafür müssen die vorgesehenen Darstellungen für Windenergiestandorte grundsätzlich auch für die Nutzung von Windenergie geeignet sein, da die Ausweisung andernfalls zu einer bloßen „Negativplanung"

1068 Maslaton/*Falke,* Kap. 1 Rn. 266.
1069 Maslaton/*Falke,* Kap. 1 Rn. 264.
1070 In Bezug auf Naturschutzgebiete und Nationalparks verbietet das damit einhergehende absolute Veränderungsverbot die Errichtung von Windenergieanlagen, siehe dazu *Scheidler,* NuR 2013, 869, 872.
1071 Schulz/*Hinsch,* Kap. 3 Rn. 16; Maslaton/*Falke,* Kap. 1 Rn. 264.
1072 Maslaton/*Falke,* Kap. 1 Rn. 266.
1073 Schulz/*Hinsch,* Kap. 3 Rn. 18.
1074 *BVerwG,* Urt. v. 13.12.2012 – 4 CN 1/11, NVwZ 2013, 519, 520; Ernst/Zinkahn/Bielenberg/Krautzberger/ *Söfker,* BauGB, § 35 Rn. 124b.
1075 Ernst/Zinkahn/Bielenberg/Krautzberger/*Söfker,* BauGB, § 35 Rn. 124b.
1076 Die bauplanungsrechtliche Zulässigkeit ergibt sich auf diesen Flächen sodann aus § 35 Abs. 1 Nr. 5 BauGB, vgl. dazu Schulz/*Hinsch,* Kap. 3 Rn. 26.
1077 Schulz/*Hinsch,* Kap. 3 Rn. 21; Ernst/Zinkahn/Bielenberg/Krautzberger/*Söfker,* BauGB, § 35 Rn. 124b.

bzw. „Verhinderungsplanung" führen und damit eine unzulässige Planung darstellen würde.[1078] Liegen die Voraussetzungen für eine wirksame Konzentrationsplanung vor, kommt der Regelung des § 35 Abs. 3 S. 3 BauGB in Bezug auf Darstellungen im Flächennutzungsplan und/oder in Bezug auf die Ausweisung von Zielen der Raumordnung zulässigkeitsfördernde Wirkung zu.[1079] Nach dem BVerwG dürfen die Belange des § 35 Abs. 3 S. 1 BauGB „bei der Entscheidung über die Vorhabenzulassung nicht wieder als Genehmigungshindernis aktiviert werden".[1080] Dies liegt daran, dass durch die vorgenommene Abwägung in Zusammenhang mit der Darstellung von Konzentrationsflächen bereits zum Ausdruck gebracht wurde, dass die in Betracht kommenden öffentlichen Belange geringer gewichtet wurden als das Interesse an der Nutzung von Windenergie.[1081]

(2.) Auswirkung auf die Bedarfsgerechtigkeit

Nachdem die Grundsätze der Konzentrationsplanung aufgezeigt sind, soll nun untersucht werden, inwieweit sich eine solche Planung auf das Merkmal der Erforderlichkeit bzw. der Bedarfsgerechtigkeit von Netzabschnitten im Zusammenhang mit der geplanten Stilllegung von solchen auswirken kann. Bei Teilabschnitten von Stromnetzen, die örtlich in Gebieten gelegen sind, die bereits als Konzentrationsflächen ausgewiesen sind, stellt sich üblicherweise nicht die Frage nach der Stilllegung dieses Netzabschnittes. Denn da das Gebiet, in dem das Teilnetz örtlich gelegen ist, aus planungsrechtlicher Sicht bereits als Konzentrationszone ausgewiesen ist, kann in solchen Konstellationen davon ausgegangen werden, dass der Netzabschnitt auch von Windenergieanlagen genutzt wird. Denn üblicherweise sind Betreiber von Windenergieanlagen auf die Konzentrationsflächen für ihre Windenergieanlagen angewiesen, da eine bauplanungsrechtliche Zulässigkeit an anderen Stellen des Planungsgebiets oftmals gem. § 35 Abs. 3 S. 3 BauGB nicht gegeben ist und insofern keine bauplanungsrechtliche Zulässigkeit nach § 35 Abs. 1 Nr. 5 BauGB an anderer Stelle besteht. Aus diesem Grund soll diese Konstellation an dieser Stelle nicht weiterverfolgt werden.

Interessant ist vielmehr die Konstellation, dass sich Regionalpläne und Flächennutzungspläne und die damit einhergehenden Ausweisungen von Konzentrationszonen noch in der Aufstellung befinden und damit zunächst lediglich einen potenziellen Standort für Windenergieanlagen an Land darstellen ((a.)). Zudem soll auch die Konstellation betrachtet werden, dass sich der Netzabschnitt in einem solchen Gebiet befindet, die die Pläne als oben beschriebene Tabuflächen ausweisen

---

1078 Siehe dazu ausführlich *Schmitz/Haselmann*, NVwZ 2015, 846ff, *BVerwG*, Urt. v. 17. 12. 2002 – 4 C 15/01, NVwZ 2003, 733ff; Ernst/Zinkahn/Bielenberg/Krautzberger/*Söfker*, BauGB, § 35 Rn. 124a.

1079 So das *BVerwG*, Urt. v. 20. 5. 2010 – 4 C 7/09, NVwZ 2010, 1561, 1567; *Spitz*, S. 88; *Sydow*, NVwZ 2010, 1534, 1536.

1080 So das *BVerwG*, Urt. v. 20. 5. 2010 – 4 C 7/09, NVwZ 2010, 1561, 1567.

1081 *BVerwG*, Urt. v. 20. 5. 2010 – 4 C 7/09, NVwZ 2010, 1561, 1567.

((b.)). Im Anschluss soll noch auf die praktische Relevanz der Konzentrationsplanung eingegangen werden ((c.))

(a.) In Aufstellung befindliche Pläne

Fraglich ist insofern, was ein in der Aufstellung befindlicher Regional- oder Flächennutzungsplan für eine Außenwirkung entfaltet und welche Auswirkungen er auf das Merkmal der Erforderlichkeit bzw. Bedarfsgerechtigkeit im Zusammenhang mit der Stilllegung von Netzabschnitten haben könnte. In Bezug auf Planentwürfe, sowohl in Hinblick auf Ziele der Raumordnung als auch auf die Darstellungen in Flächennutzungsplänen, spricht der Wortlaut des § 35 Abs. 3 S. 3 BauGB gegen eine Anwendung der Norm bei bloßen Entwürfen.[1082] Die Rede ist dort nämlich lediglich von „Darstellungen im Flächennutzungsplan" und „Ziele(n) der Raumordnung", nicht hingegen von bloßen Entwürfen oder Aufstellungsbeschlüssen.[1083] Dem Wortlaut der Norm lässt sich somit nicht entnehmen, dass die Regelung des § 35 Abs. 3 S. 3 BauGB bereits in solchen Fällen Anwendung findet. Entscheidend erscheint in diesem Zusammenhang, dass die Darstellung der Konzentrationsplanung auf einem schlüssigen gesamträumlichen Planungskonzept aufbauen muss, welches den gesamten Außenbereich abdeckt und darüber hinaus die allgemeinen Anforderungen des planungsrechtlichen Abwägungsgebots erfüllt.[1084] Nach dem Sinn des § 35 Abs. 3 S. 3 BauGB wird durch die Konzentrationsplanung sichergestellt, dass die Windenergieanlagen in bestimmten Abschnitten des Plangebiets errichtet werden können und dass deren Ausschluss in anderen Abschnitten dadurch gerechtfertigt ist. Insofern bedarf es dafür auch Pläne, die bereits formell in Kraft getreten sind.[1085] Die Ausschlusswirkung gem. § 35 Abs. 3 S. 3 BauGB greift somit grundsätzlich dann noch nicht, wenn dem Flächennutzungsplan oder Regionalplan Entwurfscharakter zukommt und diese sich folglich noch in der Aufstellung befinden.[1086] Etwas anderes gilt auch nicht für bloße Änderungen oder Ergänzungen der Darstellungen eines Flächennutzungsplans.[1087]

1082 *BVerwG*, Urt. v. 13.03.2003 – 4 C 3.02, NVwZ 2003, 1261, 1262.

1083 Im Vergleich dazu, lässt sich in § 33 BauGB explizit eine Regelung in Bezug auf die Zulässigkeit von Vorhaben finden, bei denen die Zulässigkeit unter bestimmten Voraussetzungen bereits angenommen werden kann, wenn ein Beschluss über die Aufstellung eines Bebauungsplans gefasst ist, siehe dazu *BVerwG*, Urt. v. 13.03.2003 – 4 C 3.02, NVwZ 2003, 1261, 1262.

1084 *BVerwG*, Urt. v. 24.10.2008 – 4 CN 2/0, NVwZ 2008, 559, 560; *BVerwG*, Urt. v. 21.10.2004 – 4 C 2/04, NVwZ 2005, 211; *Spitz*, S. 68; *Just*, LKV 2016, 248, 249.

1085 In Bezug auf Flächennutzungspläne siehe OVG *Lüneburg*, Beschl. v. 22.01.1999 – 1 L 5538/97, NuR 1999, 289; in Bezug auf Regionalpläne und Flächennutzungspläne siehe *BVerwG*, Urt. v. 13.03.2003 – 4 C 3.02, NVwZ 2003, 1261, 1262.

1086 *BVerwG*, Urt. v. 13.03.2003 – 4 C 3.02, NVwZ 2003, 1261, 1262; *VGH Kassel*, Urt. v. 17.06.2009 – 6 A 630/08, ZUR 2009, 438, 439; Spannowsky/Uechtritz/*Söfker*, BauGB, § 35 Rn. 112.

1087 Spannowsky/Uechtritz/*Söfker*, BauGB, § 35 Rn. 112.

In Bezug auf Regionalpläne lässt sich allerdings feststellen, dass in Aufstellung befindliche Ziele der Raumordnung, wie beispielsweise die Ausweisung von Flächen als Eignungsgebiete oder Vorranggebiete für Windenergieanlagen, als unbenannter öffentlicher Belang gem. § 35 Abs. 3 S. 1 BauGB im Rahmen der bauplanungsrechtlichen Zulässigkeit von Vorhaben gem. § 35 BauGB Berücksichtigung finden, wenn es um die Genehmigung einer raumbedeutsamen Maßnahme gem. § 3 Nr. 6 ROG[1088] geht.[1089] Dabei wird, abhängig von der Größe, bereits einer einzelnen Windenergieanlage regelmäßig raumbedeutsamer Charakter zugesprochen.[1090] Allerdings werden an den Aufstellungsprozess von Eignungsgebieten oder Vorranggebieten in diesem Zusammenhang bestimmte Anforderungen gestellt. Zunächst ist es erforderlich, dass der Aufstellungsprozess ein Mindestmaß an inhaltlicher Konkretisierung erfährt, was insbesondere anzunehmen ist, wenn der Abwägungsprozess in wesentlichen Schritten abgeschlossen ist und die Flächenausweisung als Eignungsgebiet oder Vorranggebiet als verbindliche Zielfestlegung in absehbarer Zeit wirksam wird.[1091] Auch ist es ferner notwendig, dass die Planung ausreichend verlässlich ist.[1092] Liegen diese Voraussetzungen vor, so findet die Vorschrift des § 35 Abs. 3 S. 3 BauGB bereits dann Anwendung, wenn sich ein Ziel der Raumordnung noch in der Aufstellung befindet.

Die obigen Ausführungen haben zum einen gezeigt, dass § 35 Abs. 3 S. 3 BauGB bei Flächennutzungsplänen, die sich noch in der Aufstellung befinden, keine Anwendung finden. Im Gegensatz dazu können Ziele der Regionalplanung zumindest unter bestimmten Voraussetzungen dennoch bauplanungsrechtliche Beachtung finden, obwohl sie sich noch in der Aufstellung befinden. Ersteres bedeutet für den Untersuchungsgegenstand der Arbeit zunächst nur, dass die baurechtliche Zulässigkeit von Windenergieanlagen an Land weiterhin nach § 35 Abs. 1 Nr. 5 BauGB zu beurteilen ist und der Planungsvorbehalt des § 35 Abs. 3 S. 3 BauGB noch keine Anwendung findet.[1093] Es bedeutet hingegen nicht, dass in Aufstellung befindliche Pläne bei den Überlegungen einer Stilllegung eines Netzabschnittes unberücksichtigt bleiben müssen. In der hier zu untersuchenden Konstellation geht es

---

1088 Raumbedeutsame Planungen und Maßnahmen sind gem. § 3 Nr. 6 ROG Planungen einschließlich der Raumordnungspläne, Vorhaben und sonstige Maßnahmen, durch die Raum in Anspruch genommen oder die räumliche Entwicklung oder Funktion eines Gebietes beeinflusst wird, einschließlich des Einsatzes der hierfür vorgesehenen öffentlichen Finanzmittel.

1089 *BVerwG*, Urt. v. 13.03.2003 – 4 C 3.02, NVwZ 2003, 1261; *VG Stuttgart*, Urt. v. 12.05.2005 – 6 K 333/04, BeckRS 2005, 26980.

1090 Siehe dazu ausführlich *Spitz*, S. 123ff.

1091 *VG Stuttgart*, Urt. v. 12.05.2005 – 6 K 333/04, BeckRS 2005, 26980; *Spitz*, S. 51. In Bezug auf Flächennutzungspläne wird vom BVerwG das Vorliegen der Planreife i.S.d. § 33 BauGB verlangt, vgl. dazu *BVerwG*, Urt. v. 13.03.2003 – 4 C 3.02, NVwZ 2003, 1261, 1262.

1092 *VG Stuttgart*, Urt. v. 12.05.2005 – 6 K 333/04, BeckRS 2005, 26980.

1093 Vgl. *Spitz*, S. 52; *Just*, LKV 2016, 248, 249.

nämlich nicht darum, andere Windenergieanlagen an anderer Stelle zuzulassen, obwohl noch kein entsprechender Regionalplan oder Flächennutzungsplan formell in Kraft getreten ist. Die entscheidende Frage ist vielmehr, ob eine Stilllegung eines Netzabschnittes sinnvoll erscheint, obwohl in Zukunft mit Eintritt der formellen Rechtskraft[1094] eines Regionalplans oder Flächennutzungsplans mit hinreichender Wahrscheinlichkeit damit zu rechnen ist, sodass das betroffene Gebiet zur Gewinnung von Windenergie genutzt werden wird und mit einem Anschluss der Anlagen an das vorhandene Netz zur rechnen ist. Von einer Nutzung der ausgewiesenen Konzentrationsfläche durch Windenergieanlagen ist zum einen auszugehen, da nach Inkrafttreten des Regionalplans oder Flächennutzungsplans die Errichtung von Windenergieanlagen an anderer Stelle regelmäßig ausgeschlossen ist und zum anderen, da dem Planvorbehalt gem.§ 35 Abs. 3 S. 3 BauGB neben der Standortzuweisung in Hinblick auf die Windenergieanlagen zugleich zulässigkeitsfördernde Wirkung zukommt.[1095] Dies bedeutet, dass das Zulassungsverfahren der Windenergieanlagen an Land begünstigt ist, da öffentliche Belange den Vorhaben nicht mehr entgegengesetzt werden können, weil sie bereits Gegenstand der vorgehenden Abwägung waren[1096] Darüber hinaus ist in diesem Zusammenhang weiterhin zu beachten, dass die Privilegierung von Windenergieanlagen an Land gem. § 35 Abs. 1 Nr. 5 BauGB und damit auch indirekt die Steuerung von Standorten von Windenergieanlagen gem. § 35 Abs. 3 S. 3 BauGB der Förderung von erneuerbaren Energien dient und die Privilegierung von Windenergieanlagen i.S.d. § 35 Abs. 1 Nr. 5 BauGB aus diesem Grund überhaupt erst erfolgt ist.[1097] Zudem haben Projektentwickler von EE-Anlagen auch bereits während des jeweiligen Aufstellungsverfahrens der Pläne die Möglichkeit, sich formell zu beteiligen.[1098]

Aufgrund der genannten gewichtigen Aspekte wird an dieser Stelle vorgeschlagen, dass in Aufstellung befindliche Ziele der Raumordnung und in Aufstellung befindliche Flächennutzungspläne in die Entscheidungsfindung über die zukünftige Erforderlichkeit eines Netzabschnittes einbezogen werden sollten. Auch haben die oben genannten Ausführungen gezeigt, dass es in gewissen Bereichen des öffentlichen Baurechts unter bestimmten Voraussetzungen möglich ist, Ziele der Raumordnung Bedeutung zukommen zulassen, obwohl sie sich erst in der Aufstellung befinden. Diese Vorgehensweise soll insofern auf den Untersuchungsgegenstand der Arbeit übertragen und darüber hinaus ausgeweitet werden. Konkret

---

1094 Die materiell rechtmäßige Planung der Regionalpläne und Flächennutzungspläne wird hier als gegeben vorausgesetzt.

1095 Siehe *Spitz*, S. 215 in Bezug auf die zulässigkeitsfördernde Wirkung.

1096 *Spitz*. S. 215.

1097 *Von Nicolai*, ZUR 2004, 74, 78; *Sydow*, NVwZ 2010, 1534.

1098 Vgl. *EnBW*, Projektierungs- und Genehmigungsprozess bei Windenergie Onshore, S. 3, abrufbar unter: https://www.enbw.com/media/konzern/docs/energieerzeugung/projektierungs-und-genehmigungsprozess-bei-der-windenergie-onshore.pdf (abgerufen am 01.12.2018).

bedeutet dies, dass ein Netzbetreiber einen derzeit ungenutzten Netzabschnitt seines Netzes trotz Vorliegens der anderen Stilllegungsvoraussetzungen nicht stilllegen darf, wenn in absehbarer Zukunft damit zu rechnen ist, dass Betreiber von Windenergieanlagen an Land den Teilabschnitt des Stromnetzes zur Einspeisung von Strom aus erneuerbaren Energien nutzen werden. Dies ist wiederum dann anzunehmen, wenn das Land oder die Gemeinde von dem Planvorbehalt des § 35 Abs. 3 S. 3 BauGB in Zukunft Gebrauch machen will, um die Standorte für Windenergieanlagen zu steuern. Dafür ist es erforderlich, dass die Darstellungen von Konzentrationsflächen oder die Ausweisung von Eignungs- und Vorranggebieten bereits hinreichend konkret sind. Dafür soll es ausreichend sein, wenn keine ernsthaften Zweifel in Bezug auf die endgültige Aufstellung bestehen und mit einer Fertigstellung in absehbarer Zukunft zu rechnen ist.

Auf den Vorschlag eines konkreten Zeitfensters wird hier bewusst verzichtet, da eine strikte Zeitgrenze abzulehnen ist und die Besonderheiten des Einzelfalles immer in die Betrachtung einbezogen werden müssen. Hilfreich ist es allerdings in diesem Zusammenhang dennoch, den groben zeitlichen Ablauf des jeweiligen Aufstellungsverfahrens und die Dauer eines typischen Projektverlaufs eines Windenergieprojektes darzustellen, sodass eine grobe Orientierung hieran möglich ist. Das Aufstellungsverfahren eines Regionalplans dauert zwischen ein und drei Jahren, wobei die Region regelmäßig einige Landkreise umfasst.[1099] Das Aufstellungsverfahren eines Flächennutzungsplans dauert ca. sechs bis zwölf Monate, wobei das Planungsgebiet den gesamten Gemeindebereich umfasst.[1100] Dabei besteht bereits im Rahmen des jeweiligen Aufstellungsverfahren eine formelle Beteiligungsmöglichkeit des Projektentwicklers des Windenergieprojektes.[1101] Der typische Projektverlauf einer Windenergieanlage an Land, inklusive Flächensicherung, Genehmigung, Bau und Inbetriebnahme, beträgt hingegen zwischen zweieinhalb und vier Jahren. Dabei nehmen die Flächensicherung und das Genehmigungsverfahren in der Regel zwischen zwei und drei Jahre in Anspruch und der Bau bis zu einem Jahr,[1102] wobei dies immer auch abhängig von der jeweiligen Größe der Windenergieanlage ist. Wie bereits unter D. I. 6. ausgeführt, ist es für die Anspruchsentstehung des Einspeisewilligen gem. § 8 Abs. 1 S. 1 EEG nicht erforderlich, dass die Anlage bereits errichtet worden und tatsächlich anschlussbereit ist.[1103] Das Vorhaben muss hinreichend konkretisiert sein, sodass der Netzbetreiber

1099 *EnBW*, Projektierungs- und Genehmigungsprozess bei Windenergie Onshore, S. 3.
1100 *EnBW*, Projektierungs- und Genehmigungsprozess bei Windenergie Onshore, S. 3.
1101 *EnBW*, Projektierungs- und Genehmigungsprozess bei Windenergie Onshore, S. 3.
1102 *EnBW*, Projektierungs- und Genehmigungsprozess bei Windenergie Onshore, S. 2.
1103 BT-Drs.: 16/8148, S. 41 (Einzelbegründung zu § 5 Abs. 1 EEG 2009); Frenz/Müggenborg/Cosack/Henning/Schomerus/*Cosack*, EEG, § 8 Rn. 43; Altrock/Oschmann/Theobald/ *Altrock*, EEG, § 5 Rn. 34f; BerlKommEnR/*Scholz*, Band 6, § 8 EEG Rn. 13; Greb/Boewe/*Woltering*, EEG, § 8 Rn. 12; *LG Münster*, Urt. v. 19.12.2011 – 2 O 634/09, BeckRS 2012, 05075.

mit der Errichtung der Anlage rechnen kann.[1104] Davon ist beispielsweise auszugehen, wenn die notwendigen Genehmigungen für die Errichtung der Anlage von dem Einspeisewilligen beantragt worden sind.[1105]

Als weiterer Aspekt kann auch die potenzielle Strommenge herangezogen werden, die in den geplanten Vorranggebieten bzw. Konzentrationszonen in Zukunft produziert werden könnte und sodann über das in Frage stehende Teilnetz durchzuleiten wäre. Entscheidender erster Anhaltspunkt ist dabei die Flächengröße, die den Gebieten zugewiesen werden soll. Je größer sie ausfallen, desto mehr potenziell zu produzierender Strom ist aus diesem Gebiet zu erwarten, da mengenmäßig mehr Windenergieanlagen Platz haben. Hierbei ist der Trend hin zu Großanlagen zu berücksichtigen, denn der Ausbau der Windenergie an Land konzentriert sich verstärkt auf die siedlungsfern zu errichtenden Großanlagen mit hohem Leistungspotenzial,[1106] sodass eher angenommen werden kann, dass in den Konzentrationsflächen Windparks anstatt vereinzelte Windräder entstehen. Dies lässt sich auch daraus schließen, dass der Gesetzgeber mit der Norm eine Möglichkeit der „Bündelung von Anlagen als Windenergieparks“ erschaffen wollte“.[1107]

(b.) Tabuzonen

Umgekehrt ist es auch denkbar, dass das Gebiet, in dem der Netzabschnitt gelegen ist, gerade nicht als Konzentrationsfläche für Windenergieanlagen an Land in den Raumordnungsplänen und/oder Flächennutzungsplänen ausgewiesen ist, sondern vielmehr spiegelbildlich in diesen als Ausschlussfläche für die Windenergienutzung gekennzeichnet ist. Wie bereits oben ausgeführt, handelt es sich bei solchen Flächen um sog. Tabuzonen, in denen die Nutzung von Windenergie aus bauplanungsrechtlicher Sicht nicht zulässig ist und dieser Bereich für Windenergieanlagen nicht zur Verfügung steht.[1108] Zum einen kann es sich dabei um Tabuzonen in bereits bestehenden Raumordnungsplänen/Flächennutzungsplänen handeln. Befindet sich der Teilabschnitt in einem solchen Gebiet, kann dies als gewichtiger Anhaltspunkt dafür dienen, dass der Netzabschnitt auch in absehbarer Zukunft nicht für die Nutzung von erneuerbaren Energien benötigt wird, insbesondere nicht für Windenergieanlagen an Land. Dieser Aspekt spricht damit gegen eine zukünftige Erforderlichkeit des Netzabschnittes.

Zum anderen kann es sich aber auch um solche Tabuzonen handeln, die erst in den Entwürfen der Regionalpläne oder Flächennutzungspläne als solche angedacht werden und somit noch in der Entstehung sind, da der Plan noch nicht formell in Kraft getreten ist. Stellt sich die Planung in Hinblick auf die Tabuflächen bereits

---

1104 Altrock/Oschmann/Theobald/*Altrock*, EEG, § 5 Rn. 31; *LG Münster*, Urt. v. 19.12.2011 – 2 O 634/09, BeckRS 2012, 05075.

1105 BerlKommEnR/*Scholz*, Band 6, § 8 EEG Rn. 13.

1106 *Thorbecke*, S. 33.

1107 BT-Drs.: 13/4978, S. 7; *Spitz*, S. 77.

1108 Vgl. *BVerwG*, Urt. v. 13.12.2012 – 4 CN 1/11, NVwZ 2013, 519, 520.

hinreichend konkret dar, was im vorliegenden Fall heißen muss, dass die Flächen für solche Zonen bereits feststehen und mit keiner gravierenden Änderung mehr zu rechnen ist, kann zumindest im Hinblick auf harte Tabuzonen davon ausgegangen werden, dass aus planungsrechtlicher Sicht in nächster Zeit keine Änderung bevorsteht. Dies ist insbesondere in Hinblick auf die Ausweisung von harten Tabuzonen anzunehmen, da eine Nutzung von Windenergie in diesen bereits aus rechtlichen oder tatsächlichen Gründen unmöglich ist und eine Ausweisung nicht der Abwägung durch den Planungsträger unterliegt.[1109] Im weiteren Planungsverlauf ist insofern nicht damit zu rechnen, dass sich die harten Tabuflächen nochmals entscheidend ändern. In Bezug auf weiche Tabuflächen muss die Planung dagegen bereits soweit fortgeschritten sein, dass mit einer Änderung der weichen Tabuflächen im weiteren Planungsverlauf nicht mehr ernsthaft zu rechnen ist.[1110] Dies sollte zumindest dann der Fall sein, wenn durch den Plangeber geprüft wurde, „ob der Windenergienutzung durch seinen Planentwurf in substanzieller Weise Raum geschaffen wurde".[1111] Dass insofern ein gesicherter Status der Planung für die weichen Tabuflächen verlangt werden sollte, liegt daran, dass diese im Gegensatz zu harten Tabuzonen grundsätzlich für die Windenergienutzung geeignet wären, aber aufgrund eines Abwägungsvorgangs durch den Planungsträger für die Windenergienutzung aufgrund städtebaulicher Vorstellungen ausgeschlossen sind.[1112]

(c.) Praktische Relevanz

Welche praktische Relevanz der Ausweisung von Vorranggebieten/Eignungsgebieten bzw. Konzentrationsflächen als Steuerungsmöglichkeit von Windenergieanlagen an Land tatsächlich zukommt, soll im Folgenden erörtert werden.

In der Praxis erfolgt die planerische Steuerung von Windenergie an Land überwiegend auf Ebene der Regionalplanung und Flächennutzungsplanung im Wege des Planvorbehalts gem. § 35 Abs. 3 S. 3 BauGB.[1113] So existierten beispielsweise auf Ebene der Regionalplanung im Jahr 2014 bundesweit knapp 1950 Raumordnungsgebiete für Windenergie an Land in rechtsgültigen Regionalplänen, die auf 64 der insgesamt 114 Planungsregionen der Regionalplanung verteilt waren.[1114] Die für die Windenergienutzung ausgewiesene Fläche betrug dabei insgesamt

---

1109 Maslaton/*Falke*, Kap. 1 Rn. 264.

1110 Vgl. dazu die unterschiedlichen Phasen eines Planungskonzepts im Rahmen der Abwägung gem. § 35 Abs. 3 S. 3 BauGB bei Maslaton/*Falke*, Kap. 1 Rn. 259ff.

1111 *OVG Bautzen*, Urt. v. 20.01.2014 – 4 A 622/10, Rn. 64.

1112 *Spitz*, S. 72; Maslaton/*Falke*, Kap. 1 Rn. 265.

1113 *Nagel/Schwarz/Köppel*, UPR 2014, 371.

1114 *Schmitz/Haselmann*, NVwZ 2015, 846; Siehe Beitrag des *Bundesinstituts für Bau-, Stadt- und Raumforschung*, Steuerung der Windenergie durch die Regionalplanung – gestern, heute, morgen (Stand: April 2015), S. 7, unter: http://www.bbsr.bund.de/BBSR/DE/Veroeffentlichungen/AnalysenKompakt/ 2015/DL_09_2015.pdf?__blob = publicationFile&v = 3 (abgerufen am 04.06.2018).

1620 km^2, wobei die Tendenz insgesamt auch zukünftig steigend ist.[1115] Zahlreiche Regionen waren in den letzten Jahren und werden auch zukünftig mit der Aufstellung neuer Festlegungen im Bereich der Windenergie an Land befasst sein. Die Aufstellung neuer Festlegungen kann sowohl durch Änderung bestehender Pläne erfolgen als auch durch Teilfortschreibungen oder Gesamtfortschreibungen.[1116] Bis zur Mitte des Jahres 2018 wurden bereits 29.071 Windenergieanlagen an Land in Deutschland errichtet.[1117] Im ersten Halbjahr 2018 wurden dabei 497 neue Windenergieanlagen an Land mit einer Leistung von 1.626 MW[1118] installiert, sodass die Gesamtleistung an Windenergie an Land 52.282 MW betrug.[1119] Insgesamt machte die Windenergie an Land im Jahr 2017 einen Anteil von 40,7 Prozent[1120] an der Stromproduktion aus erneuerbaren Energien aus, sodass die Windenergie an Land auch als „Motor der Energiewende" bezeichnet wird.[1121] Auch in Zukunft kann davon ausgegangen werden, dass weitere Windenergieanlagen an Land entstehen werden. Das lässt sich bereits dem Ausbaupfad des § 4 Nr. 1 a) und b) EEG entnehmen. Danach sollen die Ziele des § 1 Abs. 2 EEG[1122] in Bezug auf Windenergieanlagen an Land durch einen jährlichen Brutto-Zubau mit einer installierten Leistung von 2.800 MW in den Jahren 2017 bis 2019 und 2.900 MW ab dem Jahr 2020 erreicht werden. Aufgrund der erheblichen Bedeutung der Windenergie an Land und dessen überwiegender planerischen Steuerung über den Planvorbehalt gem. § 35 Abs. 3 S. 3 BauGB auf Ebene der Regionalplanung und der Flächennutzungsplanung,[1123] kommt der (geplanten) Ausweisung von Konzentrationsflächen eine erhebliche praktische Relevanz zu, sodass dieser Aspekt bei der Bedarfsprüfung eines Netzabschnittes immer beachtet werden sollte.

1115 *Bundesinstitut für Bau-, Stadt- und Raumforschung*, Steuerung der Windenergie durch die Regionalplanung – gestern, heute, morgen, S. 7.

1116 *Bundesinstituts für Bau-, Stadt- und Raumforschung*, Steuerung der Windenergie durch die Regionalplanung – gestern, heute, morgen, S. 10.

1117 *Deutsche Windguard*, Status des Windenergieausbaus an Land in Deutschland, S. 1, unter: https://www.wind-energie.de/fileadmin/redaktion/dokumente/publikationen-oeffentlich/themen/06-zahlen-und-fakten/Factsheet_Status_Windenergieausbau_an_Land_1._Halbjahr_2018_20180731.pdf (abgerufen am 08.12.2018).

1118 Der Netto-Zubau lag bei 1.505 MW. Im Vergleich zum ersten Halbjahr 2017 sank der Brutto-Leistungszubau um 29 Prozent, *Deutsche Windguard*, Status des Windenergieausbaus an Land in Deutschland, S. 1.

1119 *Deutsche Windguard*, Status des Windenergieausbaus an Land in Deutschland, S. 1.

1120 *Umweltbundesamt*, Erneuerbare Energien in Deutschland, S. 6.

1121 Maslaton/*Richter*, Kap. 4 Rn. 1.

1122 Nach § 1 Abs. 2 EEG ist Ziel des Gesetzes, den Anteil des aus erneuerbaren Energien erzeugten Stroms am Bruttostromverbrauch bis zum Jahr 2025 um 40 bis 45 Prozent, bis zum Jahr 2035 um 55 bis 60 Prozent und bis zum Jahr 2050 mindestens um 80 Prozent zu steigern.

1123 Vgl. *Nagel/Schwarz/Köppel*, UPR 2014, 371.

cc. Netzplanungsrecht

Weitere Anhaltspunkte in Hinblick auf die Bedarfsgerechtigkeit von Stromnetzen könnte dem „Netzplanungsrecht" entnommen werden, sodass sich die Bedarfsgerechtigkeit bestimmter Vorhaben direkt aus dem Gesetz ergeben könnte, mit der Folge, dass sich eine darüberhinausgehende Prüfung erübrigen würde. In diesem Abschnitt soll insofern geprüft werden, inwiefern sich das Netzplanungsrecht auf die Bedarfsgerechtigkeit von Stromnetzen auswirken kann.

Die Notwendigkeit zum Ausbau und zur Bedarfsplanung des deutschen Stromnetzes wurde nicht erst mit der Energiewende im Jahr 2011 erkannt. Bereits in den Jahren 2005 und 2010 haben sich die Netzstudien der Deutschen Energie-Agentur (dena-I-Netzstudie 2005 und dena-II-Netzstudie 2010) mit dem Ausbau des deutschen Höchstspannungsnetzes beschäftigt.[1124] Demnach hatte die dena-I-Netzstudie zunächst einen Ausbaubedarf im deutschen Übertragungsnetz von 850 km Leitungstrassen bis zum Jahr 2015 ermittelt. In der dena-II-Netzstudie wurde sodann fünf Jahre später bereits ein Ausbaubedarf von 3.600 km Leitungstrassen bis zum Jahr 2020 unter der Verwendung von der 380 kV-Freileitungstechnik ermittelt.[1125]

Der folgende Abschnitt setzt sich mit dem EnLAG ((1.)) und der Bundesbedarfsplanung ((2.)) auseinander und untersucht, welchen Einfluss diese gesetzlichen Normierungen auf die Bedarfsgerechtigkeit der Stromtrassen haben. Unter ((3.)) werden sonstige Leitungsvorhaben betrachtet.

(1.) Vorhaben nach dem EnLAG

Der rasche Ausbau von erneuerbaren Energien, der verstärkte grenzüberschreitende Stromhandel in Europa und die Errichtung neuer Kraftwerke im Bereich der konventionellen Energieerzeugung erforderten auch schon vor der Energiewende 2011 den zügigen Bau neuer Höchstspannungsleitungen.[1126] Die steigende Dringlichkeit des Ausbaus des Übertragungsnetzes war im Jahr 2009 der Anlass für die Verabschiedung des Gesetzes zur Beschleunigung des Ausbaus der Höchstspannungsnetze[1127].[1128] Im Mittelpunkt des Gesetzes stand dessen Art. 1, welcher wiederum das EnLAG zum Gegenstand hat.[1129] Mit dem EnLAG wurde ein weiterer Vorstoß in Richtung Beschleunigung von Planungs- und Genehmigungsverfahren von Höchstspannungsleitungen umgesetzt.[1130] Durch das Gesetz wurde der Netzausbaubedarf im Jahr 2009 für zunächst 24 Vorhaben auf Höchstspannungsebene

1124 Posser/Faßbender/*Faßbender/Leidinger*, Kap. 1 Rn. 4.
1125 *Pleiner*, S. 41 u. Fn. 208; Posser/Faßbender/*Faßbender/Leidinger*, Kap. 1 Rn. 4.
1126 BT-Drs.: 16/10491, S. 9.
1127 Gesetz v. 21.08.2009, BGBl. I S. 2870.
1128 De Witt/Scheuten/*Straßburg*, NABEG, Einl. Rn. 18.
1129 Steinbach/Franke/*Lecheler/Steinbach*, Netzausbau, S. 32 Rn. 44.
1130 *Weyer*, ZNER 2009, 210.

(380 kV), die in der Anlage zum EnLAG näher bezeichnet sind, festgelegt und somit der Fokus auf den beschleunigten Netzausbau auf Höchstspannungsebene gelegt.[1131] So heißt es in § 1 Abs. 1 EnLAG: „Für Vorhaben nach § 43 Satz 1 des Energiewirtschaftsgesetzes im Bereich der Höchstspannungsnetze mit einer Nennspannung von 380 Kilovolt oder mehr, die der Anpassung, Entwicklung und dem Ausbau der Übertragungsnetze zur Einbindung von Elektrizität aus erneuerbaren Energiequellen, zur Interoperabilität der Elektrizitätsnetze innerhalb der Europäischen Union, zum Anschluss neuer Kraftwerke oder zur Vermeidung struktureller Engpässe im Übertragungsnetz dienen und für die daher ein vordringlicher Bedarf besteht, ist ein Bedarfsplan diesem Gesetz als Anlage beigefügt." Weiterhin heißt es in § 1 Abs. 2 S. 2 EnLAG, dass für die in der Anlage des EnLAG aufgelisteten Vorhaben die energiewirtschaftliche Notwendigkeit und der vordringliche Bedarf feststehen. Diese gesetzlich vorgenommene Bedarfsplanung stellt sowohl die energiewirtschaftliche Notwendigkeit als auch den vordringlichen Bedarf für die im Anhang zum EnLAG aufgelisteten Vorhaben für die nachfolgende Planfeststellung und die Plangenehmigung nach den §§ 43 bis 43d EnWG verbindlich fest, vgl. § 1 Abs. 2 S. 2 u. 3 EnLAG.[1132] Die Frage der Planrechtfertigung für die in der Anlage genannten Vorhaben wird dadurch positiv beantwortet, sodass die Planfeststellungsbehörde an diese gebunden ist.[1133] Damit geht einher, dass eine zusätzliche Prüfung der Planrechtfertigung unzulässig wird.[1134] Neben der Planfeststellungsbehörde sind auch die Gerichte an die Bedarfsfestlegung gem. § 1 Abs. 2 S. 2 EnLAG gebunden.[1135] Dies hat zur Folge, dass fehlender Bedarf nicht mehr geltend gemacht werden kann.[1136]

Die aktuelle Fassung des EnLAG weist derzeit 22 Vorhaben i.S.d. § 1 Abs. 1 EnLAG aus,[1137] für deren Realisierung ein vordringlicher Bedarf besteht. Die Vorhaben der Nr. 22 und 24 sind nach Überprüfung des Netzentwicklungsplans 2022 und im Laufe der Erstellung des Netzentwicklungsplans 2024 aus der derzeitigen Fassung des EnLAG weggefallen, da für diese Vorhaben kein Bedarf mehr besteht.[1138] Von

---

1131 De Witt/Scheuten/*Straßburg*, NABEG, Einl. Rn. 18, Danner/Theobald/*de Witt*, EnLAG, § 1 Rn. 1.

1132 *BVerwG*, Beschl. v. 22.07.2010 – 7 VR 4/10, NVwZ 2010, 1487; De Witt/Scheuten/*Straßburg*, NABEG, Einl. Rn. 18.

1133 De Witt/Scheuten/*Straßburg*, NABEG, Einl. Rn. 18; Danner/Theobald/*de Witt*, EnLAG, § 1 Rn. 6.

1134 Kment/*Kment*, EnWG, § 43 Rn. 38.

1135 *BVerwG*, Beschl. v. 22.07.2010 – 7 VR 4/10, NVwZ 2010, 1487. Eine Planrechtfertigung bestünde nach dem BVerwG allerdings dann nicht, „wenn die Verwirklichung des Vorhabens bereits im Zeitpunkt des Planfeststellungsbeschlusses ausgeschlossen werden könnte, weil sie nicht beabsichtigt oder objektiv ausgeschlossen wäre."

1136 Danner/Theobald/*de Witt*, EnLAG, § 1 Rn. 6.

1137 Siehe dazu die Anlage zum EnLAG, in der die Vorhaben, für die ein vordringlicher Bedarf i.S.d. § 1 Abs. 1 EnLAG besteht, numerisch aufgelistet sind.

1138 Monitoringbericht 2019 der *BNetzA* und des *BKartA* (Stand: 13.01.2020), S. 115; Danner/Theobald/*de Witt*, EnLAG, § 1 Rn. 1.

den genannten 22 Vorhaben sind gem. § 2 Abs. 1 EnLAG sechs Vorhaben als Erdkabel-Pilotprojekte[1139] ausgezeichnet.[1140] Die in der Anlage des EnLAG genannten Vorhaben werden lediglich durch ihre Anfangs- und Endpunkte beschrieben, sodass sie keine Linienbestimmung enthalten.[1141] In der Vergangenheit kam es immer wieder zu erheblichen Verzögerungen[1142] bei der Realisierung der Höchstspannungsleitungen.[1143] So kam es beispielsweise vor, dass die Vorbereitung und Durchführung des Raumordnungsverfahrens bis zu 55 Monate und die Vorbereitung des Planfeststellungsverfahrens weitere 66 Monate andauerte.[1144] Auch wurde das laut der Gesetzbegründung zum EnLAG angegebene Zieljahr für die Inbetriebnahme mehrerer Vorhaben um mehrere Jahre verfehlt bzw. noch nicht erreicht.[1145] Laut des aktuellen Monitoringberichts 2019 der BNetzA und des BKartA zum aktuellen Sachstand des Netzausbaus beläuft sich die sich aus dem EnLAG ergebene Gesamtlänger der Höchstspannungsleitungen derzeit auf etwas über 1.800 km.[1146] Unter Berücksichtigung des zweiten Quartals 2019 sind insgesamt rund 1.250 km genehmigt. Von diesen wurden bisher rund 850 km realisiert, was ca. 46 Prozent der Gesamtlänge ausmacht. Von den sechs Erdkabel-Pilotprojekten befindet sich momentan noch keines vollständig in Betrieb. Weitere rund 540 Kilometer befinden sich derzeit in laufenden Raumordnungs- und Planfeststellungsverfahren. Etwa 70 Prozent der Höchstspannungsleitungen des EnLAG sollten nach einer Einschätzung der vier deutschen Übertragungsnetzbetreiber, TenneT, 50Hertz, Amprion und TransnetBW, bis Ende des Jahres 2020 fertiggestellt sein.[1147] Derzeit ist jedoch erst knapp die Hälfte realisiert.[1148] Die Übertragungsnetzbetreiber sind für die Planung, die Errichtung und den Betrieb der Vorhaben des EnLAG verantwortlich.

1139 Es handelt sich bei den Vorhaben als Erdkabel-Pilotprojekte um die Nr. 2, 4, 5, 6, 14, 16 der Anlage zum EnLAG, vgl. § 2 Abs. 1 EnLAG.

1140 Monitoringbericht 2019 der *BNetzA* und des *BKartA* (Stand: 13.01.2020), S. 115.

1141 *Weyer*, ZNER 2009, 210, 211.

1142 In Bezug auf die Beschleunigung von Leitungsvorhaben im Rahmen des EnLAG und dessen zeitlichen Realisierung spricht *Klees*, Kap. 2 Rn. 96, von „eher bescheidenem Erfolg“. Ähnlich äußert sich auch Danner/Theobald/*de Witt*, EnLAG, § 1 Rn. 1.

1143 Als Hauptgründe für die Verzögerungen sind die Existenz von Doppelstrukturen, damit einhergehende unzureichend aufeinander abgestimmte Planungen und erhebliche Widerstände der örtlichen Bevölkerung gegen die Leitungsvorhaben zu nennen, Schink/Versteyl/Dippel/*Schink/Versteyl*, NABEG, Einl. Rn. 5 u. 7.

1144 Schink/Versteyl/Dippel/*Schink/Versteyl*, NABEG, Einl. Rn. 6.

1145 Vgl. BT-Drs.: 16/10491, S. 10, Danner/Theobald/*de Witt*, EnLAG, § 1 Rn. 4; *Schöpf*, S. 42.

1146 Monitoringbericht 2019 der *BNetzA* und des *BKartA* (Stand: 13.01.2020), S. 116.

1147 Daten der *BNetzA* nach dem Stand des dritten Quartals 2018. Siehe dazu unter: https://www.netzausbau.de/leitungsvorhaben/de.html#AnkerEnLAG (abgerufen am 20.06.2018).

1148 Daten der *BNetzA* nach Stand des vierten Quartals: https://www.netzausbau.de/leitungsvorhaben/de.html# (abgerufen am: 16.06.2020).

Die Zuständigkeit für die Durchführung der Raumordnungs- und Planfeststellungsverfahren liegt bei den jeweiligen Landesbehörden. Von der BNetzA wird der aktuelle Stand des Genehmigungsverfahrens der einzelnen Projekte kontinuierlich dokumentiert. Dabei veröffentlicht sie quartalsmäßig den Entwicklungsstand und den Fortschritt der Ausbauvorhaben nach dem EnLAG.[1149] Die Grundlage hierfür bilden die Quartalsberichte der Übertragungsnetzbetreiber, die die aktuellen Bau- und Planungsfortschritte betreffen.[1150]

(2.) Vorhaben der Bundesbedarfsplanung gem. §§ 12a-e EnWG

Auch nach der Einführung des EnLAG sah sich der Gesetzgeber weiterhin mit einem stark verzögerten Netzausbau konfrontiert.[1151] Im Rahmen der Energiewende 2011 novellierte der Gesetzgeber für künftige Leitungsprojekte das EnWG durch das Gesetz zur Neuregelung energiewirtschaftlicher Vorschriften[1152] und führte damit die Regelungen gem. §§ 12a – e EnWG in das EnWG ein, wodurch sich die nationale Bedarfs- und Netzplanung grundlegend geändert hat.[1153] Es ist insbesondere Aufgabe der Bundesbedarfsplanung, den voraussichtlichen Übertragungsbedarf für die Zukunft festzustellen. Zudem werden durch die Bundesbedarfsplanung Ausbauprioritäten definiert und Aussagen zu dem künftigen Mischverhältnis der verschiedenen Energieformen getroffen.[1154] Durch die Bedarfsplanung wird angestrebt, dass die Errichtung zukünftiger Höchstspannungsleitungen nur nach Konkretisierung durch den Gesetzgeber erfolgen soll.[1155] Zusammengefasst erfüllt die Bedarfsplanung den Zweck einer koordinierten Planung des Netzausbaus.[1156] Die Verantwortung für die Bundesbedarfsplanung liegt bei den vier Übertragungsnetzbetreibern.[1157] Neben der Novellierung des EnWG verabschiedete der Gesetzgeber

---

1149 Über den aktuellen Stand der Genehmigungsverfahren sowie über Planungs- und Baufortschritte informiert die *BNetzA* unter: http://www.netzausbau.de/vorhaben (abgerufen am 16.06.2020).

1150 Monitoringbericht 2019 der *BNetzA* und des *BKartA* (Stand: 13.01.2020), S. 115.

1151 De Witt/Scheuten/*Straßburg*, NABEG, Einl. Rn. 4.

1152 Gesetz v. 26.07.2011, BGBl. I S. 1554.

1153 *Schöpf*, S. 38; Posser/Faßbender/*Faßbender/Leidinger*, Kap. 1 Rn. 10.

1154 *Kment*, RdE 2011, 341, 343; *Steinbach/Franke*, Netzausbau, Einl. Rn. 21.

1155 Die Hoffnung dahinter besteht zum einen in der Minimierung von Protesten gegen den Bau der Leitungen und zum anderen in der Rechtfertigung von genehmigungsrechtlichen Privilegien (Feststellung der energiewirtschaftlichen Notwendigkeit), siehe *Steinbach/Franke*, Netzausbau, Einl. Rn. 29.

1156 *Böttcher*, S. 169.

1157 Dies unterscheidet sich von den Schienenwegen und Bundesfernstraßen, wo die Verantwortung bei dem Bund liegt, *Kment*, RdE 2011, 341, 343; *Säcker*, RdE 2009, 305, 306 u. 311. Darüber hinaus handelt es sich bei Schiene und Bahn um Infrastrukturen, die durch Steuern finanziert werden und damit in gewissem Maße um eine gesetzliche Form der Ausgabenplanung, de Witt/Scheuten/*Straßburg*, NABEG, Einl. Rn. 5.

auch das NABEG.[1158] Dieses Gesetz knüpft an die Feststellungen im Bundesbedarfsplan an und führt für die dort enthaltenen länderübergreifenden oder grenzüberschreitenden Höchstspannungsleitungen eine Bundesfachplanung für den Netzausbau ein.[1159] Mit dem NABEG sollte neben einer beschleunigten Planung des Netzausbaus auch mehr Transparenz in diesem Bereich erzielt werden.[1160]

Die Netzausbauplanung setzt sich konkret aus der Netzentwicklungsplanung und der Bundesbedarfsplanung zusammen.[1161] Der rechtliche Rahmen ist in den §§ 12a-e EnWG normiert. Im Wesentlichen vollzieht sich die Planung dabei in vier Schritten.[1162] In einem ersten Schritt erarbeiten die Übertragungsnetzbetreiber alle zwei Jahre einen gemeinsamen Szenariorahmen, welcher wiederum Grundlage für die Erarbeitung des Netzentwicklungsplans nach § 12b EnWG[1163] ist, vgl. § 12a Abs. 1 S. 1 EnWG. Der Szenariorahmen umfasst dabei mindestens drei Entwicklungspfade (Szenarien), die für mindestens die nächsten zehn und höchstens 15 Jahre die Bandbreite wahrscheinlicher Entwicklungen im Rahmen der mittel- und langfristigen energiepolitischen Ziele der Bundesregierung abdecken (§ 12a Abs. 1 S. 2 EnWG).[1164] Nach der Durchführung eines öffentlichen Konsultationsverfahrens durch die Übertragungsnetzbetreiber (§ 12a Abs. 2 S. 1 EnWG) übermitteln diese den Entwurf des Szenariorahmens an die Regulierungsbehörde[1165] (BNetzA).[1166] Im Anschluss genehmigt die BNetzA nach § 12a Abs. 3 S. 1 EnWG den Szenariorahmen unter Berücksichtigung der vorangegangenen Öffentlichkeitsbeteiligung. Dieser erste Schritt bildet die entscheidende Grundlage des Systems der Bundesbedarfsplanung.[1167] In einem zweiten Schritt legen die Übertragungsnetzbetreiber der BNetzA auf der Grundlage des Szenariorahmens einen gemeinsamen

---

1158 Posser/Faßbender/*Faßbender/Leidinger*, Kap. 1 Rn. 13.

1159 Die Bundesfachplanung tritt an die Stelle des bisherigen Raumordnungsverfahrens, des Planfeststellungsverfahrens und der Plangenehmigung nach §§ 43ff EnWG, siehe Posser/Faßbender/*Faßbender/Leidinger*, Kap. 1 Rn. 13; *Schmitz/Uibeleisen*, S. 73 Rn. 207.

1160 Danner/Theobald/*de Witt*, EnLAG, § 1 Rn. 1.

1161 *Böttcher*, S. 165.

1162 *Klees*, Kap. 2. Rn. 97.

1163 Zudem für den Offshore-Netzentwicklungsplan gem. § 17b EnWG, der allerdings im Rahmen der Arbeit nicht weiterverfolgt wird.

1164 Bei der Erarbeitung des Szenariorahmens legen die Betreiber von Übertragungsnetzen angemessene Annahmen für die jeweiligen Szenarien zu Erzeugung, Versorgung, Verbrauch von Strom sowie dessen Austausch mit anderen Ländern zu Grunde und berücksichtigen geplante Investitionsvorhaben der europäischen Netzinfrastruktur, vgl. § 12 Abs. 1 S. 4 EnWG. Mit dieser Norm hat der Gesetzgeber die Vorgabe von Art. 22 Abs. 3 der Elektrizitätsrichtlinie 2009/72/EG umgesetzt, BerlKommEnR/*Ruge*, Band 1, § 12a EnWG Rn. 3.

1165 Die Regulierungsbehörde ist die BNetzA, vgl. *Klees*, Kap. 2. Rn. 97ff.

1166 *Schmitz/Uibeleisen*, S. 43 Rn. 122f.

1167 *Hermes*, ZUR 2014, 259.

nationalen Netzentwicklungsplan[1168] zur Bestätigung vor, vgl. § 12b Abs. 1 S. 1 EnWG.[1169] Dabei haben die Übertragungsnetzbetreiber bei der Erarbeitung stets das NOVA-Prinzip zu berücksichtigen. Demnach müssen sie zunächst versuchen, vorhandene Leitungen zu optimieren, zu verstärken und bestehende Stromtrassen zu nutzen, um den Übertragungsbedarf abzudecken. Erst wenn diese Maßnahmen ausgeschöpft sind, erfolgt die Planung neuer Trassen und deren Angabe im Netzentwicklungsplan.[1170] Der Netzentwicklungsplan enthält zudem noch keine konkreten Standorte von eventuellen Stromtrassen, sondern lediglich deren Anfangs- und Endpunkte an den Höchstspannungsleitungen.[1171] Im Anschluss an diesen Schritt findet die Prüfung der BNetzA in Hinblick auf die Übereinstimmung des Netzentwicklungsplans mit den Anforderungen gem. § 12b Abs. 1, 2 und 4 EnWG statt, vgl. § 12c Abs. 1 S. 1 EnWG. In diesem Zusammenhang kann sie Änderungen des Entwurfs des Netzentwicklungsplans durch die Übertragungsnetzbetreiber verlangen (§ 12c Abs. 1 S. 2 EnWG). Durch die Genehmigung des Netzentwicklungsplans durch die BNetzA erhält er rechtliche Verbindlichkeit.[1172] Der dritte Schritt sieht sodann mindestens alle vier Jahre die Übermittlung des Netzentwicklungsplans[1173] durch die BNetzA an die Bundesregierung vor. Er stellt den Entwurf für einen Bundesbedarfsplan dar, vgl. § 12e Abs. 1 S. 1 EnWG. Diesen hat die Bundesregierung mindestens alle vier Jahre dem Bundesgesetzgeber vorzulegen, vgl. § 12e Abs. 1 S. 2 EnWG. In einem letzten Schritt erfolgt sodann der Erlass des Bundesbedarfsplans[1174] durch den Bundesgesetzgeber im förmlichen Gesetzgebungsverfahren, vgl. § 12e Abs. 4 S. 1 EnWG. Die normative Umsetzung erfolgt durch das Bundesbedarfsplangesetz[1175] (BBPlG),[1176] in dessen Anlage sich der sog. Bundesbedarfsplan befindet.[1177] Die Regelungen gem. § 12e Abs. 4 S. 1 EnWG i.V.m. § 1 Abs. 1 S. 1 BBPlG stellen sodann „die energiewirtschaftliche Notwendigkeit

1168 In dem Netzentwicklungsplan wird unterstellt, dass die Vorhaben des EnLAG bereits realisiert sind, siehe dazu *BNetzA*, Bedarfsermittlung 2017–2030, Bestätigung Netzentwicklungsplan Strom (Stand: Dezember 2017), S. 31.

1169 Siehe in Hinblick auf die genauen inhaltlichen Anforderungen des Netzentwicklungsplans § 12b Abs. 1 S. 2, 3, 4, Abs. 2 und Abs. 4 EnWG.

1170 Siehe dazu die Ausführungen der *BNetzA* unter: http://www.netzausbau.de/5schritte/nep-ub/de.html (abgerufen am: 06.07.2018); BerlKommEnR/*Ruge*, Band 1, 3. Auflage, § 12b EnWG Rn. 40; *Schmitz/Uibeleisen*, S. 41 Rn. 116.

1171 Der konkrete Trassenverlauf wird erst in dem darauffolgenden Planungs- und Genehmigungsverfahren bestimmt, siehe *Schmitz/Uibeleisen*, S. 42 Rn. 120; *Steinbach/Franke/Heimann*, Netzausbau, § 12e EnWG Rn. 28.

1172 *Hermes*, ZUR 2014, 259, 260.

1173 Und des Offshore-Netzentwicklungsplans, vgl. § 12e Abs. 1 S. 1 EnWG.

1174 Der Bundesbedarfsplan ist als Anlage zum BBPlG Teil dieses Gesetzes.

1175 Gesetz v. 23.07.2013, BGBl. I S. 2543.

1176 *Schmitz/Uibeleisen*, S. 35 Rn. 99.

1177 *Böttcher*, S. 167; *Schmitz/Uibeleisen*, S. 48 Rn. 140.

und den vordringlichen Bedarf“ für die in der Anlage[1178] zu § 1 Abs. 1 BBPlG enthaltenen Vorhaben fest.[1179] Für einen Teil dieser Vorhaben, namentlich für länderübergreifende oder grenzüberschreitende Höchstspannungsleitungen,[1180] finden wiederum die Beschleunigungsregelungen des NABEG Anwendung.[1181] Dies hat zur Folge, dass die Planrechtfertigung bei diesen Vorhaben besteht.[1182] Die Planrechtfertigung stellt eine wesentliche Entscheidung des Planfeststellungsverfahrens dar, welche somit durch die Anwendung des NABEG vorweggenommen wird.[1183] Die Feststellungen der energiewirtschaftlichen Notwendigkeit und des vordringlichen Bedarfs der Vorhaben haben zur Folge, dass sie auch für die später folgende Planfeststellung bzw. Plangenehmigung i.S.d. EnWG und des NABEG verbindlich sind, vgl. § 12e Abs. 4 S. 2 EnWG[1184].[1185] Der jeweiligen Planfeststellungsbehörde ist es insofern verwehrt eine davon abweichende Einschätzung zu treffen.[1186] Sie ist insofern an die gesetzgeberische Bewertung gebunden. Dies gilt ebenso für die Gerichte.[1187]

Die nachfolgenden Zahlen sollen dazu dienen, das Ausmaß und den Entwicklungsstand der Vorhaben des derzeitigen Bundesbedarfsplans zu verdeutlichen. Von dem BBPlG sind bundesweit 43 Vorhaben erfasst.[1188] Davon sind 16 von dem

---

1178 Bei der Anlage handelt es sich folglich um den sog. „Bundesbedarfsplan“, siehe *Böttcher*, S. 167.

1179 Zwischen der Bedarfsplanung und dem Ansatz des EnLAG besteht insofern Ähnlichkeit, da sowohl § 1 Abs. 2 S. 2 EnLAG als auch § 12e Abs. 4 S. 1 EnWG i.V.m. § 1 Abs. 1 BBPlG die energiewirtschaftliche Notwendigkeit und den vordringlichen Bedarf der jeweils betroffenen Vorhaben feststellt, vgl. auch *Steinbach/Franke*, Netzausbau, Einl. Rn. 22.

1180 Siehe dazu § 2 Abs. 1 NABEG, in dem der Anwendungsbereich des Gesetzes definiert ist.

1181 BerlKommEnR/*Ruge*, Band 1, § 12a EnWG Rn. 4.

1182 BerlKommEnR/*Benzin*, Band 1, § 12e EnWG Rn. 33.

1183 BerlKommEnR/*Benzin*, Band 1, § 12e EnWG Rn. 33.

1184 Nach § 12e Abs. 4 S. 2 EnWG sind die Feststellungen für die Betreiber von Übertragungsnetzen sowie für die Planfeststellung und die Plangenehmigung nach den §§ 43 bis 43d EnWG und §§ 18 bis 24 des Netzausbaubeschleunigungsgesetzes Übertragungsnetz verbindlich. Die gesetzliche Regelung des § 12e Abs. 4 EnWG orientiert sich an der Bedarfsplanung des Schienenwege- und des Bundesfernstraßenausbaus. Der Norminhalt räumt dem Gesetzgeber bei der Bedarfsfestlegung einen weiten Spielraum ein. Erst im Fall einer evident unsachlichen Bedarfsfeststellung ist von einer Ermessensüberschreitung durch den Gesetzgeber auszugehen, *Böttcher*, Stromleitungsnetze, S. 166f.

1185 *Kment*, RdE 2011, 341, 344.

1186 *Schöpf*, S. 41.

1187 BerlKommEnR/*Benzin*, Band 1, § 12e EnWG Rn. 35.

1188 Die *BNetzA* geht sogar mittel- bis langfristig davon aus, dass aufgrund des weiteren Ausbaus der erneuerbaren Energien weitere großräumige HGÜ-Verbindungen für den Netzausbau bis zum Jahr 2030 in Betracht zu ziehen sind, vgl. Monitoringbericht 2017 der *BNetzA* und des *BKartA* (Stand: 13.12.2017), S. 89 u. 92.

Anwendungsbereich des NABEG umfasst, da es sich um länderübergreifende und grenzüberschreitende Höchstspannungsleitungen i.S.d. § 1 NABEG handelt.[1189] Bei den Vorhaben, die von dem NABEG abgedeckt sind, führt die BNetzA gem. § 31 Abs. 1 NABEG und § 31 Abs. 2 NABEG i.V.m. der Planfeststellungszuweisungsverordnung[1190] die Bundesfachplanung und das sich anschließende Planfeststellungsverfahren durch.[1191] Die BNetzA veröffentlicht quartalsmäßig den Entwicklungsstand und den Fortschritt der Ausbauvorhaben nach dem BBPlG.[1192] Die sich aus dem BBPlG ergebene Gesamtlänge der Leitungen liegt derzeit bei ca. 5.830 km. Unter Berücksichtigung des vierten Quartals 2019 sind insgesamt rund 372 km realisiert und weitere 331 genehmigt. Darüber hinaus befinden sich derzeit weitere 2.110 km im Planfeststellungs- oder Anzeigeverfahren und etwa 2.200 im Raumordnungs- oder Bundesfachplanungsverfahren.[1193]

Durch die fortlaufende Aktualisierung des Bundesbedarfsplans in einem Abstand von mindestens vier Jahren gem. § 12e Abs. 1 EnWG[1194] soll sichergestellt werden, dass erforderliche Korrekturen im Rahmen der Bedarfsfeststellung durchgeführt werden können.[1195] Dies bedeutet, dass Vorhaben bei denen die energiewirtschaftliche Notwendigkeit und der vordringliche Bedarf gem. § 12e Abs. 4 S. 1 EnWG i.V.m. § 1 Abs. 1 BBPlG festgestellt wurden, aufgrund geänderter Umstände durch einen späteren Bundesbedarfsplan wieder wegfallen können.[1196] So bestand beispielsweise der erste Bundesbedarfsplan ursprünglich aus 47 Vorhaben, wovon vier im Rahmen der ersten Anpassung des BBPlG entfallen sind und aus dem Bundesbedarfsplan gestrichen wurden.[1197] Durch den Netzentwicklungsplan Strom 2017–2030 (NEP), dessen erster Entwurf die Übertragungsnetzbetreiber im Januar 2017 veröffentlichten,[1198] wurde von der BNetzA geprüft, ob die Erforderlichkeit

---

1189 Monitoringbericht 2019 der *BNetzA* und des *BKartA* (Stand: 13.01.2020), S. 118.

1190 Gesetz v. 23.07.2013, BGBl. I S. 2582.

1191 Schink/Versteyl/Dippel//*Dippel/Worms*, NABEG, § 31 Rn. 8; Monitoringbericht 2019 der *BNetzA* und des *BKartA* (Stand: 13.01.2020), S. 118.

1192 Abrufbar unter: www.netzausbau.de/vorhaben (abgerufen am 16.06.2020).

1193 Daten der *BNetzA* nach dem Stand des vierten Quartals 2019. Siehe dazu unter: https://www.netzausbau.de/leitungsvorhaben/de.html#AnkerBBPlG (abgerufen am 16.06.2020).

1194 Nach § 12e Abs. 1 S. 1 u. 3 EnWG hat die Regulierungsbehörde der Bundesregierung den Netzentwicklungsplan als Entwurf für einen Bundesbedarfsplan auch dann zu übermitteln, wenn wesentliche Änderungen des Netzentwicklungsplans vorliegen.

1195 *Steinbach/Franke*, Netzausbau, Einl. Rn. 29.

1196 *Steinbach/Franke/Heimann*, Netzausbau, § 12e EnWG Rn. 30.

1197 *Steinbach/Franke/Heimann*, Netzausbau, § 12e EnWG Rn. 30.

1198 Die Öffentlichkeit, Träger öffentlicher Belange sowie Energieaufsichtsbehörden hatten nach Veröffentlichung des ersten Entwurfs Gelegenheit zur Äußerung. Der daraufhin von den Übertragungsnetzbetreibern überarbeitete Entwurf wurde sodann der BNetzA vorgelegt, die daraufhin ihre vorläufigen Prüfungsergebnisse und den Entwurf eines Umweltberichts veröffentlichte. Daraufhin folgte die zweite

der 43 im Bundesbedarfsplan ausgewiesenen Vorhaben auch weiterhin besteht.[1199] Deren Erforderlichkeit wurde schließlich im Dezember 2017 von der BNetzA in deren Bedarfsermittlung 2017–2030[1200] bestätigt.[1201] Durch die Bestätigung des NEP durch die BNetzA kann damit auch weiterhin von der Erforderlichkeit der oben genannten 43 Vorhaben ausgegangen werden,[1202] insbesondere von deren energiewirtschaftlichen Notwendigkeit und deren vordringlichem Bedarf gem. § 12e Abs. 4 S. 1 EnWG i.V.m. § 1 Abs. 1 S. 1 BBPlG. Dies bedeutet, dass die Bedarfsgerechtigkeit für die im Bundesbedarfsplan genannten Vorhaben positiv zu beantworten ist. Im Zusammenhang mit einer möglichen Stilllegung dieser Stromleitungen bedeutet dies, dass die Vorhaben nach Fertigstellung und auch zukünftig nicht stillgelegt werden können, da das entscheidende Merkmal der Bedarfsgerechtigkeit durch die Auflistung der Vorhaben in der Anlage des EnLAG und die Vorhaben mit Erlass des Bundesbedarfsplans von Gesetzes wegen bereits positiv beantwortet wird. Zwar ist ein wesentlicher Zweck der gesetzlichen Festlegung der energiewirtschaftlichen Notwendigkeit und des vordringlichen Bedarfs der Vorhaben ein wesentliches Mittel, um das Planungsverfahren zu beschleunigen,[1203] allerdings muss sich diese Feststellung auch über das Planungsverfahren hinaus auswirken, denn die energiewirtschaftliche Bedarfsplanung hat ihren Ursprung überhaupt erst darin, dass ein erheblicher Bedarf am Netzausbau aufgrund des Ausbaus der erneuerbaren Energien und des Zusammenwachsens der europäischen Energiemärkte erforderlich ist.[1204] Diese Wertung ergibt sich bereits daraus, dass das BBPlG auf einem Szenariorahmen beruht, der für die mindestens nächsten zehn Jahre die Bandbreite wahrscheinlicher Entwicklungen im Rahmen der mittel- und langfristigen energiepolitischen Ziele der Bundesregierung abdeckt, vgl. § 12a Abs. 1 S. 3 EnWG.

öffentliche Konsultationsrunde, siehe dazu: Monitoringbericht 2017 der *BNetzA* und des *BKartA* (Stand: 13.12.2017), S. 109.

1199 Siehe § 12c Abs. 1 S. 1 i.V.m. § 12b Abs. 1, 2 und 4 EnWG.

1200 Siehe zum Netzentwicklungsplan Strom 2017–2030: *BNetzA*, Bedarfsermittlung 2017–2030, Bestätigung Netzentwicklungsplan Strom (Stand: Dezember 2017), abrufbar unter: https://data.netzausbau.de/2030/NEP/NEP_2017-2030_Bestaetigung.pdf (abgerufen am: 17.06.2020).

1201 Darüber hinaus wurden knapp 1.000 zusätzliche Trassenkilometer im NEP von der BNetzA bestätigt, wobei es sich allerdings größtenteils um Verstärkungen bereits bestehender Trassen handelt. Siehe dazu unter: https://www.netzausbau.de/bedarfsermittlung/2030_2017/nep-ub/de.html (abgerufen am: 03.07.2018). Eine sehr ausführliche Darstellung lässt sich dem bestätigten Netzentwicklungsplan Strom 2017–2030: *BNetzA*, Bedarfsermittlung 2017–2030 (Stand: Dezember 2017) entnehmen.

1202 Monitoringbericht 2018 der *BNetzA* und des *BKartA* (Stand: 21.11.2018), S. 109.

1203 In Bezug auf die Feststellungen des Bundesbedarfsplans, BerlKommEnR/*Benzin*, Band 1, § 12e EnWG Rn. 35.

1204 Vgl. *Fest*, NVwZ 2013, 824, 826.

(3.) Sonstige Leitungsvorhaben

Da sich die gesetzliche Bedarfsfeststellung lediglich auf Vorhaben des EnLAG und solche des Bundesbedarfsplans bezieht, können daraus keine Rückschlüsse auf die Bedarfsgerechtigkeit von bereits bestehenden Stromtrassen getroffen werden, die nicht als Vorhaben im oben genannten Sinne qualifiziert werden können. Dies gilt zum einen, da das EnLAG erst im Jahr 2009 und das BBPlG und der Bundesbedarfsplan erst im Jahr 2013 zur Anwendung gelangten und zeitlich vorher erbaute Stromtrassen davon somit nicht erfasst sind. Zum anderen ist stets zu beachten, dass von der Bundesbedarfsplanung gem. §§ 12a ff. EnWG keineswegs alle Netzinfrastrukturen und Leitungsvorhaben innerhalb Deutschlands umfasst sind, sondern lediglich solche der Höchstspannungsnetze.[1205] Es gibt zum einen unzählige andere Stromleitungsvorhaben, die unmittelbar der Prüfung nach den §§ 43ff. EnWG unterfallen und bei denen die Planrechtfertigung insofern positiv festgestellt werden muss.[1206] Zum anderen unterfallen Leitungsvorhaben unterhalb der 110 kV-Ebene, welche den längenmäßigen Schwerpunkt des deutschen Stromnetzes ausmachen, folglich solche im Bereich der Mittel- und Niederspannungsebene,[1207] nicht dem Planfeststellungsverfahren.[1208] Solche Vorhaben bedürfen vielmehr einer Vielzahl von Einzelzulassungen aufgrund der einschlägigen Fachgesetze des Bundes oder der Länder, also insbesondere des Bauplanungs- und Bauordnungsrechts, des Straßen-, Immissionsschutz-, Wasser-, Naturschutz-, Forst-, Denkmal-, Luftverkehrs- und Flurbereinigungsrechts, welche jeweils eine Prüfung anhand der Umstände des Einzelfalls erforderlich machen.[1209] Dies bedeutet, dass sich ein Netzbetreiber im Rahmen der Prüfung der Stilllegungsvoraussetzungen und der damit einhergehenden Bedarfsprüfung seines Netzabschnittes nicht darauf berufen kann, dass dieser nicht von der Bedarfsplanung umfasst ist und insofern kein Bedarf besteht.

dd. Ergebnis

Die Stilllegung eines Netzabschnittes hat dann keine negativen Auswirkungen auf die Versorgungssicherheit, wenn er für die Energieversorgung nicht mehr erforderlich ist. Dies ist wiederum anzunehmen, wenn kein Bedarf an dem Bestehenbleiben des Netzabschnittes besteht. Es ist Aufgabe des jeweiligen Netzbetreibers zu ermitteln, wie hoch die zu erwartende Nachfrage nach Strom in der Zukunft ausfallen wird. Die Nachfrage nach Strom ist dabei anhand des objektiven Transport- und

---

1205 Vgl. Kment/*Posser*, EnWG, § 12a Rn. 9; Schneider/Theobald/*Hermes*, EnWR, § 7 Rn. 18 u. 75; BerlKommEnR/*Ruge*, Band 1, § 12a EnWG Rn. 4.

1206 Kment/*Posser*, EnWG, § 12a Rn. 10.

1207 Die Mittel- und Niederspannungsebene bildet den längenmäßigen Schwerpunkt des deutschen Stromnetzes, vgl. dazu die Ausführungen unter B.

1208 *Greinacher*, ZUR 2011, 305, 307.

1209 Danner/Theobald/*Missling*, EnWG, Vor §§ 43ff Rn. 7.

Verteilungsbedarfs unter Beachtung der Ziele des § 1 Abs. 1 EnWG, insbesondere der Versorgungssicherheit, zu ermitteln. Der Netzbetreiber hat in Bezug auf eine mögliche Stilllegung nicht nur eine Prognose in Hinblick auf die zukünftige Entwicklung des zu beurteilenden Netzabschnittes und die damit einhergehende Nachfrage nach Strom zu liefern, sondern vielmehr auch den aktuellen Nutzungsstand des Netzabschnittes unter den tatsächlichen Gegebenheiten zu bewerten. Der aktuelle Nutzungsstand betrifft insbesondere die Netzanbindungssituation an dem fraglichen Netzabschnitt. Hat der Netzbetreiber weder einspeisende noch ausspeisende Kunden an dem Netzabschnitt zu verzeichnen und wird er auch nicht zu Durchleitungszwecken oder Notversorgungszwecken benötigt, besteht keine Nachfrage nach dem betriebenen Netzabschnitt und folgerichtig auch kein Bedarf, sodass eine Stilllegung des Netzabschnittes die Versorgungssicherheit nicht beeinträchtigt. Gleiches ist auch dann anzunehmen, wenn die derzeitige Funktion einer Stromleitung durch eine neue übernommen wird.

Neben dem derzeitigen Auslastungsstand hat der Netzbetreiber auch die zukünftige Auslastung des Netzabschnittes zu beurteilen, sodass insofern auch solche Umstände zu berücksichtigen sind, die in absehbarer Zukunft einen erneuten Bedarf an dem Netzabschnitt entstehen lassen könnten. Neben der Prüfung der aktuellen Bedarfsgerechtigkeit des Netzabschnittes ist darüber hinaus immer auch eine Prognose in Hinblick auf die zukünftige Bedarfsgerechtigkeit des Netzabschnittes zu prüfen. Dabei kann insbesondere die (geplante) raumordnungs- und bauplanungsrechtliche Standortsteuerung von EE-Anlagen durch die Länder und/oder Gemeinden Auswirkung auf die zukünftige Bedarfsgerechtigkeit des Netzabschnittes haben. Nach § 35 Abs. 3 S. 3 BauGB besteht für die Länder und Gemeinden die Möglichkeit einer sog. „Konzentrationsplanung" von Windenergieanlagen an Land, die eine flächenmäßige Beschränkung dieser Anlagen vorsieht. Dabei ist die Nutzung des sog. „Planungsvorbehalts" i.S.d. § 35 Abs. 3 S. 3 BauGB insbesondere nur dann zulässig, wenn die Ausweisung einer Konzentrationszone auf einem schlüssigen gesamträumlichen Planungskonzept beruht. Der Windenergienutzung wird durch die Steuerung eine bestimmte und ausreichende Fläche zugewiesen und andererseits wird dadurch die Nutzung von Windenergie im übrigen Raum ausgeschlossen. Bei der positiven Standortzuweisung von Flächen für die Nutzung von Windenergie handelt es sich um sog. „Vorrang-, Eignungs- oder Vorbehaltsgebiete" und um sog. „Konzentrationszonen", wobei es sich hingegen bei den Ausschlussflächen um sog. „Tabuzonen" handelt. Bei Teilabschnitten von Stromnetzen, die örtlich in Gebieten gelegen sind, die bereits als Konzentrationsflächen ausgewiesen sind, stellt sich üblicherweise nicht die Frage nach der Stilllegung dieses Netzabschnittes, da in solchen Konstellationen regelmäßig davon ausgegangen werden kann, dass der Netzabschnitt auch von Windenergieanlagen genutzt wird. Denn üblicherweise sind Betreiber von Windenergieanlagen auf die Konzentrationsflächen für ihre Windenergieanlagen angewiesen, da eine bauplanungsrechtliche Zulässigkeit an anderen Stellen des Planungsgebiets oftmals gem. § 35 Abs. 3 S. 3 BauGB unzulässig ist und insofern keine bauplanungsrechtliche Zulässigkeit nach § 35 Abs. 1 Nr. 5 BauGB an anderer Stelle gegeben sein kann.

Liegt der Netzabschnitt hingegen in einer ausgewiesenen Tabuzone, insbesondere in einer harten Tabuzone, so ist dies wiederum ein gewichtiges Indiz dafür, dass auch zukünftig kein Anschluss von Windenergieanlagen an Land an den fraglichen Netzabschnitt erfolgen wird. Neben bereits bestehenden Regional- oder Flächennutzungsplänen sollten auch in Aufstellung befindliche Ziele der Raumordnung und in Aufstellung befindliche Flächennutzungspläne in die Entscheidungsfindung über die zukünftige Erforderlichkeit eines Netzabschnittes einbezogen werden. So darf ein Netzbetreiber einen derzeit ungenutzten Netzabschnitt seines Netzes trotz Vorliegens der anderen Stilllegungsvoraussetzungen nicht stilllegen, wenn in absehbarer Zukunft damit zu rechnen ist, dass Betreiber von Windenergieanlagen an Land den Teilabschnitt des Stromnetzes zur Einspeisung von Strom aus erneuerbaren Energien nutzen werden. Dafür ist es erforderlich, dass die Darstellungen von Konzentrationsflächen oder die Ausweisung von Vorrang- und Eignungsgebieten bereits hinreichend konkret sind. Dafür soll es ausreichend sein, wenn keine ernsthaften Zweifel in Bezug auf die endgültige Aufstellung bestehen und mit einer Fertigstellung in absehbarer Zukunft zu rechnen ist. Andererseits kann die geplante Ausweisung von Tabuzonen in örtlicher Nähe zum Netzabschnitt als gewichtiger Anhaltspunkt dafür dienen, dass der Netzabschnitt auch in absehbarer Zukunft nicht für die Nutzung von Windenergie an Land genutzt werden kann, was gegen eine zukünftige Bedarfsgerechtigkeit des Netzabschnittes spricht. Dies kann wiederum dann angenommen werden, wenn sich die Planung in Hinblick auf die Tabuflächen bereits hinreichend konkret darstellt, sodass die Flächen für solche Zonen bereits feststehen und mit keiner gravierenden Änderung mehr zu rechnen ist.

In Bezug auf manche Leitungstrassen der Höchstspannungsebene erübrigt sich eine solche einzelfallabhängige Bedarfsprüfung, da sich die Bedarfsgerechtigkeit bereits direkt aus dem Gesetz ableiten lässt. Dies ist sowohl bei Vorhaben des EnLAG als auch bei Vorhaben der Bundesbedarfsplanung anzunehmen. Für die derzeit 22 Vorhaben des EnLAG ergibt sich dies aus § 1 Abs. 2 S. 2 EnLAG. Demnach stehen für die in der Anlage des EnLAG aufgelisteten Vorhaben die energiewirtschaftliche Notwendigkeit und der vordringliche Bedarf fest. Diese gesetzlich vorgenommene Bedarfsplanung stellt sowohl die energiewirtschaftliche Notwendigkeit als auch den vordringlichen Bedarf für die nachfolgende Planfeststellung und die Plangenehmigung nach den §§ 43 bis 43d EnWG verbindlich fest, vgl. § 1 Abs. 2 S. 2 u. 3 EnLAG. Die Frage der Planrechtfertigung für die in der Anlage genannten Vorhaben wird dadurch positiv beantwortet, sodass die Planfeststellungsbehörde an diese gebunden ist. Neben der Planfeststellungsbehörde sind auch die Gerichte an die Bedarfsfestlegung gem. § 1 Abs. 2 S. 2 EnLAG gebunden, sodass fehlender Bedarf nicht mehr geltend gemacht werden kann. Eine fast identische Formulierung lässt sich auch in Bezug auf die Vorhaben des Bundesbedarfsplans in § 12e Abs. 4 S. 1 EnWG i.V.m. § 1 Abs. 1 BBPlG finden. Auch hier sind sowohl die Planfeststellungsbehörden als auch die Gerichte an die jeweilige Bedarfsfestlegung der einzelnen Vorhaben gebunden, sodass sich diese nicht auf mangelnde Bedarfsgerechtigkeit berufen können. Von dem BBPlG sind derzeit bundesweit

43 Vorhaben erfasst, wovon 16 unter den Anwendungsbereich des NABEG fallen, da es sich um länderübergreifende und grenzüberschreitende Höchstspannungsleitungen i.S.d. § 1 NABEG handelt. Im Zusammenhang mit einer möglichen Stilllegung dieser Stromleitungen bedeutet dies, dass die Vorhaben nach Fertigstellung und auch zukünftig nicht stillgelegt werden können, da das entscheidende Merkmal der Bedarfsgerechtigkeit durch die Auflistung der Vorhaben in der Anlage des EnLAG und die Vorhaben mit Erlass des Bundesbedarfsplans von Gesetzes wegen bereits positiv beantwortet wird.

d. Folge: Stilllegung

Liegen die oben genannten Voraussetzungen vor, kann der Netzbetreiber den betreffenden Netzabschnitt stilllegen bzw. dessen Betrieb einstellen. Ist dies geschehen, muss der Netzbetreiber seinen Pflichten aus § 11 Abs. 1 S. 1 EnWG, insbesondere der Betriebs- und Wartungspflicht, an dem Netzabschnitt nicht mehr nachkommen. Liegen die für die Stilllegung notwendigen Voraussetzungen hingegen nicht vor, so muss der Netzbetreiber den Netzabschnitt erhalten und den in § 11 Abs. 1 S. 1 EnWG normierten Verpflichtungen auch weiterhin nachkommen.[1210]

Mit der Stilllegung/Betriebseinstellung des Netzabschnittes und den damit einhergehenden Stromleitungen wird regelmäßig auch dessen Rückbau einhergehen, da das Bestehen von „Industriedenkmälern" generell vermieden werden soll.[1211] So ist der Netzabschnitt mit Zweckerfüllung bzw. mit Stilllegung grundsätzlich zurückzubauen. Unter dem Rückbau versteht man die Demontage und den darauffolgenden Verkauf oder die Entsorgung der einzelnen Bestandteile des Netzabschnittes. Auch sind mögliche Landschaftsveränderungen durch Rekultivierung bzw. Renaturierung weitestgehend rückgängig zu machen.[1212] Die Rückbauverpflichtungen können sich dabei sowohl aus dem Zivilrecht (§§ 1004, 906, 823 BGB), vertraglichen Vereinbarungen,[1213] den Gesetzen des öffentlichen Rechts[1214] als auch

1210 Etwas anderes gilt dann, wenn die Stilllegungsvoraussetzungen zwar nicht vorliegen, weil insbesondere die Bedarfsgerechtigkeit des Netzabschnittes gegeben ist, der Netzbetreiber sich allerdings auf das Merkmal der wirtschaftlichen Unzumutbarkeit berufen kann. Siehe dazu ausführlich E. V.

1211 Siehe generell zum Rückbau gewerblicher Anlagen, *Börner*, RdE 2016, 60.

1212 *Börner*, RdE 2016, 60.

1213 Solche Rückbauverpflichtungen lassen sich insbesondere in den vertraglichen Vereinbarungen finden, in denen auch die Leitungsrechte geregelt sind, siehe dazu *Kohls*, ZUR 2018, 330, 332.

1214 So ist beispielsweise eine Rückbauverpflichtung von stillgelegten Höchstspannungsleitungen für Anlagen seewärts der Begrenzung des deutschen Küstenmeeres ausdrücklich in § 58 Abs. 1 WindSeeG geregelt. Eine solche ausdrückliche Verpflichtung lässt sich aber in Bezug auf Höchstspannungsleitungen an Land weder dem EnLAG, NABEG oder EnWG entnehmen, *Kohls*, ZUR 2018, 330, 331.

regelmäßig aus den entsprechenden Genehmigungen des jeweiligen Netzbetriebs ergeben.[1215] In Bezug auf Höchstspannungsleitungen finden sich in jüngster Zeit auch Rückbauverpflichtungen in den jeweiligen Planfeststellungsbeschlüssen.[1216] Auf die Rückbauverpflichtung des Netzbetreibers soll an dieser Stelle nicht weiter eingegangen werden.

3. Ergebnis und gesetzlicher Regelungsbedarf

Die obigen Ausführungen haben aufgezeigt, dass das EnWG weder die Voraussetzungen noch die Folgen der Beendigung des Netzbetriebs regelt, obwohl trotz genereller Betriebspflicht gem. § 11 Abs. 1 S. 1 EnWG für den Netzbetreiber nicht die generelle Verpflichtung besteht, Energieversorgungsnetze für immer zu betreiben. Gleichwohl lässt sich das Recht auf Stilllegung von einzelnen Netzabschnitten aus der Regelung des § 11 Abs. 1 S. 1 EnWG ableiten. Die Pflicht zur bedarfsgerechten Optimierung des Netzes beinhaltet unter Einhaltung gewisser Voraussetzung spiegelbildlich das Recht des Netzbetreibers auf Stilllegung einzelner Netzabschnitte, um so einen effizienteren Netzbetrieb zu gewährleisten. Die Stilllegung eines Netzabschnittes ist an drei wesentliche Voraussetzungen geknüpft. Zum einen muss der Netzbetreiber stilllegungsberechtigt sein. Zum anderen darf keine Umgehung der Betriebspflicht vorliegen. Darüber hinaus darf die Stilllegung keine negativen Auswirkungen auf die Versorgungssicherheit haben.

Der Netzbetreiber ist grundsätzlich als Adressat des § 11 Abs. 1 S. 1 EnWG zu einer Stilllegungsmaßnahme berechtigt. Im Fall des Auseinanderfallens von Eigentum und Netzbetrieb wird eine Abstimmung zwischen Netzeigentümer und Netzbetreiber über das Stilllegungsvorhaben dennoch regelmäßig erforderlich sein. Weiterhin darf mit der Stilllegung keine Umgehung der Betriebspflicht einhergehen. Dies erfordert einen eindeutigen Unternehmensbeschluss mit dem Inhalt, dass der Betrieb des Netzabschnitts endgültig aufgegeben wird. Nicht ausreichend wäre es hingegen, wenn der Unternehmensbeschluss lediglich eine zeitliche Unterbrechung des Netzbetriebs vorsieht und ihn somit unter gewisse Vorbehalte stellt.[1217] Die Stilllegung eines Netzabschnitts hat dann keine negativen Auswirkungen auf die Versorgungssicherheit, wenn er für die Energieversorgung nicht mehr erforderlich ist. Dies ist dann der Fall, wenn kein Bedarf an dem Netzabschnitt besteht. Die Prüfung der Bedarfsgerechtigkeit bildet den Schwerpunkt im Rahmen der Prüfung der Stilllegungsvoraussetzungen. Es ist Aufgabe des Netzbetreibers die Nachfrage nach Strom anhand des objektiven Transport- und

---

1215 *Börner*, RdE 2016, 60.

1216 Planfeststellungsbeschlüsse des Landesverwaltungsamts Thüringen sowie der Regierung Oberfranken sehen beispielsweise Rückbauverpflichtungen von 380 kV-Höchstspannungsleitungen vor, siehe *Kohls*, ZUR 2018, 330, 331.

1217 Britz/Hellermann/Hermes/*Bourwieg*, EnWG, 2. Auflage, § 11 Rn. 29; Britz/Hellermann/Hermes/*Sötebier*, EnWG, § 11 Rn. 49; vgl. auch *Kohls*, ZUR 2018, 330, 335.

Verteilungsbedarfs unter Beachtung der Ziele des § 1 Abs. 1 EnWG, insbesondere der Versorgungssicherheit, zu ermitteln. Der Netzbetreiber hat dabei sowohl den derzeitigen Auslastungsstand des Netzabschnittes zu berücksichtigen als auch eine Prognose in Hinblick auf die zukünftige Entwicklung des zu beurteilenden Netzabschnittes und die damit einhergehende Nachfrage nach Strom aufzustellen. In Bezug auf den aktuellen Nutzungsstand ist zu prüfen, ob einspeisende und/oder ausspeisende Kunden an dem Netzabschnitt zu verzeichnen sind und ob er zu Durchleitungszwecken oder Notversorgungszwecken benötigt wird. Ist dies nicht der Fall, besteht keine Nachfrage nach dem betriebenen Netzabschnitt und folgerichtig auch kein Bedarf, sodass eine Stilllegung des Netzabschnittes die Versorgungssicherheit nicht beeinträchtigt. Gleiches ist auch dann anzunehmen, wenn die derzeitige Funktion einer Stromleitung durch eine neue übernommen wird. In Bezug auf den zukünftigen Auslastungszustand des Netzabschnittes sind solche Umstände zu berücksichtigen, die in absehbarer Zukunft einen erneuten Bedarf an dem Netzabschnitt entstehen lassen könnten. Dabei kann insbesondere die (geplante) raumordnungs- und bauplanungsrechtliche Standortsteuerung von EE-Anlagen durch die Länder und/oder Gemeinden nach § 35 Abs. 3 S. 3 BauGB Auswirkung auf die zukünftige Bedarfsgerechtigkeit des Netzabschnittes haben. Dabei sollten neben bereits bestehenden Regional- oder Flächennutzungsplänen auch in Aufstellung befindliche Ziele der Raumordnung und in Aufstellung befindliche Flächennutzungspläne in die Entscheidungsfindung über die zukünftige Erforderlichkeit eines Netzabschnittes einbezogen werden, wenn diese bereits hinreichend konkret sind. Neben der einzelfallbezogenen Bedarfsprüfung kann die Bedarfsgerechtigkeit in Bezug auf manche Leitungstrassen der Höchstspannungsebene direkt aus dem Gesetz abgeleitet werden. Dies trifft sowohl bei Vorhaben des EnLAG als auch bei Vorhaben der Bundesbedarfsplanung zu, da die energiewirtschaftliche Notwendigkeit und der vordringliche Bedarf dieser Vorhaben gesetzlich normiert sind, vgl. § 1 Abs. 2 S. 2 u. 3 EnLAG und § 12e Abs. 4 S. 1 EnWG i.V.m. § 1 Abs. 1 BBPlG. Sowohl die Planfeststellungsbehörden als auch die Gerichte sind an die Bedarfsfestlegung gem. § 1 Abs. 2 S. 2 EnLAG gebunden, sodass fehlender Bedarf nicht mehr geltend gemacht werden kann. Im Zusammenhang mit einer möglichen Stilllegung dieser Stromleitungen bedeutet dies, dass die Vorhaben nach Fertigstellung und auch zukünftig nicht stillgelegt werden können, da das entscheidende Merkmal der Bedarfsgerechtigkeit durch die Auflistung der Vorhaben in der Anlage des EnLAG und die Vorhaben mit Erlass des Bundesbedarfsplans von Gesetzes wegen bereits positiv beantwortet wird.

Liegen die Stilllegungsvoraussetzungen vor, kann der Netzbetreiber den betreffenden Netzabschnitt stilllegen bzw. dessen Betrieb einstellen. Ist dies geschehen, muss der Netzbetreiber seinen Pflichten aus § 11 Abs. 1 S. 1 EnWG, insbesondere der Betriebs- und Wartungspflicht, an dem Netzabschnitt nicht mehr nachkommen. Aufgrund der fehlenden gesetzlichen Regelung in Bezug auf Stilllegungsmaßnahmen von Netzabschnitten durch den Netzbetreiber wäre eine zukünftige gesetzliche Normierung durch den Gesetzgeber im EnWG wünschenswert und sinnvoll, da somit Rechtsunsicherheiten in Verbindung mit der Stilllegung von

Netzabschnitten entgegengewirkt werden kann. Eine erste Orientierung für eine gesetzliche Ausgestaltung könnte hier § 11 Abs. 1 S. 2 AEG[1218] liefern. So ist auch der Eisenbahnsektor durch seinen Netzcharakter geprägt und dessen Schienennetz unterliegt als natürliches Monopol ebenfalls dem Regulierungsrecht, sodass eine gewisse Ähnlichkeit besteht.[1219] Es sollte zumindest bei einer nicht unerheblichen Verringerung von Leitungskapazität ein vorheriger Antrag oder zumindest eine vorherige Anzeige, vergleichbar mit der Regelung des § 4 Abs. 1 und Abs. 2 EnWG 1978, bei der Regulierungsbehörde erfolgen müssen.

V. Grenze der wirtschaftlichen Zumutbarkeit

Nach § 11 Abs. 1 S. 1 EnWG sind Betreiber von Energieversorgungsnetzen verpflichtet, ein sicheres, zuverlässiges und leistungsfähiges Energieversorgungsnetz diskriminierungsfrei zu betreiben, zu warten und bedarfsgerecht zu optimieren, zu verstärken und auszubauen, soweit es wirtschaftlich zumutbar ist. Dem Merkmal der wirtschaftlichen Zumutbarkeit ist eine entscheidende Bedeutung beizumessen, da die Netzbetreiberpflichten und damit insbesondere auch die für die Arbeit entscheidende Betriebspflicht dieser Schranke unterliegen.[1220] Es stellt sich somit im Rahmen der Arbeit die Frage, ob es dem Netzbetreiber wirtschaftlich zumutbar ist, einen Netzabschnitt, der in der Vergangenheit nicht oder kaum genutzt wurde, weiterhin zu betreiben, wenn ein EE-Anlagenbetreiber einen begründeten Anschlussanspruch nach § 8 Abs. 1 S. 1 EEG gegenüber dem Netzbetreiber an diesen Netzabschnitt geltend gemacht hat. Liegt das Merkmal der wirtschaftlichen Zumutbarkeit nicht vor, kann der Netzbetreiber nicht länger zum Betrieb des Netzabschnittes verpflichtet werden[1221] und die geplante Stilllegung ist grundsätzlich zulässig.

Im folgenden Abschnitt soll daher das Merkmal der wirtschaftlichen Zumutbarkeit ausführlich untersucht werden. Zunächst erfolgt eine Auseinandersetzung mit dem Merkmal der Bedarfsgerechtigkeit (1.). Im Anschluss findet eine ausführliche Untersuchung der Bedeutung und des Ausmaßes der wirtschaftlichen Zumutbarkeit statt (2.). Daran schließt sich eine Interessenabwägung zwischen den Interessen des Netzbetreibers und denen des EE-Anlagenbetreibers an (3.). Es folgt eine

---

1218 So heißt es in § 11 Abs. 1 S. 2 AEG: „Beabsichtigt ein öffentliches Eisenbahninfrastrukturunternehmen die dauernde Einstellung des Betriebes einer Strecke [...] oder die mehr als geringfügige Verringerung der Kapazität einer Strecke, so hat es dies bei der zuständigen Aufsichtsbehörde zu beantragen. Dabei hat es darzulegen, dass ihm der Betrieb der Infrastruktureinrichtung nicht mehr *zugemutet* werden kann [...].“

1219 Vgl. Fehling/Ruffert/*Fehling*, Regulierungsrecht, § 10 Rn. 1.

1220 Vgl. BerlKommEnR/*König*, Band 1, § 11 EnWG Rn. 62; Danner/Theobald/*Theobald*, EnWG, § 11 Rn. 4.

1221 BerlKommEnR/*König*, Band 1, § 11 EnWG Rn. 62.

Darstellung der Darlegungs- und Beweislast der wirtschaftlichen Zumutbarkeit unter (4.). Abschließend werden die Erkenntnisse des Abschnitts in einem Ergebnis zusammengefasst (5.).

1. Bedarfsgerechtigkeit

Das Merkmal der Bedarfsgerechtigkeit ist auch im Zusammenhang mit der wirtschaftlichen Zumutbarkeit zu beachten. Besteht keine Nachfrage nach dem Netzabschnitt, da weder einspeisende noch ausspeisende Kunden im Zusammenhang mit dem Netzabschnitt zu verzeichnen sind und wird der Netzabschnitt auch nicht für andere Zwecke der Energieversorgung benötigt, so besteht regelmäßig keine Nachfrage und folgerichtig auch kein Bedarf an dem Netzabschnitt. In solchen Fällen ist der weitere Betrieb des Netzabschnittes dem Netzbetreiber wirtschaftlich unzumutbar.[1222] Sobald es allerdings Anhaltspunkte für eine weitere Nachfrage des Netzabschnittes gibt, hat der Netzbetreiber eine Wirtschaftlichkeitsberechnung vorzunehmen.[1223]

Nach dem Untersuchungsgegenstand der Arbeit besteht die erneute Nachfrage hier in einem Anschlussbegehren eines EE-Anlagenbetreibers auf Anschluss seiner EE-Anlage nach § 8 Abs. 1 S. 1 EEG an den in Frage stehenden Netzabschnitt, welcher den technisch und wirtschaftlich günstigsten Netzverknüpfungspunkt der EE-Anlage darstellt. Dieses Anschlussbegehren löst eine erneute Nachfrage und somit auch einen erneuten Bedarf an dem Netzabschnitt aus, denn dieser wird nunmehr zur Einspeisung des EE-Stroms benötigt. Im Gegensatz zu der Prüfung der Bedarfsgerechtigkeit im Zusammenhang mit der Netzentwicklungspflicht bei einem geplanten Netzausbau kann auch ein einzelnes Netzanschlussverlangen eines EE-Anlagenbetreibers somit regelmäßig einen erneuten Bedarf an einem bereits bestehenden Netzabschnitt auslösen, obwohl der EE-Anlagenbetreiber zunächst nur einen subjektiven Transport- und Verteilungsbedarf anmeldet. Zum einen ist es gerade für EE-Anlagen nicht unüblich, dass sie eine Stromleitung des öffentlichen Versorgungsnetzes für sich allein in Anspruch nehmen, sodass der Netzabschnitt oder Teile des Netzabschnittes nach seiner gegenwärtigen Funktion nur der geplanten EE-Anlage zugutekommt.[1224] Dabei nimmt diese „letzte Meile" auch an der allgemeinen Transportfunktion des Netzes teil,[1225] da sie für den Abtransport des EE-Stroms erforderlich ist. Zum anderen lässt auch § 8 Abs. 1 S. 1 EEG keine anderen Rückschlüsse in Bezug auf die erforderliche Auslastung eines Netzes zu. Die Norm verlangt lediglich, dass es sich bei dem

1222 In Bezug auf den Netzausbau Danner/Theobald/*Theobald*, EnWG, § 11 Rn. 6; *Salje*, EnWG, § 11 Rn. 23.

1223 Danner/Theobald/*Theobald*, EnWG, § 11 Rn. 6.

1224 Vgl. dazu Schneider/Theobald/*Hermes*, EnWR, § 10 Rn. 33 im Zusammenhang mit der Erforderlichkeit eines konkreten Netzvorhabens i.S.d. § 45 EnWG.

1225 Schneider/Theobald/*Hermes*, EnWR § 10 Rn. 33.

Netz, an dem der Netzverknüpfungspunkt liegt, um ein Netz für die allgemeine Versorgung i.S.d. § 3 Nr. 35 EEG handeln muss.[1226] Erfüllt der in Frage stehende Netzabschnitt diese Voraussetzung und weist er den Netzverknüpfungspunkt i.S.d. § 8 Abs. 1 S. 1 EEG auf, hat der Netzbetreiber die EE-Anlage an diesen Punkt unverzüglich vorrangig anzuschließen. Da der § 8 Abs. 1 S. 1 EEG auch keine zeitlichen Vorgaben bzw. Einschränkungen hinsichtlich des Anschlussverlangens vorsieht, ist davon auszugehen, dass das Anschlussverlangen solange geltend gemacht werden kann, bis der Netzabschnitt den Charakter eines Netzes für die allgemeine Versorgung verliert. Wie bereits untersucht, ist dies erst mit endgültiger Einstellung des Netzbetriebs und somit endgültiger Stilllegung des Netzabschnittes der Fall.[1227] Für dieses Ergebnis spricht auch die Verpflichtung des Netzbetreibers zur Kapazitätserweiterung gem. § 8 Abs. 4 EEG i.V.m. § 12 Abs. 1 S. 1 EEG,[1228] welche im Rahmen des vorrangigen Netzanschlusses nach § 8 Abs. 1 S. 1 EEG immer zu beachten ist, sodass § 8 Abs. 1 S. 1 EEG und § 8 Abs. 4 EEG eine nicht zu trennende Einheit bilden.[1229] Da der Netzbetreiber demnach sogar unter Umständen zu einer Netzerweiterung verpflichtet ist, um die EE-Anlage an den Netzverknüpfungspunkt anschließen zu können, kann somit erst recht davon ausgegangen werden, dass die Anmeldung eines Anschlussverlangens einer EE-Anlage einen erneuten Bedarf an dem bereits bestehenden Netzabschnitt auslöst, denn aus der Verpflichtung zur Kapazitätserweiterung folgt zugleich die Verpflichtung des Netzbetreibers zur Erhaltung der bereits bestehenden Netzkapazität.[1230]

Nachdem herausgearbeitet wurde, dass ein Anschlussverlangen eines EE-Anlagenbetreibers einen erneuten Bedarf an dem weiteren Bestehen eines Netzabschnittes begründen kann, welches der Netzbetreiber aber stilllegen möchte, ist für den weiteren Verlauf der Arbeit zu untersuchen, ob und wann der Netzbetreiber sich in dem oben beschriebenen Fall auf die Grenze der wirtschaftlichen Unzumutbarkeit berufen kann.

2. Bedeutung und Ausmaß

Eine Definition der wirtschaftlichen Unzumutbarkeit lässt sich im EnWG nicht finden.[1231] Es handelt sich bei dem Merkmal der wirtschaftlichen Zumutbarkeit um einen unbestimmten Rechtsbegriff,[1232] sodass der Sinn durch Auslegung zu ermitteln ist.[1233] Dabei ist die Auslegung einzelfallabhängig und unter Abwägung aller

1226 Siehe in Bezug auf die Anforderungen, die an ein Netz für die allgemeine Versorgung i.S.d. § 3 Nr. 35 EEG zu erfüllen hat, die Ausführungen unter C.

1227 Siehe dazu die Ausführungen unter C. II. 2.

1228 Siehe dazu die Ausführungen unter D. II.

1229 Altrock/Oschmann/Theobald/*Altrock*, EEG, § 5 Rn. 7.

1230 So auch HK-EEG/*Schäfermeier*, § 9 Rn. 41 m.w.N.

1231 So auch Danner/Theobald/*Theobald*, EnWG, § 11 Rn. 5.

1232 Vgl. Baur/Salje/Schmidt-Preuß/*Ruthig*, Kap. 97 Rn. 40.

1233 Knack/Henneke/*Ruffert*, VwVfG, § 40 Rn. 95.

betriebswirtschaftlichen Gesichtspunkte vorzunehmen,[1234] sodass die Grenze der wirtschaftlichen Zumutbarkeit im Rahmen einer Interessenabwägung zu ermitteln ist.[1235] Die Interessen des Netzbetreibers an der Stilllegung des Netzabschnittes sind dabei gegen die Interessen des EE-Anlagenbetreibers an dem Anschluss seiner EE-Anlage abzuwägen.[1236] Bei der Beurteilung des Ausmaßes der wirtschaftlichen Zumutbarkeit in Hinblick auf den weiteren Betrieb eines Netzabschnittes ist immer zu beachten, dass es sich bei der Betriebspflicht des Netzbetreibers um die Gewährleistung der Daseinsvorsorge handelt und insofern als ein Gemeinwohlinteresse höchsten Ranges behandelt werden muss.[1237] Damit ist die Grenze der wirtschaftlichen Zumutbarkeit für den Weiterbetrieb eines Netzabschnittes generell hoch anzusetzen.[1238] Es sollen die finanziellen Belastungen der Netzbetreiber auf einen für sie vertretbaren Umfang begrenzt werden, da die Wahrnehmung der Betriebspflicht gem. § 11 Abs. 1 S. 1 EnWG im Allgemeininteresse liegt.[1239] Auch soll durch das Merkmal sichergestellt werden, dass die Investitionsfreiheit der Netzbetreiber nicht unangemessen beeinträchtigt wird.[1240] Darüber hinaus ist auch die Einbeziehung volkswirtschaftlicher Aspekte auf das Merkmal der wirtschaftlichen Zumutbarkeit unter gewissen Umständen denkbar.[1241] Dabei besteht die Grenze der wirtschaftlichen Zumutbarkeit unabhängig von der jeweiligen Netzebene und somit sowohl für Verteilernetzbetreiber als auch Übertragungsnetzbetreiber.[1242] Für all diejenigen Netzbetreiber, die nicht überwiegend von der öffentlichen Hand betrieben werden und somit grundrechtsfähig sind,[1243] dient die Grenze der wirtschaftlichen Zumutbarkeit zudem der Wahrung des Verhältnismäßigkeitsgrundsatzes.[1244] Unverhältnismäßige Eingriffe in die Grundrechte des Netzbetreibers aus Art. 12 GG und Art. 14 GG, insbesondere in die Investitionsfreiheit, sollen somit vermieden werden.[1245]

1234 Elspas/Graßmann/Rasbach/*Rauch*, EnWG, § 11 Rn. 59.

1235 Die Interessenabwägung wird ausführlich unter E. V. 3. thematisiert.

1236 *LG Dortmund*, Urt. v. 17.04.2002 – 6 O 53/02, RdE 2002, 293, 294; Britz/Hellermann/Hermes/*Sötebier*, EnWG, § 11 Rn. 48.

1237 Vgl. Britz/Hellermann/Hermes/*Sötebier*, EnWG, § 11 Rn. 48.

1238 Britz/Hellermann/Hermes/*Sötebier*, EnWG, § 11 Rn. 48.

1239 BerlKommEnR/*König*, Band 1, § 11 EnWG Rn. 62.

1240 BT-Drs. 15/39177, S. 56; Elspas/Graßmann/Rasbach/*Rauch*, EnWG, § 11 Rn. 58.

1241 Dies im Ergebnis ablehnend BerlKommEnR/*König*, Band 1, § 11 EnWG Rn. 62. Siehe dazu näher unter E. V. 2. b. dd.

1242 Danner/Theobald/*Theobald*, EnWG, § 11 Rn. 4.

1243 BerlKommEnR/*König*, Band 1, § 11 EnWG Rn. 62; *BVerfG*, Beschl. v. 16.05.1989 – 1 BvR 705/88, NJW 1990, 1783; *BVerfG*, Beschl. v. 21.12.2009 – 1 BvR 2738/08, NVwZ 2010, 373, 374.

1244 Britz/Hellermann/Hermes/*Sötebier*, EnWG, § 11 Rn. 47.

1245 Elspas/Graßmann/Rasbach/*Rauch*, EnWG, § 11 Rn. 58; BerlKommEnR/*Schmidt-Preuß*, Band 1, Einl. C. Rn. 114.

Es stellt sich nunmehr die Frage, bis zu welcher wirtschaftlich vertretbaren Grenze der Netzbetreiber den Betrieb unrentabler Netzabschnitte aufrechtzuerhalten hat.[1246] Diese Frage soll im Folgenden ausführlich untersucht werden. Dafür ist zunächst eine Auseinandersetzung mit den Kosten notwendig, die dem Netzbetreiber im Zusammenhang mit dem Netzbetrieb entstehen (a.). Im Anschluss wird sodann untersucht, wie der Netzbetreiber die mit dem Netzbetrieb einhergehenden Kosten finanziert und inwiefern es sich um Kosten handelt, die der Netzbetreiber im Ergebnis nicht zu tragen hat, da er sie entweder erstattet bekommt oder sie vielmehr von einem anderen zu tragen sind (b.).

a. Kosten des Netzbetriebs

Um beurteilen zu können, wann die Grenze der wirtschaftlichen Zumutbarkeit überschritten ist, sodass der Netzbetreiber seiner Betriebspflicht des Netzabschnittes nicht mehr nachkommen muss, ist es zwingend erforderlich, die Kosten aufzuschlüsseln, die im Zusammenhang mit dem Betrieb des Netzes anfallen. In diesem Zusammenhang kann auf den Umfang der Betriebspflicht unter E. III. 1. b. verwiesen werden. Die mit den dort beschriebenen Tätigkeiten und Aufgaben des Netzbetreibers einhergehenden Kosten sind konsequenterweise als Kosten des Netzbetriebs zu qualifizieren. Darüber hinaus sind auch diejenigen Kosten zu berücksichtigen, die dem Netzbetreiber durch die Wartungsarbeiten des Netzes entstehen. Die Betriebs- und Wartungspflicht lassen sich nur schwer voneinander trennen, da mit dem Betrieb des Netzes immer auch dessen Wartung einhergeht und die Wartung somit im weiteren Sinne bereits von der Betriebspflicht des Netzes nach § 11 Abs. 1 S. 1 EnWG umfasst ist.[1247]

Neben den Kosten des Netzbetriebs und der Netzwartung sind darüber hinaus auch solche Kosten zu berücksichtigen, die durch den Anschluss von Netzkunden entstehen. Unter den Netzanschlusskosten sind die erforderlichen Aufwendungen zu verstehen, die der Verbindung der Stromerzeugungsanlage mit dem technisch geeignetem Netz dienen.[1248] Zu diesen Kosten sind insbesondere die Kosten der Verbindungsleitung, der Anschlusssicherung, der Messeinrichtungen sowie die Baukosten, wie beispielsweise für Erdarbeiten, zu zählen und solche, die bei der Inbetriebnahme des Anschlusses entstehen.[1249]

b. Finanzierung der Kosten des Netzbetriebs

Nachdem die maßgeblichen Kosten des Netzbetriebs ermittelt wurden, ist nunmehr zu untersuchen, welche Kosten der Netzbetreiber im Ergebnis refinanzieren kann,

---

1246 So auch *Rauch*, RdE 2011, 287, 292 in Hinblick auf die Stilllegung von Gasanschlüssen.
1247 Siehe dazu die Ausführungen unter E. III. 2.
1248 *Salje*, EEG 2017, § 16 Rn. 2.
1249 *Salje*, EEG 2017, § 16 Rn. 2.

da er sie entweder erstattet bekommt oder sie vielmehr von Beginn an von einem anderen zu tragen sind. Solche Kosten sind ein Indiz dafür, dass sie für den Netzbetreiber im Ergebnis wirtschaftlich zumutbar sind.[1250] Der Netzbetreiber finanziert die mit § 11 Abs. 1 S. 1 EnWG einhergehende Betriebspflicht maßgeblich auf der Basis dreier Säulen.[1251] Dazu zählen die Erstattung von Netzanschlusskosten (aa.), die Inrechnungstellung von Baukostenzuschüssen (bb.) sowie die Erhebung der Netzentgelte (cc.).[1252] Im Anschluss soll sodann geprüft werden, ob und inwiefern sich die oben genannten Kostenpositionen auf das Merkmal der wirtschaftlichen Zumutbarkeit auswirken (dd.).

aa. Netzanschlusskosten

Der Netzanschluss umfasst alle technischen Einrichtungen, die für die Durchleitung des Stroms von der Erzeugungsanlage zum Netzverknüpfungspunkt erforderlich sind.[1253] Die (notwendigen) Kosten des Netzanschlusses bestehen insofern aus den erforderlichen Aufwendungen, die der Herstellung der elektronischen Verbindung zwischen der Erzeugungsanlage und dem Netz dienen[1254] Dabei sind auch die mittelbaren Kosten umfasst, die sich beispielsweise aus den Betriebs- und Wartungskosten der Anschlussleitung ergeben.[1255] Die Kostentragungspflicht in Bezug auf die Netzanschlusskosten von EE-Anlagen ist explizit in § 16 Abs. 1 EEG[1256] geregelt.[1257] So schreibt § 16 Abs. 1 EEG vor, dass der Anlagenbetreiber die notwendigen Kosten des Netzanschlusses von Anlagen zur Erzeugung von Strom aus erneuerbaren Energien an den Verknüpfungspunkt nach § 8 Abs. 1 S. 1 oder Abs. 2 EEG zu tragen hat.[1258] Die Kostentragungspflicht ist damit im Fall des Anschlusses von EE-Anlagen durch den EE-Anlagenbetreiber gesetzlich vorgeschrieben,[1259] sodass sich der Netzbetreiber im Rahmen der wirtschaftlichen Unzumutbarkeit nicht auf die durch den Netzanschluss entstehenden Kosten berufen kann, da diese von einem anderen zu tragen sind.[1260]

1250 Vgl. BerlKommEnR/*König*, Band 1, § 11 EnWG Rn. 63, in Hinblick auf die wirtschaftliche Zumutbarkeit von Netzerweiterungsmaßnahmen.

1251 Elspas/Graßmann/Rasbach/*Rauch*, EnWG, § 11 Rn. 55.

1252 Elspas/Graßmann/Rasbach/*Rauch*, EnWG, § 11 Rn. 55.

1253 *Schäfermeier/Reshöft*, ZNER 2007, 34, 35.

1254 BerlKommEnR/*König*, Band 6, § 16 EEG Rn. 12; *Salje*, EEG 2017, § 16 Rn. 2.

1255 *Woltering*, EnWZ 2015, 254, 256.

1256 § 16 Abs. 1 EEG lautet: Die notwendigen Kosten des Anschlusses von Anlagen zur Erzeugung von Strom aus erneuerbaren Energien oder aus Grubengas an den Verknüpfungspunkt nach § 8 Abs. 1 oder 2 sowie der notwendigen Messeinrichtungen zur Erfassung des gelieferten und des bezogenen Stroms trägt der Anlagenbetreiber.

1257 BerlKommEnR/*König*, Band 6, § 16 EEG Rn. 1.

1258 BerlKommEnR/*König*, Band 1, § 11 EnWG Rn. 63.

1259 BerlKommEnR/*König*, Band 1, § 11 EnWG Rn. 63.

1260 So auch BerlKommEnR/*König*, Band 1, § 11 EnWG Rn. 60.

bb. Baukostenzuschüsse

Neben den Anschlusskosten werden regelmäßig auch Baukostenzuschüsse vom Netzbetreiber erhoben.[1261] Sie stellen ein einmalig vom Anschlussnehmer zu entrichtendes Entgelt dar, welches im Zuge der Anschlusserstellung und -erweiterung durch den Netzbetreiber für die dauerhafte Bereitstellung von Anschlussleistung erhoben wird bzw. erhoben werden kann.[1262] Bei den Baukostenzuschüssen handelt es sich dem Grunde nach um Ausbaukosten des vorgelagerten Netzes.[1263] Die Kosten werden dabei dem jeweiligen Netzanschluss leistungsanteilig zugerechnet,[1264] wobei die individuelle Zuordnung nur eingeschränkt erfolgen kann, da der Ausbau des Netzes für die insgesamt angeschlossenen Leistungen letztendlich allen Netznutzern zugutekommt.[1265] Durch die Erhebung von Baukostenzuschüssen werden die im Rahmen der Netzentgeltkalkulation[1266] zugrunde gelegten Kosten des Netzbetriebs gesenkt, sodass die Zahlung von Baukostenzuschüssen letztlich der Gesamtheit der Energiekunden zugutekommt.[1267] Für die Niederspannungsebene besteht ein expliziter Anspruch des Netzbetreibers auf Erhebung eines Baukostenzuschusses gem. § 11 Abs. 1 NAV.[1268] So sieht § 11 Abs. 1 NAV explizit vor, dass der Netzbetreiber von dem Anschlussnehmer einen angemessenen Baukostenzuschuss zur teilweisen Deckung der bei wirtschaftlich effizienter Betriebsführung notwendigen Kosten für die Erstellung oder Verstärkung der örtlichen Verteileranlagen des Niederspannungsnetzes einschließlich Transformatorenstationen verlangen kann, soweit sich diese Anlagen ganz oder teilweise dem Versorgungsbereich zuordnen lassen, in dem der Anschluss erfolgt. Auch im Bereich höherer Netzebenen über die Niederspannungsebene hinaus sind Netzbetreiber grundsätzlich berechtigt, Baukostenzuschüsse für Netzanschlüsse zu erheben.[1269] Oberhalb

---

1261 Britz/Hellermann/Hermes/*Bourwieg*, EnWG, § 17 Rn. 19b.

1262 Siehe dazu das Positionspapier der *Beschlusskammer 6 der BNetzA* zur Erhebung von Baukostenzuschüssen für Netzanschlüsse im Bereich von Netzebenen oberhalb der Niederspannung vom 27.03.2009, S. 1, unter: https://www.bundesnetzagentur.de/DE/Service-Funktionen/Beschlusskammern/1BK-Geschaeftszeichen-Datenbank/BK6-GZ/2006/2006_0001bis0999/2006_001bis099/BK6-06-003/BK6p-06-003_Positionspapier%20BKZ.pdf?__blob=publicationFile&v=2 (abgerufen am: 10.12.2018); Kment/*Gerstner*, EnWG, § 17 Rn. 37.

1263 Britz/Hellermann/Hermes/*Bourwieg*, EnWG, § 17 Rn. 19b.

1264 *Blumenthal-Barby/Hartmann*, EnWZ 2013, 108.

1265 Britz/Hellermann/Hermes/*Bourwieg*, EnWG, § 17 Rn. 19b.

1266 Netzentgelte und die damit einhergehende Netzentgeltkalkulation werden ausführlich unter E. V. 2. cc. besprochen.

1267 *Blumenthal-Barby/Hartmann*, EnWZ 2013, 108.

1268 *Blumenthal-Barby/Hartmann*, EnWZ 2013, 108.

1269 Positionspapier der *Beschlusskammer 6 der BNetzA* zur Erhebung von Baukostenzuschüssen für Netzanschlüsse im Bereich von Netzebenen oberhalb der Niederspannung vom 27.03.2009, S. 1.

der Niederspannungsebene lässt sich ein solcher Anspruch des Netzbetreibers aus § 17 Abs. 1 EnWG herleiten.[1270]

Die Erhebung eines Baukostenzuschusses seitens des Netzbetreibers ist hingegen ausgeschlossen, wenn es sich um einen Anschluss einer Erzeugungsanlage zur Einspeisung von Strom handelt.[1271] Dies lässt sich für EE-Anlagen speziell aus § 17 EEG ableiten,[1272] denn die Netzausbaukosten werden demnach ausdrücklich dem Netzbetreiber und nicht den EE-Anlagenbetreibern zugewiesen.[1273] Auswirkungen auf die wirtschaftliche Zumutbarkeit zugunsten des Netzbetreibers hat dies dennoch nicht, da die dadurch entgangenen Kosten über die Netzentgelte finanziert werden können.

cc. Netzentgelte

Des Weiteren erhebt der Netzbetreiber Netzentgelte[1274] für die Nutzung des Netzes. Sie sind laufend zu zahlen und bilden insofern den Schwerpunkt im Rahmen der Finanzierung der Betriebskosten des Netzes.[1275] Im Folgenden soll aus diesem Grund genau herausgearbeitet werden, was unter dem Begriff der Netzentgelte zu verstehen ist und welche Kosten von den Netzentgelten umfasst sind ((1.)). Weiterhin soll untersucht werden, wie diese ermittelt werden ((2.)).

(1.) Umfang der Netzentgelte

Der Netzbetreiber kann für die Erfüllung der in § 11 Abs. 1 S. 1 EnWG normierten Grundpflichten grundsätzlich Netzentgelte erheben.[1276] Das Netzentgelt stellt dabei die Gegenleistung für die Inanspruchnahme des Netzzugangs und der Netzinfrastruktur dar. Aus ökonomischer Sicht werden damit die Kosten abgegolten, die durch die Netznutzung entstehen.[1277] Durch die Netznutzung erhält der Petent Zugang zu allen erforderlichen Netzbereichen und somit zum gesamten Versorgungsnetz.[1278] Von den Kosten erfasst wird der für erforderlich bewertete Verbrauch

---

1270 Siehe dazu ausführlich *Blumenthal-Barby/Hartmann*, EnWZ 2013, 108.

1271 Die Erhebung eines Baukostenzuschusses ist auch für KWK-Anlagen unzulässig, vgl. § 3 Abs. 1 S. 3 KWKG iVm. § 8 Abs. 3 KraftNAV, Danner/Theobald/*Hartmann/Blumenthal-Barby*, NAV, § 11 Rn. 60.

1272 Vgl. Danner/Theobald/*Hartmann/Blumenthal-Barby*, NAV, § 11 Rn. 60.

1273 Vgl. dazu auch Altrock/Oschmann/*Theobald*, EEG, § 14 Rn. 7.

1274 Auch als Netznutzungsentgelte bezeichnet, siehe beispielsweise *Klees*, Kap. 1 Rn. 23; Holznagel/Schütz/*Laubenstein/van Rossum*, ARegV, § 21 EnWG Rn. 56; *Booz*, N&R 2018, 130ff. Weiterhin wird auch der Begriff der Netzzugangsentgelte verwendet, siehe *Salje*, EnWG, § 21 Rn. 1.

1275 Vgl. Elspas/Graßmann/Rasbach/*Rauch*, EnWG, § 11 Rn. 55ff; Stuhlmacher/Stappert/Schoon/Jansen/*Jansen*, Kap. 4 Rn. 1.

1276 Danner/Theobald/*Theobald*, EnWG, Vor §§ 11–16a Rn. 3.

1277 Britz/Hellermann/Hermes/*Groebel*, EnWG, § 21 Rn. 63; Holznagel/Schütz/*Laubenstein/van Rossum*, ARegV, § 21 EnWG Rn. 56.

1278 Britz/Hellermann/Hermes/*Groebel*, EnWG, § 21 Rn. 63.

von Gütern und Dienstleistungen und der damit einhergehenden Kapazitäten, die zur Herstellung der entsprechenden betrieblichen Leistung, hier der Netznutzung, erforderlich sind.[1279] Darüber hinaus sind von der Netznutzung auch der Transport und die Verteilung des Stroms, Systemdienstleistungen, wie beispielswiese Frequenzhaltung und Spannungshaltung, der Ausgleich der Netzverluste als auch die Messung und Abrechnung zwischen den Netzbetreibern umfasst.[1280] Des Weiteren sollen auch diejenigen Kosten in die Netznutzung mit einberechnet werden, die im Rahmen der Netzenergiebeschaffung und der Führung und Abrechnung der Netzbilanzkreise anfallen.[1281] Zusammengefasst lässt sich feststellen, dass Netzentgelte auf den Kosten basieren, die den Netzbetreibern durch den Betrieb, die Wartung und die Erweiterung des Netzes entstehen.[1282]

Jeder Netznutzer, der Strom durch das Stromversorgungsnetz leitet, muss ein Netzentgelt an den jeweiligen Netzbetreiber zahlen. Dies ist bei Haushaltskunden der jeweilige Stromlieferant, der letztlich die Netzentgelte von den Verbrauchern einsammelt und an den Netzbetreiber weitergibt.[1283] Die Netzentgelte werden von den Übertragungs- und Verteilernetzbetreibern erhoben und bilden einen Bestandteil des Strompreises[1284].[1285] Bei der Einspeisung elektrischer Energie in das Stromversorgungsnetz sind hingegen keine Netzentgelte zu entrichten, vgl. § 15 Abs. 1 S. 3 StromNEV.[1286] Die Netznutzung ist daher für die Einspeiser

---

1279 Britz/Hellermann/Hermes/*Groebel*, EnWG, § 21 Rn. 63.

1280 Britz/Hellermann/Hermes/*Groebel*, EnWG, § 21 Rn. 63; Schneider/Theobald/*de Wyl/Thole/Bartsch*, EnWR, § 16 Rn. 347.

1281 Schneider/Theobald/*de Wyl/Thole/Bartsch*, EnWR § 16 Rn. 347.

1282 Monitoringbericht 2019 der *BNetzA* und des *BKartA* (Stand: 13.01.2020), S. 164.

1283 Siehe dazu die Ausführungen der *BNetzA* zu Netzentgelten unter: https://www.bundesnetzagentur.de/SharedDocs/FAQs/DE/Sachgebiete/Energie/Verbraucher/Energielexikon/Netzentgelt.html (abgerufen am: 06.08.2018).

1284 Der durchschnittliche Strompreis für Haushaltskunden im Jahr 2018 beträgt 29,44 ct/kWh (Haushalte mit einem Jahresverbrauch von 3.500 kWh) und setzt sich zu 54 Prozent aus Kosten der Beschaffung, des Vertriebs (6,20 ct) und der Netzentgelte (7,27 ct) und zu 46 Prozent aus Steuern (Mehrwertsteuer 4,70 ct, Stromsteuer 2,05 ct), Abgaben (Konzessionsabgabe 1,66 ct) und Umlagen (EEG-Umlage 6,792 ct, KWKG-Umlage 0,345 ct, § 19 StromNEV-Umlage 0,37 ct, Offshore-Haftungsumlage 0,037 ct und Umlage für abschaltbare Lasten 0,011 ct) zusammen, siehe *Bundesverband der Energie- und Wasserwirtschaft e.V.* (BDEW), Strompreisanalyse 2018, S. 2 und 7 (Stand: 18.05.2018), abrufbar unter: https://www.bdew.de/media/documents/1805018_BDEW-Strompreisanalyse-Mai-2018.pdf (abgerufen am: 05.08.2018).

1285 Monitoringbericht 2019 der *BNetzA* und des *BKartA* (Stand: 13.01.2020), S. 164.

1286 Aufgrund der vermehrten Nutzung der Verteilernetze zur Einspeisung von Strom wird in diesem Zusammenhang angedacht, die Stromeinspeiser und damit die Erzeuger ebenfalls an den Netzentgelten zu beteiligen, sodass diese nicht wie bisher nur von den Nachfragern zu tragen sind, siehe dazu *Haucap*, N&R 2018, 193.

kostenlos.[1287] Netzentgelte werden somit lediglich bei der Entnahme von Strom aus dem Netz erhoben, sodass Erzeuger und somit Einspeiser von Strom keine Netzentgelte zahlen müssen, obwohl sie das Netz ebenfalls nutzen und damit auch „Netznutzer“[1288] sind.[1289] Damit unterliegen auch die EE-Anlagenbetreiber keiner Verpflichtung zur Netzentgeltzahlung, wenn sie Strom aus erneuerbaren Energien in das Netz einspeisen.

(2.) Grundsätze der Kostenermittlung

Im Folgenden sollen die Grundsätze der Kostenermittlung der Netzentgelte herausgearbeitet und auf die hier untersuchte Konstellation, dass ein Netzbetreiber einen Netzabschnitt stilllegen will, während ein EE-Anlagenbetreiber an diesem Abschnitt einen Anschlussanspruch nach § 8 Abs. 1 S. 1 EEG geltend macht, bewertet werden. Durch die Regulierung der Netzentgelte soll eine Netznutzung sichergestellt werden, die unter wettbewerblichen Bedingungen erfolgt.[1290] Dadurch sollen zum einen überhöhte Netzentgelte verhindert und zum anderen aber zugleich Anreize für die Netzbetreiber geschaffen werden, damit sie die erforderlichen Investitionen in ihre Netze tätigen und gleichzeitig die Effizienz des Netzbetriebs verbessern.[1291] Somit gilt es bei der Bemessung der Netzentgelte die unterschiedlichen Interessen, folglich die Steigerung des effizienten Netzbetriebs einerseits und die Sicherheit der Energieinfrastruktur andererseits, aufeinander abzustimmen.[1292] Die zentralen Vorschriften im Bereich der Netzentgeltregulierung bilden die §§ 21 Abs. 2, 21a und § 23a EnWG,[1293] welche durch weitreichende Verordnungsermächtigungen in § 24, § 21a Abs. 6 EnWG flankiert werden, von denen der Verordnungsgeber speziell in der StromNEV[1294] und der ARegV Gebrauch gemacht hat.[1295] Die Norm des § 21 Abs. 2 EnWG regelt den Effizienzkostenmaßstab, § 23a EnWG die Ex-ante-Kontrolle der Netzentgelte und § 21a EnWG die Anreizregulierung.[1296] Diese Normen gehören zusammen und müssen auch im Zusammenhang gelesen werden.[1297] Die vorrangige Funktion dieser Regelungen ist darin zu sehen, die Netznutzer vor

1287 Monitoringbericht 2019 der *BNetzA* und des *BKartA* (Stand: 13.01.2020), S. 164.

1288 Vgl. dazu die Legaldefinition nach § 3 Nr. 28 EnWG, wonach unter Netznutzer natürliche oder juristische Personen zu verstehen sind, die Energie in ein Elektrizitäts- oder Gasversorgungsnetz einspeisen oder daraus beziehen.

1289 Monitoringbericht 2019 der *BNetzA* und des *BKartA* (Stand: 13.01.2020), S. 164.

1290 Kment/*Schütte*, EnWG, § 21 Rn. 2.

1291 Stuhlmacher/Stappert/Schoon/Jansen/*Jansen*, Kap. 4 Rn. 1.

1292 *Kühne/Brodowski*, NVwZ 2005, 849, 852.

1293 Holznagel/Schütz/*Laubenstein/van Rossum*, ARegV, § 21 EnWG Rn. 37.

1294 Für den Gassektor ist dies die Gasnetzentgeltverordnung, Danner/Theobald/*Missling*, EnWG, § 21 Rn. 1 (Fn. 1) u. 42.

1295 Kment/*Schütte*, EnWG, § 21 Rn. 9.

1296 Britz/Hellermann/Hermes/*Groebel*, EnWG, § 21 Rn. 33.

1297 Britz/Hellermann/Hermes/*Groebel*, EnWG, § 21 Rn. 5.

der Finanzierung überflüssig getätigter Kosten des Netzbetreibers zu schützen.[1298] Die Regulierung der Netzentgelte sieht in einem ersten Schritt die Genehmigung unternehmensindividueller Netzentgelte der Netzbetreiber gem. §§ 21, 23a EnWG durch die Regulierungsbehörde vor, welche anhand des Effizienzkostenmaßstabs bemessen werden. Seit dem 1. Januar 2009 werden den Netzbetreibern in einem zweiten Schritt individuelle Erlösobergrenzen nach der Methode der Anreizregulierung gem. § 21a Abs. 6 Nr. 1 EnWG i.V.m. § 1 Abs. 1 S. 1 ARegV vorgegeben, um somit Anreize hinsichtlich effizienter Leistungserbringung zu setzen.[1299] Trotz der Einführung der Anreizregulierung im Jahr 2009 ist der Vorschrift des § 21 Abs. 2 EnWG auch weiterhin erhebliche Bedeutung beizumessen.[1300] Dies liegt daran, dass sowohl nach § 21a Abs. 4 S. 2 EnWG[1301] in Hinblick auf den nicht beeinflussbaren Kostenanteil als auch nach § 21a Abs. 4 S. 5 EnWG[1302] in Hinblick auf den beeinflussbaren Kostenanteil bei der Ermittlung der Obergrenzen auf die kostenorientierte Entgeltregulierung gem. § 21 Abs. 2 bis Abs. 4 EnWG zurück gegriffen wird, sodass insbesondere die Vorgaben des § 21 Abs. 2 EnWG auch bei der Ermittlung der Erlösobergrenzen weiterhin ihre Bedeutung behalten.[1303] Dies hat zur Folge, dass es sich bei den im Rahmen der Anreizregulierung zu beachten Kosten um solche handelt, die ebenfalls nach den Grundsätzen der kostenorientierten Entgeltregulierung zu ermitteln sind.[1304] Darüber hinaus gilt für die Netzbetreiber eines neu errichteten Netzes auch zukünftig zunächst die Vorgabe der kostenorientierten Entgeltbildung mit entsprechender Entgeltgenehmigung nach §§ 21, 23a EnWG.[1305] Die Entgeltregulierung ist somit grundsätzlich durch zwei Ansätze der Kostenregulierung, dem kostenorientierten Ansatz nach § 21 Abs. 2 EnWG sowie dem anreizorientierten Ansatz nach § 21a EnWG, geregelt,[1306] wobei der letztere auf dem kostenorientierten Ansatz

---

1298 *Büdenbender*, RdE 2008, 69, 72.

1299 Kment/*Schütte*, EnWG, § 21 Rn. 8; Stuhlmacher/Stappert/Schoon/Jansen/*Jansen*, Kap. 4 Rn. 6.

1300 Kment/*Schütte*, EnWG, § 21 Rn. 11; BT-Drs.: 15/5268, S. 120 (Einzelbegründung zu § 21a EnWG 2005).

1301 Die Regelung des § 21a Abs. 4 S. 2 EnWG bestimmt, dass der nicht beeinflussbare Kostenanteil an dem Gesamtentgelt nach § 21 Abs. 2 EnWG ermittelt wird.

1302 Nach § 21a Abs. 4 S. 5 EnWG wird der beeinflussbare Kostenanteil nach § 21 Abs. 2 bis 4 EnWG zu Beginn einer Regulierungsperiode ermittelt.

1303 *Säcker/Meinzenbach*, RdE 2009, 1, 3; Kment/*Schütte*, EnWG, § 21 Rn. 12; Britz/Hellermann/Hermes/ *Groebel*, EnWG, § 21a Rn. 14; Danner/Theobald/*Müller-Kirchenbauer*, EnWG, § 21a Rn. 3ff.

1304 Kment/*Schütte*, EnWG, § 21 Rn. 12.

1305 Auch findet die ARegV für eine gewisse Übergangszeit für solche Netzbetreiber keine Anwendung, für die noch keine kalenderjährliche Erlösobergrenze i.S.d. § 4 Abs. 1 ARegV bestimmt wurde, siehe Kment/*Schütte*, EnWG, § 21 Rn. 13.

1306 *Kühne/Brodowski*, NVwZ 2005, 849, 852.

aufbaut und somit immer im Zusammenhang mit diesem betrachtet werden muss.[1307]

Im Folgenden werden die maßgeblichen Ansätze der Kostenermittlung der Netzentgelte näher untersucht, um so herauszufinden, inwiefern die Kosten des Netzbetriebs von den Netzentgelten erfasst sind. Dabei wird auch untersucht, inwiefern Wartungs- und Ausbaukosten des Netzes von Netzentgelten umfasst sind. Denn die Wartungskosten gehören im weiteren Sinne ebenfalls zu den Betriebskosten eines Netzes und fallen somit immer an, wenn ein Netzabschnitt weiterbetrieben wird. Mögliche Erweiterungskosten bzw. Netzausbaukosten sollen im Rahmen der Netzentgelte ebenfalls erörtert werden, da der Anschlussanspruch nach § 8 Abs. 1 S. 1 EEG an den fraglichen Netzabschnitt immer auch mit einer Netzerweiterung nach § 8 Abs. 4 EEG einhergehen kann.[1308] Zunächst erfolgt eine Erörterung der kostenorientierten Entgeltregulierung im Rahmen einer Einzelentgeltgenehmigung nach §§ 23a, 21 Abs. 2 EnWG ((a.)), sodann werden die Grundsätze der Anreizregulierung dargestellt ((b.)) und zuletzt erfolgt eine Auseinandersetzung mit der Entgeltbildung nach der StromNEV ((c.)).

(a.) Kostenorientierte Entgeltregulierung

Die Regelung des § 21 Abs. 2 EnWG bildet die zentrale Vorschrift der kostenorientierten Netzentgeltregulierung,[1309] da sie die grundlegenden Voraussetzungen für die Bestimmung der Netzentgeltkalkulation enthält und damit gewährleisten soll, dass die Netzentgelte angemessen und diskriminierungsfrei i.S.d. § 21 Abs. 1 EnWG[1310] ausfallen.[1311] Durch die Norm hat der Gesetzgeber Teile des Art. 23 der Elektrizitätsrichtlinie 2003/54/EG umgesetzt.[1312] Die kostenorientierte Entgeltbildung gem. § 21 Abs. 2 S. 1 Hs. 1 EnWG bedarf der vorherigen

---

1307 Baur/Salje/Schmidt-Preuß/*Bettzüge/Kesting*, Kap. 4 Rn. 22; Kment/*Schütte*, EnWG, § 21 Rn. 11; Britz/Hellermann/Hermes/*Groebel*, EnWG, § 21a Rn. 14.

1308 Siehe dazu die Ausführungen unter D. II.

1309 Stuhlmacher/Stappert/Schoon/Jansen/*Jansen*, Kap. 4 Rn. 3 u. 5.

1310 § 21 Abs. 1 EnWG lautet: „Die Bedingungen und Entgelte für den Netzzugang müssen angemessen, diskriminierungsfrei, transparent und dürfen nicht ungünstiger sein, als sie von den Betreibern der Energieversorgungsnetze in vergleichbaren Fällen für Leistungen innerhalb ihres Unternehmens oder gegenüber verbundenen oder assoziierten Unternehmen angewendet und tatsächlich oder kalkulatorisch in Rechnung gestellt werden."

1311 *Säcker/Meinzenbach*, RdE 2009, 1; Holznagel/Schütz/*Laubenstein/van Rossum*, ARegV, § 21 EnWG Rn. 54.

1312 Durch § 21 Abs. 2 EnWG wurde insbesondere Art. 23 Abs. 2a) der Elektrizitätsrichtlinie 2003/54/EG umgesetzt, vgl. Holznagel/Schütz/*Laubenstein/van Rossum*, ARegV, § 21 EnWG Rn. 42. Dort heißt es: „(2) Den Regulierungsbehörden obliegt es, zumindest die Methoden zur Berechnung oder Festlegung folgender Bedingungen vor deren Inkrafttreten festzulegen oder zu genehmigen: a) die Bedingungen für den Anschluss an und den Zugang zu den nationalen Netzen, einschließlich der Tarife für die Übertragung und die Verteilung. Diese Tarife oder Methoden sind

Genehmigung. In § 23a Abs. 1 Hs. 1 EnWG[1313] ist insofern die grundsätzliche Genehmigungspflicht und damit eine Vorabkontrolle der Netzentgelte durch die zuständige Regulierungsbehörde[1314] geregelt, die nach der kostenorientierten Entgeltbildung i.S.d. § 21 Abs. 2 S. 1 EnWG ermittelt wurden.[1315] Dies bedeutet, dass der Netzbetreiber nur diejenigen Netzentgelte verlangen kann, die die Regulierungsbehörde zuvor für zulässig erachtet hat.[1316] § 23a Abs. 2 S. 1 EnWG bestimmt insofern, dass die Genehmigung durch die Regulierungsbehörde zu erteilen ist, soweit die Entgelte den Anforderungen dieses Gesetzes und den auf Grund des § 24 EnWG erlassenen Rechtsverordnungen entsprechen. Liegen die erforderlichen Voraussetzungen folglich vor, hat der Netzbetreiber einen Anspruch auf Erteilung der Genehmigung der beantragten Netzentgelte.[1317]

Auf der Grundlage des § 21 Abs. 2 S. 1 EnWG sind die Tarife für den Netzzugang zu bestimmen.[1318] So heißt es dort, dass die Entgelte auf der Grundlage der Kosten einer Betriebsführung, die denen eines effizienten und strukturell vergleichbaren Netzbetreibers entsprechen müssen, unter Berücksichtigung von Anreizen für eine effiziente Leistungserbringung und einer angemessenen, wettbewerbsfähigen und risikoangepassten Verzinsung des eingesetzten Kapitals gebildet werden, soweit in einer Rechtsverordnung nach § 24 EnWG[1319] nicht eine Abweichung von der kostenorientierten Entgeltbildung bestimmt ist. Weiterhin normiert § 21 Abs. 2 S. 2 EnWG, dass Kosten und Kostenbestandteile, die sich ihrem Umfang nach im Wettbewerb nicht einstellen würden, nicht berücksichtigt werden dürfen, soweit die Entgelte kostenorientiert gebildet werden. Die Regelung des § 21 Abs. 2 S. 1 EnWG sieht die Ermittlung der genehmigungsfähigen Netzentgelte in drei Stufen vor.[1320] In einem ersten Schritt werden die tatsächlich entstandenen Kosten des beantragenden Netzbetreibers ermittelt, die ihm durch

---

so zu gestalten, dass die notwendigen Investitionen in die Netze so vorgenommen werden können, dass die Lebensfähigkeit der Netze gewährleistet ist.

1313 Die Regelung gem. § 23a Abs. 1 EnWG lautet: „Soweit eine kostenorientierte Entgeltbildung im Sinne des § 21 Abs. 2 Satz 1 erfolgt, bedürfen Entgelte für den Netzzugang nach § 21 einer Genehmigung, es sei denn, dass in einer Rechtsverordnung nach § 21a Abs. 6 die Bestimmung der Entgelte für den Netzzugang im Wege einer Anreizregulierung durch Festlegung oder Genehmigung angeordnet worden ist."

1314 Vgl. dazu die Zuständigkeitsregelungen in § 54 Abs. 2 S. 1 u. 2 i.V.m. Abs. 1 EnW G, wonach entweder die jeweilige Landesregulierungsbehörde oder die BNetzA zuständig ist.

1315 *Kühne/Brodowski*, NVwZ 2005, 849, 855; BerlKommEnR/*Busse von Colbe/Säcker*, Band 1, Vor §§ 21ff. EnWG Rn. 3.

1316 Schneider/Theobald/*Theobald/Zenke/Lange*, EnWR § 17 Rn. 1.

1317 Schneider/Theobald/*Theobald/Zenke/Lange*, EnWR § 17 Rn. 43.

1318 *Säcker/Meinzenbach*, RdE 2009, 1.

1319 Für den Stromsektor ist dies nach § 24 S. 1 Nr. 1 EnWG die StromNEV, siehe Danner/Theobald/*Missling*, EnWG, § 21 Rn. 1 (Fn. 1).

1320 BerlKommEnR/*Busse von Colbe/Säcker*, Band 1, Vor §§ 21ff. EnWG Rn. 3.

die Betriebsführung des Netzes entstanden sind.[1321] Dabei wird die Ermittlung der Kosten auch durch die Vorschriften der StromNEV konkretisiert, die wiederum auf der Verordnungsermächtigung des § 24 EnWG basiert.[1322] In den maßgeblichen Vorschriften der StromNEV wird insbesondere näher vorgegeben, wie die Kosten einer Betriebsführung anhand der tatsächlichen Kosten des Netzbetreibers zu bestimmen sind.[1323] In einem nächsten Schritt werden die Kosten des beantragenden Netzbetreibers mit den Kosten eines effizienten und strukturell vergleichbaren Netzbetreibers verglichen und gegebenenfalls korrigiert und in einem dritten Schritt um diejenigen Kosten bereinigt, die unter wettbewerblichen Bedingungen nicht vorkommen würden.[1324] Es stellt sich somit die Frage, ob die Betriebs- und Wartungskosten und mögliche Netzerweiterungskosten eines Netzabschnittes grundsätzlich als genehmigungsfähige Kosten im oben genannten Sinne anerkannt werden können.

Der erste Schritt, und damit der Ausgangspunkt der Kalkulation der Netzentgelte, besteht darin, die von den Netzbetreibern geltend gemachten Kosten festzustellen und zu prüfen.[1325] Durch den (Weiter-) Betrieb eines Netzes ist jedenfalls davon auszugehen, dass dem Netzbetreiber die üblichen Betriebs- und Wartungskosten des Netzabschnittes entstehen, die jeweils aufgrund des Zustands und der Erscheinungsform des Netzabschnittes in ihrer Ausprägung variieren können und damit letztendlich eine Frage des konkreten Falls darstellen.[1326] Da das Netzentgelt die Gegenleistung für die Inanspruchnahme des Netzes darstellt, ist eine Anknüpfung der festgestellten Kosten an die Kosten einer Betriebsführung zwingend.[1327] Dies ist hier unproblematisch, da die genannten Kostenpositionen zwingend mit den Kosten einer Betriebsführung des Netzes einhergehen. Unter den Kosten einer Betriebsführung sind nach dem allgemeinen Sprachgebrauch regelmäßig diejenigen Kosten zu fassen, die im Rahmen des laufenden Betriebs und Unterhalts des Netzes anfallen.[1328] Hierunter sind insbesondere Personal- und Materialkosten zu fassen.[1329] Eventuelle Netzerweiterungskosten sind hingegen als Investitionskosten bzw. Kapitalkosten und nicht als Kosten einer Betriebsführung einzuordnen.[1330] In diesem Zusammenhang bestimmen weiterhin die §§ 4 bis 11 StromNEV abschließend, welche Kosten des Netzbetriebs bei der Netzentgeltkalkulation in welcher

---

1321 Holznagel/Schütz/*Laubenstein/van Rossum*, ARegV, § 21 EnWG Rn. 56; BerlKommEnR/*Busse von Colbe/Säcker*, Band 1, Vor §§ 21ff. EnWG Rn. 3.
1322 BerlKommEnR/*Busse von Colbe/Säcker*, Band 1, Vor §§ 21ff. EnWG Rn. 3; Britz/Hellermann/Hermes/*Britz/Herzmann*, EnWG, § 24 Rn. 1.
1323 Holznagel/Schütz/*Laubenstein/van Rossum*, ARegV, § 21 EnWG Rn. 54.
1324 BerlKommEnR/*Busse von Colbe/Säcker*, Band 1, Vor §§ 21ff. EnWG Rn. 3.
1325 *Säcker/Meinzenbach*, RdE 2009, 1, 4.
1326 Siehe zu den Betriebskosten des Netzes E. V. 2. a.
1327 Holznagel/Schütz/*Laubenstein/van Rossum*, ARegV, § 21 EnWG Rn. 56.
1328 *Jansen*, S. 127.
1329 *Jansen*, S. 127.
1330 Siehe dazu mit ausführlicher Herleitung *Jansen*, S. 127ff.

Zusammensetzung zu berücksichtigen sind.[1331] Nach § 4 Abs. 1 StromNEV sind bilanzielle und kalkulatorische Kosten des Netzbetriebs anzusetzen. Dazu heißt es in § 4 Abs. 2 StromNEV weiter, dass sich die Netzkosten unter Beachtung von Abs. 1 aus den aufwandsgleichen Kosten nach § 5 StromNEV, den kalkulatorischen Abschreibungen nach § 6 StromNEV, der kalkulatorischen Eigenkapitalverzinsung nach § 7 StromNEV sowie den kalkulatorischen Steuern nach § 8 StromNEV unter Abzug der kostenmindernden Erlöse und Erträge nach § 9 StromNEV zusammensetzen.[1332] Bei den Betriebs- und Wartungskosten, die sich regelmäßig aus Material-, Personal- und Betriebskosten verschiedener Art zusammensetzen, handelt es sich regelmäßig um aufwandsgleiche Kostenpositionen i.S.d. § 5 StromNEV.[1333] Die Netzerweiterungskosten und somit Investitionskosten sind im Rahmen der Netzentgeltkalkulation insbesondere als kalkulatorische Abschreibungen i.S.d. § 6 StromNEV und/oder als kalkulatorische Eigenkapitalverzinsung nach § 7 StromNEV einzuordnen.[1334]

In einem weiteren Schritt ist sodann zu prüfen, ob die Kosten der Betriebsführung denen eines effizienten und strukturell vergleichbaren Netzbetreibers entsprechen. Neben § 21 Abs. 2 S. 1 EnWG findet sich diese Bestimmung auch in § 4 Abs. 1 StromNEV, wonach es heißt, dass bilanzielle und kalkulatorische Kosten des Netzbetriebs nur insoweit anzusetzen sind, als sie den Kosten eines effizienten und strukturell vergleichbaren Netzbetreibers entsprechen.[1335] Hierbei handelt es sich um einen Korrekturfaktor, der eine Abkehr von dem reinen Vollkostenansatz darstellt.[1336] Denn eine gesetzliche Vollkostendeckung und damit die Abdeckung jeglicher verursachten Kosten, hätte zur Folge, dass für die regulierten Unternehmen kein Anreiz zu wettbewerbskonformen Verhalten bestehen würde.[1337] Kosten, die im Widerspruch zu dem genannten Korrekturfaktor entstanden sind, finden keinen Eingang in die endgültige Netzentgeltkalkulation. Dies bedeutet wiederum, dass sie den Netzbetreiber im Ergebnis wirtschaftlich belasten und nicht die Netznutzer über die Netzentgelte.[1338] Fraglich ist somit, was unter dem Begriff der Effizienz zu verstehen ist. Mit dem Begriff der Effizienz geht einher, dass diejenigen Kosten anzuerkennen sind, die notwendigerweise mit der Leistungserbringung einhergehen und insofern unverzichtbar sind.[1339] Die Leistungserbringung besteht

---

1331 Siehe dazu die ausführliche Darstellung bei Holznagel/Schütz/*Laubenstein/van Rossum*, ARegV, § 21 EnWG Rn. 58.

1332 Siehe dazu auch Holznagel/Schütz/*Laubenstein/van Rossum*, ARegV, § 21 EnWG Rn. 58.

1333 Holznagel/Schütz/*Schütz/Schütte*, ARegV, § 5 StromNEV Rn. 9ff.

1334 *Jansen*, S. 127.

1335 Holznagel/Schütz/*Laubenstein/van Rossum*, ARegV, § 21 EnWG Rn. 58.

1336 Holznagel/Schütz/*Laubenstein/van Rossum*, ARegV, § 21 EnWG Rn. 59.

1337 *Säcker/Meinzenbach*, RdE 2009, 1, 2.

1338 *Büdenbender*, RdE 2008, 69, 70.

1339 Kment/*Schütte*, EnWG, § 21 Rn. 77; m.w.N. Holznagel/Schütz/*Laubenstein/van Rossum*, ARegV, § 21 EnWG Rn. 60.

hier in dem (Weiter-) Betrieb des Netzabschnittes und damit in der Wahrnehmung der laufenden Betriebs- und Wartungsaufgaben des Netzabschnittes, sodass auch die damit einhergehenden Kosten anzuerkennen sind. In diesem Zusammenhang ist zwar grundsätzlich zu beachten, dass Stilllegungen in bestimmten Fällen dazu beitragen können und gegebenenfalls sogar notwendig sind, um Ineffizienzen i.S.d. § 21 Abs. 2 EnWG zu beseitigen. Allerdings gilt dies nur dann, wenn der stillzulegende Netzabschnitt nicht mehr zur Befriedigung des objektiven Transport- und Verteilungsbedarfs benötigt wird.[1340] Dies ist in der hier untersuchten Konstellation, in welcher der Netzbetreiber den in Rede stehenden Netzabschnitt gerade stilllegen will, aber der Fall, da in den Bereich des Netzabschnittes der Netzverknüpfungspunkt i.S.d. § 8 Abs. 1 S. 1 EEG fällt und somit zum einen als Anschlussnetz dient, als auch zum Transport und zur Verteilung des einzuspeisenden EE-Stroms notwendig ist. Im Übrigen ist es in diesem Zusammenhang abzulehnen, den Durchschnitt der Netzbetreiber als Effizienzmaßstab heranzuziehen, da das durchschnittliche Entgeltniveau eines Netzbetreibers nichts über die Effizienz des Netzbetreibers aussagt.[1341] Weiterhin ist die strukturelle Vergleichbarkeit der Netzbetreiber erforderlich. Durch dieses Kriterium soll verhindert werden, dass Netzbetreiber miteinander verglichen werden, die unterschiedliche Versorgungsaufgaben und folglich einen ungleichen Kostenaufwand haben.[1342] So können beispielsweise Übertragungsnetzbetreiber nicht mit Verteilernetzbetreibern verglichen werden.[1343]

Sodann ist noch zu überprüfen, ob sich die anfallenden Kosten und Kostenbestandteile ihrem Umfang nach auch im Wettbewerb einstellen würden, sodass sie im Ergebnis bei der Netzentgeltbildung berücksichtigt werden dürfen, vgl. § 21 Abs. 2 S. 2 EnWG. Dieser sogenannte Grundsatz der Wettbewerbsanalogie steht in einem untrennbaren Zusammenhang mit den Voraussetzungen des § 21 Abs. 2 S. 1 EnWG.[1344] Einen hypothetischen Wettbewerb vorausgesetzt würde dies bedeuten, dass der Netzbetreiber seinen Netzentgelten nur die Kosten zugrunde legen könnte, die auch von einem strukturell vergleichbaren und effizienten Wettbewerber an seine Netznutzer weitergegeben wird.[1345] Hier handelt es sich bei den anfallenden Kosten des Betriebs und der Wartung des Netzabschnittes um Kosten, die untrennbar mit dem Weiterbetrieb des Netzabschnittes einhergehen, sodass sie auch bei einem strukturell vergleichbaren und effizienten Wettbewerber in der genannten Situation auftreten würden. Auch der Grundsatz der Wettbewerbsanalogie wäre somit gewahrt.

1340 BerlKommEnR/*König*, Band 1, § 11 EnWG Rn. 19.

1341 Kment/*Schütte*, EnWG, § 21 Rn. 79; *Säcker/Meinzenbach*, RdE 2009, 1, 4; **a.A.** *Büdenbender*, RdE 2008, 69, 80, der den Durchschnittsmaßstab als vorzugswürdig ansieht.

1342 Kment/*Schütte*, EnWG, § 21 Rn. 80.

1343 Kment/*Schütte*, EnWG, § 21 Rn. 80.

1344 Holznagel/Schütz/*Laubenstein/van Rossum*, ARegV, § 21 EnWG Rn. 98.

1345 Holznagel/Schütz/*Laubenstein/van Rossum*, ARegV, § 21 EnWG Rn. 98.

(b.) Anreizregulierung

Im Folgenden soll die Anreizregulierung näher untersucht werden, die die Methode der kostenorientierten Entgeltregulierung zumindest formal ab dem 1. Januar 2009 abgelöst hat.[1346] Die Regelung des § 21a Abs. 1 EnWG bestimmt, dass Netzentgelte abweichend von der Entgeltbildung nach § 21 Abs. 2 bis 4 EnWG auch durch eine Methode bestimmt werden kann, die Anreize für eine effiziente Leistungserbringung setzt (Anreizregulierung). Einzelheiten sind dabei durch Rechtsverordnung gem. § 21a Abs. 6 EnWG festzulegen.[1347] Von dieser Möglichkeit machte der Gesetzgeber im Jahr 2009 durch die ARegV Gebrauch.[1348] Im Rahmen der Anreizregulierung werden für die jeweilige Regulierungsperiode Erlösobergrenzen für die Bestimmung der Netzentgelte festgelegt, die wiederum sogenannte Effizienzvorgaben für die Netzbetreiber beinhalten.[1349] Eine Regulierungsperiode dauert nach § 3 Abs. 2 ARegV fünf Jahre an.[1350] Unter dem Begriff der Erlösobergrenze sind dabei die Obergrenzen der zulässigen Gesamterlöse eines Netzbetreibers aus den Netzentgelten zu verstehen, vgl. § 4 Abs. 1 ARegV. Die Erlösobergrenze wird unabhängig von den tatsächlichen Kosten jährlich abgesenkt.[1351] Durch die Bestimmung der Erlösobergrenzen und damit einhergehenden Effizienzvorgaben kennen die Netzbetreiber ihre Preis- oder Erlösentwicklung für die jeweilige Regulierungsperiode, sodass sie ihre Anstrengungen um Effizienzgewinne darauf ausrichten können, die genannten Effizienzvorgaben zu übertreffen.[1352] Die durch Übererfüllung der Effizienzvorgaben erzielten Gewinne verbleiben dem Netzbetreiber.[1353] Dadurch wird dem jeweiligen Netzbetreiber ein Anreiz zu einer möglichst hohen Effizienzsteigerung gegeben. Diese Steigerungen können in der folgenden Regulierungsperiode an alle Netznutzer weitergegeben werden, da sie bei der Ausgestaltung der neuen Regulierungsvorgaben berücksichtigt werden.[1354] Erreicht der Netzbetreiber hingegen nicht die vorgegebenen Effizienzvorgaben, sodass die Kosten oberhalb der festgelegten Erlösobergrenze liegen, können diese bei der Bildung der Entgelte nach § 17 Abs. 1 S. 1 ARegV nicht berücksichtigt werden.[1355] Die Anreizregulierung soll allerdings nicht zu einer Verschlechterung der Versorgungssicherheit durch mögliche Investitionsminderungen führen. Um die Tätigung von notwendigen Investitionen durch die Netzbetreiber zu gewährleisten, wurden die Regelungen gem. § 23 ARegV und § 10 ARegV und nunmehr

---

1346 Holznagel/Schütz/*Laubenstein/van Rossum*, ARegV, § 21 EnWG Rn. 100.
1347 BerlKommEnR/*Busse von Colbe/Säcker*, Band. 1, Vor §§ 21ff. EnWG Rn. 3.
1348 Stuhlmacher/Stappert/Schoon/Jansen/*Jansen*, Kap. 4 Rn. 61.
1349 BT-Drs.: 15/5268, S. 120 (Einzelbegründung zu § 21a EnWG 2005); *Ringel*, S. 231.
1350 BT-Drs.: 15/5268, S. 119f (Einzelbegründung zu § 21a EnWG 2005).
1351 *Ringel*, S. 231.
1352 BT-Drs.: 15/5268, S. 120 (Einzelbegründung zu § 21a EnWG 2005).
1353 *Ringel*, S. 232; BT-Drs.: 15/5268, S. 120 (Einzelbegründung zu § 21a EnWG 2005).
1354 BT-Drs.: 15/5268, S. 120 (Einzelbegründung zu § 21a EnWG 2005).
1355 *Ringel*, S. 232.

§ 10a ARegV geschaffen, wonach eine Anhebung bzw. Anpassung der bereits festgelegten Erlösobergrenze möglich ist.[1356] Zu beachten ist weiterhin, dass die Anreizregulierung zwischen beeinflussbaren und nicht beeinflussbaren Kostenanteilen unterscheidet, wobei zu letzteren sowohl dauerhaft nicht beeinflussbare Kostenanteile und vorübergehend nicht beeinflussbare Kostenanteile zählen, vgl. § 11 Abs. 1 und Abs. 4 ARegV. Diese Unterscheidung ist erforderlich, da sich die Effizienzvorgaben gem. § 23a Abs. 4 S. 6 EnWG nur auf die beeinflussbaren Kosten beziehen dürfen, denn der Netzbetreiber hat – wie es der Name schon nahe legt – keine maßgebende Möglichkeit auf die nicht beeinflussbaren Kosten Einfluss zu nehmen.[1357]

Um die Sachgerechtigkeit der Effizienzvorgaben überprüfen zu können, ist vor Beginn der nächsten Regulierungsperiode als Vergleichsgrundlage eine erneute Kostenprüfung für die Bestimmung der Erlösobergrenzen durchzuführen.[1358] Dabei hat die Regulierungsbehörde die Regelungen des ersten Abschnittes der StromNEV (§§ 4–11 StromNEV) anzuwenden, wenn sie die Kostenprüfung nach § 6 Abs. 1 S. 1 ARegV für die Bestimmung des Ausgangsniveaus zur Ermittlung der Erlösobergrenzen durchführt.[1359] Dadurch liegen der Anreizregulierung grundsätzlich die gleichen Maßstäben zugrunde, wie der kostenorientierten Entgeltregulierung nach § 21. Abs. 2 EnWG, sodass in diesem Zusammenhang auf die obigen Ausführungen verwiesen werden kann.[1360] Eine Unterscheidung zu der kostenorientierten Entgeltregulierung besteht hier allerdings weiterhin darin, dass eine Entgeltbildung auf Kostenbasis grundsätzlich nur einmal zu Beginn einer Regulierungsperiode vorgenommen wird,[1361] wobei allerdings auch eine Anpassung der Erlösobergrenze während der laufenden Regulierungsperiode unter bestimmten Umständen möglich ist, vgl. § 4 Abs. 2 und 3 ARegV.

Die laufenden Betriebs- und Wartungskosten des Netzes bzw. Netzabschnittes und somit insbesondere die damit einhergehenden Material- und Personalkosten sowie sonstiger betrieblicher Aufwand und bezogene Leistung sind als vorübergehend nicht beeinflussbare Kostenanteile gem. § 11 Abs. 3 ARegV einzuordnen.[1362] Diese Kosten werden dem Netzbetreiber nach § 11 ARegV immer erstattet, allerdings müssen die Kosten um den sogenannten Produktivitätsfortschritt gekürzt werden, vgl. § 11 Abs. 3 ARegV.[1363] In Bezug auf mögliche Netzausbaukosten der Übertragungsnetze findet eine enge Abstimmung der Übertragungsnetzbetreiber mit der BNetzA statt. Genehmigt die BNetzA die beantragten Investitionen, ist es

1356 *Ringel*, S. 233.
1357 Holznagel/Schütz/*Meyer/Paulus*, ARegV, § 11 Rn. 47 und 54.
1358 BT-Drs.: 15/5268, S. 120 (Einzelbegründung zu § 21a EnWG 2005).
1359 Holznagel/Schütz/*Laubenstein/van Rossum*, ARegV, § 21 EnWG Rn. 58.
1360 *Säcker/Meinzenbach*, RdE 2009, 1, 4.
1361 BT-Drs.: 15/5268, S. 119f (Einzelbegründung zu § 21a EnWG 2005).
1362 *Böttcher*, S. 39.
1363 *Böttcher*, S. 40.

dem Übertragungsnetzbetreiber unmittelbar im Jahr der Entstehung der Kosten möglich, seine Erlösobergrenze um die Betriebs- und Kapitalkosten des Projekts anzupassen. Im Rahmen einer ex-post-Kontrolle überprüft die BNetzA solche angesetzten Kosten.[1364] Die entstandenen Investitionskosten i.S.d. § 23 Abs. 1 ARegV werden zu den dauerhaft nicht beeinflussbaren Kosten zur Bestimmung der Erlösobergrenze eingerechnet, vgl. § 11 Abs. 2 Nr. 6 ARegV.[1365] Diese werden dem Netzbetreiber immer erstattet.[1366] In § 23 Abs. 1 Nr. 2 ARegV ist explizit geregelt, dass davon auch Investitionen umfasst sind, die der Integration von EE-Anlagen dienen. Im Gegensatz dazu konnten Verteilernetzbetreiber anfallende Netzverstärkungs- und ausbaukosten, die zu einer nachhaltigen Veränderung ihrer Versorgungsaufgabe führen, im Rahmen des Erweiterungsfaktors nach § 10 ARegV innerhalb der Erlösobergrenze bis zum Ende des Jahres 2018 geltend machen, was wiederum die Anpassung der Erlösobergrenze zur Folge hatte. Dies musste jedoch bei der BNetzA separat beantragt werden.[1367] Der Erweiterungsfaktor erlaubte in diesem Zusammenhang die einzelfallabhängige Korrektur und damit eine zeitnahe Anpassung der Erlösobergrenze.[1368] Ab dem 1. Januar 2019 wurde das Instrument des Erweiterungsfaktors durch den sog. Kapitalkostenaufschlag gem. § 10a ARegV ersetzt, vgl. § 34 Abs. 7 S. 1 ARegV.[1369] Durch die Neuregelung können die Verteilernetzbetreiber alle geplanten Netzinvestitionskosten im Rahmen der Erlösobergrenze unmittelbar geltend machen, sodass diese in die Netzentgelte eingepreist werden können. Die Regulierungsbehörden überprüfen auch hier nunmehr erst nachträglich, ob diese tatsächlich angefallen sind.[1370] Die Anpassung der Erlösobergrenze erfolgt dabei auf Antrag des Netzbetreibers, vgl. § 4 Abs. 4 Nr. 1 ARegV.

(c.) Entgeltbildung nach der StromNEV

Die eigentliche Bildung der Netzentgelte durch den Netzbetreiber auf Basis der ermittelten Netzkosten bzw. der festgelegten Erlösobergrenzen erfolgt sodann

---

1364 Zum 31. März 2018 wurden 34 Neuanträge für Investitionsmaßnahmen von den Übertragungsnetzbetreibern bei der BNetzA gestellt. Hieran sind insgesamt Anschaffungs- und Herstellungskosten in Höhe von ca. 7,48 Mrd. Euro verknüpft, Monitoringbericht 2019 der *BNetzA* und des *BKartA* (Stand: 13.01.2020), S. 132.

1365 Baur/Salje/Schmidt-Preuß/*Bettzüge/Kesting*, Kap. 5 Rn. 39; Monitoringbericht 2019 der *BNetzA* und des *BKartA* (Stand: 13.01.2020), S. 165.

1366 *Böttcher*, S. 40.

1367 Die BNetzA erreichten in der vergangenen Zeit eine wachsende Zahl von Anträgen auf Erweiterungsfaktoren, Baur/Salje/Schmidt-Preuß/*Bettzüge/Kesting*, Kap. 5 Rn. 39.

1368 Die Anpassungsanträge aus dem Erweiterungsfaktor beliefen sich im Jahr 2018 auf rund 416,5 Mio. Euro, vgl. Monitoringbericht 2019 der *BNetzA* und des *BKartA* (Stand: 13.01.2020), S. 132.

1369 Monitoringbericht 2019 der *BNetzA* und des *BKartA* (Stand: 13.01.2020), S. 132.

1370 Monitoringbericht 2019 der *BNetzA* und des *BKartA* (Stand: 13.01.2020), S. 132f.

anhand der vorgegebenen Grundsätze der StromNEV, die insbesondere in dem zweiten Abschnitt der StromNEV in den §§ 12ff. StromNEV geregelt sind.[1371] Die zulässigen Erlöse werden demnach den jeweiligen Netz- und Umspannebenen soweit wie möglich „verursachungsgerecht" zugeordnet.[1372] In § 3 Abs. 2 StromNEV heißt es dazu, dass mit der Entrichtung des Netzentgelts die Nutzung der Netz- oder Umspannebene des jeweiligen Betreibers des Elektrizitätsversorgungsnetzes, an die der Netznutzer angeschlossen ist, und aller vorgelagerten Netz- und Umspannebenen abgegolten wird. Konkret umfasst damit die Netznutzung die Bereitstellung aller genutzten Netz- und Umspannebenen bis zur Höchstspannungsebene,[1373] sodass ein Stromverbraucher Netzentgelte ab der jeweiligen Netzanschlussebene bis einschließlich aller höheren Netzebenen zahlt, vgl. § 14 Abs. 1 S. 1 StromNEV[1374].[1375] Die Rede ist in diesem Zusammenhang von einem transaktionsunabhängigen Punktmodell, welches die Grundlage des Systems der Entgeltbildung für den Netzzugang darstellt und durch entfernungsunabhängige Netzentgelte gekennzeichnet ist, vgl. § 15 Abs. 1 S. 1 StromNEV.[1376] Für die Ermittlung und die Berechnung der Netzentgelte ist insofern die Regelung des § 17 Abs. 1 S. 1 StromNEV von weiterer entscheidender Bedeutung.[1377] Darin wird bestimmt, dass „die von Netznutzern zu entrichtenden Netzentgelte ihrer Höhe nach unabhängig von der räumlichen Entfernung zwischen dem Ort der Einspeisung elektrischer Energie und dem Ort der Entnahme sind". Dies hat zur Folge, dass Stromkunden, die sich beispielsweise in unmittelbarer Nähe eines Umspannwerkes und damit zugleich in unmittelbarer Nähe zu der nächsthöheren Netzebene befinden, das gleiche Netzentgelt zu entrichten haben, wie Stromkunden, die aufgrund mangelnder örtlicher Nähe zu einer nächst höheren Netzebene eine deutlich weitere Entfernung zu einer solchen aufweisen und damit die Anschlussnetzebene in einem größeren Umfang nutzen. Aufgrund dieser entfernungsunabhängigen Berechnungsmethode wird das System der Netzentgelte auch mit der Funktionsweise von „Briefmarken" verglichen.[1378] Im Ergebnis führt dies dazu, dass die Netze aufgrund der genannten Entfernungsunabhängigkeit der Netzentgelte solidarisch

---

1371 Monitoringbericht 2019 der *BNetzA* und des *BKartA* (Stand: 13.01.2020), S. 166; Stuhlmacher/Stappert/Schoon/Jansen/*Jansen*, Kap. 4 Rn. 138.

1372 Monitoringbericht 2019 der *BNetzA* und des *BKartA* (Stand: 13.01.2020), S. 166.

1373 Schneider/Theobald/*de Wyl/Thole/Bartsch*, EnWR § 16 Rn. 347.

1374 Die Regelung des § 14 Abs. 1 S. 1 lautet: „Die Kosten der Netz- und Umspannebenen werden, beginnend bei der Höchstspannung, jeweils anteilig auf die nachgelagerte Netz- oder Umspannebene verteilt (Kostenwälzung), […]."

1375 Schneider/Theobald/*Albrecht*, EnWR, § 9 Rn. 48.

1376 Vgl. dazu auch Art. 4 Abs. 1 S. 2 StromhandelsVO 2003 und Art. 14 Abs. 1 S. 2 StromhandelsVO 2009, wonach die Entgelte nicht entfernungsabhängig sein dürfen, Britz/Hellermann/Hermes/*Groebel*, EnWG, § 21 Rn. 63.

1377 *Schwalge/Faßbender*, IR 2017, 266, 268; Schneider/Theobald/*Albrecht*, EnWR, § 9 Rn. 48.

1378 Schneider/Theobald/*Albrecht*, EnWR, § 9 Rn. 48.

finanziert werden.[1379] Die weitere konkrete Berechnung des Entgelts richtet sich gem. § 17 Abs. 1 S. 2 StromNEV nach der Anschlussnetzebene der Entnahmestelle[1380], den jeweils vorhandenen Messvorrichtungen an der Entnahmestelle sowie der jeweiligen Benutzungsstundenzahl der Entnahmestelle". In Bezug auf das letztgenannte Merkmal der Benutzungsstundenzahl lassen sich ausführliche verbrauchsbezogene Privilegierungen in § 19 Abs. 2 StromNEV finden.[1381] Die Norm regelt die Voraussetzungen, die ein Letztverbraucher erfüllen muss, um ein individuelles Netzentgelt mit dem Netzbetreiber vereinbaren zu können.[1382] Dies kann zum einen der Fall sein, wenn eine Sonderform der Netznutzung und damit eine atypische Netznutzung i.S.d. § 19 Abs. 2 S. 1 StromNEV[1383] vorliegt.[1384] Zum anderen kann dies beispielsweise gem. § 19 Abs. 2 S. 2 und S. 3 StromNEV aufgrund eines hohen Stromverbrauchs des Letztverbrauchers der Fall sein.[1385] Ein solcher liegt nach § 19 Abs. 2 S. 2 StromNEV vor, wenn die Stromabnahme aus dem Netz der allgemeinen Versorgung für den eigenen Verbrauch an einer Abnahmestelle pro Kalenderjahr sowohl die Benutzungsstundenzahl von mindestens 7.000 Stunden im Jahr erreicht als auch der Stromverbrauch an dieser Abnahmestelle pro Kalenderjahr zehn Gigawattstunden übersteigt.[1386] Die entgangenen Erlöse der

---

1379 Schneider/Theobald/*Albrecht*, EnWR, § 9 Rn. 48.

1380 Unter einer Entnahmestelle versteht man gem. § 2 Nr. 6 StromNEV den Ort der Entnahme elektrischer Energie aus einer Netz- oder Umspannebene durch Letztverbraucher, Weiterverteiler oder die jeweils nachgelagerte Netz- oder Umspannebene.

1381 *Schwalge/Faßbender*, IR 2017, 266, 268f; *Lippert/Kindler*, EnWZ 2017, 256, 259.

1382 *Lippert/Kindler*, EnWZ 2017, 256, 259.

1383 Ist nach § 19 Abs. 2 S. 1 StromNEV auf Grund vorliegender oder prognostizierter Verbrauchsdaten oder auf Grund technischer oder vertraglicher Gegebenheiten offensichtlich, dass der Höchstlastbeitrag eines Letztverbrauchers vorhersehbar erheblich von der zeitgleichen Jahreshöchstlast aller Entnahmen aus dieser Netz- oder Umspannebene abweicht, so haben Betreiber von Elektrizitätsversorgungsnetzen diesem Letztverbraucher in Abweichung von § 16 ein individuelles Netzentgelt anzubieten, das dem besonderen Nutzungsverhalten des Netzkunden angemessen Rechnung zu tragen hat und nicht weniger als 20 Prozent des veröffentlichten Netzentgeltes betragen darf.

1384 *Schwalge/Faßbender*, IR 2017, 266, 268f

1385 *Lippert/Kindler*, EnWZ 2017, 256, 259.

1386 Nach § 19 Abs. 2 S. 3 StromNEV beträgt das individuelle Netzentgelt nach Satz 2 bei einer Stromabnahme aus dem Netz der allgemeinen Versorgung für den eigenen Verbrauch an einer Abnahmestelle von mehr als zehn Gigawattstunden pro Kalenderjahr nicht weniger als: 1. 20 Prozent des veröffentlichten Netzentgeltes, im Falle einer Benutzungsstundenzahl von mindestens 7.000 Stunden im Jahr; 2. 15 Prozent des veröffentlichten Netzentgeltes, im Falle einer Benutzungsstundenzahl von mindestens 7.500 Stunden im Jahr oder 3. 10 Prozent des veröffentlichten Netzentgeltes, im Falle einer Benutzungsstundenzahl von mindestens 8.000 Stunden im Jahr.

Netzbetreiber, die durch die reduzierten Netzentgelte entstehen, werden unter den Netzbetreibern verrechnet und schließlich von allen Letztverbrauchern als Aufschlag auf das Netzentgelt (sog. § 19 StromNEV-Umlage) getragen.[1387]

Nach dem Monitoringbericht 2019 der BNetzA und des BKartA zeichnet sich gegenwärtig wieder ein leichter Anstieg der Netzentgelte im Bereich der Haushaltskunden ab, nachdem diese im Jahr 2018 leicht gesunken sind. Von 2018 auf 2019 sind die durchschnittlichen Netzentgelte von 7,19 ct/kWh auf 7,22 ct/kWh gestiegen, was einer Steigerung von 0,4 Prozent entspricht.[1388] Im Bereich der Nicht-Haushaltskunden sind die Netzentgelte der Gewerbekunden auf 6,31 ct/kWh angestiegen, was eine Steigerung um ein Prozent darstellt. Die Netzentgelte der Industriekunden und damit derjenigen, die einen Energieverbrauch von 24 GWh pro Jahr haben, sind auf 2,33 ct/kWh angestiegen, was eine Steigerung um rund 1 Prozent ausmacht.[1389] Die Höhe der Netzentgelte unterliegt laut dem Monitoringbericht 2019 der BNetzA und des BKartA starken regionalen Schwankungen, sodass diese bei jedem Verteilernetzbetreiber sehr unterschiedlich ausfallen. So lagen die niedrigsten Netzentgelte im Bereich der Haushaltskunden bei 1,78 ct/kWh und die höchsten bei 25,38 ct/kWh.[1390] Dabei fallen die Netzentgelte im Nord-Osten und Osten tendenziell höher aus als im Süd-Westen. Des Weiteren lassen sich Unterschiede zwischen den ländlich geprägten Gebieten und den großen Städten/Ballungszentren feststellen.[1391] Damit werden tendenziell die höchsten Netzentgelte in den ländlichen Räumen erreicht und dabei vor allem in den neuen und den nördlichen Bundesländern.[1392] Die niedrigsten Entgelte werden hingegen zum großen Teil in den Stadtregionen erreicht und dies überwiegend in den alten Bundesländern.[1393]

1387 *BDEW*, Strompreisanalyse 2018, S. 36 (Stand: 18.05.2018).

1388 Monitoringbericht 2019 der *BNetzA* und des *BKartA* (Stand: 13.01.2020), S. 171. In den Jahren 2013 bis 2015 kam es zu einer Stabilisierung der Netzentgelte, Monitoringbericht 2018 der *BNetzA* und des *BKartA* (Stand: 21.11.2018), S. 152.

1389 Monitoringbericht 2019 der *BNetzA* und des *BKartA* (Stand: 13.01.2020), S. 172.

1390 Monitoringbericht 2019 der *BNetzA* und des *BKartA* (Stand: 13.01.2020), S. 175.

1391 Bei einer Betrachtung der durchschnittlichen Höhe der Netzentgelte nach Bundesländern in Bezug auf Haushalts- und Gewerbekunden hat Bremen die niedrigsten Netzentgelte zu zahlen und Schleswig-Holstein die höchsten. Bei den Netzentgelten der Industriekunden hat Nordrhein-Westfalen die niedrigsten Netzentgelte zu zahlen und Schleswig-Holstein die höchsten, Monitoringbericht 2019 der *BNetzA* und des *BKartA* (Stand: 13.01.2020), S. 176f, 178, 180.

1392 Siehe dazu die Karte der *BNetzA* zu den geografischen Unterschieden der Netzentgelte unter: https://www.bundesnetzagentur.de/SharedDocs/Bilder/DE/Sachgebiete/Energie/Verbraucher/Energielexikon/Netzentgeltkarte2017_Haush.jpg;jsessionid=74956490A4BB5FFD3038B39EC18CA10D?__blob=poster&v=2 (abgerufen am 06.08.2018).

1393 Vgl. dazu die Ausführungen der *BNetzA* unter: https://www.bundesnetzagentur.de/SharedDocs/FAQs/DE/Sachgebiete/Energie/Verbraucher/Energielexikon/Netzentgelt.html (abgerufen am: 06.08.2018). Siehe hierzu auch die Beispielsrechnung aus

Die Gründe für das geografische Auseinanderfallen der Netzentgelte sind vielfältig.[1394] Als Grund für die unterschiedliche Höhe der Netzentgelte wird zum einen die unterschiedliche Auslastung der Netze genannt. Eine geringe Auslastung ist dann gegeben, wenn die Industrieproduktion fehlt oder ein Bevölkerungsrückgang zu verzeichnen ist. Dies hat zur Folge, dass sich die Netzkosten auf weniger Netznutzer verteilen und damit im Ergebnis höher ausfallen, sodass in dünn besiedelten Gebieten die Netzentgelte dementsprechend höher sind.[1395] Darüber hinaus erfolgte aus heutiger Sicht nach der Wiedervereinigung eine zu große Dimensionierung der Netze in den neuen Bundesländern, sodass auch aus diesem Grund Netze teilweise nicht ausreichend ausgelastet sind, die Netzkosten allerdings entsprechend der Dimensionierung anfallen.[1396] Zum anderen trägt auch die ansteigende Stromerzeugung durch den Anschluss von Photovoltaik-Anlagen und Windenergieanlagen an Land in der Nieder- und Mittelspannung dazu bei, dass die Netzentgelte regional unterschiedlich ausfallen. Durch den Anschluss der EE-Anlagen wird insgesamt weniger Strom aus dem Höchst- und dem Hochspannungsnetz entnommen, sodass sich die Kosten der Netzentgelte auf weniger Kilowattstunden verteilen.[1397] Des Weiteren spielt auch das Alter des Netzes eine entscheidende Rolle im Zusammenhang mit der Höhe der Netzentgelte. Ältere Netze lassen sich vorwiegend in Westdeutschland finden. Diese weisen einen geringeren Restwert auf und verursachen geringere Netzkosten als beispielsweise neuere Netze, die sich vermehrt in den ostdeutschen Gebieten befinden. Hierbei handelt es sich allerdings um einen temporären Effekt, da die älteren Netze irgendwann auch zum Teil erneuert oder ersetzt werden müssen.[1398] Darüber hinaus kommt auch der Qualität des Netzes Bedeutung zu, da diese direkten Einfluss auf die Erlösobergrenzen eines Netzbetreibers hat.[1399] Auch die Integrationskosten von erneuerbaren Energien einschließlich der Kosten des damit einhergehenden Einspeisemanagements sind für die unterschiedliche Höhe der Netzentgelte mitentscheidend. Da die Errichtung

dem Jahr 2014 von *Plenz/Meister/Doliwa/Obbelode*, ZNER 2014, 540f, wonach eine 4-köpfige Familie in Brandenburg ca. 170 Euro mehr Netzentgelte im Jahr als eine vergleichbare Familie in Bremen zu zahlen hatte.

1394 Monitoringbericht 2019 der *BNetzA* und des *BKartA* (Stand: 13.01.2020), S. 182.

1395 Vgl. dazu die Ausführungen der *BNetzA* zu den Gründen der unterschiedlichen Höhe der Netzentgelte unter: https://www.bundesnetzagentur.de/SharedDocs/FAQs/DE/Sachgebiete/Energie/Verbraucher/Energielexikon/Netzentgelt.html; Monitoringbericht 2019 der *BNetzA* und des *BKartA* (Stand: 13.01.2020), S. 182; ähnlich auch *Angenendt/Boesche/Franz*, RdE 2011, 117, 120.

1396 Monitoringbericht 2019 der *BNetzA* und des *BKartA* (Stand: 13.01.2020), S. 182.

1397 Vgl. dazu die Ausführungen der *BNetzA* zu den Gründen der unterschiedlichen Höhe der Netzentgelte unter: https://www.bundesnetzagentur.de/SharedDocs/FAQs/DE/Sachgebiete/Energie/Verbraucher/Energielexikon/Netzentgelt.html (abgerufen am: 06.08.2018).

1398 Monitoringbericht 2019 der *BNetzA* und des *BKartA* (Stand: 13.01.2020), S. 182.

1399 Monitoringbericht 2019 der *BNetzA* und des *BKartA* (Stand: 13.01.2020), S. 182.

von EE-Anlagen vorwiegend in ländlichen Gebieten erfolgt, fallen dementsprechend auch in diesen Bereichen die Integrationskosten an.[1400]

Bei den bisher genannten Gründen für das Auseinanderfallen der Netzentgelte handelt es sich um solche, die aus der Verteilernetzebene resultieren. Allerdings hat auch das vorgelagerte Übertragungsnetz einen Einfluss auf die unterschiedliche Netzentgelthöhe.[1401] Zum einen hat der Netzausbau zu einem teilweisen Anstieg der Übertragungsnetzentgelte geführt.[1402] Zum anderen hat der verstärkte Einsatz von Netz- und Systemsicherheitsmaßnahmen, wie beispielswiese die Ausführung von Redispatch-Maßnahmen,[1403] der Einsatz von Netzreservekraftwerken[1404] oder Maßnahmen des Einspeisemanagements,[1405] zu einem Anstieg der Übertragungsnetzentgelte in den davon betroffenen Regelzonen[1406]

1400 Monitoringbericht 2019 der *BNetzA* und des *BKartA* (Stand: 13.01.2020), S. 182.

1401 Monitoringbericht 2019 der *BNetzA* und des *BKartA* (Stand: 13.01.2020), S. 182.

1402 Vgl. dazu die Ausführungen der *BNetzA* zu den Gründen der unterschiedlichen Höhe der Netzentgelte unter: https://www.bundesnetzagentur.de/SharedDocs/FAQs/DE/Sachgebiete/Energie/Verbraucher/Energielexikon/Netzentgelt.html (abgerufen am: 06.08.2018).

1403 Unter Redispatch-Maßnahmen sind solche Maßnahmen zu verstehen, die die Verlagerung von Kraftwerkseinspeisungen auf Anordnung des Übertragungsnetzbetreibers beinhalten, um Leitungsüberlastungen vorzubeugen oder zu beheben. Eine Kostenerstattung an die aufgrund vertraglicher Vereinbarung oder aufgrund eines gesetzlichen Schuldverhältnisses teilnehmenden Kraftwerksbetreiber erfolgt durch den Netzbetreiber, siehe dazu den Quartalsbericht der *BNetzA* zu Netz- und Systemsicherheitsmaßnahmen, Gesamtjahr und Viertes Quartal 2017 (Stand: 06.07.2018), S. 57 unter: https://www.bundesnetzagentur.de/SharedDocs/Downloads/DE/Allgemeines/Bundesnetzagentur/Publikationen/Berichte/2018/Quartalsbericht_Q4_Gesamt_2017.pdf?__blob=publicationFile&v=3 (abgerufen am: 09.08.2018).

1404 Unter Netzreservekraftwerke wird der „Einsatz von Kraftwerken zur Beschaffung noch fehlender Redispatchleistung aus der Netzreserve unter Erstattung der Kosten" verstanden, siehe dazu *BNetzA*, Quartalsbericht zu Netz- und Systemsicherheitsmaßnahmen, Gesamtjahr und Viertes Quartal 2017 (Stand: 06.07.2018), S. 5.

1405 Unter dem Begriff des Einspeisemanagements ist die vorübergehende Abregelung der Einspeisung von Strom aus EE-Anlagen und KWK-Anlagen zu verstehen, die auf Verlangen des Netzbetreibers und gegen Entschädigungszahlungen an die betroffenen Anlagenbetreiber erfolgt. Eine solche Abregelung erfolgt dann, wenn die Netzkapazitäten nicht ausreichen, um den gesamten produzierten Strom abzutransportieren, siehe dazu den Leitfaden der *BNetzA* zum Einspeisemanagement (Stand: Juni 2018), S. 6 unter: https://www.bundesnetzagentur.de/SharedDocs/Downloads/DE/Sachgebiete/Energie/Unternehmen_Institutionen/ErneuerbareEnergien/Einspeisemanagement/Leitfaden3_0_E/Leitfaden3.0final.pdf?__blob=publicationFile&v=3 (abgerufen am: 10.08.2018).

1406 Die Regelzone umfasst neben dem eigenen Übertragungsnetz alle nachgelagerten Verteilernetze sowie alle damit einhergehenden Erzeugungs-, Speicher- und Verbrauchsanlagen, vgl. Stuhlmacher/Stappert/Schoon/Jansen/*Stappert/Valone*, Kap. 3 Rn. 55. Betreiber von Übertragungsnetzen mit Regelzonenverantwortung sind nach

geführt.[1407] Die Kosten, die durch die Ausführung von Redispatch-Maßnahmen, den Einsatz von Netzreservekraftwerken und Maßnahmen des Einspeisemanagements im Jahr 2017 entstanden sind, beliefen sich auf ca. 1,4 Mrd. Euro.[1408] Schlussendlich ist in diesem Zusammenhang auch noch auf die im Netzgebiet auftretenden Kosten für „vermiedene Netzentgelte" hinzuweisen.[1409]

Verteilernetzbetreiber bezahlen an Betreiber dezentraler Erzeugungsanlagen ein Entgelt für die Einspeisung von Strom in ihr Netz.[1410] Strom aus dezentralen Erzeugungsanlagen wird üblicherweise verbrauchsnah in das Niederspannungs- oder Mittelspannungsnetz eingespeist, wodurch sich in dem einschlägigen Netz der Bezug von Strom aus der vorgelagerten Netzebene reduziert. Dies hat zum Ergebnis, dass der örtliche Verteilernetzbetreiber weniger Netzentgelte an den Netzbetreiber der vorgelagerten Netzebene abführen muss.[1411] Hierbei handelt es sich um die vermiedenen Netzentgelte. Dieses Entgelt stimmt folglich mit dem Netzentgelt überein, welches aufgrund der dezentralen Einspeisung in der vorgelagerten Netz- oder Umspannebene vermieden wurde.[1412] Die Kosten der vermiedenen Netzentgelte beliefen sich im Jahr 2018 auf ca. 1,36 Mrd. Euro.[1413] Die gesetzliche Grundlage der vermiedenen Netzentgelte hat ihren Ursprung im Jahr 2005 und beruht auf damals getroffenen Verbändevereinbarungen.[1414] Die damalige Stromerzeugung war dadurch geprägt, dass die Stromeinspeisung überwiegend auf den oberen Spannungsebenen erfolgte und sodann über die vorgelagerten Netzebenen zu den Verbrauchern transportiert wurde. Dezentrale Stromerzeugung wurde als Entlastung der Netze angesehen, weshalb die Auszahlung vermiedener Netzentgelte an die Betreiber der betroffenen Erzeugungsanlagen erfolgte.[1415] Der Strommarkt hat sich seitdem allerdings insbesondere durch den Umbau der Erzeugungsstruktur verändert.[1416] Mit dem Anstieg der dezentralen Erzeugung geht

---

§ 2 Nr. 3a StromNEV die Unternehmen 50Hertz Transmission GmbH, Amprion GmbH, TenneT TSO GmbH und TransnetBW GmbH sowie ihre Rechtsnachfolger.

1407 Monitoringbericht 2019 der *BNetzA* und des *BKartA* (Stand: 13.03.2020), S. 182.

1408 *BNetzA*, Quartalsbericht zu Netz- und Systemsicherheitsmaßnahmen, Gesamtjahr und Viertes Quartal 2017 (Stand: 06.07.2018), S. 4.

1409 Monitoringbericht 2019 der *BNetzA* und des *BKartA* (Stand: 13.01.2020), S. 182.

1410 Siehe dazu § 18 Abs. 1 S. 1 u. S. 2 StromNEV, wonach Betreiber von dezentralen Erzeugungsanlagen, die vor dem 1. Januar 2023 in Betrieb genommen worden sind, vom Betreiber des Elektrizitätsverteilernetzes, in dessen Netz sie einspeisen, ein Entgelt enthalten. Bei Anlagen mit volatiler Erzeugung ist Satz 1 mit der Maßgabe anzuwenden, dass sie nur dann ein Entgelt erhalten, wenn sie vor dem 1. Januar 2018 in Betrieb genommen worden sind.

1411 BeckOK, EEG/*Sösemann,* EEG 2014, § 35 Rn. 9.

1412 Monitoringbericht 2018 der *BNetzA* und des *BKartA* (Stand: 21.11.2018), S. 163f.

1413 Monitoringbericht 2019 der *BNetzA* und des *BKartA* (Stand: 13.01.2020), S. 183.

1414 Monitoringbericht 2018 der *BNetzA* und des *BKartA* (Stand: 21.11.2018), S. 163.

1415 BeckOK, EEG/*Sösemann,* EEG 2014, § 35 Rn. 9; Monitoringbericht 2018 der *BNetzA* und des *BKartA* (Stand: 21.11.2018), S. 163.

1416 Monitoringbericht 2018 der *BNetzA* und des *BKartA* (Stand: 21.11.2018), S. 164.

einher, dass die bestehende Kapazität der vorgelagerten Netzebenen in geringerem Maße genutzt werden. Dadurch werden die weiterhin bestehenden Infrastrukturkosten der vorgelagerten Netzebenen allerdings auf eine geringere Absatzmenge aufgeteilt. Dies hat wiederum zur Folge, dass die Netzentgelte auf der vorgelagerten Netzebene ansteigen, wodurch gleichzeitig auch die vermiedenen Netzentgelte ansteigen, zumal diese auf Grundlage der Netzentgelte der vorgelagerten Netz- oder Umspannebene ermittelt werden.[1417] Die Verstärkung von dezentraler Stromerzeugung hat insbesondere auch in lastschwächeren Gebieten zur Folge, dass dadurch zunehmend Netzkosten, beispielsweise in Form von Netzausbaukosten[1418], verursacht werden, aber die damit einhergehenden Einsparungen perspektivisch in immer geringerem Umfang festzustellen sind.[1419]

Den beiden letztgenannten Gründen soll das Netzentgeltmodernisierungsgesetz[1420] (NEMoG) entgegenwirken, welches im Juli 2017 verabschiedet wurde.[1421] Mit dem NEMoG gehen Änderungen des EnWG und der StromNEV einher, die zum einen die schrittweise Vereinheitlichung der Netzentgelte auf Übertragungsnetzebene ab dem 01.01.2019 vorsehen. Die Vereinheitlichung erfolgt dabei in fünf Schritten[1422] und sieht bundeseinheitliche Übertragungsnetzentgelte ab dem 01.01.2023 vor,[1423] sodass die Netzentgelte der Übertragungsnetzebene überall gleich hoch ausfallen. Zum anderen geht mit dem NEMoG die schrittweise Verringerung des Privilegs der vermiedenen Netzentgelte gem. § 120 Abs. 1 EnWG[1424]

1417 Monitoringbericht 2019 der *BNetzA* und des *BKartA* (Stand: 13.01.2020), S. 183.

1418 BeckOK, EEG/*Sösemann,* EEG 2014, § 35 Rn. 10.

1419 BT-Drs.: 18/11528, S. 1.

1420 Netzentgeltmodernisierungsgesetz v. 17.07.2017, BGBl. I S. 2503.

1421 Durch das NEMoG soll sichergestellt werden, dass die Kosten der Energiewende fair und transparent auf die Netzentgelte aufgeteilt werden und dadurch unberechtigte regionale Kostenbelastungen, wie auch der Verbraucher, vermieden werden, BT-Drs.: 18/11528, S. 12.

1422 Die schrittweise Vereinheitlichung der Übertragungsnetzentgelte ist in § 32a Abs. 2 StromNEV geregelt. Danach erfolgt die Vereinheitlichung der Übertragungsnetzentgelte in fünf Schritten von jeweils 20 Prozent. Der prozentuale bundeseinheitlich gebildete Anteil, der sich auf die Erlösobergrenzen nach § 14b Absatz 1 der einzelnen Betreiber von Übertragungsnetzen mit Regelzonenverantwortung im jeweiligen Kalenderjahr bezieht, beträgt 1. für das Kalenderjahr 2019 jeweils 20 Prozent, 2. für das Kalenderjahr 2020 jeweils 40 Prozent, 3. für das Kalenderjahr 2021 jeweils 60 Prozent, 4.für das Kalenderjahr 2022 jeweils 80 Prozent.

1423 Vgl. § 32a Abs. 1 S. 1 StromNEV.

1424 Nach § 120 Abs. 1 EnWG darf bei Einspeisungen von Elektrizität aus dezentralen Erzeugungsanlagen in einer Rechtsverordnung nach § 24 Satz 5 keine Erstattung eingesparter Entgelte für den Netzzugang vorgesehen werden 1. für Erzeugungsanlagen, die ab dem 1. Januar 2023 in Betrieb genommen worden sind, 2. für Anlagen mit volatiler Erzeugung, die ab dem 1. Januar 2018 in Betrieb genommen worden sind.

i.V.m. § 18 Abs. 1 S. 1 und S. 2 StromNEV einher.[1425] Dadurch soll insbesondere eine faire Verteilung der Kosten für die Netz- und Systemsicherheit, die hauptsächlich auf dieser Ebene anfallen, auf alle Netznutzer erreicht werden.[1426]

dd. Auswirkung auf die wirtschaftliche Zumutbarkeit

In diesem Abschnitt soll untersucht werden, welche Auswirkungen die Netzanschlusskosten, die Baukostenzuschüsse und insbesondere die Netzentgelte auf das Merkmal der wirtschaftlichen Zumutbarkeit haben. Generell lässt sich feststellen, dass die wirtschaftliche Zumutbarkeit des Netzbetreibers i.S.d. § 11 Abs. 1 S. 1 EnWG regelmäßig dann angenommen werden kann, wenn die Tragung von Kosten gesetzlich einem anderen zugewiesen ist oder der Netzbetreiber seine Kosten auf andere abwälzen kann, sodass die Finanzierung der Pflichten aus § 11 Abs. 1 S. 1 EnWG im Ergebnis nicht aus seinen eigenen finanziellen Mitteln erfolgt.[1427]

Das ist zunächst mit Blick auf die Kosten des Anschlusses von EE-Anlagen der Fall, welche infolge der gesetzlichen Regelung des § 16 Abs. 1 EEG vom EE-Anlagenbetreiber und nicht vom Netzbetreiber zu tragen sind,[1428] sodass sich der Netzbetreiber für eine wirtschaftliche Unzumutbarkeit nicht auf die Zahlung von Netzanschlusskosten berufen kann, da er dessen Kosten nicht selbst tragen muss. Dasselbe gilt für alle Pflichten aus § 11 Abs. 1 S. 1 EnWG, die die Netznutzer durch die Zahlung von Netzentgelten begleichen können. In der hier untersuchten Konstellation, in der das Stilllegungsbegehren eines Netzbetreibers dem Anschlussbegehren eines EE-Anlagenbetreibers gegenübersteht, werden sowohl die Betriebspflicht als auch die damit eng verbundene Wartungspflicht relevant. Auch ist es möglich, dass eine Netzausbaupflicht durch die Regelung des § 8 Abs. 4 EEG Bedeutung erlangt. Die Kosten für die Erfüllung der vorgenannten Pflichten werden grundsätzlich durch die Netzentgelte auf die Gesamtheit der Netznutzer abgewälzt.[1429] Das entspricht dem wesentlichen Zweck der Netzentgelte und findet bereits auf europäischer Ebene in Art. 23 Abs. 2 a) der Elektrizitätsrichtlinie 2003/54/EG, auf der u.a. die Regelung des § 21 Abs. 2 EnWG zur Ermittlung der Netzentgelte beruht, seine Grundlage.[1430] So heißt es dort, dass die Netzentgelte insbesondere dazu dienen, „die Lebensfähigkeit der Netze" zu gewährleisten.[1431]

1425 BT-Drs.: 18/11528, S. 16.
1426 BT-Drs.: 18/11528, S. 12.
1427 So in Hinblick auf Netzerweiterungsmaßnahmen auch BerlKommEnR/*König*, Band 1, § 11 EnWG Rn. 65; *Antoni*, ET 2011 (Heft 5), 74; Peters, ZNER 2007, 272, 274.
1428 BerlKommEnR/*König*, Band 1, § 11 EnWG Rn. 60.
1429 Siehe zu den Netzentgelten ausführlich unter E. V. 2. b. cc.
1430 Holznagel/Schütz/*Laubenstein/van Rossum*, ARegV, § 21 EnWG Rn. 42.
1431 Vgl. auch Holznagel/Schütz/*Laubenstein/van Rossum*, ARegV, § 21 EnWG Rn. 42. Konkret heißt es gem. Art. 23 Abs. 2 a) der Elektrizitätsrichtlinie 2003/54/EG, dass die Tarife zur Entgeltbildung so zu gestalten sind, "dass die notwendigen

Dieses Verständnis lässt sich auch bereits der allgemeinen Definition der Netzentgelte entnehmen, die das Netzentgelt als „Gegenleistung für die Inanspruchnahme des Netzes“[1432] qualifiziert und mit einer solchen Inanspruchnahme des Netzes zwangsläufig Instandhaltungsmaßnahmen bzw. Wartungsarbeiten umfasst sind. Es entspricht im Übrigen auch dem Aspekt der solidarischen Finanzierung der Netzentgelte,[1433] welcher insbesondere durch das transaktionsunabhängige Punktmodell[1434] i.S.d. § 15 Abs. 1 S. 1 StromNEV zum Ausdruck gebracht wird,[1435] dass auch Netzabschnitte, die nur vereinzelten Netznutzern zugute kommen oder fernab der Ballungsräume liegen, durch die Zahlung der Allgemeinheit aufgefangen werden. Auch die in der StromNEV gesetzlich normierte Privilegierung von stromintensiven Unternehmen und die damit einhergehenden reduzierten Netzentgelte der stromintensiven Unternehmen werden unter den Netzbetreibern verrechnet und schließlich von allen Letztverbrauchern durch die sog. § 19 StromNEV-Umlage als Aufschlag auf das Netzentgelt getragen[1436].[1437]

Im Ergebnis kann sich ein Netzbetreiber daher in der betrachteten Konstellation für die Begründung einer wirtschaftlichen Unzumutbarkeit grundsätzlich nicht auf die Kosten berufen, die sich aus seinen oben genannten Pflichten aus § 11 Abs. 1 S. 1 EnWG ergeben, da diese grundsätzlich über die Netzentgelte finanziert und nicht durch den Netzbetreiber getragen werden. Von diesem Grundsatz kommen zwei denkbare Ausnahmen in Betracht, die im Folgenden näher untersucht werden sollen. Dabei wird zum einen die mögliche Auswirkung des Effizienzmaßstabs ((1.)) und zum anderen die volkswirtschaftliche Unzumutbarkeit ((2.)) erörtert.

Investitionen in die Netze so vorgenommen werden können, dass die Lebensfähigkeit der Netze gewährleistet ist“.

1432 Holznagel/Schütz/*Laubenstein/van Rossum*, ARegV, § 21 EnWG Rn. 56.

1433 Schneider/Theobald/*Albrecht*, EnWR, § 9 Rn. 48.

1434 Netzentgelte unterliegen demnach einer teilweise entfernungsunabhängigen Berechnungsmethode, und werden insofern mit der Funktionsweise von Briefmarken verglichen, Schneider/Theobald/*Albrecht*, EnWR, § 9 Rn. 48.

1435 Vgl. dazu auch Art. 4 Abs. 1 S. 2 StromhandelsVO 2003 und Art. 14 Abs. 1 S. 2 StromhandelsVO 2009, wonach die Entgelte nicht entfernungsabhängig sein dürfen, Britz/Hellermann/Hermes/*Groebel*, EnWG, § 21 Rn. 63.

1436 Zum Jahresbeginn 2018 lag der durchschnittliche Strompreis für Haushaltskunde bei 29,44 ct/kWh. Davon haben die Netzentgelte einen Anteil von ca. 25 Prozent eingenommen. Der durchschnittliche Strompreis für die Industriekunden lag hingegen bei 17,17 ct/kWh. Neben den Netzentgelten haben die zu zahlenden Steuern, Abgaben und Umlagen ca. 54 Prozent und die Beschaffung und der Vertrieb des Stroms ca. 21 Prozent des Strompreises ausgemacht, *BDEW*, Strompreisanalyse 2018, S. 2, 12 u. 24 (Stand: 18.05.2018).

1437 *Schwalge/Faßbender*, IR 2017, 266, 268; *BDEW*, Strompreisanalyse 2018, S. 36 (Stand: 18.05.2018).

(1.) Effizienzmaßstab

Zum einen ist es theoretisch denkbar, dass die Betriebs- und Wartungskosten für den (Weiter-) Betrieb eines Netzabschnittes nur aufgrund des Anschlussbegehrens eines EE-Anlagenbetreibers im Einzelfall nicht mehr den Kosten eines effizienten Netzbetreibers i.S.d. § 21 Abs. 2 EnWG und § 4 Abs. 1 StromNEV entsprechen und daher im Rahmen der Netzkostenermittlung nicht mehr ansatzfähig sein könnten. Das würde im Ergebnis dazu führen, dass der Netzbetreiber die entsprechenden Betriebskosten nicht mehr auf die Netznutzer abwälzen könnte, denn ineffiziente Kosten müssen Netzbetreiber selbst tragen.[1438] Daraus würde zwar nicht automatisch die wirtschaftliche Unzumutbarkeit des (Weiter-) Betriebs des Netzabschnittes für den Netzbetreiber folgen, denn im System der Anreizregulierung als auch nach § 21 Abs. 2 EnWG besteht für ihn kein Anspruch auf Vollkostendeckung.[1439] Allerdings würde der Grundsatz, dass die Annahme einer wirtschaftlichen Unzumutbarkeit bereits daran scheitert, wenn eine Kostenabwälzung über die Netzentgelte auf die Netznutzer erfolgt, keine Geltung beanspruchen können. Da die Netzentgelte dem Netzbetreiber keine Vollkostendeckung garantieren, wäre konsequenterweise auch in diesem Fall über die wirtschaftliche Zumutbarkeit im Rahmen einer Einzelfallabwägung zu entscheiden,[1440] wobei aufgrund der teilweisen Eigenfinanzierung des Netzbetreibers dieser Aspekt stärker in die Abwägung einfließen dürfte. Aber auch in einem solchen Fall müsste stets die erhöhte Sozialbindung seines Eigentums und vor allem die Übernahme einer daseinsvorsorgenden Funktion berücksichtigt werden.[1441] Daher würde man eine wirtschaftliche Unzumutbarkeit im Ergebnis ohnehin nur in seltenen Fällen annehmen können. Vertreten wird in diesem Rahmen zum Teil, dass die Inpflichtnahme des Netzbetreibers aus § 11 Abs. 1 S. 1 EnWG erst dann wirtschaftlich unzumutbar ist, wenn der Netzbetreiber dadurch in seiner Existenz gefährdet ist.[1442]

Diese Ausnahme wird aber theoretischer Natur bleiben, denn mit dem Begriff der Effizienz im oben genannten Sinne geht einher, dass diejenigen Kosten anzuerkennen sind, die notwendigerweise mit der Leistungserbringung einhergehen

1438 BerlKommEnR/*König*, Band. 1, § 11 EnWG, Fn. 107.

1439 Vgl. BerlKommEnR/*König*, Band. 1, § 11 EnWG, Fn. 107.

1440 BerlKommEnR/*König*, Band. 1, § 11 EnWG Rn. 63; **a.A.** in Bezug auf Netzausbaukosten geht *Schneider*, IR 2009, 2, 6 von einer wirtschaftlichen Unzumutbarkeit des Netzbetreibers aus, wenn die Investitionskosten langfristig nicht über die Netzentgelte refinanziert werden können.

1441 BerlKommEnR/*König*, Band 1, § 11 EnWG Rn. 63; Britz/Hellermann/Hermes/*Sötebier*, EnWG, § 11 Rn. 46.

1442 *Ringel*, S. 224f, in Bezug auf Ausbaumaßnahmen des Netzes; **a.A.** wohl beispielsweise *Schneider*, IR 2009, 2, 6 der von einer wirtschaftlichen Unzumutbarkeit des Netzbetreibers ausgeht, wenn die Investitionskosten langfristig nicht über die Netzentgelte refinanziert werden können.

und insofern unverzichtbar sind.[1443] Die Leistungserbringung besteht hier in dem (Weiter-) Betrieb des Netzabschnittes und damit in der Wahrnehmung der laufenden Betriebs- und Wartungsaufgaben des Netzabschnittes, sodass auch die damit einhergehenden Kosten anzuerkennen sind. In diesem Zusammenhang ist zwar grundsätzlich zu beachten, dass Stilllegungen in bestimmten Fällen dazu beitragen können und gegebenenfalls sogar notwendig sind, um Ineffizienzen i.S.d. § 21 Abs. 2 EnWG zu beseitigen. Allerdings gilt dies nur dann, wenn der stillzulegende Netzabschnitt nicht mehr zur Befriedigung des objektiven Transport- und Verteilungsbedarfs benötigt wird.[1444] Dies ist in der untersuchten Konstellation aber gerade der Fall, da der Betrieb des Netzabschnittes aufgrund des Anschlussanspruchs des EE-Anlagenbetreibers nach § 8 Abs. 1 S. 1 EEG unerlässlich ist.[1445]

(2.) Volkswirtschaftliche Unzumutbarkeit

Zuletzt ist es denkbar, dass die Kosten volkswirtschaftlich unzumutbar sind, obwohl sie grundsätzlich über die Netzentgelte refinanziert werden können. Eine solche Beurteilung wäre hingegen nicht möglich, wenn für die Beurteilung der wirtschaftlichen Zumutbarkeit allein auf betriebswirtschaftliche Aspekte des Netzbetreibers abzustellen wäre. Dem Netzbetreiber wären dann selbst objektiv offensichtlich wirtschaftlich untragbare Kosten nicht wirtschaftlich unzumutbar, weil deren Kosten durch die Allgemeinheit getragen würden.[1446]

Daher ist zu fragen, ob eine Einschränkung des Grundsatzes in solchen Fällen nicht dergestalt erfolgen muss, dass auch volkswirtschaftlichen Gesichtspunkten Rechnung getragen und nicht nur auf die betriebswirtschaftliche Situation des Netzbetreibers geblickt wird.[1447] Teilweise wird dies mit der Begründung abgelehnt, dass es sich bei der Grenze der wirtschaftlichen Zumutbarkeit des § 11 Abs. 1 S. 1 EnWG um eine Ausprägung des Verhältnismäßigkeitsgrundsatzes handelt, die ausschließlich den Netzbetreiber vor übermäßigen Grundrechtseingriffen schützen soll.[1448] Dem lässt sich entgegenhalten, dass der Wortlaut des § 11 Abs. 1 S. 1 EnWG, anders als beispielsweise derjenige in den §§ 17, 18 und 20 EnWG, der jeweils sprachlich einen Bezug zum Netzbetreiber herstellt, für die Einstellung volkswirtschaftlicher Aspekte offen ist.[1449] Auch von der Rechtsprechung wurde die Frage der Einbeziehung volkswirtschaftlicher Aspekte bei der

1443 Kment/*Schütte*, EnWG, § 21 Rn. 77; m.w.N. Holznagel/Schütz/*Laubenstein/van Rossum*, ARegV, § 21 EnWG Rn. 60.
1444 BerlKommEnR/*König*, Band 1, § 11 EnWG Rn. 19.
1445 Siehe dazu näher unter E. V. 2. b. cc. (2.)(a.).
1446 Ähnlich auch Britz/Hellermann/Hermes/*Sötebier*, EnWG, § 11 Rn. 90.
1447 Britz/Hellermann/Hermes/*Sötebier*, EnWG, § 11 Rn. 90ff; *Ringel*, S. 212f.
1448 BerlKommEnR/*König*, Band 1, § 11 EnWG Rn. 59.
1449 Britz/Hellermann/Hermes/*Sötebier*, EnWG, § 11 Rn. 91; *Ringel*, S. 212.

Auslegung des Merkmals der wirtschaftlichen Zumutbarkeit bisher ausdrücklich offen gelassen.[1450]

Da einerseits Kosten für die Erfüllung von Pflichten nach § 11 Abs. 1 S. 1 EnWG potenziell die Netzentgelte erhöhen und gemäß § 1 Abs. 1 EnWG andererseits der Zweck des Gesetzes eine (u.a.) preisgünstige und effiziente leitungsgebundene Versorgung der Allgemeinheit mit Elektrizität ist, liegt es nahe, dass volkswirtschaftliche Gesichtspunkte bei der Überprüfung von netzentgelterhöhenden Maßnahmen in Ausnahmefällen Berücksichtigung finden können müssen.[1451] Dieses Ergebnis lässt sich auch auf einen Abgleich mit der Bedeutung volkswirtschaftlicher Aspekte im Rahmen des Begriffs „wirtschaftliche Unzumutbarkeit" i.S.d. § 12 Abs. 3 EEG stützen. Hier sind bei der Auslegung neben betriebswirtschaftlichen auch volkswirtschaftliche Überlegungen zu berücksichtigen.[1452] So soll eine Netzerweiterung jedenfalls dann aus volkswirtschaftlicher Sicht wirtschaftlich unzumutbar sein, wenn in allen denkbaren Alternativen ein Missverhältnis zwischen Kosten und Nutzen feststellbar ist (sog. „absolute Unzumutbarkeit").[1453] Da die Kosten für Kapazitätserweiterungen gemäß § 17 EEG vom Netzbetreiber getragen und letztendlich ebenfalls, wie die Kosten für die Erfüllung der Pflichten aus § 11 Abs. 1 EnWG, über die Netzentgelte auf die Netznutzer abgewälzt werden, ist nicht ersichtlich, warum dann nicht auch im Rahmen der wirtschaftlichen Zumutbarkeit i.S.d. § 11 Abs. 1 S. 1 EnWG volkswirtschaftliche Erwägungen greifen können sollen. Vor diesem Hintergrund sollten bei der betrachteten Konstellation, in der sich das Stilllegungsinteresse des Netzbetreibers und das Anschlussbegehren des EE-Anlagenbetreibers gegenüberstehen, auch volkswirtschaftliche Gesichtspunkte eine wirtschaftliche Unzumutbarkeit begründen können. Dabei wird allerdings regelmäßig zu berücksichtigen sein, dass ein solches Ergebnis nur in besonderen Ausnahmefällen möglich ist, da es eher unwahrscheinlich ist, dass eine Erhöhung der Netzentgelte durch umzulegende Betriebs- und Wartungskosten eines Netzabschnittes zu einem signifikanten Anstieg der Netzentgelte führen könnte.[1454] Vorstellbar ist dies beispielsweise, wenn der in Rede stehende Netzabschnitt sehr lang, alt und marode ist, sodass die Instandhaltung des betroffenen Netzabschnittes mit unverhältnismäßigen Kosten verbunden wäre und sogar ein entsprechender Neubau einer Leitung oder eines Netzabschnittes mit niedrigeren Kosten verbunden wäre. Allerdings ist auch hier zu berücksichtigen, dass Netze mittels Reinvestitionen laufend modernisiert und erneuert werden und einzelne

1450 *BVerwG*, Beschl. v. 24.05.2012 – 7 VR 4.12, ZUR 2012, 499, 502.

1451 Ähnlich Britz/Hellermann/Hermes/*Sötebier*, EnWG, § 11 Rn. 91.

1452 Danner/Theobald/*Ludwigs*, EEG 2017 § 12 Rn. 44 m.w.N; für eine regulatorische Sicherstellung eines volkswirtschaftlich optimalen Rahmens Baur/Salje/Schmidt-Preuß/*Bettzüge/Kesting*, Kap. 4 Rn. 17; *Ringel*, S. 179f.

1453 Danner/Theobald/*Ludwigs*, EEG 2017 § 12 Rn. 44.

1454 Ähnlich auch BerlKommEnR/*Säcker*, Band 3, § 6 KraftNAV Rn. 19.

Netzteile nach und nach ausgetauscht werden,[1455] sodass vollkommen veraltete Netze bzw. Netzabschnitte selten sein dürften.

3. Interessenabwägung

Nachdem das Ausmaß der wirtschaftlichen Zumutbarkeit und die mit der Betriebspflicht des Netzes einhergehenden Kosten des Netzbetreibers im vorherigen Abschnitt ausführlich untersucht wurden, soll im Folgenden die erforderliche Abwägung der widerstreitenden Interessen näher erörtert werden. Eine solche wird trotz der oben unter E. V. 2. b. dd. beschriebenen Auswirkung der Netzentgelte auf die Grenze der wirtschaftlichen Zumutbarkeit nicht hinfällig, da die Interessen des Einzelfalls immer zu berücksichtigen sind. Im Folgenden sollen daher die unterschiedlichen Interessen des Netzbetreibers und des EE-Anlagenbetreibers herausgearbeitet (a.) und in einem weiteren Schritt gegeneinander abgewogen werden (b.). Dabei ist zu beachten, dass die Interessenabwägung immer einzelfallabhängig zu erfolgen hat, was zur Folge hat, dass von Fall zu Fall immer andere Aspekte unterschiedlicher Gewichtung zu berücksichtigen sind. Ziel dieses Abschnittes ist es insofern, allgemeingültige Überlegungen anzustellen, die in unterschiedlicher Gewichtung bei jeder Interessenabwägung berücksichtigt werden sollten.

a. Interessen

Abzuwägen gelten die widerstreitenden Interessen des betroffenen Netzbetreibers und des anschlussberechtigten EE-Anlagenbetreibers, die im Folgenden aufgezeigt werden sollen. Da, wie oben gezeigt, auch volkswirtschaftliche Gesichtspunkte bzw. Interessen der Allgemeinheit in die Abwägung einfließen können müssen, werden auch diese hier aufgeführt. Das Interesse des Netzbetreibers an der Stilllegung eines Netzabschnittes ist in der Regel wirtschaftlicher Natur. Es geht ihm als Teilnehmer am Wirtschaftsverkehr um die Ausübung seiner unternehmerischen Freiheit. Ihm ist an der Rentabilität des Netzbetriebs und des eingesetzten Kapitals gelegen und er strebt daher eine angemessene Gewinnerzielung an. Aus diesem Grund will er sich des Netzabschnittes entledigen, welcher einerseits keine unmittelbaren Einnahmen generiert, aber ihn andererseits mit fortlaufenden Kosten, insbesondere in Form von Betriebs- und Wartungskosten belastet und damit nicht kostendeckend betrieben werden könnte, könnte er diese Kosten nicht auf die übrigen Netznutzer abwälzen. Unabhängig von der grundsätzlichen Möglichkeit einer Abwälzung der Kosten auf die übrigen Netznutzer, wird so die Marktfähigkeit seiner Preise beeinträchtigt.[1456] Zur unternehmerischen Freiheit gehört auch die Möglichkeit, das in dem Netzabschnitt gebundene Material zu verwerten bzw. zu veräußern. So kann beispielsweise die Verwertung des Materials stillgelegter

---

1455 *Böttcher*, S. 33.
1456 Siehe *Ringel*, S. 180f.

Freileitungen wirtschaftlich durchaus rentabel sein.[1457] Zudem hat der Netzbetreiber ein Interesse daran, den Entzug von Finanzmitteln durch die fortlaufende Erfüllung seiner Pflichten als Netzbetreiber abzustellen. In jedem Fall will er sich kostenverursachender Netzabschnitte entledigen, die sein wirtschaftliches Fortkommen oder gar seine Existenz gefährden.[1458]

Die Interessen des EE-Anlagenbetreibers am Anschluss seiner EE-Anlage an den Netzverknüpfungspunkt i.S.d. § 8 Abs. 1 S. 1 EEG sind letztendlich ebenfalls wirtschaftlicher Natur und gewissermaßen spiegelbildlich zu den Interessen des Netzbetreibers. Darüber hinaus gewährt ihm die Zusage seines Anschlussbegehrens durch den Netzbetreiber die erforderliche Planungssicherheit für die weitergehende Realisierung seiner EE-Anlage.[1459] Auch der EE-Anlagenbetreiber macht mit seinem Anschlussbegehren von seiner unternehmerischen Freiheit Gebrauch, indem er ein gesetzliches Recht auf Anschluss der EE-Anlage ausübt. Auf diesem Wege will er letztendlich sein Kapital rentabel nutzen und negative Folgen nicht rentabler Investitionen vermeiden, die auch in seinem Fall bei Verweigerung des Anschlusses bis hin zur Gefährdung seiner wirtschaftlichen Existenz reichen können.

Das hier einschlägige, übergeordnete Interesse der Allgemeinheit ist das der Versorgung mit Strom, welches dem Bereich der Daseinsvorsorge zuzuordnen ist und damit höchsten Rang genießt.[1460] Im Interesse der Allgemeinheit soll diese Versorgung auf möglichst sichere, preisgünstige, verbraucherfreundliche, effiziente und umweltverträgliche Art und Weise und zunehmend aus erneuerbaren Energien erfolgen (§ 1 Abs. 1 EnWG). Im Interesse der Allgemeinheit ist es zudem, die Energieversorgung im Sinne des Klima- und Umweltschutzes nachhaltig zu entwickeln, volkswirtschaftliche Kosten der Energieversorgung auch durch die Einbeziehung langfristiger externer Effekte zu verringern, fossile Energieressourcen zu schonen und die Weiterentwicklung von Technologien zur Erzeugung von Strom aus erneuerbaren Energien zu fördern (§ 1 Abs. 1 EEG). Diese Interessen können in Abhängigkeit vom Einzelfall sowohl mit den Interessen des Netzbetreibers an der Stilllegung (z.B. preisgünstige Stromversorgung), als auch mit den Interessen des EE-Anlagenbetreibers übereinstimmen (z.B. Klima- und Umweltschutz).[1461]

b. Abwägung

Im Folgenden sollen die grundsätzlich relevanten Aspekte, die die Gewichtung der widerstreitenden Interessen beeinflussen, aufgezeigt werden. Zu wessen Gunsten die Interessenabwägung ausfällt, hängt jeweils von den konkreten Umständen des

---

1457 *Kohls*, ZUR 2018, 330, 332.
1458 Siehe zu Vorstehendem auch *Ringel*, S. 180f.
1459 Ähnlich auch *Busmann*, ZNER 2003, 49f.
1460 Vgl. Britz/Hellermann/Hermes/*Sötebier*, EnWG, § 11 Rn. 48.
1461 Vgl. *Ringel*, S. 182.

Einzelfalls ab. Gleichwohl soll hier versucht werden, verallgemeinerungsfähige Aussagen zu den einzelnen Aspekten und ihrer Bedeutung im Rahmen der Interessenabwägung zu treffen. Dafür sollen zunächst Grundrechte und Positionen von Verfassungsrang (aa.), dann die einfachgesetzlichen Erwägungen und Ziele und sodann anerkannte Prinzipien (bb.) und zuletzt sonstige Aspekte (cc.) in den Blick genommen werden.

aa. Verfassungsrechtliche Erwägungen

Zu berücksichtigen ist zunächst, dass die Grenze der wirtschaftlichen Zumutbarkeit i.S.d. § 11 Abs. 1 S. 1 EnWG der Wahrung des Verhältnismäßigkeitsgrundsatzes dient.[1462] Unverhältnismäßige Eingriffe in die Grundrechte des Netzbetreibers aus Art. 12 Abs. 1 S. 1 GG und Art. 14 Abs. 1 S. 1 GG, insbesondere in die Investitionsfreiheit, sollen somit vermieden werden.[1463] Bei der Beurteilung des Ausmaßes der wirtschaftlichen Zumutbarkeit in Hinblick auf den weiteren Betrieb eines Netzabschnittes ist aber stets zu beachten, dass es sich bei der Betriebspflicht des Netzbetreibers aus § 11 Abs. 1 S. 1 EnWG um die Gewährleistung der Daseinsvorsorge handelt und insofern als ein Gemeinwohlinteresse höchsten Ranges behandelt werden muss.[1464] Die Netzbetreiber und ihr Eigentum unterliegen daher einer erhöhten Sozialbindung.[1465] Damit ist die Grenze der wirtschaftlichen Zumutbarkeit für den Weiterbetrieb eines Netzabschnittes generell hoch anzusetzen.[1466] Dies wird noch dadurch unterstrichen, dass durch den (Weiter-) Betrieb des Netzabschnittes zur Realisierung des Anschlusses der EE-Anlage auch der Klima- und Umweltschutz gefördert wird,[1467] welcher ebenfalls über Art. 20a GG Verfassungsrang genießt.

bb. Einfachgesetzliche Erwägungen des EnWG und des EEG

Die einfachgesetzlichen Ziele des § 1 Abs. 1 EnWG und des § 1 Abs. 1 EEG lassen sich teilweise für die Position des Netzbetreibers (z.B. preisgünstige Stromversorgung) und teilweise für die Position des EE-Anlagenbetreibers heranziehen (z.B. Klima- und Umweltschutz). Ob diese Ziele eher die Position des Netzbetreibers oder die des EE-Anlagenbetreibers stärken, hängt vom Einzelfall ab. Entscheidend wird sein, welche Kosten dem Netzbetreiber bzw. der Allgemeinheit aufgrund der Abwälzung über die Netzentgelte infolge des (Weiter-) Betriebs des Netzes entstehen und welcher Nutzen für die Allgemeinheit dem gegenübersteht. Letzteres

1462 Britz/Hellermann/Hermes/*Sötebier*, EnWG, § 11 Rn. 47.
1463 Elspas/Graßmann/Rasbach/*Rauch*, EnWG, § 11 Rn. 58; BerlKommEnR/*Schmidt-Preuß*, Band 1, Einl. C. Rn. 114.
1464 Vgl. Britz/Hellermann/Hermes/*Sötebier*, EnWG, § 11 Rn. 48.
1465 BerlKommEnR/*König*, Band 1, § 11 EnWG Rn. 66.
1466 Britz/Hellermann/Hermes/*Sötebier*, EnWG, § 11 Rn. 48.
1467 Vgl. *Ringel*, S. 182.

wird man anhand der Menge des EE-Stroms bewerten können, den die EE-Anlage einspeist. Für eine bessere Vergleichbarkeit mit den Kosten des Netzbetriebs scheint es vertretbar, diesen Kosten den Wert des eingespeisten Stroms gegenüberzustellen.[1468] Dabei lässt sich generell feststellen, dass ein niedriges Einspeisevolumen den Interessen des Netzbetreibers zugute kommt, wobei hingegen ein hohes Einspeisevolumen für die Interessen des EE-Anlagenbetreibers spricht. Je höher das Einspeisevolumen ist, desto positiver wirkt sich dies auch auf das Merkmal der Versorgungssicherheit und den Klimaschutz aus, sodass auch ein gesteigertes Interesse der Allgemeinheit an dem (Weiter-) Betrieb des Netzabschnittes besteht.

Weiterhin muss in der betrachteten Konstellation stets berücksichtigt werden, dass die Anschlusspflicht von EE-Anlagen nach § 8 Abs. 1 S. 1 EEG, anders als die Pflichten des Netzbetreibers aus § 11 Abs. 1 S. 1 EnWG, nicht dem Vorbehalt der wirtschaftlichen Zumutbarkeit unterliegen. Auf die wirtschaftliche Zumutbarkeit eines Anschlussverlangens von EE-Anlagen kommt es nach § 12 Abs. 3 S. 1 EEG nämlich nur dann an, wenn der Anschluss die vorherige Erweiterung der Netzkapazität voraussetzt und die damit einhergehenden Kosten ein gewisses Niveau übersteigen.[1469] Ist eine solche Netzkapazitätserweiterung nicht erforderlich, fehlt es im EEG an einem Zumutbarkeitsvorbehalt mit Blick auf den EE-Anlagenanschluss.[1470] Aufgrund des unterschiedlichen Regelungsgehalts des § 8 Abs. 1 S. 1 EEG und des § 11 Abs. 1 S. 1 EnWG bedeutet dies zwar nicht, dass dem Netzbetreiber die Geltendmachung der wirtschaftlichen Unzumutbarkeit nicht zusteht, allerdings ist dieser Umstand ein Indiz dafür, dass die Unbedingtheit des Anschlussanspruchs nach § 8 Abs. 1 S. 1 EEG den Zumutbarkeitsvorbehalt des § 11 Abs. 1 S. 1 EnWG regelmäßig zugunsten der Interessen des EE-Anlagenbetreibers beeinflussen wird. Dies ist anzunehmen, da es sich bei dem EEG im Verhältnis zum EnWG um das speziellere Gesetz handelt (vgl. § 2 Abs. 2 EnWG), sodass die Verpflichtungen nach dem EEG weitestgehend unberührt bleiben und das EEG dem EnWG grundsätzlich als spezielleres Gesetz vorgeht und damit Vorrang genießt.[1471] Zum anderen handelt es sich bei der Anschlusspflicht von EE-Anlagen nach § 8 Abs. 1 S. 1 EEG um eine Pflicht mit Dauercharakter, die sich nicht auf den bloßen Anschluss der EE-Anlage beschränkt. Sie verbietet es dem Netzbetreiber vielmehr auch, die EE-Anlage wieder vom Netz zu nehmen.[1472] Darauf würde eine Stilllegung des betroffenen Netzabschnitts bei Bestehen des Anschlussanspruchs nach § 8 Abs. 1 S. 1 EEG allerdings im Ergebnis im vergleichbaren Maße hinauslaufen. Vor diesem Hintergrund lässt sich festhalten, dass das grundsätzliche Rangverhältnis zwischen

1468 Ähnlich *Ringel*, S. 182.
1469 Näher dazu unter D. II. 3.
1470 Vgl. dazu D. I.
1471 BerlKommEnR/*Säcker*, Band 1, § 2 EnWG Rn. 5; Theobald, in: Danner/Theobald, EnWG, § 17 Rn. 12; Britz/Hellermann/Hermes/*Bourwieg*, EnWG, 2. Auflage, § 13 Rn. 15.
1472 Greb/Boewe/*Woltering*, EEG, § 8 Rn. 30. Siehe dazu ausführlich unter D. I. 7.

§ 8 Abs. 1 S. 1 EEG und § 11 Abs. 1 Abs. 1 EnWG in dem untersuchten Fall für eine generell stärkere Gewichtung der Position des anschlussberechtigten EE-Anlagenbetreibers herangezogen werden kann. Dies lässt sich weiterhin damit unterstreichen, dass durch § 8 Abs. 1 S. 1 EEG die Position des EE-Anlagenbetreibers auch dadurch gestärkt wird, dass die Norm einen gesetzlichen Kontrahierungszwang des Netzbetreibers mit dem anschlussberechtigten EE-Anlagenbetreiber begründet.[1473]

Des Weiteren muss hier auch die Wertung des NOVA-Prinzips Berücksichtigung finden, welches anerkanntermaßen dem Netzausbau zugrunde gelegt wird. Demnach sollen Netzbetreiber vorerst das bestehende Netz optimieren, dann vorhandene Leitungen verstärken und erst in einem letzten Schritt neue Trassen bauen.[1474] Daraus kann auch in Bezug auf bereits bestehende Netzinfrastruktur in gewissem Maße der Schluss gezogen werden, dass bestehende Infrastruktur und somit bestehende Netzabschnitte/Leitungen erhalten bleiben sollen, sofern an ihr – wie in der hier betrachteten Konstellation – noch ein Bedarf besteht. Die Wertung des NOVA-Prinzips spricht somit für die Interessen des EE-Anlagenbetreibers.

cc. Sonstige Aspekte

Zuletzt werden alle konkreten Umstände des Einzelfalles für die Interessenabwägung relevant, die einerseits die Kosten oder finanziellen Nachteile des (Weiter-)Betriebs für den Netzbetreiber bzw. die Allgemeinheit oder andererseits dessen Nutzen für den EE-Anlagenbetreiber und die Allgemeinheit erhöhen. Zunächst sollte immer die Länge des Netzabschnittes betrachtet werden. Kostenerhöhend kann sich beispielsweise eine besondere Länge des Netzabschnittes auswirken, da mit zunehmender Länge der Material- und Personalaufwand für die Erfüllung der Betriebs- und Wartungspflicht steigen wird.[1475] Mit der Länge des Netzes steigt zugleich auch das Interesse des Netzbetreibers, das in dem Netzabschnitt gebundene Material zu verwerten. Einen kostenerhöhenden Effekt kann auch eine besondere Dimensionierung des Netzabschnittes bewirken. Ebenso wird es auf das Alter und den Zustand des Netzabschnittes und damit auf seine Sanierungsbedürftigkeit ankommen.[1476] Wäre der Netzbetreiber nunmehr im Interesse des EE-Anlagenbetreibers gezwungen, den Netzabschnitt auch in der Zukunft aufrechtzuerhalten, müsste der Netzbetreiber den Netzabschnitt mit der Zeit auch

---

1473 Vgl. *Salje*, EEG 2017, § 8 Rn. 2 und § 7 Rn. 4.

1474 Näheres zum NOVA-Prinzip unter A.

1475 Vgl. dazu Britz/Hellermann/Hermes/*Sötebier*, EnWG, § 11 Rn. 7. Vgl. auch *OLG Hamm*, Beschl. v. 11.10.2002 – 29 U 28/02, ZNER 2003, 49, welches sich bei der Länge einer Notleitung von ca. 25 km bei den dortigen Umständen im Rahmen des einstweiligen Verfügungsverfahrens für die Position des EE-Anlagenbetreibers entschieden hat; **a.A.** hingegen *LG Dortmund*, Urt. v. 17.04.2002 – 6 O 53/02, RdE 2002, 293, 295.

1476 Vgl. auch *Böttcher*, S. 56.

umfassend erneuern, was für ihn möglicherweise mit hohen Kosten verbunden wäre.[1477] Allerdings muss hier immer berücksichtigt werden, dass die normalen Betriebsführungskosten des Netzabschnittes letztlich über die Netzentgelte refinanziert werden. Gegen die wirtschaftliche Zumutbarkeit könnte es allerdings sprechen, wenn der Netzabschnitt altersbedingt komplett erneuert werden müsste, um den maßgeblichen Anforderungen eines sicheren, zuverlässigen und leistungsfähigen Netzes gerecht zu werden.[1478] Dann würde es keinen Unterschied machen, ob ein neuer Netzabschnitt gebaut wird oder ein alter komplett wiederhergerichtet werden muss. Allerdings sind solche Szenarien in der Praxis unwahrscheinlich, da der Austausch von Netzteilen unter normalen Umständen fortlaufend geschieht und damit kein Ausfall des Netzes zu befürchten ist.[1479] Von der Anzahl der am Netz des Netzbetreibers angeschlossenen Netznutzer wird es wiederum abhängen, wie hoch die Belastung des (Weiter-) Betriebs für den einzelnen Netznutzer über die Netzentgelte sein wird. Weist das Netz des Netzbetreibers insgesamt eine hohe Auslastung auf, desto geringer fallen die Netzentgelte aus, da sich die Kosten auf mehr Netznutzer verteilen und damit im Ergebnis niedriger ausfallen, wohingegen in dünn besiedelten Gebieten die Netzentgelte dementsprechend höher ausfallen.[1480]

Der Nutzen der Allgemeinheit an dem (Weiter-) Betrieb wird weiterhin maßgeblich von der Menge des eingespeisten Stroms aus der anzuschließenden EE-Anlage abhängen. Relevant kann es auch werden, ob derselbe oder ein anderer EE-Anlagenbetreiber den Anschluss weiterer EE-Anlagen an dem in Rede stehenden Netzabschnitt plant. Für die Berücksichtigungsfähigkeit solcher Vorhaben wird man allerdings verlangen müssen, dass zumindest bereits konkrete Netzprüfungsanfragen gestellt wurden und ein Finanzierungskonzept vorliegt.[1481] Für den (Weiter-) Betrieb des Netzabschnittes kann zudem der nicht zu unterschätzende Umstand sprechen, dass der Widerstand der Bevölkerung erfahrungsgemäß signifikant geringer wäre, wenn bereits bestehende Infrastruktur weiter genutzt wird, als wenn diese für den Anschluss der EE-Anlage neu geschaffen werden müsste. Die Weiternutzung des bestehenden Netzabschnittes dürfte zudem grundsätzlich ressourcenschonender sein, als wenn für den Anschluss der EE-Anlage neue Netzinfrastruktur oder auch eine deutlich längere Anschlussleitung geschaffen werden müsste. Dieser Aspekt geht wiederum konform mit den Zielen der § 1 Abs. 1 EnWG und § 1 Abs. 1 EEG mit Blick auf den Klima- und Umweltschutz. Sollte ein Netzanschlussanspruch gem. § 8 Abs. 1 S. 1, Abs. 4 EEG i.V.m. § 12 Abs. 1 EEG bestehen, muss auch eine mögliche Bereitschaft des EE-Anlagenbetreibers

---

1477 So *LG Dortmund*, RdE 2002, 293f.

1478 Vgl. *Pleiner*, S. 19.

1479 *Böttcher*, S. 33.

1480 Monitoringbericht 2019 der *BNetzA* und des *BKartA* (Stand: 13.01.2020), S. 182. Siehe dazu auch die ausführlichen Ausführungen unter E. V. 2. b. cc. (2.)(c.).

1481 *Ringel*, S. 182.

zu einer eventuellen Kostenübernahme im Wege einer vertraglichen Vereinbarung zu seinen Gunsten Berücksichtigung finden. Denn eine solche Kostenübernahme würde die von den übrigen Netznutzern über die Netzentgelte zu tragenden Kosten des (Weiter-) Betriebs und damit einhergehenden Netzausbaus verringern.[1482]

4. Darlegungs- und Beweislastverteilung

Der Netzbetreiber hat darzulegen und zu beweisen, dass der Betrieb des Netzes die Grenze der wirtschaftlichen Zumutbarkeit übersteigt und folglich wirtschaftlich unzumutbar ist.[1483] Beruft sich der Netzbetreiber auf die wirtschaftliche Unzumutbarkeit, muss er zum einen die die Unzumutbarkeit begründenden Tatsachen nachweisen. Zum anderen muss er den Umstand nachweisen, dass die gebotene umfassende Abwägung seiner Interessen an der Nichtumsetzung einer bestimmten Maßnahme gegen das Interesse des EE-Anlagenbetreibers und der Allgemeinheit an der Erfüllung der in Rede stehenden Betreiberpflichten zu seinen Gunsten ausfällt.[1484]

5. Ergebnis

Dieser Abschnitt hat sich ausführlich mit dem Merkmal der wirtschaftlichen Zumutbarkeit i.S.d § 11 Abs. 1 S. 1 EnWG auseinandergesetzt. Die Grenze der wirtschaftlichen Zumutbarkeit besteht unabhängig von der jeweiligen Netzebene und findet damit sowohl auf Verteilernetzbetreiber als auch auf Übertragungsnetzbetreiber Anwendung. Eine Definition des Merkmals hält das EnWG hingegen nicht bereit. Es handelt sich vielmehr um einen unbestimmten Rechtsbegriff, der jeweils durch Auslegung zu ermitteln ist. Die Grenze der wirtschaftlichen Zumutbarkeit ist im Rahmen einer Interessenabwägung herauszuarbeiten.

In dem von der Arbeit untersuchten Fall ist zunächst in einem ersten Schritt zu hinterfragen, ob an dem stillzulegenden Netzabschnitt ein Bedarf besteht. Ist dies nicht der Fall, ist der (Weiter-) Betrieb des Netzes wirtschaftlich unzumutbar, sodass eine weitere Prüfung an dieser Stelle entbehrlich ist. Die Bedarfsgerechtigkeit ist regelmäßig abzulehnen, wenn an und im Zusammenhang mit dem fraglichen Netzabschnitt weder einspeisende noch ausspeisende Kunden zu verzeichnen sind, dieser auch nicht zu anderen Zwecken der Energieversorgung benötigt wird und sich auch kein zukünftiger Bedarf an dem Netzabschnitt abzeichnet. Die Geltendmachung des begründeten Anschlussanspruchs des EE-Anlagenbetreibers nach § 8 Abs. 1 S. 1 EEG löst hingegen einen erneuten Bedarf an dem Netzabschnitt aus, da er zum Anschluss der EE-Anlage und zur anschließenden Stromeinspeisung

---

1482 *Peters*, ZNER 2007, 272; BerlKommEnR/*König*, Band 1, § 11 EnWG Rn. 63.

1483 Elspas/Graßmann/Rasbach/*Rauch*, EnWG, § 11 Rn. 60; Britz/Hellermann/Hermes/*Sötebier*, EnWG, § 11 Rn. 85.

1484 Kment/*Tüngler*, EnWG, § 11 Rn. 49.

benötigt wird. Der Anspruch kann dabei so lange geltend gemacht werden, bis der Netzabschnitt den Charakter eines Netzes für die allgemeine Versorgung verliert, was erst mit endgültiger Stilllegung der Fall ist. Sobald Anhaltspunkte für eine weitere Nachfrage des Netzabschnittes bestehen, hat der Netzbetreiber eine ausführliche Wirtschaftlichkeitsberechnung vorzunehmen.[1485]

Für die weitere Eingrenzung des Vorliegens der Grenze der wirtschaftlichen Zumutbarkeit sind die Kosten des Netzbetriebs aufzuschlüsseln. Hierbei handelt es sich konsequenterweise um all diejenigen Kosten, die durch die Wahrnehmung der Betriebspflicht i.S.d. § 11 Abs. 1 S. 1 EnWG entstehen. Im weiteren Sinne fallen unter diese Kosten auch solche, die mit der Wartung des Netzes einhergehen. Darüber hinaus sind weiterhin die Netzanschlusskosten zu berücksichtigen und im Fall des § 8 Abs. 4 EEG die damit einhergehenden Netzerweiterungskosten. Der Netzbetreiber finanziert die Pflichten aus § 11 Abs. 1 S. 1 EnWG maßgeblich auf drei Säulen, namentlich durch die Erstattung von Netzanschlusskosten, der Inrechnungstellung von Baukostenzuschüssen und der Erhebung von Netzentgelten. Kosten, die der Netzbetreiber im Ergebnis nicht selbst zu tragen hat, sind ein starkes Indiz dafür, dass die damit einhergehenden Pflichten für den Netzbetreiber im Ergebnis wirtschaftlich zumutbar sind. Im Fall der Netzanschlusskosten ist die Kostentragungspflicht durch den EE-Anlagenbetreiber gem. § 16 Abs. 1 EEG gesetzlich vorgeschrieben, sodass sich der Netzbetreiber im Rahmen der wirtschaftlichen Unzumutbarkeit nicht auf die durch den Netzanschluss entstehenden Kosten berufen kann. Die Erhebung eines Baukostenzuschusses seitens des Netzbetreibers ist hingegen ausgeschlossen, da der § 17 EEG dem Netzbetreiber ausdrücklich die Kosten des Netzausbaus zuweist und nicht dem EE-Anlagenbetreiber. Diese auf den ersten Blick entgangenen Kosten des Netzbetreibers lassen sich allerdings durch die Netzentgelte refinanzieren. Die Erhebung von Netzentgelten bildet den Schwerpunkt im Rahmen der Finanzierung der Betriebs-, Wartungs- und gegebenenfalls Ausbaukosten des Netzbetreibers, da sie fortlaufend zu zahlen sind.

Netzentgelte kann der Netzbetreiber grundsätzlich für die in § 11 Abs. 1 S. 1 EnWG normierten Grundpflichten erheben. Das Netzentgelt stellt dabei die Gegenleistung für die Inanspruchnahme des Netzzugangs und der Netzinfrastruktur dar. Aus ökonomischer Sicht werden damit die Kosten abgegolten, die durch die Netznutzung entstehen. Für Netznutzer, die Strom in das Netz einspeisen, folglich auch EE-Anlagenbetreiber, ist die Netznutzung nach § 15 Abs. 1 S. 3 StromNEV kostenlos. Für alle anderen Netznutzer bilden die Netzentgelte einen Bestandteil des Strompreises. Die §§ 21 Abs. 2, 21a und § 23a EnWG bilden die zentralen Normen im Bereich der Netzentgeltregulierung, welche wiederum durch weitreichende Verordnungsermächtigungen in § 24, § 21a Abs. 6 EnWG flankiert werden und speziell durch die StromNEV und die ARegV zur Anwendung gelangen. Die Kostenermittlung erfolgt seit dem Jahr 2009 maßgeblich nach den

---

1485 Danner/Theobald/*Theobald*, EnWG, § 11 Rn. 6.

Grundsätzen der Anreizregulierung, wobei die kostenorientierte Entgeltregulierung i.S.d. § 21 Abs. 2 EnWG zu Beginn einer Regulierungsperiode weiterhin zur Kostenermittlung angewandt wird. In diesem Rahmen werden zunächst die tatsächlich entstandenen Kosten des beantragenden Netzbetreibers ermittelt, die ihm durch die Betriebsführung des Netzes entstanden sind und sodann unter die Kostenpositionen der StromNEV eingeordnet. Die Betriebs- und Wartungskosten, die sich regelmäßig aus Material-, Personal- und Betriebskosten verschiedener Art zusammensetzen, sind regelmäßig als aufwandsgleiche Kostenpositionen i.S.d. § 5 StromNEV einzuordnen. Mögliche Netzerweiterungskosten und somit Investitionskosten sind hingegen als kalkulatorische Abschreibungen i.S.d. § 6 StromNEV und/oder als kalkulatorische Eigenkapitalverzinsung nach § 7 StromNEV einzuordnen. In einem nächsten Schritt sind die Kosten des beantragenden Netzbetreibers mit den Kosten eines effizienten und strukturell vergleichbaren Netzbetreibers zu vergleichen und gegebenenfalls zu korrigieren und in einem dritten Schritt um diejenigen Kosten zu bereinigen, die unter wettbewerblichen Bedingungen nicht auftreten würden. Durch den Begriff der Effizienz werden solche Kosten anerkannt, die mit der Leistungserbringung notwendigerweise einhergehen und somit unverzichtbar sind. Die Leistungserbringung besteht in dem zu betrachtenden Fall in dem (Weiter-) Betrieb des Netzabschnittes und damit in der Wahrnehmung der laufenden Betriebs- und Wartungsaufgaben, sodass die damit einhergehenden Kosten anzuerkennen sind. Stilllegungen können unter gewissen Umständen dazu beitragen und gegebenenfalls sogar notwendig sein, um Ineffizienzen i.S.d. § 21 Abs. 2 EnWG zu beseitigen. Dies gilt allerdings nur, wenn der stillzulegende Netzabschnitt nicht mehr zur Befriedigung des objektiven Transport- und Verteilungsbedarfs benötigt wird. Dies ist hier allerdings der Fall, da in den Bereich des Netzabschnittes der Netzverknüpfungspunkt i.S.d. § 8 Abs. 1 S. 1 EEG fällt und somit zum einen als Anschlussnetz dient, als auch zum Transport und zur Verteilung des einzuspeisenden EE-Stroms notwendig ist.

Durch die Anreizregulierung werden Netzentgelte durch eine Methode bestimmt, die Anreize für eine effiziente Leistungserbringung setzt. Für die jeweilige Regulierungsperiode werden Erlösobergrenzen für die Bestimmung der Netzentgelte festgelegt, die wiederum sogenannte Effizienzvorgaben für die Netzbetreiber beinhalten. Die durch Übererfüllung der Effizienzvorgaben erzielten Gewinne verbleiben dem Netzbetreiber. Werden die Effizienzvorgaben verfehlt, sodass die Kosten oberhalb der festgelegten Erlösobergrenze liegen, können diese bei der Bildung der Entgelte nach § 17 Abs. 1 S. 1 ARegV keine Berücksichtigung finden. Um zu gewährleisten, dass der Netzbetreiber dennoch die notwendigen Investitionen in die Erweiterung des Netzes tätigt, sehen die Regelungen gem. § 23 ARegV und § 10a ARegV vor, dass eine Anhebung bzw. Anpassung der bereits festgelegten Erlösobergrenze in solchen Fällen möglich ist. Die laufenden Betriebs- und Wartungskosten des Netzabschnittes und somit insbesondere die damit einhergehenden Material- und Personalkosten sowie sonstiger betrieblicher Aufwand und bezogene Leistung sind als vorübergehend nicht beeinflussbare

Kostenanteile gem. § 11 Abs. 3 ARegV einzuordnen und werden dem Netzbetreiber nach § 11 ARegV, gekürzt um den Produktivitätsfortschritt, immer erstattet.

Die Bildung der Netzentgelte auf Basis der ermittelten Netzkosten bzw. der festgelegten Erlösobergrenzen erfolgt anhand der Grundsätze der StromNEV. Das Netzentgelt ist ab der jeweiligen Netzanschlussebene bis einschließlich aller höheren Netzebenen zu zahlen, vgl. § 14 Abs. 1 S. 1 StromNEV. Die Rede ist in diesem Zusammenhang von einem transaktionsunabhängigen Punktmodell, welches durch entfernungsunabhängige Netzentgelte gekennzeichnet ist, vgl. §§ 15 Abs. 1 S. 1, 17 Abs. 1 S. 1 StromNEV. Aufgrund der entfernungsunabhängigen Berechnungsmethode werden die Netzentgelte solidarisch finanziert. In Bezug auf stromintensive Unternehmen lassen sich in § 19 Abs. 2 StromNEV verbrauchsbezogene Privilegierungen finden, die zur Zahlung eines reduzierten individuellen Netzentgeltes führen und im Ergebnis von allen Letztverbrauchern als Aufschlag auf das Netzentgelt in Form der sog. § 19 StromNEV-Umlage getragen werden. Im Übrigen unterliegen die Netzentgelte starken regionalen Schwankungen, sodass diese bei jedem Verteilernetzbetreiber sehr unterschiedlich ausfallen. Als Gründe hierfür sind beispielsweise das Alter, die unterschiedliche Auslastung der Netze, der verstärkte Einsatz von Netz- und Systemsicherheitsmaßnahmen sowie der Einsatz von Netzreservekraftwerken oder Maßnahmen des Einspeisemanagements zu nennen.

Nachdem sich die Arbeit mit den drei maßgeblichen Finanzierungssäulen des Netzbetreibers auseinandergesetzt hat, wurde sodann deren Auswirkung auf die wirtschaftliche Zumutbarkeit untersucht. Generell ist festzustellen, dass die wirtschaftliche Zumutbarkeit des Netzbetreibers i.S.d. § 11 Abs. 1 S. 1 EnWG regelmäßig anzunehmen ist, wenn die Tragung von Kosten gesetzlich einem anderen zugewiesen ist oder der Netzbetreiber seine Kosten auf andere abwälzen kann. Die Anschlusskosten sind dem EE-Anlagenbetreiber gem. § 16 Abs. 1 EEG zugewiesen. Einen Baukostenzuschuss kann der Netzbetreiber dem EE-Anlagenbetreiber aufgrund der Regelung des § 17 EEG zwar nicht in Rechnung stellen, allerdings werden diese Kosten im Ergebnis dennoch nicht vom Netzbetreiber zu tragen sein, da er diese über die Netzentgelte auf die Netznutzer abwälzen kann. Die mit dem § 11 Abs. 1 S. 1 EnWG einhergehenden Pflichten kann der Netzbetreiber grundsätzlich über die Netzentgelte auf die Netznutzer abwälzen. Hiervon sind allerdings zwei denkbare Ausnahmen möglich, die den Effizienzmaßstab des § 21 Abs. 2 EnWG und die volkswirtschaftliche Unzumutbarkeit betreffen. Unter dem Gesichtspunkt des Effizienzmaßstabs wäre es denkbar, dass die Betriebs- und Wartungskosten für den (Weiter-) Betrieb eines Netzabschnittes nur aufgrund des Anschlussbegehrens eines EE-Anlagenbetreibers im Einzelfall nicht mehr den Kosten eines effizienten Netzbetreibers i.S.d. § 21 Abs. 2 EnWG, § 4 Abs. 1 StromNEV entsprechen und daher im Rahmen der Netzkostenermittlung nicht mehr ansatzfähig sein könnten. Dies wäre im Rahmen der sich anschließenden Interessenabwägung zugunsten des Netzbetreibers zu berücksichtigen. Ineffizienzen kommen aber nur dann in Betracht, wenn der stillzulegende Netzabschnitt nicht mehr zur Befriedigung des objektiven Transport- und Verteilungsbedarfs benötigt wird, was in der untersuchten Konstellation nicht zutrifft, sodass dieser Aspekt – von besonderen Ausnahmefällen abgesehen – theoretischer Natur bleibt. Zuletzt ist denkbar, dass trotz der grundsätzlichen Refinanzierung der Kosten des Netzbetreibers über die Netzentgelte in besonderen Ausnahmefällen auch volkswirtschaftliche Gesichtspunkte eine wirtschaftliche Unzumutbarkeit begründen können. Ohne ein entsprechendes Korrektiv könnte selbst bei offensichtlich wirtschaftlich untragbaren Situationen der Einwand der wirtschaftlichen Unzumutbarkeit aufgrund der möglichen Refinanzierung über die Netzentgelte regelmäßig nicht greifen.

Im Rahmen der sich anschließenden Interessenabwägung liegen die vordergründigen Interessen des Netzbetreibers u.a. in der Stilllegung des Netzabschnittes, welches Ausprägung seiner unternehmerischen Freiheit ist und auch die Verwertung des Materials des Netzabschnittes umfasst. Der EE-Anlagenbetreiber begehrt die Durchsetzung seines gesetzlichen Rechts auf Anschluss an den in § 8 Abs. 1 S. 1 EEG beschriebenen Verknüpfungspunkt und die damit einhergehende Planungssicherheit für die weitere Realisierung seiner EE-Anlage. Die Interessen der Allgemeinheit sind an § 1 Abs. 1 EnWG und § 1 Abs. 1 EEG orientiert. In Abhängigkeit vom Einzelfall können diese Interessen sowohl mit denjenigen des Netzbetreibers als auch denen des EE-Anlagenbetreibers übereinstimmen. Im Rahmen der Abwägung ist zwar zu berücksichtigen, dass die Grenze der wirtschaftlichen Zumutbarkeit unverhältnismäßige Eingriffe in die Investitionsfreiheit des Netzbetreibers verhindern soll. Da es sich bei der Ausübung der Betriebspflicht allerdings um die Gewährleistung der Daseinsvorsorge handelt, unterliegen der Netzbetreiber und dessen Eigentum einer erhöhten Sozialbindung. Generell ist die Grenze der wirtschaftlichen Unzumutbarkeit hoch anzusetzen. Zugunsten des EE-Anlagenbetreibers ist zu berücksichtigen, dass § 8 Abs. 1 S. 1 EEG in Form eines Kontrahierungszwangs ausgestaltet ist, zudem eine Pflicht mit Dauercharakter darstellt und die Norm selbst die Grenze der wirtschaftlichen Unzumutbarkeit lediglich in Form von §§ 8 Abs. 4 i.V.m. § 12 Abs. 3 EEG vorsieht. Auch das NOVA-Prinzip spricht für den Erhalt des Netzabschnittes. Darüber hinaus ist eine Vielzahl von Aspekten zu berücksichtigen, die von Fall zu Fall unterschiedlich ausgeprägt sein können und so sowohl für den Netzbetreiber als auch für den EE-Anlagenbetreiber sprechen können. Zu nennen sind hier beispielsweise das Einspeisevolumen, die Länge des Netzes und die Anzahl der angeschlossenen Netznutzer.

Das Vorliegen der wirtschaftlichen Unzumutbarkeit hat der Netzbetreiber darzulegen und zu beweisen.

VI. Durchsetzung der gesetzlichen Anforderungen

Im folgenden Abschnitt soll untersucht werden, wie eine zwangsweise Durchsetzung der gesetzlichen Anforderungen gem. § 11 Abs. 1 S. 1 EnWG erfolgen kann. Dabei werden zunächst die Befugnisse der Regulierungsbehörde erörtert (1.) und im Anschluss die Verfolgung möglicher Rechtsverletzungen auf dem Zivilrechtsweg (2.).

1. Befugnisse der Regulierungsbehörde

Es stellt sich nunmehr die Frage nach der regulierungsbehördlichen Durchsetzbarkeit der oben genannten Verpflichtungen der Netzbetreiber gem. § 11 Abs. 1 S. 1 EnWG, insbesondere der darin normierten Betriebspflicht, für den Fall, dass die Netzbetreiber dieser Verpflichtung nicht ordnungsgemäß nachkommen oder dies zu befürchten ist. Im Rahmen der allgemeinen Energieaufsicht gem. § 65 Abs. 2 EnWG kann die Regulierungsbehörde gegenüber den Netzbetreibern Maßnahmen anordnen, die die Einhaltung der Verpflichtungen gem. § 11 Abs. 1 S. 1 EnWG zum Gegenstand haben.[1486] So heißt es in § 65 Abs. 2 EnWG: „Kommt ein Unternehmen oder eine Vereinigung von Unternehmen seinen Verpflichtungen nach diesem Gesetz [...] nicht nach, so kann die Regulierungsbehörde die Maßnahmen zur Einhaltung der Verpflichtungen anordnen." Die Norm räumt der Regulierungsbehörde dabei Ermessen ein.[1487] Für den Fall, dass die Voraussetzungen einer Stilllegung nicht gegeben sind, der Netzbetreiber sein Netz aber dennoch ganz außer Betrieb nimmt und somit gegen die in § 11 Abs. 1 S. 1 EnWG normierte Betriebspflicht verstößt, ermöglicht § 65 Abs. 2 EnWG der Regulierungsbehörde die Weiterführung des Betriebs anzuordnen.[1488] Die Anordnung hat dabei gegenüber dem Betreiber des konkret betroffenen Netzes zu erfolgen. Es ist indes nicht möglich, dass die Regulierungsbehörde den Betrieb des fremden Netzes bzw. Netzabschnittes an einen Dritten durch Anordnung überträgt.[1489] Darüber hinaus kann die Regulierungsbehörde von den Netzbetreibern gem. § 65 Abs. 1 S. 1 EnWG auch verlangen, ein Verhalten abzustellen, dass den Verpflichtungen aus § 11 Abs. 1 S. 1 EnWG entgegensteht.[1490] Um die getroffenen Anordnungen auch effektiv durchsetzen zu können, kann die Regulierungsbehörde ein Zwangsgeld gegen den Netzbetreiber i.S.d. § 94 EnWG festsetzen, wobei die Höhe mindestens 1.000 Euro und höchsten zehn Millionen Euro beträgt.[1491] Darüber hinaus kann ein Bußgeld bis zu einer Höhe von 100.000 Euro gegen den Netzbetreiber festgesetzt werden, wenn die Anordnung gem. § 65 EnWG für sofort vollziehbar erklärt wurde, § 95 Abs. 1 Nr. 3 EnWG.[1492]

1486 *Moser*, RdE 2007, 343, 344; Britz/Hellermann/Hermes/*Sötebier*, EnWG, § 11 Rn. 4 u. 65.

1487 Dabei hat die Regulierungsbehörde insbesondere den Gesetzeszweck gem. § 1 EnWG zu beachten, wobei vordergründig das Ziel einer möglichst sicheren Versorgung mit Elektrizität bei der Entscheidungsfindung Berücksichtigung finden muss, vgl. dazu *Moser*, RdE 2007, 343, 344.

1488 *Salje*, EnWG, § 11 Rn. 35.

1489 *Salje*, EnWG, § 11 Rn. 36. Dies gilt selbst für vertikal integrierte Energieversorgungsunternehmen/ verbundene Unternehmen i.S.d. § 3 Nr. 38 EnWG.

1490 Britz/Hellermann/Hermes/*Sötebier*, EnWG, § 11 Rn. 98.

1491 *Moser*, RdE 2007, 343, 349; BerlKommEnR/*König*, Band 1, § 11 EnWG Rn. 71; nach *Salje*, EnWG, § 11 Rn. 36 ist auch der Einsatz eines kommissarischen Betriebsleiters im Wege des unmittelbaren Zwangs denkbar.

1492 Elspas/Graßmann/Rasbach/*Rauch*, EnWG, § 11 Rn. 63

Die Pflichten des Netzbetreibers in Form einer Ersatzvornahme durchzusetzen, scheint hingegen schwieriger, da die Betriebs-, Wartungs- und Entwicklungspflicht aufgrund der komplexen Wechselwirkungen auf das Energieversorgungsnetz keine vertretbaren Handlungen darstellen.[1493]

Ein Anspruch des EE-Anlagenbetreibers auf regulierungsbehördliches Einschreiten besteht hingegen nicht, da § 11 Abs. 1 S. 1 EnWG kein subjektives Recht zu seinen Gunsten bereithält.[1494] Zwar ist der EE-Anlagenbetreiber als Betroffener anzusehen, da er einen Anschluss seiner EE-Anlage an den Netzabschnitt begehrt, welcher von dem einschlägigen Netzbetreiber außer Betrieb genommen und somit stillgelegt werden soll. Allerdings ist ein subjektiv durchsetzbarer Anspruch auf die Vornahme einer bestimmten Maßnahme weder vom Wortlaut noch vom Sinn und Zweck des § 11 Abs. 1 S. 1 EnWG gedeckt.[1495] Bei den Netzentwicklungspflichten nach § 11 Abs. 1 S. 1 EnWG handelt es sich vielmehr um rein öffentlich-rechtliche Verpflichtungen, die im Allgemeinwohlinteresse stehen und der Versorgungssicherheit dienen.[1496]

2. Zivilrechtsweg

Fraglich ist weiterhin, ob die Einhaltung der Verpflichtungen aus § 11 Abs. 1 S. 1 EnWG privatrechtlich durchgesetzt werden kann. Gem. § 32 Abs. 1 S. 1 und Abs. 4 EnWG kann ein Beseitigungs- und Unterlassungsanspruch sowie ein Schadensersatzanspruch nur bei Verstößen gegen Vorschriften der Abschnitte 2 und 3 des dritten Teils des EnWG geltend gemacht werden.[1497] § 11 EnWG ist zwar im dritten Teil („Regulierung des Netzbetriebs") des EnWG geregelt, allerdings unter dem Abschnitt 1 („Aufgaben der Netzbetreiber"), sodass die Regelungen des § 32 EnWG sich nicht auf die Normen des Abschnitts 1 beziehen und Verstöße gegen § 11 Abs. 1 S. 11 EnWG letztendlich keine privatrechtlichen Ansprüche des Betroffenen begründen können.[1498] Etwas anderes ist allerdings dann anzunehmen, wenn die Individualinteressen gleichzeitig den

1493 BerlKommEnR/*König*, Band 1, § 11 EnWG Rn. 71; ähnlich auch *Salje*, EnWG, § 11 Rn. 36; Elspas/Graßmann/Rasbach/*Rauch*, EnWG, § 11 Rn. 63 hält die Anordnung einer Ersatzvornahme nur in den Grenzen des § 65 Abs. 2a EnWG möglich.

1494 Die Anordnung von Regulierungsmaßnahmen steht zwar grundsätzlich im Ermessen der Regulierungsbehörde, allerdings kann es sich unter gewissen Umständen zu einer gebundenen Entscheidung umwandeln, siehe dazu Schneider/Theobald/*Theobald/Zenke/Dessau*, EnWR § 15 Rn. 139.

1495 Britz/Hellermann/Hermes/*Sötebier*, EnWG, § 11 Rn. 65.

1496 Britz/Hellermann/Hermes/*Sötebier*, EnWG, § 11 Rn. 65.

1497 So auch BerlKommEnR/*König*, Band 1, § 11 EnWG Rn. 73.

1498 So auch *Rauch*, IR 2008, 218; in Hinblick auf die privatrechtliche Durchsetzbarkeit von Netzerweiterungssprüchen vgl. BerlKommEnR/*König*, Band 1, § 11 EnWG Rn. 73ff.

Anwendungsbereich eines speziellen Netzanschlussanspruchs tangieren.[1499] Dies ist hier der Fall, da durch die Stilllegung ein Anschluss nach § 8 Abs. 1 S. 1 und Abs. 4 EEG an den in Rede stehenden Netzabschnitt unmöglich wird, sodass die Interessen des EE-Anlagenbetreibers, namentlich der (Weiter-) Betrieb des Netzabschnittes zu Anschlusszwecken, über die Geltendmachung des Anschlussanspruchs § 8 Abs. 1 S. 1 EEG Bedeutung erlangen.[1500]

1499 Elspas/Graßmann/Rasbach/*Rauch*, EnWG, § 11 Rn. 65; BerlKommEnR/*König*, Band 1, § 11 EnWG Rn. 75.

1500 Siehe dazu die Ausführungen zur Durchsetzung des Anspruchs nach § 8 Abs. 1 S. 1 EEG unter D. V.

F. Zusammenfassung der Ergebnisse in Thesen

Die wesentlichen Ergebnisse der Arbeit werden in den folgenden Thesen zusammengefasst.

I. Netzbegriff i.S.d. EEG

1. Der Netzbegriff des EEG gem. § 3 Nr. 35 EEG setzt voraus, dass es sich bei einem Netz i.S.d. EEG immer um ein solches für die allgemeine Versorgung handeln muss. Nach der Gesetzesbegründung zählen dazu solche, „die unmittelbar der Verteilung von Energie an Dritte dienen und von ihrer Dimensionierung nicht von vornherein nur auf die Versorgung bestimmter, schon bei der Netzerrichtung feststehender oder bestimmbarer Letztverbraucher ausgelegt sind, sondern grundsätzlich für die Versorgung jedes Letztverbrauchers offen stehen."[1501]
2. Eine Stromleitung, die nur noch für eine gewisse Zeit der Notversorgung eines Umspannwerks oder einer vergleichbaren Netzanlage dient, kann ein Netz für die allgemeine Versorgung i.S.d. § 3 Nr. 35 EEG darstellen. Entscheidend ist, dass das Umspannwerk der weiteren Stromversorgung dient und damit zu einer Stromversorgung der Allgemeinheit beiträgt. Der Anschlussanspruch nach § 8 Abs. 1 S. 1 EEG kommt an eine solche Leitung grundsätzlich in Betracht.[1502]
3. Ein stillgelegter Netzabschnitt erfüllt hingegen nicht die Voraussetzungen, die an ein Netz für die allgemeine Versorgung i.S.d. § 3 Nr. 35 EEG zu stellen sind. Eine Stilllegung eines Netzabschnittes ist dann gegeben, wenn der Betrieb dieses Netzabschnittes endgültig eingestellt wurde und dieser infolgedessen seine Funktion als Energieversorgungsnetz verloren hat. So kann durch die Betriebseinstellung insbesondere keine Verteilung von Strom mehr durch den Netzabschnitt erfolgen.[1503]
4. Ein im Rückbau befindlicher Netzabschnitt erfüllt nicht die Voraussetzungen eines Netzes für die allgemeine Versorgung i.S.d. § 3 Nr. 35 EEG. Dem Rückbau geht zwangsläufig eine Stilllegung voraus, sodass bereits aus diesem Grund die Vereinbarkeit mit den Voraussetzungen eines Netzes für die allgemeine Versorgung zu verneinen ist. Auch ist der Netzabschnitt aufgrund der Rückbauarbeiten nicht mehr intakt und somit für eine Verteilung von Strom ungeeignet.[1504]

1501 Siehe dazu unter C. I.
1502 Siehe dazu unter C. II. 1.
1503 Siehe dazu unter C. II. 2.
1504 Siehe dazu unter C. II. 3.

5. Geschlossene Verteilernetze gem. § 110 EnWG erfüllen nicht die Voraussetzungen eines Netzes für die allgemeine Versorgung i.S.d. § 3 Nr. 35 EEG. Sie dienen nicht der öffentlichen Versorgung, sondern vielmehr einer in § 110 Abs. 2 EnWG aufgezählten Benutzergruppe, die überwiegend in Industrie- und Gewerbegebieten angesiedelt ist. Durch die Voraussetzung des geografisch begrenzten Gebiets ist das geschlossene Verteilernetz von Beginn an auf bestimmte Abnehmer begrenzt und nicht für jeden Abnehmer offen.[1505]
6. Kundenanlagen nach § 3 Nr. 24a und Nr. 24b EnWG erfüllen ebenfalls nicht die Voraussetzungen eines Netzes für die allgemeine Versorgung i.S.d. § 3 Nr. 35 EEG. Sie fallen schon nach § 3 Nr. 16 EnWG nicht unter den Begriff des Energieversorgungsnetzes. Damit fallen sie auch nicht unter den Begriff des Netzes der allgemeinen Versorgung i.S.d. § 3 Nr. 17 EnWG, da der Begriff des Energieversorgungsnetzes letzteren überspannt. Der Begriff des Netzes der allgemeinen Versorgung i.S.d. EnWG deckt sich wiederum weitestgehend mit dem des EEG.[1506]
7. Direktleitungen sind keine Netze für die allgemeine Versorgung i.S.d. § 3 Nr. 35 EEG. Sie erfüllen nicht die Qualität eines Versorgungsnetzes und unterliegen keiner Regulierung. Sie werden speziell für die Versorgung bestimmter Letztverbraucher errichtet, um dadurch die Zahlung von Netzentgelten zu vermeiden.[1507]
8. Sowohl ein stillgelegter Netzabschnitt, ein im Rückbau befindlicher Netzabschnitt, ein geschlossenes Verteilernetz gem. § 110 EnWG, eine Kundenanlage i.S.d. § 3 Nr. 24a und Nr. 24b EnWG als auch eine Direktleitung gem. § 3 Nr. 12 EnWG kommen aufgrund der fehlenden Qualität eines Netzes für die allgemeine Versorgung nicht für einen Anschlussanspruch nach § 8 Abs. 1 S. 1 EEG in Betracht.[1508]

II. Anschlussanspruch nach § 8 EEG

1. Die Regelung des § 8 Abs. 1 S. 1 EEG verpflichtet den Netzbetreiber zum vorrangigen Anschluss einer EE-Anlage an den dort genannten Verknüpfungspunkt und berechtigt den EE-Anlagenbetreiber bzw. Einspeisewilligen zur Geltendmachung dieses Anspruchs. Das zugrundeliegende Netz muss die Voraussetzungen eines Netzes für die allgemeine Versorgung i.S.d. § 3 Nr. 35 EEG erfüllen. Dass es sich bei dem Netzabschnitt um ein solches handelt, hat der EE-Anlagenbetreiber darzulegen und zu beweisen.[1509]

1505 Siehe dazu unter C. II. 4. a.
1506 Siehe dazu unter C. II. 4. b.
1507 Siehe dazu unter C. II. 4. c.
1508 Siehe dazu unter C. II. 4.
1509 Siehe dazu unter D. I.

2. Die mit § 8 Abs. 1 S. 1 EEG einhergehende Inpflichtnahme des Netzbetreibers wird mit dessen „Infrastrukturverantwortung“ gerechtfertigt, von der auch die Verantwortung für eine umweltfreundliche Energieversorgung umfasst wird.[1510]
3. Der Netzbetreiber hat den Netzanschluss der EE-Anlage nach Äußerung des Anschlusswunsches durch den EE-Anlagenbetreiber unverzüglich und damit ohne schuldhaftes Zögern zu veranlassen. Für den Zeitpunkt des Anschlusses sind die Umstände des Einzelfalls zu berücksichtigen.[1511]
4. Unter mehreren Erzeugungsanlagen hat der Netzbetreiber EE-Anlagen vorrangig anzuschließen.[1512] Um eine Kollision zwischen mehreren EE-Anlagen zu vermeiden, verwenden die Netzbetreiber eigenständige Reservierungsverfahren. Trotz der grundsätzlichen Privilegierung von KWK-Anlagen gegenüber konventionellen Anlagen gilt das Vorrangprinzip in Bezug auf EE-Anlagen auch gegenüber KWK-Anlagen.
5. Der Netzbetreiber hat die EE-Anlage gem. § 8 Abs. 1 S. 1 Hs. 1 (Satzteil 1) EEG primär an den nach der Luftlinienentfernung nächst gelegenen Verknüpfungspunkt und gem. § 8 Abs. 1 S. 1 Hs. 1 (Satzteil 2) EEG sekundär an einen technisch und wirtschaftlich günstigeren Verknüpfungspunkt desselben oder eines anderen Netzes anzuschließen. Die Bestimmung des Verknüpfungspunktes i.S.d. § 8 Abs. 1 S. 1 Hs. 1 (Satzteil 2) beruht auf einer vergleichenden Gegenüberstellung des grundsätzlich und des alternativ zu bestimmenden Verknüpfungspunktes, sog. „gesamtwirtschaftliche Betrachtungsweise“. Der EE-Anlagenbetreiber trägt nach den allgemeinen Beweislastgrundsätzen die Darlegungs- und Beweislast hinsichtlich der Voraussetzungen des Netzverknüpfungspunktes gem. § 8 Abs. 1 S. 1 Hs. 1 (Satzteil 1) EEG, namentlich hinsichtlich der geeigneten Spannungsebene und der in der Luftlinie kürzesten Entfernung zum Standort der EE-Anlage. Den Netzbetreiber trifft wiederum in Bezug auf den alternativen Verknüpfungspunkt die Beweislast des Gegenteils gem. § 292 ZPO.[1513]
6. Der EE-Anlagenbetreiber kann den Anschlussanspruch bereits vor Errichtung der EE-Anlage geltend machen. Allerdings muss das Vorhaben bereits hinreichend konkretisiert sein, was regelmäßig anzunehmen ist, wenn die notwendigen Genehmigungen für die Errichtung der EE-Anlage von dem Einspeisewilligen beantragt worden sind.[1514]

1510 Siehe dazu unter D. I. 2. a.
1511 Siehe dazu unter D. I. 3.
1512 Siehe dazu unter D. I. 4.
1513 Siehe dazu unter D. I. 5. und D. I. 5. c.
1514 Siehe dazu unter D. I. 6.

7. Die Anschlusspflicht des Netzbetreibers ist als gesetzliches Dauerschuldverhältnis ausgestaltet. Es verbietet ihm die EE-Anlage über den gesamten Zeitraum der Förderdauer von 20 Jahren vom Netz zu nehmen.[1515]
8. Die Netzanschlusskosten hat der EE-Anlagenbetreiber nach § 16 Abs. 1 EEG zu tragen. Dem Netzanschluss sind alle technischen Einrichtungen zuzuordnen, die für die Durchleitung des Stroms von der EE-Anlage zum Netzverknüpfungspunkt erforderlich sind. Die Kosten des Anschlusses sind zwingend von den Kosten der Netzerweiterung abzugrenzen, da diese der Netzbetreiber gem. § 17 EEG zu tragen hat.[1516]
9. Dem Netzbetreiber steht eine Netzerweiterungspflicht gem. § 8 Abs. 4 EEG für den Fall zu, dass ein Netz zur Abnahme des EE-Stroms erst geeignet ist, nachdem dieses vom Netzbetreiber ausgebaut wurde. Die § 8 Abs. 1 EEG und § 8 Abs. 4 EEG bilden insofern eine nicht zu trennende Einheit. Es ist Ziel der Netzerweiterungspflicht, eine möglichst hohe Anzahl an Netzanschlüssen von EE-Anlagen zu ermöglichen und dadurch eine möglichst unbeschränkte Netzintegration von EE-Strom zu gewährleisten[1517]
10. Die Netzerweiterungspflicht besteht dann nicht, wenn dies gem. § 12 Abs. 3 EEG wirtschaftlich unzumutbar ist. Dies ist oftmals dann der Fall, wenn die für die Netzerweiterung anfallenden Kosten 25 Prozent der Errichtungskosten der EE-Anlage übersteigen. Die Beweislast für die wirtschaftliche Unzumutbarkeit der Netzerweiterungsmaßnahmen trägt der Netzbetreiber. Besteht die wirtschaftliche Unzumutbarkeit im Ergebnis, so hat dies zur Konsequenz, dass der EE-Anlagenbetreiber keinen Anschlussanspruch nach § 8 Abs. 1 S. 1 EEG i.V.m. § 8 Abs. 4 EEG gegen den Netzbetreiber geltend machen kann.[1518]
11. Aufgrund der rechtlichen Verknüpfung des Netzerweiterungsanspruchs und des Anschlussanspruchs, entsteht der Netzerweiterungsanspruch bereits mit Konkretisierung der Planung, was regelmäßig anzunehmen ist, wenn bereits Aufträge für Detailplanungen vergeben oder Verträge zur Herstellung unterzeichnet wurden.[1519]
12. Der EE-Anlagenbetreiber kann seinen Anschlussanspruch im Wege der Leistungsklage vor den Zivilgerichten durchsetzen. Darüber hinaus steht dem EE-Anlagenbetreiber die Möglichkeit zu, den Netzbetreiber auf Schadensersatz nach § 280 BGB i.V.m. § 8 Abs. 1 S. 1 EEG zu verklagen, sollte dieser gegen seine Pflichten aus § 8 Abs. 1 S. 1 EEG verstoßen. Der Netzerweiterungsanspruch kann ebenfalls im Wege der Leistungsklage vor den Zivilgerichten durchgesetzt werden. Zulässig ist die Klageerhebung vor der anschlussfertigen Errichtung der EE-Anlage. Des Weiteren steht den Einspeisewilligen bei

1515 Siehe dazu unter D. I. 7.
1516 Siehe dazu unter D. I. 8, D. II. 2 und D. II. 5.
1517 Siehe dazu unter D. II.
1518 Siehe dazu unter D. II. 3.
1519 Siehe dazu unter D. II. 4.

Verstoß des Netzbetreibers gegen seine Pflichten aus § 12 Abs. 1 EEG ein Schadensersatzanspruch gem. § 13 Abs. 1 EEG zu. Die gerichtliche Durchsetzbarkeit der gesetzlichen Pflichten des Netzbetreibers aus § 8 EEG wird durch die Regelung des § 83 Abs. 1 EEG erleichtert, in der die Zulässigkeit von Anträgen im einstweiligen Rechtsschutz normiert ist.[1520]

III. Betreiberpflichten nach § 11 Abs. 1 S. 1 EnWG

1. Durch die Norm des § 11 Abs. 1 S 1 EnWG werden die Grundpflichten der Betreiber von Energieversorgungsnetzen i.S.d. § 3 Nr. 16 EnWG im Rahmen des Netzbetriebs geregelt. Gegenstand der in § 11 Abs. 1 S. 1 EnWG normierten Grundpflichten sind der Betrieb, die Wartung und die bedarfsgerechte Optimierung, Verstärkung und der Ausbau des Energieversorgungsnetzes, die der Netzbetreiber im Rahmen der Grenze der wirtschaftlichen Zumutbarkeit erfüllen muss.[1521]
2. Durch die Regelung des § 11 Abs. 1 S. 1 EnWG treffen die Netzbetreiber besondere Sorgfaltspflichten, die zum einen auf das bedeutende Gut der Versorgungssicherheit und zum anderen auf die Gewährleistung der Daseinsvorsorge zurückzuführen sind.[1522]
3. Die Netzbetreiber haben durch ihre Netzbetreiberpflichten die Qualität eines sicheren, zuverlässigen und leistungsfähigen Energieversorgungsnetzes zu gewährleisten.[1523]
4. Die Betriebspflicht verpflichtet den Netzbetreiber zum einen zum Betrieb des Netzes, was zur Folge hat, dass die Außerbetriebnahme bzw. die Stilllegung des Netzes bzw. Teile des Netzes nur unter engen Voraussetzungen zulässig ist. Könnten die Netzbetreiber Teile ihres Netzes nach freiem Belieben stilllegen, würde dies dem Sinn und Zweck der Norm, namentlich die Gewährleistung der Versorgungssicherheit im Interesse der Allgemeinheit, zuwiderlaufen. Es ist daher unerlässlich, dass Netzabschnitte bei fortlaufendem Versorgungsbedarf auch weiterbetrieben werden. Dass mit dem Betrieb eines Energieversorgungsnetzes eine langfristige Verpflichtung und besondere Verantwortung einhergeht, muss jedem Unternehmen bei der Betriebsaufnahme eines Energieversorgungsnetzes i.S.d. § 4 Abs. 1 EnWG bewusst sein. Zum anderen umfasst die Betriebspflicht umfangreiche Maßnahmen der Netzbereitstellung und der Netzführung.[1524]

1520 Siehe dazu unter D. V.
1521 Siehe dazu unter A. III. 2.
1522 Siehe dazu unter A. III. 2.
1523 Siehe dazu unter E. II.
1524 Siehe dazu unter E. III. 1.

5. Um die Versorgungssicherheit zu gewährleisten, erfordert der Betrieb eines Netzes immer auch die Wartung des Netzes, worunter insbesondere all diejenigen Maßnahmen zu fassen sind, die den „status quo“ des Netzes erhalten. Neben die Betriebspflicht tritt somit immer auch die Wartungspflicht, die sich oftmals mit ersterer überschneidet und im weiteren Sinne ebenfalls von dieser umfasst ist.[1525]
6. Die Entwicklungspflicht umfasst die Pflicht zur bedarfsgerechten Optimierung, Verstärkung und zum Ausbau des Netzes. Mit der Verpflichtung zur Netzentwicklung, insbesondere mit der Pflicht zum Ausbau des Netzes, gehen beträchtliche Eingriffe in die finanzielle Dispositionsfreiheit des Netzbetreibers einher.[1526]
7. Neben den Grundpflichten des Betriebs, der Wartung und der bedarfsgerechten Optimierung, Verstärkung und des Ausbaus des Energieversorgungsnetzes berechtigt die Regelung des § 11 Abs. 1 S. 1 EnWG den Netzbetreiber bei Vorliegen der Stilllegungsvoraussetzungen zur Stilllegung von Netzabschnitten.[1527] Da der Netzbetreiber sein Netz auf eigene Rechnung und eigenes wirtschaftliches Risiko betreibt, muss er unter Einhaltung gewisser Voraussetzungen zumindest in einem gewissen Maße eigenverantwortlich darüber entscheiden können, ob der Betrieb von redundanten Netzabschnitten zukünftig eingestellt werden soll.[1528]
8. Das EnWG enthält keine expliziten Regelungen in Hinblick auf die Stilllegung von Netzabschnitten. Das Recht auf Stilllegung von einzelnen Netzabschnitten lässt sich allerdings von der Regelung des § 11 Abs. 1 S. 1 EnWG ableiten. Die Pflicht zur bedarfsgerechten Optimierung des Netzes beinhaltet spiegelbildlich das Recht des Netzbetreibers auf Stilllegung redundanter Netzabschnitte unter Einhaltung gewisser Voraussetzung, um so einen effizienteren Netzbetrieb zu gewährleisten.[1529]
9. Die Stilllegung eines Netzabschnittes ist an drei wesentliche Voraussetzungen geknüpft. Zum einen muss der Netzbetreiber stilllegungsberechtigt sein. Zum anderen darf keine Umgehung der Betriebspflicht vorliegen. Darüber hinaus darf die Stilllegung keine negativen Auswirkungen auf die Versorgungssicherheit haben.[1530]
10. Als Adressat des § 11 Abs. 1 S. 1 EnWG ist der Netzbetreiber zu einer Stilllegungsmaßnahme berechtigt. Im Fall des Auseinanderfallens von Eigentum und Netzbetrieb ist eine Abstimmung zwischen Netzeigentümer und Netzbetreiber

1525 Siehe dazu unter E. III. 2.
1526 Siehe dazu unter E. III. 3.
1527 Siehe dazu unter E. IV. 1. und E. IV. 2.
1528 Siehe dazu unter E. IV.
1529 Siehe dazu unter E. IV. 1.
1530 Siehe dazu unter E. IV. 2.

über das Stilllegungsvorhaben erforderlich.[1531] Keine Umgehung der Betriebspflicht ist anzunehmen, wenn ein eindeutiger Unternehmensbeschluss mit dem Inhalt, dass der Betrieb des Netzabschnittes endgültig aufgegeben wird, vorliegt.[1532] Die Stilllegung eines Netzabschnittes hat keine negativen Auswirkungen auf die Versorgungssicherheit, wenn er für die Energieversorgung nicht mehr erforderlich ist und damit kein Bedarf an dem Netzabschnitt besteht. Die Prüfung der Bedarfsgerechtigkeit bildet den Schwerpunkt im Rahmen der Prüfung der Stilllegungsvoraussetzungen. Von dem Netzbetreiber ist sowohl der derzeitige Auslastungsstand des Netzabschnittes zu berücksichtigen als auch eine Prognose in Hinblick auf die zukünftige Entwicklung des zu beurteilenden Netzabschnittes und die damit einhergehende Nachfrage nach Strom aufzustellen.[1533]

11. Zu prüfen ist, ob derzeit einspeisende und/oder ausspeisende Kunden an dem Netzabschnitt zu verzeichnen sind und ob er zu Durchleitungszwecken oder Notversorgungszwecken benötigt wird. Wird dies verneint, besteht keine Nachfrage nach dem betriebenen Netzabschnitt, sodass eine Stilllegung des Netzabschnittes die Versorgungssicherheit nicht beeinträchtigt. Ein Anschlussbegehren eines EE-Anlagenbetreibers nach § 8 Abs. 1 S. 1 EEG löst einen erneuten Bedarf an dem Netzabschnitt aus.[1534]
12. In Bezug auf den zukünftigen Auslastungszustand des Netzabschnittes sind solche Umstände zu berücksichtigen, die in absehbarer Zukunft einen erneuten Bedarf an dem Netzabschnitt entstehen lassen könnten. Besondere Berücksichtigung findet hier die (geplante) raumordnungs- und bauplanungsrechtliche Standortsteuerung von EE-Anlagen durch die Länder und/oder Gemeinden nach § 35 Abs. 3 S. 3 BauGB. In Bezug auf einige Leitungstrassen der Höchstspannungsebene ist die Bedarfsgerechtigkeit hingegen direkt aus dem Gesetz abzuleiten. Dies trifft sowohl auf Vorhaben des EnLAG als auch bei Vorhaben der Bundesbedarfsplanung zu, da die energiewirtschaftliche Notwendigkeit und der vordringliche Bedarf dieser Vorhaben gesetzlich normiert sind, vgl. § 1 Abs. 2 S. 2 u. 3 EnLAG und § 12e Abs. 4 S. 1 EnWG i.V.m. § 1 Abs. 1 BBPlG.[1535]
13. Liegen die Stilllegungsvoraussetzungen vor, kann der Netzbetreiber sein Recht auf Stilllegung ausüben. Da das EnWG keine ausdrückliche Regelung in Bezug auf die Stilllegung von Netzabschnitten enthält, sollte eine solche Regelung in das EnWG durch den Gesetzgeber aufgenommen werden.[1536]

1531 Siehe dazu unter E. IV. 2. a.
1532 Siehe dazu unter E. IV. 2. b.
1533 Siehe dazu unter E. IV. 2. c.
1534 Siehe dazu unter E. IV. 2. c. aa.
1535 Siehe dazu unter E. IV. 2. c. bb. und E. IV. 2. c. cc.
1536 Siehe dazu unter E. IV. 2. c. bb. und E. IV. 3.

IV. Grenzen der Betreiberpflichten / Interessenabwägung

1. Die Pflichten des Netzbetreibers i.S.d. § 11 Abs. 1 S. 1 EnWG unterliegen der Grenze der wirtschaftlichen Zumutbarkeit. Bei dem Begriff handelt es sich um einen unbestimmten Rechtsbegriff, der jeweils durch Auslegung zu ermitteln ist.[1537]
2. Besteht an dem Netzabschnitt kein Bedarf, ist anzunehmen, dass dem Netzbetreiber der (Weiter-) Betrieb des Netzabschnittes wirtschaftlich unzumutbar ist. Die Prüfung wäre an dieser Stelle beendet. Besteht hingegen ein Bedarf an dem Netzabschnitt, hier aufgrund des Anschlussanspruchs des EE-Anlagenbetreibers nach § 8 Abs. 1 S. 1 EEG, ist eine ausführliche Auseinandersetzung mit der Grenze der wirtschaftlichen Zumutbarkeit erforderlich.[1538]
3. Für die Bestimmung der Grenze der wirtschaftlichen Unzumutbarkeit sind die Kosten des Netzbetriebs aufzuschlüsseln. Die Pflichten aus § 11 Abs. 1 S. 1 EnWG finanziert der Netzbetreiber maßgeblich auf drei Säulen, namentlich durch die Erstattung von Netzanschlusskosten, der Inrechnungstellung von Baukostenzuschüssen und der Erhebung von Netzentgelten. Hat der Netzbetreiber die genannten Kostenpositionen im Ergebnis nicht selbst zu tragen, ist dies als starkes Indiz dafür zu werten, dass die damit einhergehenden Pflichten, insbesondere der (Weiter-) Betrieb des Netzabschnittes, für den Netzbetreiber im Ergebnis wirtschaftlich zumutbar sind.[1539]
4. Die Netzanschlusskosten hat der EE-Anlagenbetreiber gem. § 16 Abs. 1 EEG zu tragen, sodass sich der Netzbetreiber im Rahmen der wirtschaftlichen Unzumutbarkeit nicht auf diese Kosten berufen kann. Die Erhebung eines Baukostenzuschusses seitens des Netzbetreibers ist hingegen ausgeschlossen, da der § 17 EEG dem Netzbetreiber ausdrücklich die Kosten des Netzausbaus zuweist. Auswirkungen auf die wirtschaftliche Zumutbarkeit hat dies dennoch nicht, da die dadurch entgangenen Kosten des Netzbetreibers über die Netzentgelte finanziert werden können.[1540]
5. Der Netzbetreiber erhebt Netzentgelte grundsätzlich für die Erfüllung der in § 11 Abs. 1 S. 1 EnWG normierten Grundpflichten. Das Netzentgelt stellt die Gegenleistung für die Inanspruchnahme des Netzzugangs und der Netzinfrastruktur dar. Aus ökonomischer Sicht werden damit die Kosten abgegolten, die durch die Netznutzung entstehen.[1541]

1537 Siehe dazu unter E. V.
1538 Siehe dazu unter E. V. 1.
1539 Siehe dazu unter E. V. 2. b.
1540 Siehe dazu unter E. V. 2. b. aa und E. V. 2.b. bb.
1541 Siehe dazu unter E. V. 2. b. cc.

6. Die §§ 21 Abs. 2, 21a und § 23a EnWG bilden die zentralen Normen im Bereich der Netzentgeltregulierung, welche speziell durch Vorschriften der StromNEV und der ARegV flankiert werden. Seit 2009 erfolgt die Kostenermittlung nach den Grundsätzen der Anreizregulierung, wobei die kostenorientierte Entgeltregulierung i.S.d. § 21 Abs. 2 EnWG zu Beginn einer Regulierungsperiode auch weiterhin zur Kostenermittlung herangezogen wird. Bei den Betriebs-, Wartungs- und gegebenenfalls Netzerweiterungskosten handelt es sich grundsätzlich um ansatzfähige Kosten. Die Bildung der Netzentgelte auf Basis der ermittelten Netzkosten bzw. der festgelegten Erlösobergrenzen erfolgt sodann anhand der Grundsätze der StromNEV.[1542]
7. Die mit dem § 11 Abs. 1 S. 1 EnWG einhergehenden Pflichten kann der Netzbetreiber grundsätzlich über die Netzentgelte auf die Netznutzer abwälzen, sodass eine Überschreitung der Grenze der wirtschaftlichen Zumutbarkeit grundsätzlich abzulehnen ist. Hiervon sind allerdings zwei denkbare Ausnahmen möglich, die den Effizienzmaßstab des § 21 Abs. 2 EnWG und die volkswirtschaftliche Unzumutbarkeit betreffen.[1543]
8. Im Rahmen der sich anschließenden Interessenabwägung sind neben den Interessen des Netzbetreibers und des EE-Anlagenbetreibers auch die Interessen der Allgemeinheit zu berücksichtigen, die in Abhängigkeit von den Umständen des Einzelfalls für die Interessen des Netzbetreibers oder die Interessen des EE-Anlagenbetreibers sprechen können. Zu berücksichtigende Aspekte sind beispielsweise das Einspeisevolumen, die Länge des Netzes und die Anzahl der angeschlossenen Netznutzer.[1544]
9. Der Netzbetreiber trägt die Darlegungs- und Beweislast hinsichtlich der Überschreitung der wirtschaftlichen Zumutbarkeit.[1545]

1542 Siehe dazu unter E. V. 2. b. cc. (2.).
1543 Siehe dazu unter E. V. 2. b. dd.
1544 Siehe dazu unter E. V. 3.
1545 Siehe dazu unter E. V. 4.

G. Schlussbetrachtung

Durch die stetige Erweiterung und Umstrukturierung des deutschen Stromnetzes, aber auch durch die gesetzlich vorgegebenen Stilllegungen von konventionellen Kraftwerken oder jährlichen Stilllegungen anderer Erzeugungsanlagen aufgrund des Ablaufs der technischen Lebensdauer oder fehlender Rentabilität wird es immer wieder zu Situationen kommen, in denen Netzabschnitten keine konkrete Versorgungsaufgabe mehr zukommt. Da die Integration von EE-Strom in das deutsche Stromnetz zur Erreichung der genannten Ziele des § 1 Abs. 2 EEG zukünftig noch erheblich gesteigert werden muss, sollte jeder geeignete Netzabschnitt für einen Anschluss von EE-Anlagen in Betracht gezogen werden. Die Arbeit hat insofern aufgezeigt, dass Netzbetreiber durchaus dazu verpflichtet werden können, bereits vorhandene Netzabschnitte trotz vorhandener Stilllegungsabsicht bestehen zu lassen, wenn ein EE-Anlagenbetreiber einen Anschlussanspruch nach § 8 Abs. 1 S. 1, Abs. 4 EEG an diesen Netzabschnitt geltend macht. Im Rahmen einer umfassenden Interessenabwägung sind die jeweiligen Interessen des Netzbetreibers, des EE-Anlagenbetreibers und die der Allgemeinheit in Abhängigkeit des Einzelfalls zu gewichten und gegeneinander abzuwägen. Die Grenze der wirtschaftlichen Zumutbarkeit hinsichtlich des Weiterbetriebs des Netzabschnittes ist regelmäßig hoch anzusetzen und wird nur in Ausnahmefällen überschritten sein.

Explizite Regelungen, die das Verfahren und die Voraussetzungen hinsichtlich einer Stilllegung von Netzabschnitten betreffen, sucht man im EnWG derzeit vergeblich. Eine zukünftige gesetzliche Normierung durch den Gesetzgeber wäre insofern wünschenswert und sinnvoll, da somit Rechtsunsicherheiten in Verbindung mit der Stilllegung von Netzabschnitten entgegengewirkt werden kann. Eine grobe Orientierung für eine gesetzliche Ausgestaltung könnte hier § 11 Abs. 1 S. 2 AEG liefern. Bei einer nicht unerheblichen Verringerung von Leitungskapazität sollte ein vorheriger Antrag oder zumindest jedenfalls eine vorherige Anzeige bei der Regulierungsbehörde erfolgen müssen.

Literaturverzeichnis

Ahnis, Erik/König, Frank: Eigentum von Netzanlagen in höheren Spannungsebenen und Druckstufen, IR 2009, 79–85.

Altrock, Martin/Oschmann, Volker/Theobald, Christian (Hrsg.): EEG, Kommentar, 4. Auflage, München 2013 (zitiert als: Altrock/Oschmann/Theobald/*Bearbeiter*, EEG).

Altrock, Martin/Herrmann, Nicolai: Ausbau der Windenergie und Laufzeitverlängerung – energiewirtschaftliche und rechtliche Herausforderungen für das zukünftige Marktdesign, ZNER 2010, 350–357.

Angenendt, Nicole/Boesche, Katharina Vera/Franz, Oliver Helge: Der energierechtliche Rahmen einer Implementierung von Smart Grids, RdE 2011, 117–164.

Antoni, Julia: Die Rolle der Bundesnetzagentur beim Ausbau der Energieinfrastruktur, ET 2011 (Heft 5), 74–77.

Assmann, Lukas/Peiffer, Max (Hrsg.): Kraft-Wärme-Kopplungsgesetz, Kommentar, München 2018 (zitiert als: Assmann/Peiffer/*Bearbeiter*, KWKG).

Bamberger, Heinz Georg/Roth, Herbert/Hau, Wolfgang/Poseck, Roman (Hrsg.): Beck'scher Online-Kommentar BGB, 45. Edition, München 2018 (zitiert als: BeckOK BGB/*Bearbeiter*).

Battis, Ulrich/Krautzberger, Michael/Löhr, Rolf-Peter (Hrsg): Baugesetzbuch, Kommentar, 13. Auflage, München 2016 (zitiert als: Battis/Krautzberger/Löhr/*Bearbeiter*, BauGB).

Baur, Jürgen F./Salje, Peter/Schmidt-Preuß, Matthias (Hrsg.): Regulierung in der Energiewirtschaft, Ein Praxishandbuch, 2. Auflage, Köln 2016 (zitiert als: Baur/Salje/Schmidt-Preuß/*Bearbeiter*).

Bartsch, Michael/Röhling, Andreas/Salje, Peter/Scholz, Ulrich (Hrsg.): Stromwirtschaft, 2. Auflage, Köln 2008 (zitiert als: Bartsch/Röhling/Salje/Scholz/*Bearbeiter*, Stromwirtschaft).

Beschlusskammer 6 der Bundesnetzagentur (Hrsg.): Positionspapier zur Erhebung von Baukostenzuschüssen für Netzanschlüsse im Bereich von Netzebenen oberhalb der Niederspannung, Stand: 27.03.2009.

Blumenthal-Barby, Cordula/Hartmann, Christian: Erhebung von Baukostenzuschüssen im Bereich Strom, EnWZ 2013, 108–113.

Bode, Jan-Hendrik: Inhalt und Freistellung gemäß § 110 EnWG – Wettbewerb im geschlossenen Verteilernetz, Wissenschaftliche Beiträge aus dem Tectum Verlag, Reihe Rechtswissenschaften, Band 66, Marburg 2013.

Bönning, Christina: Netzanschluss-/Netzausbaukosten – Überblick über die Rechtsprechung, ZNER 2003, 296–300.

Booz, Marco: Neujustierung der Netznutzungsentgelte zur Vermeidung der Entsolidarisierung der Netznutzer, N&R 2018, 130–138.

Börner, Achim-Rüdiger: Rückbau und Haftung, RdE 2016, 60–65.

Böttcher, Jörg: Stromleitungsnetze: Rechtliche und wirtschaftliche Aspekte, München 2014.

Britz, Gabriele/Hellermann, Johannes/Hermes, Georg (Hrsg.): Energiewirtschaftsgesetz Zu große Lücken in der jeweils ersten Zeile, zumindest Hrsg. Nach oben ziehen Kommentar, 2. Auflage, München 2011 (zitiert als: Britz/Hellermann/Hermes/*Bearbeiter*, 2. Auflage, EnWG).

Britz, Gabriele/Hellermann, Johannes/Hermes, Georg (Hrsg.): Energiewirtschaftsgesetz Kommentar, 3. Auflage, München 2015 (zitiert als: Britz/Hellermann/Hermes/*Bearbeiter*, EnWG).

Büdenbender, Ulrich: Die Korrekturfaktoren des § 21 Abs. 2–4 EnWG für die kostenbasierte Netzentgeltregulierung, RdE 2008, 69–104.

Büdenbender, Ulrich: EnWG, Kommentar zum Energiewirtschaftsgesetz, 1. Auflage, Köln 2003.

Bundesinstitut für Bau-, Stadt- und Raumforschung (Hrsg.): Steuerung der Windenergie durch die Regionalplanung – gestern, heute, morgen, Stand: September 2015.

Bundesministerium für Umwelt, Naturschutz, Bau und Reaktorsicherheit (Hrsg.): Klimaschutzplan 2050 – Klimaschutzpolitische Grundsätze und Ziele der Bundesregierung, Stand: November 2016.

Bundesministerium für Umwelt, Naturschutz und nukleare Sicherheit (Hrsg.): Klimaschutzbericht 2017 – Zum Aktionsprogramm Klimaschutz 2020 der Bundesregierung, Stand: Juni 2018.

Bundesministerium für Wirtschaft und Energie (Hrsg.): Abschlussbericht der Kommission „Wachstum, Strukturwandel und Beschäftigung“, Stand: Januar 2019.

Bundesnetzagentur (Hrsg.): Bedarfsmitteilung 2017–2030 – Bestätigung Netzentwicklungsplan Strom, Stand: Dezember 2017.

Bundesnetzagentur (Hrsg.): Leitfaden zum Einspeisemanagement – Version 3.0, Stand: Juni 2018.

Bundesnetzagentur (Hrsg.): Quartalsbericht zu Netz- und Systemsicherheitsmaßnahmen – Gesamtjahr und Viertes Quartal 2017, Stand: Juli 2018.

Bundesnetzagentur/Bundeskartellamt (Hrsg.): Monitoringbericht 2017, Stand: Dezember 2017.

Bundesnetzagentur/Bundeskartellamt (Hrsg.): Monitoringbericht 2018, Stand: November 2018.

Bundesnetzagentur/Bundeskartellamt (Hrsg.): Monitoringbericht 2019, Stand: Januar 2020.

Bundesverband der Energie- und Wasserwirtschaft e.V. (Hrsg.): BDEW-Strompreisanalyse Mai 2018, Stand: Mai 2018.

Busmann, Johannes: Urteilsanmerkung zu OLG Hamm, Urt. v. 11.10.2002 – 29 U 28/02, ZNER 2003, 49–50.

Danner, Wolfgang/Theobald, Christian (Hrsg.): Energierecht, Band 1, Kommentar, Loseblattsammlung, 97. Ergänzungslieferung (Stand: April 2018), München 2018 (zitiert als: Danner/Theobald/*Bearbeiter*, EnWG).

Danner, Wolfgang/Theobald, Christian (Hrsg.): Energierecht, Band 2, Kommentar, Loseblattsammlung, 95. Ergänzungslieferung (Stand: Juni 2018), München 2018 (zitiert als: Danner/Theobald/*Bearbeiter*, NAV).

Danner, Wolfgang/Theobald, Christian (Hrsg.): Energierecht, Band 3, Kommentar, Loseblattsammlung, 97. Ergänzungslieferung (Stand: April 2018), München 2018 (zitiert als: Danner/Theobald/*Bearbeiter*, EEG).

Danner, Wolfgang/Theobald, Christian (Hrsg.): Energierecht, Band 4, Kommentar, Loseblattsammlung, 95. Ergänzungslieferung (Stand: Oktober 2017), München 2018 (zitiert als: Danner/Theobald/*Bearbeiter*, EnLAG).

De Witt, Siegfried/Scheuten, Frank-Jochen (Hrsg.): NABEG, Netzausbaubeschleunigungs-gesetz Übertragungsnetz, München 2013 (zitiert als: De Witt/Scheuten/*Bearbeiter*, NABEG).

Deutsche Windguard (Hrsg.): Status des Windenergieausbaus an Land in Deutschland 2017, 2018.

Deutsche Windguard (Hrsg.): Status des Windenergieausbaus an Land in Deutschland 2018, 2019.

Elspas, Maximilian Emanuel/Graßmann, Nils/Rasbach, Winfried (Hrsg.): Energiewirtschaftsgesetz, Kommentar, Berlin 2018 (zitiert als: Elspas/Graßmann/Rasbach/ *Bearbeiter*, EnWG).

Ernst, Werner/ Zinkahn, Willy/Bielenberg, Walter/Krautzberger, Michael (Hrsg.): Baugesetzbuch, Loseblattkommentar, 128. Ergänzungslieferung (Stand: Februar 2018), München 2018 (zitiert als: Ernst/Zinkahn/Bielenberg/Krautzberger/*Bearbeiter*, BauGB).

Europäische Kommission (Hrsg.): Interpretative Note on Directive 2009/72/EC concerning common rules for the internal market in electricity and Directive 2009/73/EC concerning common rules for the internal market in gas – Retail Markets (Commission Staff Working Paper), Stand: Januar 2010.

Fest, Phillip: Der Netzausbau im Recht der Energiewende, NVwZ 2013, 824–830.

Fischer, Jochen/Neusüß, Peter: Netzverknüpfungspunkt nach dem EEG: Folgt der BGH der Clearingstelle?, ZNER 2012, 53–58.

Frenz, Walter/Müggenborg, Hans-Jürgen/Cosack, Tilmann/Ekardt, Felix (Hrsg.): EEG, Kommentar, 4. Auflage, Berlin 2015 (zitiert als: Frenz/Müggenborg/Cosack/Ekardt/ *Bearbeiter*, EEG).

Frenz, Walter/Müggenborg, Hans-Jürgen (Hrsg.): EEG, Kommentar, 2. Auflage, Berlin 2011 (zitiert als: Frenz/Müggenborg/*Bearbeiter*, EEG).

Frenz, Walter/Müggenborg, Hans-Jürgen/Cosack, Tilmann/Henning, Bettina/Schomerus, Thomas (Hrsg.): EEG, Kommentar, 5. Auflage, Berlin 2018 (zitiert als: Frenz/Müggenborg/Cosack/Ekardt/*Bearbeiter*, EEG).

Garbers, Marco: Einspeisenetze und Netzanschlussleitungen für Onshore-Windparks, EnWZ 2016, 347–351.

Giesberts, Ludger/Reinhardt, Michael (Hrsg.): Beck'scher Online-Kommentar Umweltrecht, 47. Edition, Stand: 01.07.2018, München 2018 (zitiert als: BeckOK UmwR/*Bearbeiter*).

Greb, Klaus/Boewe, Marius (Hrsg.): Beck'scher Online-Kommentar EEG, 3. Edition, Stand: 01.04.2015, München 2015 (BeckOK EEG/*Bearbeiter*, EEG 2014).

Greb, Klaus/Boewe, Marius (Hrsg.): Beck'scher Online-Kommentar EEG, 7. Edition, Stand: 01.08.2018, München 2018 (BeckOK EEG/*Bearbeiter*).

Greb, Klaus/Boewe, Marius (Hrsg.): Erneuerbare-Energien-Gesetz, Kommentar, München 2018 (zitiert als: Greb/Boewe/*Bearbeiter*, EEG).

Greinacher, Dominik: Energieleitungsausbau: Tatsächliche Herausforderungen und rechtliche Lösungen, ZUR 2011, 305–311.

Große, Andreas/ Schnelle, Michael: Anschlusssperrung bei kaufmännisch-bilanzieller Weitergabe von Strom aus erneuerbaren Energien, EnWZ 2014, 507–511.

Haucap, Justus: Netzentgelte als Mittel der Sozialpolitik, N&R 2018, 193.

Heidel, Thomas/Hüßtege, Rainer/Mansel, Heinz-Peter/Noack, Ulrich (Hrsg.): BGB, Allgemeiner Teil, EGBGB, Band 1, 3. Auflage, Baden-Baden 2016 (zitiert als: Heidel/Hüßtege/Mansel/Noack/*Bearbeiter*, BGB).

Held, Christian/Wiesner, Cornelius: Energierecht und Energiewirklichkeit, München 2015.

Helmes, Sebastian: Netz oder Nicht-Netz?, EnWZ 2013, 23–27.

Hermes, Georg: Planungsrechtliche Sicherung einer Energiebedarfsplanung – ein Reformvorschlag, ZUR 2014, 259–269.

Hermes, Georg/Sellner, Dieter (Hrsg.): Beck'scher AEG-Kommentar, 2. Auflage, München 2014 (zitiert als: Hermes/Sellner/*Bearbeiter*, AEG).

Holznagel, Bernd/Schütz, Raimund (Hrsg.): Anreizregulierungsverordnung, Kommentar, München 2013 (zitiert als: Holznagel/Schütz/*Bearbeiter*, ARegV).

Jacobshagen, Ulf/Kachel, Markus/Baxmann, Juliane: Geschlossene Verteilernetze und Kundenanlagen als neuer Maßstab der Regulierung, IR 2012, 2–8.

Jahn, Susanne: Inkrafttreten des novellierten EEG: Was ändert sich für die Netzbetreiber?, IR 2004, 199–202.

Jansen, Guido: Die Ermittlung der Kosten für Elektrizitäts- und Gasversorgungsnetze, Veröffentlichung des Instituts für Energierecht an der Universität zu Köln, Band 146, Baden-Baden, zugleich Dissertation, Universität Köln 2009.

Jarass, Hans D. (Hrsg.): BImSchG, Kommentar, 12. Auflage, München 2017 (zitiert als: Jarass, BImSchG).

Just, Christoph: Der planungsrechtliche Rahmen für die gemeindliche Planung von Onshore-Windkraftanlagen, LKV 2016, 248–253.

Kaplun, Viktoria: Entscheidungsspielräume des Netzbetreibers im EEG unter besonderer Berücksichtigung des Vorrangprinzips und des Einspeisemanagements, Schriften zum Energierecht, Band 1, Hamburg, Dissertation, Universität Köln 2013.

Klees, Andreas: Einführung in das Energiewirtschaftsrecht, Frankfurt am Main 2012.

Klemm, Andreas: Entscheidungsanmerkung zu BGH, Urt. v. 08.10.2003 - VIII ZR 165/01, RdE 2004, 49.

Klewar, Micha: Inbetriebnahme von EEG-Anlagen nach Versetzung oder Umbau, ZNER 2014, 554–562.

Kment, Martin (Hrsg.): Energiewirtschaftsgesetz, Kommentar, Baden-Baden 2015 (zitiert als: Kment/*Verfasser*, EnWG).

Kment, Martin: Vorbote der Energiewende in der Bundesrepublik Deutschland: das Netzausbaubeschleunigungsgesetz, RdE 2011, 341–347.

Knack, Joachim/Henneke, Hans-Günter: VwVfG, Kommentar, 10. Auflage, Köln 2014(zitiert als: Knack/Henneke/*Verfasser*, VwVfG).

Kohls, Malte: Rückbaupflichten für Höchstspannungsleitungen, ZUR 2018, 330–338.

Kühne, Gunther: Kommunale Gewährleistungsverantwortung bei fehlendem energiekonzessionsvertraglichem Nachfolgeinteresse, N&R Beilage 3/2010, 6–11.

Kühne, Gunther/Brodowski, Christian: Das neue Energiewirtschaftsrecht nach der Reform 2005, NVwZ 2005, 849–858.

Leidinger, Tobias/ Berger, Peter: Ausnahmen von der Regulierung, RdE 2009, 161–170.

Lippert, André/Kindler, Lars: Die Staatlichkeit finanzieller Mittel in Umlagesystemen, EnWZ 2017, 256–262.

Loibl, Helmut/Maslaton, Martin/Bredow, Hartwig/Walter, René (Hrsg.): Biogasanlagen im EEG, 4. Auflage, Berlin 2016.

Mahne, Helen: Eigentum an den Versorgungsleitungen, Veröffentlichungen des Instituts für deutsches und europäisches Wirtschafts-, Wettbewerbs- und

Regulierungsrecht der Freien Universität Berlin, Band 12, Frankfurt am Main, zugleich Dissertation, Universität Berlin 2009.

Maslaton, Martin (Hrsg.): Windenergieanlagen, 2. Auflage, München 2018 (zitiert als: Maslaton/*Bearbeiter*).

Moser, Michael: Einwirkungsbefugnisse der Bundesnetzagentur auf die Elektrizitätsversorgung, RdE 2007, 343–349.

Möstl, Markus: Der Vorrang erneuerbarer Energien, RdE 2003, 90–98.

Nagel, Paul Sebastian/Schwarz, Tim/Köppel, Johann: Ausbau der Windenergie – Anforderungen aus der Rechtsprechung und fachlichen Vorgaben für die planerische Steuerung, UPR 2014, 371–382.

Oschmann, Volker: Das Erneuerbare-Energien-Gesetz im Gesetzgebungsprozess, ZNER 2000, 24–29.

Oschmann, Volker/Müller, Thorsten: Das Recht für Erneuerbare Energien – Grundzüge der EEG-Novelle, ZNER 2004, 24–30.

Peters, Carsten: Investitionspflichten der Energienetzbetreiber nach dem EnWG, ZNER 2007, 272–276.

Plenz, Maik/Meister, Moritz/Doliwa, Martin/Obbelode, Felix: Regionale Unterschiede der Netznutzungsentgelte – Hindernis für eine faire Energiewende?, ZNER 2014, 540–543.

Pleiner, Tom: Überplanung von Infrastruktur, Tübingen 2016.

Plicht, Sandra: Gesetz zur Entwicklung und Förderung der Windenergieanlagen auf See, EnWZ 2016, 550–556.

Posser, Herbert/Faßbender, Kurt (Hrsg.): Praxishandbuch Netzplanung und Netzausbau, Berlin 2013 (zitiert als: Posser/Faßbender/*Bearbeiter*).

Rauch, Karsten: Die Ausbauverpflichtung nach § 11 I 1 3. Alt. EnWG: Umfang und Grenzen aus der Sicht kommunaler Verteilernetzbetreiber, IR 2008, 218–220.

Rauch, Karsten: Natürliche und sonstige Einwirkungen auf Energieversorgungsnetze: Rechtliche Handlungs- und Gestaltungsspielräume eines Netzbetreibers, IR 2009, 50–53.

Rauch, Karsten: Stilllegung von netzseitigen Betriebsmitteln in der leitungsgebundenen Gasversorgung: Normative Voraussetzungen und Grenzen, RdE 2011, 287–294.

Regulierungsbehörden der Länder/Bundesnetzagentur (Hrsg.): Gemeinsames Positionspapier der Regulierungsbehörden der Länder und der Bundesnetzagentur zu geschlossenen Verteilernetzen gem. § 110 EnWG, Stand: Februar 2012.

Reiche, Katharina: Verteilernetze 2030, EnWZ, 145–146.

Reshöft, Jan/Schäfermeier, Andreas (Hrsg.): Erneuerbare-Energien-Gesetz, Handkommentar, 4. Auflage, Baden-Baden 2014 (zitiert als: Hk-EEG/*Bearbeiter*).

Ringel, Christina: Die wirtschaftliche Zumutbarkeit im Energierecht, Schriften zum Umweltenergierecht, Band 6, Baden-Baden 2011, zugleich Dissertation, Universität Würzburg 2010.

Rüger, Schirin: Zur Neuregelung von Kundenanlagen in § 3 Nr. 24a und Nr. 24b EnWG (Teil 1), IR 2012, 218–224.

Rüger, Schirin: Zur Neuregelung von Kundenanlagen in § 3 Nr. 24a und Nr. 24b EnWG (Teil 2), IR 2012, 338–340.

Säcker, Franz Jürgen (Hrsg.): Berliner Kommentar zum Energierecht, Band 1 (Teil 1), §§ 1–35 EnWG, 3. Auflage, Frankfurt am Main 2013 (zitiert als: BerlKommEnR/*Bearbeiter*, Band 1, 3. Auflage).

Säcker, Franz Jürgen (Hrsg.): Berliner Kommentar zum Energierecht, Band 1 (Halbband 1), §§ 1–42a EnWG, 4. Auflage, Frankfurt am Main 2019 (zitiert als: BerlKommEnR/*Bearbeiter*, Band 1).

Säcker, Franz Jürgen (Hrsg.): Berliner Kommentar zum Energierecht, Band 1 (Teil 2), §§ 36–118a EnWG, EnSiG, EnLAG, NABEG, 3. Auflage, Frankfurt am Main 2013 (zitiert als: BerlKommEnR/*Bearbeiter*, Band 1, 3. Auflage).

Säcker, Franz Jürgen (Hrsg.): Berliner Kommentar zum Energierecht, Band 1 (Halbband 2), §§ 43–120 EnWG, EnSiG, BBPlG, EnLAG, NABEG, 4. Auflage, Frankfurt am Main 2019 (zitiert als: BerlKommEnR/*Bearbeiter*, Band 1).

Säcker, Franz Jürgen (Hrsg.): Berliner Kommentar zum Energierecht, Band 3, Europäische und deutsche Rechtsverordnungen Energierecht, 4. Auflage, Frankfurt am Main 2018 (zitiert als: BerlKommEnR/*Bearbeiter*, Band 3).

Säcker, Franz Jürgen (Hrsg.): Berliner Kommentar zum Energierecht, EEG 2014, Sonderband zu Band 2, 3. Auflage, Frankfurt am Main 2015 (zitiert als: BerlKommEnR/*Bearbeiter*, EEG 2014, Sonderband).

Säcker, Franz Jürgen (Hrsg.): Berliner Kommentar zum Energierecht, Band 6, EEG – Erneuerbare-Energien-Gesetz 2017 mit EEG-Rechtsverordnungen und WindSeeG – Windenergie-auf-See-Gesetz, 4. Auflage, Frankfurt am Main 2018 (zitiert als: BerlKommEnR/*Bearbeiter*, Band 6).

Säcker, Franz Jürgen: Netzausbau- und Kooperationsverpflichtungen der Übertragungsnetzbetreiber nach Inkrafttreten des EnLAG und der Dritten StromRL 2009/72 EG vom 13.7.2009, RdE 2009, 305–352.

Säcker, Franz Jürgen/Meinzenbach, Jörg: Der Effizienzkostenmaßstab des § 21 Abs. 2 EnWG im System der energierechtlichen Netzentgeltregulierung, RdE 2009, 1–36.

Säcker, Franz Jürgen/Rixecker, Roland/Oetker, Hartmut/Limperg, Bettina (Hrsg.): Münchener Kommentar zum Bürgerlichen Gesetzbuch: Band 1,

Allgemeiner Teil, §§ 1–240, ProstG, AGG, 7. Auflage, München 2015 (zitiert als: MüKoBGB/*Bearbeiter*).

Sailer, Frank: Die besonderen Netzausbaupflichten im EEG und KWKG, Überblick und aktuelle Fragestellungen, EnWZ 2016, 250–258.

Salje, Peter: Das neue Energiewirtschaftsgesetz 2011, RdE 2011, 325–332.

Salje, Peter: EEG, Gesetz für den Vorrang Erneuerbarer Energien, Kommentar, 5. Auflage, Köln 2009.

Salje, Peter: EEG 2012, Gesetz für den Vorrang Erneuerbarer Energien, Kommentar, 6. Auflage, Köln 2012.

Salje, Peter: EEG 2014, Gesetz für den Ausbau erneuerbarer Energien, Kommentar, 7. Auflage, Köln 2015.

Salje, Peter: EEG 2017, Gesetz für den Ausbau erneuerbarer Energien, Kommentar, 8. Auflage, Köln 2018.

Salje, Peter: Energiewirtschaftsgesetz, Kommentar, Köln 2006.

Schäfermeier; Andreas/Reshöft, Jan: Die Abgrenzung zwischen Netzanschluss und Netzausbau nach dem Erneuerbare-Energien-Gesetz, ZNER 2007, 34–39.

Schalle, Heidrun: Geschlossene Verteilernetze und Kundenanlagen – neue Kategorien im EnWG, ZNER 2011, 406–411.

Schaller, Werner/Henrich, Marius: Aktuelle Rechtsfragen der Bundesfachplanung, UPR 2014, 361–370.

Schau, Götz-Friedrich: Wann ist ein Netz ein Netz? (Teil 1), IR 2007, 98–101.

Schau, Götz-Friedrich: Wann ist ein Netz ein Netz? (Teil 2), IR 2007, 122–125.

Schink, Alexander/Versteyl, Andrea/Dippel, Martin (Hrsg.): NABEG, Kommentar zum Netzausbaubeschleunigungsgesetz Übertragungsnetz, Berlin 2016 (zitiert als: Schink/Versteyl/Dippel/*Bearbeiter*, NABEG).

Schlacke, Sabine: Bundesfachplanung für Höchstspannungsleitungen – Der Schutz von Natur und Landschaft in der SUP und der fachplanerischen Abwägung, NVwZ 2015, 626–633.

Schmitz, Holger/Haselmann, Cosima: Das raumordnerische Wegplanen von Konzentrationszonen für Windenergieanlagen und seine entschädigungsrechtlichen Folgen, NVwZ 2015, 846–851.

Schmitz, Holger/Uibeleisen, Maximilian: Netzausbau, München 2016.

Schneider, Jens-Peter: Effizienzsichernde Zumutbarkeitsanforderungen an die Netzanbindung von Offshore-Anlagen gem. § 17 IIa EnWG (Teil 2), IR 2009, 2–7.

Schneider, Jens-Peter/Theobald, Christian: Recht der Energiewirtschaft, 4. Auflage, München 2013 (zitiert als: Schneider/Theobald/*Bearbeiter*, EnWR).

Scheidler, Alfred: Die Tabuzonenproblematik bei der Ausweisung von Konzentrationsflächen für die Windenergienutzung, NuR 2013, 869–873.

Scholtka, Boris/Helmes, Sebastian: Energiewende 2011 – Schwerpunkte der Neuregelungen im Energiewirtschafts- und Energieumweltrecht, NJW 2011, 3185–3191.

Schöpf, Matthias: Das neue Planungsrecht der Übertragungsnetze: Vorgaben des deutschen und europäischen Rechts, Frankfurt am Main 2017.

Schulte-Beckhausen, Sabine/Ungemach, Manfred: „Wirtschaftliche Unzumutbarkeit“ und allgemeine Netzanschlusspflicht unter den Prämissen der Anreizregulierung, Festschrift für Gunther Kühne zum 70. Geburtstag, Frankfurt am Main 2009, 365–384.

Schulz; Thomas (Hrsg.): Handbuch Windenergie, Berlin 2015 (zitiert als: Schulz/*Bearbeiter*).

Schwab, Adolf J.: Elektroenergiesysteme, 5. Auflage, Berlin 2017.

Schwalge, Niklas/Faßbender, Heiner: Energierechtliche Kostenprivilegierungen – Unionsrechtliche Vorgaben und deutsche Umsetzung, IR 2017, 266–269.

Sellner, Dieter/Fellenberg, Frank: Atomausstieg und Energiewende 2011 – das Gesetzespaket im Überblick, NVwZ 2011, 1025–1035.

Soergel, Theodor (Hrsg.): Bürgerliches Gesetzbuch, Allgemeiner Teil 1, §§ 1–103, 13. Auflage, Stuttgart 2000 (zitiert als: Soergel/*Bearbeiter*, BGB).

Spannowsky, Willy: Der Ausbau der erneuerbaren Energien in der Raumordnungs- und Bauleitplanung, NuR 2013, 773–785.

Spannowsky, Willy/Uechtritz, Michael (Hrsg): Baugesetzbuch, Kommentar, 3. Auflage, München 2018 (zitiert als: Spannowsky/Uechtritz/*Bearbeiter*, BauGB).

Spieth, Wolf Friedrich/Lutz-Bachmann, Sebastian (Hrsg.): Offshore-Windenergierecht, Handkommentar, 1. Auflage, Baden-Baden 2018 (zitiert als: HK-Offshore-WindenergieR/*Bearbeiter*).

Spitz, Matthias: Planung von Standorten für Windkraftanlagen, Berlin 2016.

Staudinger, Julius von: Kommentar zum Bürgerlichen Gesetzbuch mit Einführungsgesetz und Nebengesetzen, Buch 1, Allgemeiner Teil, Neubearbeitung 2017, Berlin 2017 (zitiert als: Staudinger/*Bearbeiter*, BGB).

Steinbach, Armin/Franke, Peter (Hrsg.): Kommentar zum Netzausbau, 2. Auflage, Berlin 2017.

Stelkens, Paul/Bonk, Heinz Joachim/Sachs, Michael (Hrsg.): VwVfG, Kommentar, 9. Auflage, München 2018 (zitiert als: Stelkens/Bonk/Sachs/*Bearbeiter*, VwVfG).

Stuhlmacher, Gerd/Stappert, Holger/Schoon, Heike/Jansen, Guido (Hrsg.): Grundriss zum Energierecht, 2. Auflage, Frankfurt am Main 2015 (zitiert als: Stuhlmacher/Stappert/Schoon/Jansen/*Bearbeiter*).

Sydow, Gernot: Neues zur planungsrechtlichen Steuerung von Windenergiestandorten, NVwZ 2010, 1534–1537.

Templin, Wolf: Recht der Konzessionsverträge, in: Theobald, Christian/ Britz, Gabriele/ Held, Christian (Hrsg.), Energie- und Infrastrukturrecht, Band 14, München 2009 (zitiert als: *Templin*).

Tettinger, Peter J.: Zum Thema »Sicherheit« im Energierecht, RdE 2002, 225–235.

Theobald, Christian/Nill-Theobald, Christiane: Grundzüge des Energiewirtschaftsrechts, 3. Auflage, München 2013 (zitiert als: *Theobald/ Theobald*).

Thomale, Hans-Christoph/Berger, Ulrich: (Betriebliche) Kundenanlagen in Abgrenzung zu Energieversorgungsnetzen, EnWZ 2018, 147–154.

Thorbecke, Jan: Der Rechtsrahmen für die Errichtung von Kleinwindanlagen, Schriften zum Umweltenergierecht, Band 16, Baden-Baden, zugleich Dissertation, Universität Bochum 2013.

Uibeleisen, Maximilian: Das neue WindSeeG – Überblick über den zukünftigen Rechtsrahmen für Offshore-Windparks, NVwZ 2017, 7–12.

Umweltbundesamt (Hrsg.): Erneuerbare Energien in Deutschland – Daten zur Entwicklung im Jahr 2017, Stand: März 2018.

Vogt, Matthias: Der Ausbau der Verteilernetze als planungsrechtliche Herausforderung, RdE 2014, 483–490.

Vogt, Matthias: Die Kundenanlage nach dem neuen EnWG – europarechtskonforme Ausnahme von der Regulierung?, RdE 2012, 95–101.

Von Nicolai, Helmuth: Konsequenzen aus den neuen Urteilen des Bundesverwaltungsgerichts zur raumordnerischen Steuerung von Windenergieanlagen, ZUR 2004, 74–80.

Wahlhäuser, Jens: Der Ausbau des deutschen Stromübertragungsnetzes – Zwischenbericht und Ausblick, ZNER 2014, 534–539.

Westermann, Harm Peter/ Grunewald, Barbara/ Maier-Reimer, Georg (Hrsg.): Erman, Bürgerliches Gesetzbuch, Band I, 15. Auflage, Köln 2017 (zitiert als: Erman/*Bearbeiter*).

Wetzer, Antonia: Die Netzanbindung von Windenergieanlagen auf See nach §§ 17a ff. EnWG, Baden – Baden 2015.

Weyer, Hartmut: Der Rechtsrahmen für den Ausbau der Übertragungsnetze in Deutschland, ZNER 2009, 210–215.

Woltering, Tobias: Der Netzanschluss im EEG 2014 – Ermittlung des Verknüpfungspunktes und der Kostenverteilung, EnWZ 2015, 254–259.

Zöller, Richard (Hrsg.): Zivilprozessordnung, 32. Auflage, Köln 2018.

Veröffentlichungen des Instituts für deutsches und europäisches
Wirtschafts-, Wettbewerbs- und Regulierungsrecht der Freien Universität Berlin, ab Band 48
fortgeführt vom **Institut für Energie- und Regulierungsrecht Berlin**

Herausgegeben von Franz Jürgen Säcker:

Band 1 Franz Jürgen Säcker (Hrsg.): Deutsch-russisches Energie- und Bergrecht im Vergleich. Ergebnisse einer Arbeitstagung vom 31. März / 1. April 2006. 2007.

Band 2 Franz Jürgen Säcker / Walther Busse von Colbe (Hrsg.): Wettbewerbsfördernde Anreizregulierung. Zum Anreizregulierungsbericht der Bundesnetzagentur vom 30. Juni 2006. 2007.

Band 3 Dirk Zschenderlein: Die Gleichbehandlung der Aktionäre bei der Auskunftserteilung in der Aktiengesellschaft. Zum Problem der Zulässigkeit der Weitergabe von Informationen an einzelne Aktionäre und Dritte. 2007.

Band 4 Simone Kirchhain: Die Anwendung der Vertikal-GVO auf innerstaatliche Wettbewerbsbeschränkungen nach der 7. GWB-Novelle. 2007.

Band 5 Franz Jürgen Säcker: Der Independent System Operator. Ein neues institutionelles Design für Netzbetreiber? 2007.

Band 6 Stefanie Otto: Allgemeininteressen im neuen UWG. § 1 S. 2 UWG und die wettbewerbsfunktionale Auslegung. 2007.

Band 7 Jochen Eichler: Vertragliche Dritthaftung. Eine Auseinandersetzung mit der Frage der Dritthaftung von sogenannten Experten und anderen Auskunftspersonen im Rahmen des § 311 Abs. 3 BGB. 2007.

Band 8 Markela Stamati: Die Anforderungen der operationellen Entflechtung nach den Beschleunigungsrichtlinien der Europäischen Kommission. Umsetzung in Deutschland und Griechenland. 2008.

Band 9 Franz Jürgen Säcker: The Concept of the Relevant Product Market. Between Demand-Side Substitutability and Supply-Side -Substitutability in Competition Law. 2008.

Band 10 Renate Rabensdorf: Die Durchgriffshaftung im deutschen und russischen Recht der Kapitalgesellschaften. Eine rechtsvergleichende Untersuchung. 2009.

Band 11 Franz Jürgen Säcker: Der beschleunigte Ausbau der Höchstspannungsnetze als Rechtsproblem. Erläutert am Beispiel der 380-kV-Höchstspannungsleitung Lauchstädt – Redwitz – Grafenrheinfeld mit Querung des Rennsteigs im Naturpark Thüringer Wald. 2009.

Band 12 Helen Mahne: Eigentum an Versorgungsleitungen. 2009.

Band 13 Franz Jürgen Säcker (Hrsg.): Russisches Energierecht - Gesetzessammlung. 2009.

Band 14 Franz Jürgen Säcker / Maik Wolf: Integrierte Energieversorgung in geschlossenen Verteilernetzen. Zum Gestaltungsspielraum des Gesetzgebers zur Neuregelung des § 110 EnWG im Lichte des Dritten EG-Energiepakets. 2009.

Band 15 Franz Jürgen Säcker (Hrsg.): Das Dritte Energiepaket für den Gasbereich. Deutsch-Englische Textausgabe mit einer Einführung. 2009.

Band 16 Franz Jürgen Säcker (Hrsg.): Das Dritte Energiepaket für den Elektrizitätsbereich. Deutsch-Englische Textausgabe mit einer Einführung. 2009.

Band 17 Thomas Dörmer: Die Unternehmenspacht. Rechtsstellung der Vertragsparteien unter besonderer Berücksichtigung der Pflicht des Unternehmenspächters zur ordnungsgemäßen Unternehmensführung sowie der Rechtslage bei Vertragsbeendigung. 2010.

Band 18 Klaas Bosch: Die Kontrolldichte der gerichtlichen Überprüfung von Marktregulierungsentscheidungen der Bundesnetzagentur nach dem Telekommunikationsgesetz. 2010.

Band 19 Geng-Sook Leem: Einheitliche Corporate Governance-Grundsätze für die Europäische Aktiengesellschaft (SE). Eine rechtsvergleichende Untersuchung anhand der Ausgestaltung der SE im deutschen und britischen Recht. 2010.

Band 20 Wiebke Gebhardt: Gentechnik und Koexistenz nach der Gesetzesnovelle von 2008: Zivilrechtliche Haftung im Vergleich Deutschland und USA. 2010.

Band 21 Cathrin Isenberg: Die Geruchsmarke als Gemeinschaftsmarke. Schutzfähigkeit und Einsatzmöglichkeiten. 2010.

Band 22 Franz Jürgen Säcker / Jochen Mohr / Maik Wolf: Konzessionsverträge im System des europäischen und deutschen Wettbewerbsrechts. 2011.

Band 23 Judith Antonia Loeck: Die unzumutbare Belästigung nach der UWG Novelle 2008 und dem Gesetz zur Bekämpfung unerlaubter Telefonwerbung und zur Verbesserung des Verbraucherschutzes bei besonderen Betriebsformen. 2011.

Band 24 Jörg Jaecks: Konzernverrechnungsklauseln und verwandte einseitige Verrechnungsbefugnisse im Mehrpersonenverhältnis. 2011.

Band 25 Franz Jürgen Säcker: Marktabgrenzung, Marktbeherrschung, Markttransparenz und Machtmissbrauch auf den Großhandelsmärkten für Elektrizität. 2011.

Band 26 Susanne Wende: Die einheitliche Auslegung von Beihilfen- und Vergaberecht als Teilgebiete des europäischen Wettbewerbsrechts. 2011.

Band 27 Leonie Kempel: Die Anwendung von Art. 102 AEUV auf geistiges Eigentum und Sacheigentum. Die Voraussetzungen des Kontrahierungszwangs nach Art. 102 AEUV und der Essential-Facility-Doktrin unter besonderer Berücksichtigung der Unterschiede zwischen geistigem Eigentum und Sacheigentum. 2011.

Band 28 Christoph Schuldt: Werbejingles – schützenswerte Kompositionen!? Die urheberrechtliche und markenrechtliche Schutzfähigkeit von Werbejingles vor unbefugter Nachahmung. 2012.

Band 29 Lydia Scholz: Die Rechtfertigung von diskriminierenden umweltpolitischen Steuerungsinstrumenten. Eine Untersuchung der Reichweite der Warenverkehrsfreiheit und ihrer Begrenzung durch den Umweltschutz als Vertragsziel am Beispiel der deutschen Energiefördergesetze EEG und KWKModG. 2012.

Band 30 Franz Jürgen Säcker: Investitionen in Kraftwerke zur Sicherung einer zuverlässigen Elektrizitätsversorgung nach der Energiewende. Rechtliche und ökonomische Rahmenbedingungen. 2012.

Band 31 Florian Leib: Kartellrechtliche Durchsetzungsstrategien in der Europäischen Union, den USA und Deutschland. Eine rechtsvergleichende Darstellung. 2012.

Band 32 Holger Hoch: Marktverschlusseffekte und Effizienzen vertikaler Zusammenschlüsse. Kartellrechtliche Beurteilung nach europäischem und deutschem Recht. 2012.

Band 33 Sebastian Kemper: Gasnetzzugang in Deutschland und in Spanien. 2012.

Band 34 Elena Timofeeva: Unbundling in der russischen Elektrizitätswirtschaft im Vergleich zum deutschen und europäischen Energierecht. 2012.

Band 35 Gisela Drozella / Harald Krebs: Marktbeherrschung im Bereich Stromerzeugung / Stromgroßhandel. Eine kritische Analyse der neueren Sicht des Bundeskartellamts. 2013.

Band 36 Christian Rehm: Die Einzel- und Gesamtverantwortung der Vorstandsmitglieder der Aktiengesellschaft. Die Verantwortung für die Leitung und Geschäftsführung im mehrköpfigen Vorstand in der unabhängigen und der herrschenden AG. 2013.

Band 37 Ann-Christin Richter: Mengen- und umsatzbezogene Rabatte marktbeherrschender Unternehmen in den Grenzen des Art. 102 AEUV. 2013.

Band 38 Nikolaos Pitsos: Die erhebliche Behinderung des wirksamen Wettbewerbs (SIEC-Test) im Fusionskontrollrecht. Zugleich ein Beitrag zur Problematik der oligopolistischen Marktbeherrschung unter Vergleich mit dem amerikanischen SLC-Test. 2013.

Band 39 Mirko Heinemann: Das Markenzeichen als Anknüpfungspunkt des Markenimages. 2013.

Band 40 Sylvia Lorenz: Der Immaterialgüterschutz virtueller Ladengeschäfte. Ein Vorschlag für die rechtliche Erfassung virtueller Güter. 2014.

Band 41 Anke Reimers: Wettbewerbsrechtliche und regulatorische Analyse der Kapazitätenvergabe an Grenzkuppelstellen im Elektrizitätsbinnenmarkt. 2014.

Band 42 Franz Jürgen Säcker / Carsten König / Lydia Scholz: Der regulierungsrechtliche Rahmen für ein Offshore-Stromnetz in der Nordsee. 2014.

Band 43 David Preisendanz: Der Humor in der vergleichenden Werbung. 2014.

Band 44 Martin Gerig: Vollendung des EU-Energiebinnenmarktes vs. nationale Marktabschottungen. Europarechtskonformität mitgliedstaatlicher Fördermaßnahmen und Kapazitätsmärkte am Beispiel Deutschlands. 2014.

Band 45 Jan Patrick Ehinger: Dritthaftung für Kunstexpertisen und Aufnahmebestätigungen in den Catalogue raisonné. Ein Beitrag zur Expertenhaftung. 2014.

Band 46 Julia Gerzen: Das Recht der Gesellschafter-Fremdkapitalfinanzierung. Rechtsvergleichende Analyse der Behandlung von Gesellschafterdarlehen vor und in der Insolvenz der GmbH nach deutschem und russischem Recht. 2014.

Band 47 Laura Börger: Die gerichtliche Kontrolldichte bei der Überprüfung von Entscheidungen der Europäischen Kommission auf dem Gebiet der Fusionskontrolle. 2014.

Veröffentlichungen des Instituts für Energie- und Regulierungsrecht Berlin

Band 48–65 herausgegeben von Franz Jürgen Säcker

ab Band 66 gemeinsam mit Jochen Mohr

Band 48 Daniel Simon Travers: Kopplungsangebote. Eine Studie zum Vertrags- und Lauterkeitsrecht. 2015.

Band 49 Anna Olbry -Sobieszuk: EU-rechtliche Schranken der Glücksspielwerbung in Deutschland, Großbritannien und Polen. 2015.

Band 50 Franz Jürgen Säcker/Lydia Scholz/Thea Sveen: Renewable Energy Law in Europe. Challenges and Perspectives. 2015.

Band 51 Lina Berezgova: Festlegung von Stromnetzentgelten in Deutschland und Russland. Eine rechtsvergleichende Untersuchung der anreizbasierten Regulierungsvorgaben. 2015.

Band 52 Fengliang Jin: Aufgreifkriterien in der Fusionskontrolle. Eine rechtsvergleichende Untersuchung des europäischen (Art. 3 FKVO), deutschen (§ 37 GWB), taiwanesischen (§ 6 FHG) und festlandchinesischen (§ 20 AMG) Rechts. 2015.

Band 53 Vasileios Triantafyllidis: Die Einordnung der Passing-On-Defense in das allgemeine Schadensersatzrecht. Eine rechtsvergleichende, dogmatische Studie. 2015.

Band 54 Peipei Liu: Die Inhaltskontrolle von Allgemeinen Geschäftsbedingungen und formularmäßigen Vertragsklauseln im deutsch-chinesischen Vergleich. 2016.

Band 55 Evelyn Kozak: Zur Notwendigkeit eines arbeitsrechtlichen und haftungsrechtlichen Whistleblowerschutzes. 2016.

Band 56 Genevieve Baker: Der bereicherungsrechtliche Nutzungsanspruch. 2017.

Band 57 Maria Zaykova: Der rechtliche Rahmen für den bergbaulichen Zugang zu den Erdöl- und Erdgaslagerstätten in der Russischen Föderation im Vergleich zum deutschen Bergrecht. 2017.

Band 58 Qian Luan: Geldschöpfungsprozess und Geld als abstraktes Schuldversprechen. Die europäisch-verwaltungsrechtliche Betrachtung des Geldschöpfungsprozesses der EZB und die Rechtsnatur von Zentralbankgeld und Geschäftsbankengiralgeld. 2017.

Band 59 Sára Gabriella Hoffman: Regulation of Cloud Services under US and EU Antitrust, Competition and Privacy Laws. 2017.

Band 60 Matthias Schöpf: Das neue Planungsrecht der Übertragungsnetze: Vorgaben des deutschen und europäischen Rechts. 2017.

Band 61 pek Çevik: Eine vergleichende Untersuchung der Joint Ventures – Gemeinschaftsunternehmen – nach europäischem, türkischem und deutschem Wettbewerbsrecht. Die Analyse von wettbewerbsrechtlichen Auswirkungen bei Gründung der konzentrativen und/oder kooperativen Gemeinschaftsunternehmen. 2017.

Band 62 Raffaele Mazza: Verbotsirrtum und Vertrauen auf Rechtsrat im europäischen Kartellrecht. Eine rechtsvergleichende Analyse des europäischen, des deutschen und des französischen Kartellrechts. 2017.

Band 63 Stavroula Antoniou: Die Kontrolle einseitiger Preisanpassungsrechte in Dauerschuldverhältnissen am Beispiel langfristige Energielieferverträge. Eine rechtsvergleichende Untersuchung nach deutschem und griechischem Recht. 2018.

Band 64 Lucas Noura de Moraes Rêgo Guimarães: Energieversorgungssicherheit im Europarecht mittels der Förderung erneuerbarer Energien und der Interkonnektion der Netze. 2018.

Band 65 Nino Kobadze: Regulation of Access to Gas Networks in Russia in Comparison with the Energy Law of Germany and the EU. 2018.

Band 66 Felix Krone: Das Recht der unkörperlichen Verwertung für das Internet als Teilhaberecht. Zugleich eine Grundsatzschrift für ein kommunikationsoffenes Urheberrecht 2018.

Band 67 Katja Stefanie Middelhoff: Das Spürbarkeitsmerkmal des UWG 2015. 2019.

Band 68 Tatjana Schleicher: Die Umsetzung des § 14a EnWG zwischen Markt und Regulierung im neuen Strommarktdesign. 2020.

Band 69 Eleni-Aristea Alevizou: Der Rechtsrahmen für die nachhaltige Entwicklung der Photovoltaikenergie in Deutschland und in Griechenland. 2020.

Band 70 Rui Long: Die Aufgreifkriterien der chinesischen Fusionskontrolle. Minderheitsbeteiligung, Gemeinschaftsunternehmen, konzerninterne Umstrukturierung und neue Fragen zum digitalen Markt aus rechtsvergleichender Sicht mit deutschem und europäischem Recht. 2020.

Band 71 Jochen Mohr / Hartmut Weyer (Hrsg.): Entwicklungen im Energieregulierungs- und Wirtschaftsrecht. Beiträge zum 80. Geburtstag von Prof. Dr. Gunther Kühne, LL.M. 2020

Band 72 Jochen Mohr / Antonis Metaxas (Hrsg.): 4th Athens Conference on European Energy Law. 2020.

Band 73 Lina König, LL.M. (Stellenbosch): Betriebspflicht des Netzbetreibers versus Stilllegung von Netzabschnitten - dargestellt am Problem der Verpflichtung zum Anschluss von EE-Anlagen (§ 8 Abs. 1 S. 1 EEG). 2020.

www.peterlang.com

www.ingramcontent.com/pod-product-compliance
Ingram Content Group UK Ltd.
Pitfield, Milton Keynes, MK11 3LW, UK
UKHW021845290926
8980IPUK00005B/667

9 783631 835043